U0049816

悲傷輔導理論與實務

——自助手冊

何長珠、釋慧開等◎著

The Theory and Practice of Grief Guidance: A Self-help Manual

序

悲傷與失落其實是每個人生命旅途中難以逃避之陰影！但長久以來在心理輔導與諮商的範疇中卻未多見著墨！雖有幾本翻譯參考書，但皆以實務及實例為主軸。整合國內外相關理論與實務的相關教科書及參考書，可說至今尚付闕如，以致大部分的人都把悲傷輔導等同於是悲傷諮商或悲傷治療；而不知道其間存有難度與廣度上之差別！

本書之目標在介紹與悲傷輔導相關之影響因素（如生理—心理—社會—文化部分之理論），並說明不同年齡階段及問題類型下之各種表達性藝術治療媒材之使用經驗，及靈性治療之內涵（催眠—小和解—家族排列）；擴充當事人悲傷因應之智能、增進其表達／宣洩與賦能之掌控，以重新建構心理與靈性層面超越苦難之能力。

本書寫作之目的因之有四：(1)為那些暗夜中的悲傷者，舉一盞明燈、照亮前路；(2)為悲傷輔導之工作者，提供一本基於國情而寫作的工具手冊；(3)為悲傷輔導與表達性藝術治療（諮商）及華人家族排列（治療）三大理論與實務系統之合爐，提供個人工作多年之心得；(4)為國內外方興未艾之生死學建構系統，盡一己棉薄之心力！

為達到此目標，本書之設計亦包括幾個特色：

1.以問題取向之方式呈現，協助讀者在學習進度上之掌握！

2.多用實例與圖片，增加學習之瞭解與興趣！

3.包含自我實作之練習與解讀之舉例，讀者可以盡量先做練習後，再看實務解說，以增加學習果效！

4.部分實務在YouTube上亦有影片，可協助學習！

本書之出版，主要係立基於過去十年來在南華大學所開設的「悲傷輔導與表達性藝術治療」課程，除大量參考Stroebe & Stroebe等眾多學者所編著的《傷慟手冊》中之精華觀點外，亦努力納入近年來本土與悲傷有關之議題（如生死永續觀／老人／墮胎／寵物治療／華人家族排列等），希望能增加二十一世紀華人在悲傷輔導（如量表)、諮商（如表藝）、治療（如生死的正知見）上的視野！

並藉此向同意一起發表的同僚（釋慧開、蔡昌雄、龍武維、鄭青玫、陳增穎）與畢業同學諸君（王保嬋、王碧貞、吳文淑、許玉霜、郭怡秀、陳柏君、陳美慧、黃孟晨、黃邁慧、曾應鐘、蔡宜潔、楊采蓁、楊絲絢、賴品妤、賴淨慈、顏雅玲、簡月珠），致上最誠懇感謝之心意！

本書同時也是一本感恩之書，為了紀念大家一起走過的將近十年來之資料收集與整理過程，這本書特地有意納入許多相關同仁及學生的研究資料；只可惜有的人已失聯絡，因此只好放棄列名；不足之處，非常感恩和抱歉！

最後，謹以此書獻給十年來參與過本書探討的眾多無名英雄！

南華大學生死系教授

何長珠

2015春於學海堂S344

轉業齋

目錄

Chapter 15 轉化受苦生命經驗（面具治療） 333

陳增穎、陳柏君

Chapter 16 悲傷諮商的一個新模式——悲輔表藝（生死書） 359

何長珠、郭怡秀

Chapter 17 臨終關懷情境倫理之探索 385

龍武維

Chapter 18 臨終關懷的理念、原則與實務 405

蔡昌雄

死亡意義的開解與悲傷療癒

——從佛教的生死宏觀談喪親悲傷輔導

釋慧開

問題一、前言——生離死別的難題

問題二、探索生死的奧秘——生死流轉觀點的詮釋

問題三、死亡的意義

問題四、喪親、失落與悲傷

問題五、從佛教的觀點談喪親悲傷及療癒

結　語

問題一、前言——生離死別的難題

「生死」的玄機究竟為何？世間為什麼有「生」？世間有情的「生」究竟從何而來？大地有情既然「生」了，為什麼又有「死」？眾生「死」了之後，到底往何而去？「死亡」究竟是斷滅、結束，抑是續起、轉化？——這些都是千古以來的疑惑與難題。

面對生死大事，古今中外多少聖賢的箴言、哲人的睿智以及先知的福音，均曾嘗試提出圓滿的說法與究竟的解答，諸如：創造說、自然發生說、唯心論、唯物論、進化論、緣起論、永生說、輪迴說等等，不一而足。可是對芸芸眾生而言，現代科技文明的進展、社會環境的與時推移以及民俗文化的積習，使得在現世的生活裡不但與「生養」或「養生」相關的問題愈發複雜，而且與「送死」相關聯的問題也更加棘手。

在有情世間，「生、老、病、死」是無所逃於天地之間的普世常態，同時也是芸芸眾生都必然要經歷的過程，隨伴而來的，即是令人哀傷痛苦的「生離死別」。因此，吾人面對生死大事的一項重大難題，即是在面對「喪親、失落與悲傷」的情境時，如何自處之道。對絕大多數人而言，生命消逝的哀傷場景與生離死別的悲痛情懷，儼然加劇了死亡的恐怖與威脅。

如何面對親人的末期病痛乃至死亡？如何處理親人的死亡以及身後事？如何調適因親人過世而產生的悲傷哀痛情緒？此等關乎生死大事的問題並未因現代科技的進步與醫療的發達而有改善，遑論得到解決。絕大多數自身處在生死之流當中的芸芸眾生，在面臨「生死交關」或「生離死別」的關鍵時刻都茫茫然不知所措。

如此說來，「生離死別」的問題豈非永遠都令人束手無策乃至肝腸寸斷？雖然表面上看似如此，但仔細深究，其實倒也不盡然。攸關生死大事的問題，到頭來會顯得無解，主要還是由於絕大多數的世人都是處於「當局者迷」的情境，就如蘇東坡的〈廬山詩偈〉所云：「不識廬山真面目，只緣身在此山中」。

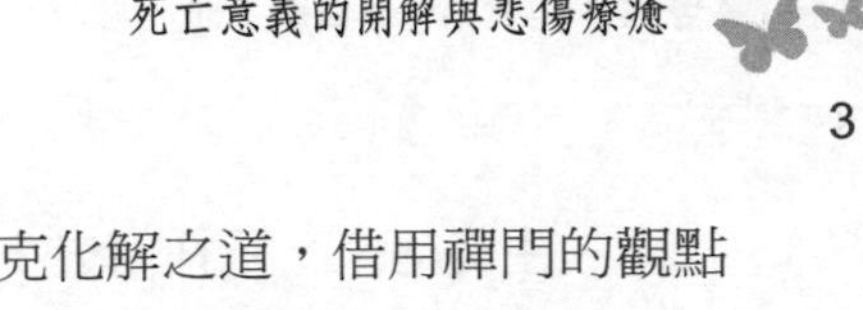

生死的玄機是一則「現成公案」[1]，其超克化解之道，借用禪門的觀點與說法，即是「答在問處」，也就是禪門所云：「大疑大悟，小疑小悟，不疑不悟」。當吾人面對「生命的實相與生死之究竟面貌究竟為何？」此一大哉問之時，如果想要找到一個放諸四海皆準，具有絕對客觀性與科學性的知識理解或標準答案，恐怕是永遠無解。

但是如果透過個人內在的生死經驗與生命主體性自覺，深入地作禪觀式的內省與思惟，直接與生命本身展開對話，運用禪宗的「參究」[2]法門，則另有一番光景，有如「山窮水盡疑無路，柳暗花明又一村」，對生死大事的來龍去脈，會有更上一層樓的觀照、體會與領悟。

從有情生命無限的觀點來看待死亡、喪親、悲傷及其療癒，則不應一直停留在失落與悲傷的情境中，而是需要自我跳脫出來，用更為宏觀的角度，觀照生死大事，進一步轉化「失落感與哀慟的情緒」為一種「對過往親人的持續關懷」。要能真正超越及轉化悲傷，就需要培養更為宏觀的生死思維脈絡與視野，其中包括了超越生死之際的宇宙人生觀、生命觀、生死觀以及人文關懷的情操。

問題二、探索生死的奧秘——生死流轉觀點的詮釋

關於生命的實相與生死的奧祕，有史以來，就有下列問題不斷地被提出：

---

[1] 禪林用語，又作見成公案，為不假造作而現成之公案，即如實公案之意。《碧巖錄》第九則（《大正藏》卷48‧頁149上）：「舉僧問趙州：『如何是趙州？』州云：『東門、西門、南門、北門。』」圜悟禪師之著語謂：此為現成公案，意謂趙州所答之東、西、南、北四門即是現成公案，而無須另借其他之指示安排。蓋一切諸法本法爾自然，顯現成就佛性，不待造作工夫，皆已成公府案牘。即謂佛法於山川、草木、萬物之上歷歷現成。參見《佛光大辭典》，頁2994。

[2] 參究，即參學究辦之意。在禪宗，即指參訪師家，致力體得佛法。禪家排斥單方面之知解，以親至師父處參學，求其開示之參禪為一生之大事，亦即強調在正師之處參禪學道。散見於《碧巖錄》中之參尋、參問、參叩、參玄、參學、參詳等語，皆與參究為同義語。參見《佛光大辭典》，頁4395。

・生從何來？死往何去？
・吾人生命的歷程是一世還是三世？
・其整個流程是有限還是無盡？
・生命是所謂造物主之所創？
・還是自然發生的？
・死後的生命與死後的世界是否存在？

這些都是千古以來的奧祕與謎題，至今仍然未有定論，未來也不大可能有放諸四海皆準的定論。就世間現有的理論來歸納分析，大致不出下列三種觀點：

1.斷滅見，乃屬唯物論與無神論的看法，認為眾生死後，即化為塵土，灰飛湮滅，也沒有所謂靈魂的存在，此一觀點為東、西方各大宗教所駁斥。
2.恆常觀，則認為吾人在生時，有一永恆不變之自我，死後則成為一永恆不變之靈魂，或上天堂，或下地獄，或神遊太虛，此為東、西方多數宗教之論點。
3.流轉說或輪迴說，認為有情的生命，生死交替而無始無終，此為印度教與佛教的觀點。

有情的生命究竟是會歸於斷滅？還是會不停地輪轉？究竟是只有一生一世？還是三世綿延不斷？從古至今都不曾出現放諸四海皆準、人人滿意的答案，不過我們仍然可以做一個對比的分析，衡量哪一種說法比較合理（make sense）。

一、「一世觀」vs.「三世觀」

(一)假設生命只有一世的話……

假設吾人的生命只有一生一世的話，死亡的結局必然導致生命存在的斷滅，生命價值的失落，乃至生命意義的空虛，萬物之靈的人類，也終究

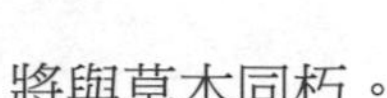

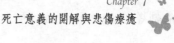

將與草木同朽。

假設生命只有一世的話，對少數人來說，死亡或許是一了百了的解脫；但是對絕大多數人而言，死亡無異就是令生命灰飛煙滅的黑洞，我們所必然面臨的生離死別與悲傷哀痛，也終究成了天人永隔的無解難題。

(二)如果生命有三世的話……

如果有情的生命有三世的話，亦即不僅只有現在世的生命，還有已經歷的過去世生命，與後續開展的未來世生命。從三世論的生命流轉立場與觀點而言，死亡只不過是芸芸眾生一期生命中帶有「相對意義」的「分段終點」，或者是「銜接前後世」的「轉捩點」；是故，在此意義之下，吾人就不再只是「向死」的存在，更是「朝向生生不已」的存在。

從三世生命的觀點來看，「死亡」的意義就有了不同的內涵，一方面似乎是隔絕今世與來生的關卡，但在另一方面也是銜接今世與來生的樞紐。

二、生死流轉說——三世生命觀的現代反思

梵語「samsara」[3]一般大都作「輪迴」[4]解，其本義為「生死流轉」，亦即生死交替，綿延不斷。佛教以「生死流轉」（samsara）的過程，來解說有情三世生命的遷流現象與生死的奧秘，輪迴究竟是事實還是迷信？世間真的有六道輪迴嗎？六道輪迴的真相究竟為何？不論其相信輪迴與否，

---

[3] 生死，梵語作samsara，或jati-marana，又作輪迴。謂依業因而於天、人、阿修羅、餓鬼、畜生、地獄等六道迷界中生死相續、永無窮盡之意。與「涅槃」或「菩提」相對稱。又生死無盡，以海為喻，故稱為生死海。生死乃苦惱之世界，故亦稱生死苦海；渡越生死苦海，而到達涅槃之彼岸，此事極為困難，故又稱難渡海。參見《佛光大辭典》，頁2059。

[4] 「輪迴」本為古印度婆羅門教主要教義之一，佛教沿用之而加以發展，並注入自己之教義，因此二者之間存有頗大的差異。婆羅門教認為四大種姓及賤民於輪迴中生生世世永襲不變，而佛教則主張業報之前，眾生平等，下等種姓今生若修善德，來世可生為上等種姓，甚至可生至天界；而上等種姓今生若有惡行，來世則將生於下等種姓，乃至下地獄，並由此說明人間不平等之原因。

這是大多數人心中的疑惑。

「流轉說」或「輪迴說」則一般大眾皆以為此一觀點是原本屬於印度教與佛教生死輪迴說的教義內容。其實，輪迴說是通於古今中外的，而不只是東方思想所獨有，在古代西方哲學思想中，原本也有輪迴的概念。古希臘數學家畢達哥拉斯（Pythagoras）是輪迴說的提倡與擁護者，大哲柏拉圖（Plato）亦承襲其說，然不幸為後世所湮沒。

早期的基督宗教也未排斥輪迴轉世的說法，在《舊約聖經》與《新約聖經》之中皆有輪迴的文獻記載，早期教會的神父也接受輪迴的概念，不少聖徒更相信他們有前世與來生。

遺憾的是，《新約聖經》中有關輪迴的文獻資料，卻被羅馬帝國第一位提倡信奉基督教的君士坦丁大帝所刪除，後來又被羅馬天主教會於553年召開的第二屆基督教君士坦丁堡大公會議判為異端邪說而禁絕，因此輪迴說在西方一度成為絕響[5]。

以往歐美社會大眾幾乎都不相信生命輪迴的說法，然而近年來在心理諮商與精神治療的領域，由於催眠術的應用而有跨越前世今生的臨床報告，例如：美國Brian Weiss醫生所著的《前世今生》（*Many Lives, Many Masters*），台灣陳勝英醫師所著的《生命不死》[6]、《跨越前世今生》[7]等書的出版，大受歡迎。

一時之間，輪迴轉世之說，彷彿突破了一般大眾所認為的宗教迷信之窠臼，而進入「超心理學」（parapsychology）與精神醫學的探索領域。

輪迴的說法，在華人的社會文化中，雖然因為佛教的普及早已成為大眾耳熟能詳的通俗概念與多數百姓的基本信仰，但是由於俚俗之說穿鑿附會，以訛傳訛的成分居多，而知識分子又多半直接斥之為迷信，以致能真正理解其義理內涵者鮮少。

---

5 Brian Weiss (1988). *Many Lives, Many Masters*. New York: Simon & Schuster Inc., pp.35-36.

6 陳勝英著（1995）。《生命不死》。台北：張老師文化。

7 陳勝英著（1997）。《跨越前世今生》。台北：張老師文化。

(一)有關輪迴轉世的學術性研究報告

美國維吉尼亞大學精神病學系教授伊安．史帝文生（Ian Stevenson, 1918-2007）用嚴謹的科學態度研究輪迴轉世。他在世界各地從事兒童自發性的前世記憶研究，直到他過世之前，累計的案例達三千件。他運用嚴謹的科學方法來檢驗所有蒐集到的資料，很多西方學者基於理性與科學的信念，開始認真而嚴肅地看待輪迴的課題，甚至接受它的真實性。

史帝文生對於「兒童自發性前世記憶」的科學研究，基本上是採取歷史學者、檢察官與律師的研究方法，有一套嚴謹的驗證程序：發現對象、獲取資料、立案質疑、當面取證、追蹤觀察、寫出報導。透過嚴謹的研究方法與步驟，他於1966年出版了《二十案例示輪迴》（*Twenty Cases Suggestive of Reincarnation*）一書[8]，引起了西方學術界的震驚與熱烈的討論，可說是當今世界研究「輪迴轉世」此一領域中最具學術價值和權威性的參考文獻。

書中的二十個輪迴轉世案例，是史帝文生於1961年至1965年間，廣從印度、斯里蘭卡、巴西、美國的阿拉斯加東南部的印地安部落與黎巴嫩等地所蒐集、整理和驗證過的案例的一部分。由於這本書中的案例，都是經過作者與研究團隊實地考察，並經由一連串嚴謹的驗證程序以排除造假及誤謬的部分，因此引起歐美科學界與學術界的重視。

根據史帝文生的研究，如果有兒童在年幼時自發性的說出自己前世的訊息，譬如：自己前世的名字、居住的村落、前世親人狀況、前世自己死亡時的情形等，史帝文生的研究團隊在得知消息後，就會趁該兒童及見證人記憶猶新的時候趕赴個案所在。

史帝文生抵達現場後，一開始會先盡可能否定這個小孩子的前世記憶，他運用司法界辦案的查訪與驗證方法，分別約談孩子、家人、親戚和

---

8 Ian Stevenson (1999). *Twenty Cases Suggestive of Reincarnation*. Charlottesville: University Press of Virginia, pp.1-14.此書於1966年由美國心靈研究學會（American Society for Psychical Research）出版，1974年由維吉尼亞大學出版社發行第二版，之後版權收歸維吉尼亞大學所有。

村民，嚴密檢驗他們說詞的正確性，再相互比對，找出個中矛盾之處，以排除不確實的內容。而且他堅持只訪談親耳聽到訊息的人士，而不接受第二手的資訊。

在這些案例中，儘管兒童的年齡大都在六歲以下，但他們卻能清楚地描述自稱前世居住過的村鎮，包括具體的情境以及發生在十幾年前、甚至更久以前的事情的細節。有些前世記憶中的村鎮距離個案現在居住地遠達百公里之外，很多兒童甚至可以說出這一生不曾學過的其他種族語言。這些細節都由史帝文生的研究小組詳細地查證核實。

由於這樣的研究方法必須耗費經年累月的時間與大量的人力資源才能完成，因此很難普及。然而，史帝文生從理性及科學的角度，開闢了一座橋樑跨越了理性認知與生命輪迴之間的鴻溝，對現代生死學的理論建構有著莫大貢獻，可以作為三世生命觀的有力旁證。

(二)亨利・福特（Henry Ford）生命的永續經營觀

另外一個西方的例子，出自英文版的維基百科網路，美國汽車大王亨利・福特確信他自己有前世的生命，前一世他是在美國南北戰爭蓋茲堡戰役中陣亡的士兵。根據1928年8月26日的《舊金山訊問報》（*San Francisco Examiner*）上鎖刊載的一段訪談，記錄了福特透漏自己的輪迴轉世信念[9]：

> 我二十六歲的時候，接受了輪迴轉世的理論，這個觀點與宗教信仰無涉。甚至於工作都不能讓我完全滿足，假如我們無法將這一世生命中所累積的經驗運用到下一世的話，工作是徒勞無用的。
> 當我發現輪迴轉世時，就好像得知了一項宇宙的藍圖，讓我了解到有機會去實現我的想法。時間不再是有限的了，我不再是時鐘上指針的奴隸。所謂天才只是經驗，有人似乎認為那是天賦才能，但是我認為那是在多生多世中長遠經驗所累積的果實。
> 有些人的靈魂跟其他人比起來較為老練，所以他們知道的比較

---

[9] http://en.wikiquote.org/wiki/Henry_Ford

多。輪迴轉世的發現讓我心安了。如果你保留一份這段談話的紀錄，寫下來好讓人們都心安。我很樂於將生命的長遠觀所帶給我們的心安傳達給其他人。

亨利・福特是企業家而非宗教徒，他所表述的輪迴觀，無關宗教信仰，而是建立在一種「個體的生命經驗可以生生世世延續傳遞」的生命時空結構上，其論點透露出一種突破一世生命侷限而無限永續開展的可能性，極具生命教育的啟發性。

三、生死流轉是整個有情世間生態系統的現象描述

從大乘佛教的現象學詮釋角度來看，生死輪迴的道理非關迷信與神祕主義。一言以蔽之，生死流轉乃是整個有情世間——亦即「三界」[10]——的生態系統。換言之，佛陀將「宇宙與眾生」——亦即整個法界——視為一個整體，而從現象觀察的角度，對其間生態系統的流轉，所作的綜合說明。

就佛教義理上而言，輪迴說是佛陀對三界有情的生死流轉，所作現象學意味的描述（phenomenological description），而非形上學意味的定義（metaphysical definition），乃是屬於「世俗諦」層次，並非「勝義諦」層次的——亦即究竟意義的——宇宙真理與人生實相。換言之，從現象上

[10] 三界，指眾生所居之欲界、色界、無色界。此乃迷妄之有情在生滅變化中流轉，依其境界所分之三種生命層次；係迷於生死輪迴等生存界之分類：(1)欲界，即具有婬欲、情欲、色欲、食欲等有情所居之世界；因男女參居，多諸染欲，故稱欲界。上自他化自在天，中包括人界之四大洲，下至無間地獄等處；(2)色界，色為變礙之義或示現之義，乃遠離欲界婬、食二欲，而仍具有清淨色質等有情所居之世界。此界在欲界之上，無有欲染，亦無女形，其眾生皆由化生；其宮殿高大，係由色之化生，一切均殊妙精好。以其尚有色質，故稱色界。此界依禪定之深淺粗妙而分四級，從初禪梵天，終至色究竟天，凡有十八天；(3)無色界，唯有受、想、行、識四心而無物質之有情所住之世界。此界無一物質之物，亦無身體、宮殿、國土，唯以心識住於深妙之禪定，故稱無色界。此界在色界之上，共有四天（空無邊處天、識無邊處天、無所有處天、非想非非想處天），又稱四無色、四空處。參見《佛光大辭典》，頁584。

來觀察，輪迴是宇宙與眾生整體的生態系統與流程。吾人不瞭解輪迴的相貌，是因為「不識廬山真面目，只緣身在此山中」。

一般大眾皆誤以為「輪迴」之意，是在眾生命終之後，依其善惡業報，去投胎轉世，此一片面的理解並非生死流轉之正確意義。廣義而論，「輪迴」的真正意涵，具體地描述，就是在吾人的整體生命歷程之中，每一分、每一秒都是親身處於「輪迴的系統」之中隨波逐流而不自覺，所以佛典中常用「生死大海」[11]一詞來譬喻及描述芸芸眾生身陷「無所逃於天地之間」的「生死輪迴」現實處境。例如《大般涅槃經》（卷上）云：「一切眾生皆悉漂沒生死大海。」就是由於生死輪迴是宇宙人生整體無窮無盡、無始無終的生態系統，因此要洞悉生死輪迴的如實相貌，根本就不需要——也不能——等到死亡來臨之際。而且從佛教強調觀照功夫與注重修持實證的立場而言，要參究生命流轉的實相，應是隨時把握當下現前一念，留心觀照內外諸法緣起緣滅的契機。

四、分段生死[12]

從佛教的生命觀來看，有情眾生內在的靈性生命是永續不斷的，也沒有所謂的「死亡」，然而眾生肉體的生命，因為屬物質的結構，不但有「老、病」，也有其相應的「使用年限」，一期生命的使用年限到了就是「死亡」，然後再依個人的業力與福德因緣，展開下一期的生命，如此生了又死，死了又生，次第循環，無始無終，形成一段接著一段的生死交替歷程，稱為「分段生死」。就義理上來解析，生死流轉的相貌，有「十二

---

[11] 見《大般涅槃經》（卷上），《大正藏》卷一・頁193上。

[12] 從佛教的觀點而論，眾生有二種生死：「分段生死」與「變異生死」，前者指身處生死大海中的凡夫在六道中的輾轉輪迴，生死交替，後者指超越生死的聖者，其修證階位的轉換與悟境的層次。《成唯識論》云：「生死有二，一、分段生死，謂諸有漏善不善業，由煩惱障緣助勢力所感三界麤異熟果，身命短長，隨因緣力，有定齊限，故名分段。二、不思議變易生死，謂諸無漏有分別業，由所知障緣助勢力所感殊勝細異熟果，由悲願力改轉身命，無定齊限，故名變易。」見《成唯識論》卷八，《大正藏》卷三一，頁45上。

因緣」[13]的流轉緣起；再就事相上來觀察，一期生命的流轉過程，從這一生到下一生可以分成四個階段，稱為「四有」[14]，其內容如下：

1.生有：有情個體出生到世間，為一期生命活動階段的開始。

2.本有：有情個體一期生命之活動階段，亦即從出生乃至死亡之歷程。

3.死有：有情個體一期生命活動階段的結束，且即將轉生（或往生）之際。

4.中有：又稱為「中陰」，乃有情個體死生之間的過渡階段。

此「四有」之相，次第循環，無始無終。索甲仁波切（Sogyal Rinpoche）所著的《西藏生死書》（*The Tibetan Book of Living and Dying*）就是從藏傳佛教的觀點，來解析「四有」的生死流轉過程，特別是在「中有」這一階段裡，對眾生在死生之際，其心識之種種變化，有相當生動的描述[15]。筆者結合佛教「四有」與「十二因緣」的觀點，解析眾生分段生死的過程，圖示如下：

---

13 「十二因緣」為各部《阿含經》中所說根本佛教之基本教義，其內容為：無明、行、識、名色、六處、觸、受、愛、取、有、生、老死。據《長阿含經（卷十）》第二分〈大緣方便經〉所載：「緣癡有行，緣行有識，緣識有名色，緣名色有六入，緣六入有觸，緣觸有受，緣受有愛，緣愛有取，緣取有有，緣有有生，緣生有老、死、憂、悲、苦惱大患所集，是為此大苦陰緣。」（《大正藏》卷一‧頁60中）即此十二支中，各前者為後者生起之因，前者若滅，後者亦滅，故《雜阿含經（卷十）》中以「此有故彼有，此生故彼生；（中略）此無故彼無，此滅故彼滅」（《大正藏》卷二‧頁67上）之語，說明其相依相待之關係。即一切事物皆具有相依性，皆由因、緣所成立，故說無常、苦、無我。

14 「四有」的出處有《大毘婆沙論》、《瑜伽師地論》、《順正理論》、《成唯識論》等論典。

15 可參考索甲仁波切（Sogyal Rinpoche）著，鄭振煌譯（1997）。《西藏生死書》（*The Tibetan Book of Living and Dying*）。台北：張老師文化。該書是從藏傳佛教的觀點，解析生死的過程。

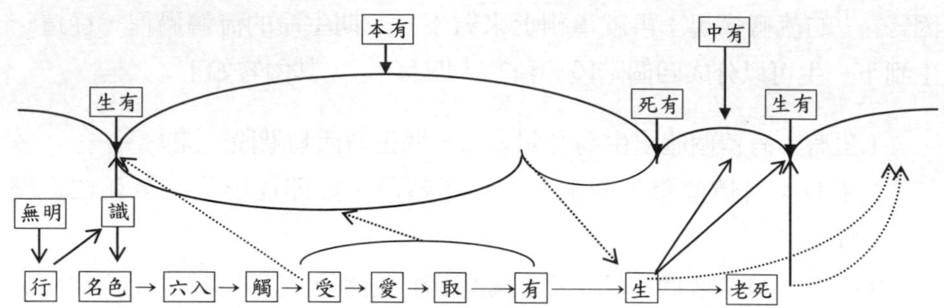

從生死輪迴的現象觀點而言，一切有情生命的流轉，乃是生死交替循環，無始無終，是故生命的「斷滅」——亦即絕對意義的死亡——不能成立；反之，「死有」——亦即相對意義的死亡——則成為分段生死的轉捩點。

換言之，「死亡」只是一切眾生的無限永續生命，在跨越生死之際，所經歷的一種時空轉換狀態，從當世的角度觀之，是一期生命的終結，從來世的角度觀之，則是過渡到下一期生命的開始。

從相對的座標角度來看，任何一樁「死亡」事件，對他人而言（亦即自他人的角度觀之），均構成隔絕今世與來生的關卡；對其自身而言（亦即自其自身的角度觀之），即是銜接今世與來生的樞紐。

因此，「死亡」只是芸芸眾生「死生過渡」之際的表相與幻覺，也可以說是有情生命在輾轉兌化過程中，所呈現出的一種「虛擬實境」（Virtual Reality）。

問題三、死亡的意義

一、「向死的存在」vs.「朝向生生不已的存在」

死亡的意義究竟何在？在不同的生死觀脈絡與結構下，死亡會有不同的意義呈現。德國哲學家海德格（Martin Heidegger, 1889-1976）在其經典

之著《存在與時間》（*Being and Time*）一書中，針對「死亡」的課題作實存分析（existential analysis）而提出人是「向死的存在」（being-towards-death）此一概念，明白地揭示「死亡」一事本是吾人「存在」的一部分[16]。世人對於「人是向死的存在」此一現實，一方面似乎有所知曉與覺察，另一方面又似乎視而不見，甚至極力否認，形成極為弔詭的情境。

從生死探索的脈絡來看，海德格的實存分析，是建立在一世論的生命角度與觀點而立論的，因此「死亡」對人生而言是具有「絕對」意義的「全程終點」，所以他不得不說人是「向死」的存在。

然而，從佛法三世論的生命流轉立場與觀點而言，一期生命中的死亡只不過是有情眾生無盡生命中，帶有「相對」意義的「分段終點」，或者是銜接前後世的「轉捩點」而已。是故，在此意義下，芸芸眾生已經不再只是「向死」的存在，更是「朝向生生不已」的存在。

二、瀕死經驗所透露的訊息

以上所述，乃是偏就哲理面向而論，若就現實面向而論之，生命不死的可能佐證事例之一，即是「瀕死經驗」（near-death experience, NDE）。自古以來，就有不少這方面的文獻記載，近幾十年來則有不少學術性與系統性的探討。

美國著名的精神醫學與臨床死亡學專家伊莉莎白・庫布勒・羅絲醫師（Elisabeth Kübler-Ross, 1926-2004）在她的名著《論死後的生命》（*On Life After Death*）一書中提到她曾臨床研究過二萬名死後復甦的病例個案，其中還有不少人親身經歷了瀕死經驗。

庫布勒・羅絲醫師綜合其在醫院中與病患們訪談的內容，有許多病人已經沒有呼吸、脈搏、心跳，甚至沒有腦波，在臨床上已被醫師宣告死亡，而後卻又恢復生機；有些個案是自然地復甦還陽，也有些則是經由人

[16] Martin Heidegger (1962). *Being and Time* (A translation of *SEIN und ZEIT* by John Macquarrie and Edward Robinson). New York: Harper & Row Publishers, p.277.

工救治。事後他們回憶起在這段「死亡期間」，居然能遊歷天堂、遇到天使，或是得到守護精靈的眷顧與撫慰，乃至親眼目睹耶穌基督、聖母馬利亞等聖靈。凡此種種皆是許多歷經瀕死階段的病患們之共同愉悅經驗，不論其為男女老少，也不問其種族、國籍、文化與宗教背景之異同[17]。庫布勒・羅絲還說道：「每一個人都會親臨他心目中的天堂。[18]」

由此可見，天堂與地獄是存在於人類心靈的另一個向度與範疇，即使是先進的科學理論也無法否定與抹煞人類共同的深層心理經驗，尤其是臨終病患的特殊深層心理經驗，這就需要仰賴深層心理學以及臨終精神醫學的進一步發掘與探究了。

此外，瀕死經驗所透露出的消息有二：其一是破除一般大眾對於死亡的恐懼與迷思，突破了常識所認為的生命極限，顯示出死亡的境界非但不是生命的終點，反而開啟了另一道生命之門。其二是打破吾人對於世界的有限認知，顯示出宇宙連續時空結構的多重向度或次元。

瀕臨死亡的身心狀態不但突破了肉體的束縛與日常心識的關卡，同時更可以「身（心）臨其境」地神遊太虛，經驗到廣闊無涯的另一次元時空境界，許多死而復甦者所經驗到的「天堂」，可以用這樣的角度及觀點來理解與詮釋。

三、死亡對生命而言是一種必要的休息

即使廣義的生命不死，對絕大多數人而言，人世間的死亡仍然是恐怖而又無可逃避的現實。從現象上來觀察，筆者認為「死亡」有三個孿生兄弟，即是「衰老腐朽」、「惡疾絕症」與「災難橫禍」；換言之，這三者是導致我們的肉體色身終究要告別生命舞台的主要以及直接原因，而且是根本無法迴避的。

---

[17] Elizabeth Kübler-Ross (1991). *On Life After Death*. California: Celestial Arts, Berkeley, pp.9-16.

[18] Ibid., p.16.

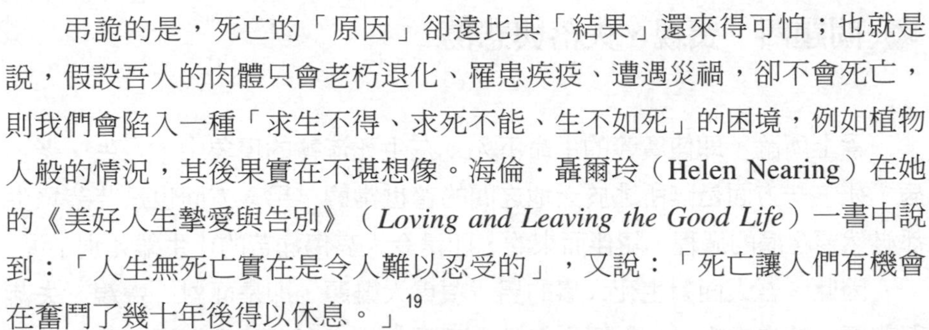

弔詭的是，死亡的「原因」卻遠比其「結果」還來得可怕；也就是說，假設吾人的肉體只會老朽退化、罹患疾疫、遭遇災禍，卻不會死亡，則我們會陷入一種「求生不得、求死不能、生不如死」的困境，例如植物人般的情況，其後果實在不堪想像。海倫．聶爾玲（Helen Nearing）在她的《美好人生摯愛與告別》（*Loving and Leaving the Good Life*）一書中說到：「人生無死亡實在是令人難以忍受的」，又說：「死亡讓人們有機會在奮鬥了幾十年後得以休息。」[19]

因此，死亡對生命而言，是必要而有深刻意義的。換言之，死亡並不完全是個障礙，它讓生命得以休息之後再出發。

四、生命的必修課題：死亡的難題與死亡的尊嚴

我們在面臨死亡之時的一項難題，就是能否善終而有尊嚴。《尚書．洪範》篇中說人生有五福：「一曰壽，二曰富，三曰康寧，四曰攸好德，五曰考終命。」（此即「五福臨門」這個成語的出處）。最後「考終命」一福即是善終——理想的死亡境界，也就是死亡的尊嚴與品質。古哲將善終列為人生五福之一，而且是五福之終極，可見其對人生有十分重大的意義。換言之，生命的尊嚴不能或缺死亡的尊嚴，能享有死亡的尊嚴才能圓滿生命的尊嚴。

我們必須要認清，世間任何物質的構造或組合，包括日月星辰、山河大地乃至吾人的色身，都有其相應的使用年限，汰舊換新本是自然常態。因此，如秦始皇、漢武帝等，千方百計祈求長生不死，根本不切實際。如果獨居於廣寒月宮裡的嫦娥真的是千秋萬壽，想必日子過得十分辛苦，李商隱的〈嫦娥〉詩說得好：「嫦娥應悔偷靈藥，碧海青天夜夜心。」

生命的終極意義與價值，根本就不在於肉體生命的不朽，而是在於心性上的自主與自在。既然面對死亡是生命的必修功課，我們就應該及早作好死亡的準備功課，千萬要避免陷入「平時不燒香臨時抱佛腳」的情境。

---

[19] 海倫．聶爾寧（Helen Nearing）著，張燕譯（1993）。《美好人生的摯愛與告別》。台北：正中書局，頁321-322。

問題四、喪親、失落與悲傷

承上所論，即使廣義的生命不死，在生死流轉的現象中，「生、老、病、死」一方面是無所逃於天地之間的普世常態，另一方面也是芸芸眾生都必然要經歷的過程，隨伴而來的，即是令人哀傷痛苦的「生離死別」。

因此，吾人面對生死大事的另一項重大難題，即是面對「喪親、失落與悲傷」的自處之道。對絕大多數人而言，生命消逝的哀傷場景與生離死別的悲痛情懷，儼然加劇了死亡的恐怖與威脅。

在《論語．里仁》篇中，孔子曰：「父母之年，不可不知也，一則以喜，一則以懼。」（4．21）[20]孔子說這句話的用意，當然是指為人子女者一種孝道的表現，要記得父母雙親的年紀，一方面慶幸他們能年享高壽，另一方面卻也憂懼他們的日漸衰老。

孔子此言已然隱含了為人子女者未來終將面臨父母百年之後的喪親心理壓力。「夕陽無限好，可是近黃昏」，這是大自然的現象，也是人生的寫照。是故，父母親「年享高壽」與「日漸衰老」的共存狀態，形成一種十分弔詭的生命情境。

其實，面對死亡事件的失落與悲傷，並不限於親情，除了父母子女之間的骨肉之情、兄弟姐妹之間的手足之情外，還有師徒之間的道情、朋友之間的友情，以及民胞物與的關懷之情，例如王陽明所撰的〈瘞旅文〉；乃至目睹山川文物，念天地之悠悠，發思古之幽情，例如唐朝李華所撰的〈弔古戰場文〉。以下就道情、親情與關懷之情等不同的人際關係，論述

---

[20] 見《論語》〈里仁〉篇，第二十一章，括弧中的數字，前者代表篇次，後者代表章次，以下所有出自《論語》的引文，均以此方式標註篇章。筆者所以據的《論語》文本主要有三：(1)《論語注疏》（《十三經注疏8．論語、孝經、爾雅、孟子》）（1997）。台北：藝文印書館；(2)吳宏一（中文）譯注、辜鴻銘（英文）精譯（1984）。《論語》（中英文合訂本）。台北：台灣新生報；(3)謝冰瑩、李鍌、劉正浩、邱燮友編譯（1973）。《新譯論語讀本》。台北：三民書局。以下所有引述《論語》之篇章節次第，皆以《十三經注疏8．論語、孝經、爾雅、孟子》中之《論語注疏》及吳宏一譯注、辜鴻銘精譯之《論語》（中英文合訂本）為準，且在引文之後註明篇章數字。

因死亡而產生的失落與悲傷。

一、聖哲道情的哀慟

因為親朋好友的死亡事件，而帶來深層的失落與悲傷，是共通於聖賢哲人與凡夫俗子的。以孔子為例，他在面對弟子死亡時的傷感，特別是以顏淵的早死，哀慟為最，甚至於超過他自己的兒子孔鯉之死，在《論語》中有很生動具體的記載：

> 顏淵死。子曰：「噫！天喪予！天喪予！」（11．9）[21]
> 顏淵死，子哭之慟。從者曰：「子慟矣！」曰：「有慟乎？非夫人之為慟而誰為？」（11．10）[22]
> 哀公問：「弟子孰為好學？」孔子對曰：「有顏回者好學，不遷怒，不貳過。不幸短命死矣，今也則亡，未聞好學者也。」（6．3）[23]

孔子在面對弟子死亡時的悲傷，除了對顏淵的不幸短命而死，表現最為哀慟之外，就屬對子路的壯烈犧牲。而孔子在子路生前，在分析弟子們的性格時，對於子路居然有恐其不得以壽終之預言：

> 閔子侍側，誾誾如也；子路，行行如也；冉有、子貢，侃侃如也。子樂。「若由也，不得其死然。」（11．13）[24]

「行行如也」是形容子路勇武剛強之氣象，由於子路剛強之氣過於

[21] 見《論語》〈先進〉篇，第九章。
[22] 見《論語》〈先進〉篇，第十章。
[23] 見《論語》〈雍也〉篇，第三章。
[24] 見《論語》〈先進〉篇，第十三章。

外露，孔子擔心他太剛而折，因而以「不得其死然」的警語來告誡他。結果，不幸一語成讖，後來子路果真壯烈地死於衛國孔悝之難[25]，此一事件也造成孔子莫大的哀慟。

顏淵與子路二人，可說是在孔子心目中占有最重要分量的弟子，後世論者比擬子路與顏淵在孔門中的地位有如將相。顏淵死時，孔子慨歎：「噫！天喪予！」後來子路死時，孔子又慨歎：「噫！天祝予！」祝者，斷絕之意也。

對孔子而言，顏淵、子路二人之死，代表了聖道不行於世的徵兆，難怪孔子的哀慟之情，溢於言表。顏淵死後，翌年子路即罹難，而子路死後，孔子可能悲傷過度，因此不到半年，也曳杖逍遙而仙逝。[26]

二、親情的哀傷

生離死別的哀傷悲情，當然是以親情的表現最為沉重與椎心刺骨，其中包括父母子女之間的骨肉親情、兄弟姊妹之間的手足親情。在《古文觀止》中有二篇膾炙人口的祭文，一是唐朝韓愈的〈祭十二郎文〉，一是清代袁枚的〈祭妹文〉，深刻地表達了親情的哀傷，是如何地刻骨銘心。

(一)韓愈〈祭十二郎文〉

在韓愈的〈祭十二郎文〉中，他口中的十二郎，是韓愈的二哥韓介之長子，自幼過繼給韓愈的長兄韓會。韓愈三歲喪父，三個兄長又都不幸中年早逝，全賴寡嫂鄭氏撫養成人，所以他和十二郎雖然名為叔侄，卻是情同兄弟。

韓愈自幼即刻苦為學，二十四歲登進士第，但仕途不順，三十六歲時才官運初起，俸給漸豐。卻在同年五月接獲十二郎的噩耗，在無盡的哀傷

---

[25] 見《杜預注，孔穎達疏，《春秋左傳注疏》，哀公十五年，《十三經注疏6・左傳》。台北：藝文印書館，1997，頁1036。

[26] 《春秋左傳注疏》，哀公十五年，《十三經注疏6・左傳》，頁1041。

與悔恨中追憶昔日的悲情，寄滿腔悽楚於祭奠之文字，以下摘錄祭文的最後一段：

> 嗚呼！汝病吾不知時，汝歿吾不知日；生不能相養以共居，歿不能撫汝以盡哀；斂不憑其棺，窆不臨其穴。吾行負神明，而使汝夭；不孝不慈，而不得與汝相養以生，相守以死。一在天之涯，一在地之角，生而影不與吾形相依，死而魂不與吾夢相接。吾實為之，其又何尤！彼蒼者天，曷其有極！自今以往，吾其無意於人世矣！當求數頃之田於伊潁之上，以待餘年，教吾子與汝子，幸其成；長吾女與汝女，待其嫁，如此而已。嗚呼！言有窮而情不可終，汝其知也邪？其不知也邪？嗚呼哀哉！尚饗。[27]

韓愈在祭文的末段中，一共用了十三個「不」字，來表達自己無盡的追悔與喪親的失落感。最後還歸罪於自己，不當為求官祿而遠離至親，而文末以代十二郎教子嫁女作結語，來安慰亡者。

然而，對於生死大事，以及亡者究竟是有知？還是無知？韓愈仍是一片茫然，只能徒自哀傷而已。

(二)袁枚〈祭妹文〉

此文是袁枚為其三妹素文所作的一篇祭文。其三妹由父母之命，與江蘇如皋高氏指腹為婚，正式受聘時尚不滿周歲。

十餘年後，高家因兒子不肖，主動提議解除婚約。但素文恪守封建禮教，堅持從一而終。結果婚後，丈夫素行不良，甚至於向她勒索首飾嫁妝作嫖賭之資，不從便暴力相向，備受凌虐。最後丈夫因賭博輸錢，要鬻妻還債，她才逃回娘家，告官仳離，卻不幸憂鬱成疾，年僅四十，便撒手人寰。

這篇祭文是袁枚寫在三妹過世八年以後正式安葬之時，心中的悲痛依

[27] 吳昭志、高政一註譯（2000）。《新譯古文觀止》，頁538。台南：西北出版社。

然。以下摘錄祭文的第六段與末段：

> 汝之疾也，予信醫言無害，遠弔揚州，汝又慮戚吾心，阻人走報。及至綿惙已極，阿嬭問望兄歸否？強應曰諾已。予先一日夢汝來訣，心知不祥，飛舟渡江，果予以未時還家，而汝以辰時氣絕，四支猶溫，一目未瞑，蓋猶忍死待予也。嗚呼痛哉！早知訣汝，則予豈肯遠遊；既遊，亦尚有幾許心中言，要汝知聞，共汝籌畫也。而今已矣！除吾死外，當無見期。吾又不知何日死，可以見汝；而死後知有知無知，與得見不得見，又卒難明也。然則抱此無涯之憾，天乎，人乎，而竟已乎！[28]
>
> 嗚呼！身前既不可想，身後又不可知，哭汝既不聞汝言，奠汝又不見汝食。紙灰飛揚，朔風野大，阿兄歸矣，猶屢屢回頭望汝也。嗚呼哀哉！嗚呼哀哉！[29]

從文中可以看出袁枚與素文兄妹的手足之情深厚，甚至他在遠赴揚州時，還夢到三妹在臨終前一天來托夢訣別。袁枚心知不祥，飛舟渡江返鄉，果然三妹在他返抵家中的三個時辰之前氣絕，四肢猶有餘溫，一目尚未闔眼，就是要等著見兄長最後一面卻不成。文末最後的結語：「紙灰飛揚，朔風野大，阿兄歸矣，猶屢屢回頭望汝也。嗚呼哀哉！嗚呼哀哉！」哀慟之情，溢於言表，不捨之心，躍然紙上。凡是讀過該祭文者，都極難忘懷。

同韓愈一樣，袁枚也在文中透露出對於生離死別的無奈，以及對於亡者死後有知無知的疑問與茫然。

三、民胞物與的關懷之情

面對死亡事件的失落與悲傷，除了親朋好友之外，對於非親非故的陌

[28] 吳昭志、高政一註譯（2000）。《新譯古文觀止》，頁845。台南：西北出版社。
[29] 同上。

生人，也可能產生一種民胞物與的關懷之情，特別是旅居異鄉的遷客、騷人、謫吏或遊子，王陽明的〈瘞旅文〉是篇極佳的例子。

明武宗正德元年，王陽明因為上疏營救戴銑、薄彥徽等人，觸怒了宦官劉瑾而下獄，受廷杖四十幾死，又被貶為貴州龍場驛丞。

次年赴任，正德三年春，始抵龍場。四年秋，聞說吏目等三人先後死於蜈蚣坡下，念其暴骨無主，遂帶領二僮僕前往收埋祭奠，並寫下這篇祭文。

王陽明何以要祭奠那三位不知姓名而僅有一面之緣的過客？很有可能是因為他們也是來自京城，人不親土親，有如他鄉遇故知，但主要還是如他自己對二位童子所說的：「吾與爾猶彼也。」原來同是天涯淪落人，彼此境遇相似而感同身受。以下摘錄祭文的末後三段：

> 吾念爾三骨之無依而來瘞耳，乃使吾有無窮之愴也！嗚呼，傷哉！縱不爾瘞，幽崖之狐成群，陰壑之虺如車輪，亦必能葬爾於腹，不致久暴露爾！爾既已無知，然吾何能為心乎？自吾去父母鄉國而來此，三年矣；歷瘴毒而苟能自全，以吾未嘗一日之戚戚也。今悲傷若此，是吾為爾者重，而自為者輕也；吾不宜復為爾悲矣。吾為爾歌，爾聽之！[30]
>
> 歌曰：「連峰際天兮，飛鳥不通。遊子懷鄉兮，莫知西東。莫知西東兮，維天則同。異域殊方兮，環海之中。達觀隨寓兮，奚必予宮。魂兮魂兮，無悲以恫！」[31]
>
> 又歌以慰之曰：「與爾皆鄉土之離兮！蠻人之言語不相知兮！性命不可期！吾苟死於茲兮，率爾子僕，來從予兮！吾與爾遨以嬉兮，驂紫彪而乘文螭兮，登望故鄉而噓唏兮！吾苟獲生歸兮，爾子爾僕尚爾隨兮，無以無侶悲兮！道傍之冢纍纍兮，多中土之流離兮，相與呼嘯而徘徊兮！餐風飲露，無爾飢兮！朝友麋鹿，暮

---

[30] 吳昭志，高政一註譯（2000）。《新譯古文觀止》，頁786。台南：西北出版社。

[31] 同上。

猿與栖兮！爾安爾居兮，無為厲於茲墟兮！」[32]

王陽明在祭文裡的第三段，以追問的語氣鋪陳，他問到亡者是何人？為何來到異鄉又客死為鬼？是犯了什麼罪過？一方面看似哀悼吏目客死他鄉異域，一方面也是為自己的際遇悲傷。

在祭文的後段，王陽明在悲傷之餘還為亡者作祭歌，他雖然自解：「今悲傷若此，是吾為爾者重，而自為者輕也；吾不宜復為爾悲矣。吾為爾歌，爾聽之！」然而從語意可以看出，一方面安慰亡者之靈，一方面也是自我紓解與調適。

比較以上〈祭十二郎文〉、〈祭妹文〉、〈瘞旅文〉這三篇祭文的內容，雖然祭奠的對象不同，三位作者都流露出極為哀傷的情感與深層的失落感。然而不同的是，王陽明在悲傷的同時，還能自我跳脫出來，作生死的省思以及對宇宙人生的觀照。

大家可能會認為，那是因為王陽明所哀悼的對象是非親非故的陌生人，而不是親若兄弟的韓愈叔侄或手足之情的袁枚兄妹，但是筆者認為這種看法只是部分的原因。

誠然，親情的牽絆極容易讓人陷溺於極度哀傷之中，而久久不能自已，但是如果只是停留在哀傷階段，對於亡者及生者，其實並無正面的意義。在世的哀傷者如何處理及調適其失落的心理與悲傷的情緒，這就牽涉到當事人（亦即哀傷者）的宇宙觀、人生觀乃至生死觀。

王陽明因上書營救忠良，而觸怒閹宦劉瑾，遭受廷仗幾乎命絕，又被貶官到當時屬邊疆蠻夷之地的貴州龍場驛，論際遇，並不比韓愈或袁枚來得順適。因此，王陽明在面對死亡事件所流露出的悲傷情感，並非完全是針對客死異鄉的吏目，筆者認為有相當程度是為他自己當時的處境感傷，但是他並未一直停留在哀傷的心境，而是有另一番層次的生死思維。

弔詭的是，王陽明本身的生死際遇與生死經驗，並未讓他陷入抑鬱消沉、自艾自怨的悲觀情境，反而促使他在極惡劣的環境下能力行「格物致

---

[32]同上。

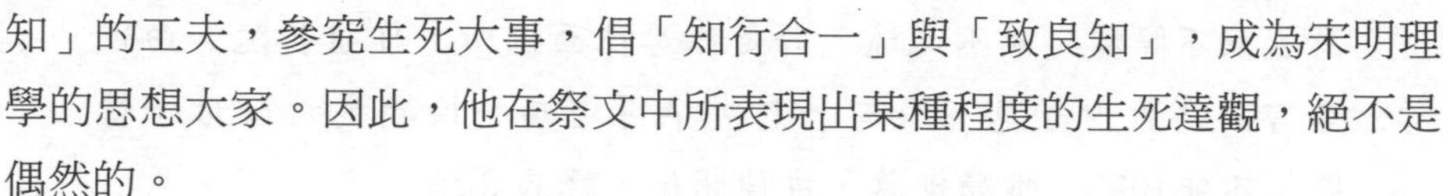

知」的工夫，參究生死大事，倡「知行合一」與「致良知」，成為宋明理學的思想大家。因此，他在祭文中所表現出某種程度的生死達觀，絕不是偶然的。

問題五、從佛教的觀點談喪親悲傷及療癒

承上所論，喪親的失落感與悲傷是共通於任何人的，無論是聖賢哲士，或是凡夫俗子。即使是碩學鴻儒，也很可能在親人過世之後，長久停滯在悲傷的階段，甚至陷溺在嚴重的失落感與哀慟的情境中而不能自拔。

從佛教的生死宏觀，來看待喪親的悲傷及其療癒，則不是一直停留在失落與悲傷的情境中，而是需要自我跳脫出來，用宏觀的視野角度，來觀照生死大事，進一步轉化失落感與哀慟的情緒為一種對過往親人的持續靈性關懷。這就需要培養較一般世俗更為宏觀的生死思維脈絡，其中包括了宇宙人生觀、生命觀以及生死觀。

一、無常觀的建立——佛陀對喪親的悲傷輔導

就佛教的宇宙人生觀與生死觀而言，在面對喪親個案的悲傷輔導時，「無常觀」的建立，是協助喪親個案超克失落感與轉化悲傷的第一步。無常觀能幫助喪親者進一步理解及接受有情生命中「生、老、病、死」與「生、住、異、滅」的遷流變化，破除對親人肉體生命的執著，進而跳脫面對喪親與失落的心理困境。

在《出曜經》的〈無常品〉中，有一段佛陀對喪子的孤母開示無常觀的個案輔導紀錄，引述如下：

> 昔，佛在舍衛國祇樹給孤獨園，爾時，有一孤母，而喪一子，得此憂惱，愁憒失意，恍惚倒錯，譬如狂人，意不開悟。出城至祇洹精舍，轉聞人說，佛為大聖，天人所宗，演說經道，忘憂除

患，無不照鑒，無不通達。於是孤母往至佛所，作禮長跪，白世尊言：「素少子息，唯有一息，卒得重病，捨我喪亡，母子情愍，不能自勝。唯願世尊，垂神開化，釋我憂結。」

佛告孤母：「汝速入城，遍行衢巷，有不死家者，求火持還。」

孤母聞已，歡悟踊躍。入舍衛城，至一街巷，家家告曰：「此中頗有不死者乎？吾欲須火，還活我息。」諸人報曰：「我等曾祖父母，今為所在？汝今荒錯，何須至巷，狂有所說。」所至之家，皆言死亡，形神疲惓，所求不剋。便還歸家，抱小小兒，至世尊所，頭面禮足，白佛言：「受勅入城，家家乞火，皆言死喪，是故空還。」

佛告孤母：「夫人處世，有四事因緣，不可久保。何謂為四？一者、常必無常，二者、富貴必貧賤，三者、合會必別離，四者、強健必當死。趣死向死，為死所牽，無免此患。」

佛告孤母：「汝今何為，不自憂慮，何不廣施持戒修齋？月八日、十四日、十五日，任力堪能，給施孤窮、沙門、婆羅門、遠行、久住、暫停止者，果獲其福，不可計量。」[33]

上段經文中敘述有一孤母（單親媽媽，可能是丈夫亡故），唯一的兒子重病死了，心中一直無法接受這個事實，祈求佛陀能讓她兒子起死回生。佛陀知道其執著甚深，直接講說無常之理，恐其無法領悟，故而用間接而迂迴方式為她開示無常觀。於是叫她到城裡尋找從來都沒有人亡故的家庭，然後向他們索取一盞燭火回來，如果要得到，就讓她兒子復活。

這位孤母滿懷希望地到城中跑遍了大街小巷，卻發現根本就沒有一家不曾有人亡故，結果無功而返。佛陀接著為她開示無常觀：一、常必無常，二、富貴必貧賤，三、合會必別離，四、強健必當死。趣死向死，為死所牽，此是世間的常態，無人能免於此憂患。

佛陀接著又進一步為她開示，不應鑽牛角尖式的自我憂慮，而應破除

---

[33]《出曜經》卷第二〈無常品〉之二，姚秦涼州沙門竺佛念譯。

執著，擴大自己，開展生命，依自己的能力所及，廣作佈施、持戒、修福的功德。

二、法會懺儀的悲傷療癒功能

基於上述佛教三世生命的生死宏觀思維架構，當我們面對喪親的失落感時，不應只是停留在疑惑親人死後的有知或無知，而是要關懷其未來生命流轉的出路與去處。而面對喪親的哀傷時，不應只是無奈地傷慟於天人永隔，而應超越有限的物質形體生命，進而轉化為心靈相通的感應道交。

在佛教的法會儀式中，針對亡者所作的助念、誦經、持咒、禮佛、懺悔、發願、迴向等等超薦儀軌，乃是基於上述生死宏觀之理解而展開的宗教實踐。佛教中的「盂蘭盆會」與「梁皇寶懺」是深入民間而且盛行至今的超薦法會，可作為療癒喪親悲傷的具體實例。

(一)「盂蘭盆會」

「盂蘭盆會」即是大眾耳熟能詳「目連救母」的故事。根據《佛說盂蘭盆經》所記載，佛弟子目連，以天眼通見其母親死後墮在餓鬼道，皮骨相連，且日夜相續受苦。目連見已，即以鉢盛飯，往餥其母，然而其母以生前惡業受報之故，飯食皆變為火焰，而無法進食。目連為拯救其母脫離此苦，乃向佛陀請示解救之法。

佛陀遂指示目連，於七月十五日僧自恣日（印度雨季期間，僧眾結夏安居三個月，此日乃安居結束之日），以百味飲食置於盂蘭盆中以供養三寶，能蒙無量功德，得救七世父母。《佛說盂蘭盆經》[34]云：

> 是佛弟子修孝順者，應念念中常憶父母供養，乃至七世父母，年年七月十五日常以孝順慈憶所生父母，乃至七世父母，為作盂蘭盆，施佛及僧，以報父母長養慈愛之恩。[35]

---

[34] 參見《佛光大辭典》，頁3454。

《佛說盂蘭盆經》是在西晉時期傳譯到中土的，由於盂蘭盆會實質上等於是一個「孝親會」，因此一傳入中土就立刻獲得提倡孝道的中國人的喜愛。在南北朝時期，梁武帝蕭衍首次依據《盂蘭盆經》的儀式，創設「盂蘭盆會」，大開齋筵，廣修盂蘭盆供，供養十方眾僧。

「盂蘭盆會」結合了儒家的孝道精神與佛教的超薦儀式，不但將宗教的行持融入孝道的實踐，而且跨越了生離死別的界限，擴大及延伸了孝道實踐的時空範疇，具體地展現對過往親人持續靈性關懷的可能性與可行性，實質地超克喪親的失落與悲傷。

(二)「梁皇寶懺」

「梁皇寶懺」之緣起，乃是梁武帝為了超渡其夫人郗氏，所制訂之《慈悲道場懺法》。根據《南史》〈梁武德郗皇后傳〉的記載，郗皇后生性酷妒，命終之後，化身為龍，入於後宮，托夢於武帝，或現龍形，光彩照灼。

又根據《慈悲道場懺法》卷首〈慈悲道場懺法傳〉所載，皇后郗氏駕崩後數月，梁武帝日夜追悼，悶悶不樂，夜不成眠，郗氏身亡之後，墮入惡道，化身為巨蟒，入於後宮托夢於武帝，謂其生前性情殘酷，妒忌六宮，損物害人，命終之後，以惡業報故，墮入蟒身，無飲食可實口，無窟穴可庇身，飢窘困迫，痛苦之劇有若錐刀加身，故而祈求武帝拯救，以拔除其痛苦。

於是梁武帝聽從志公禪師之開示，廣閱佛經，蒐錄諸佛聖號，親撰懺悔文辭，共成《慈悲道場懺法》十卷，延請僧眾為行懺禮，皇后遂脫蟒身，化為忉利天人，容儀端麗，在空中禮謝武帝而去。其後此懺法流行於世，俗稱《梁皇寶懺》[36]。

相同於「盂蘭盆會」的精神，《梁皇寶懺》亦是將喪親的失落與悲傷

---

[35] 參見《佛說盂蘭盆經》卷一，《大正藏》卷十六，頁779下。

[36] 參見(1)《佛光大辭典》，頁4624；(2)《慈悲道場懺法》卷一，《大正藏》卷四十五，頁922中、下。

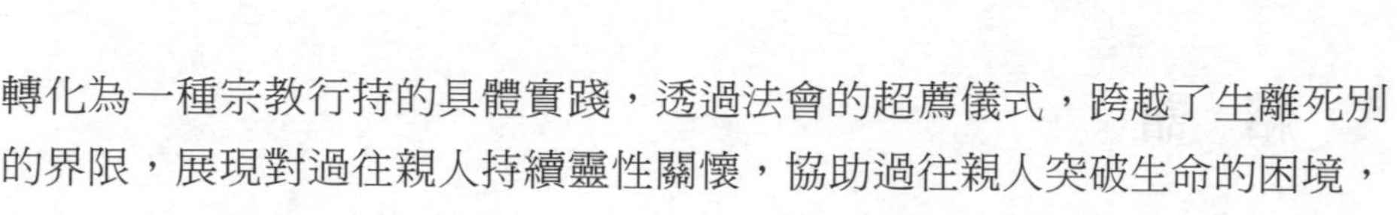

轉化為一種宗教行持的具體實踐，透過法會的超薦儀式，跨越了生離死別的界限，展現對過往親人持續靈性關懷，協助過往親人突破生命的困境，不斷地向上開展未來的生命。

三、法會懺儀的功效與意義

一般大眾通常都會在心中懷有疑惑：這些宗教法會及其儀式是真的有效性嗎？或者只是一種安慰生者的宗教形式而已？這樣的疑惑往往帶有濃厚的功利性思維色彩，似乎是說，如果有效才需要作。其實，在助念、誦經、持咒、禮佛、懺悔、發願、迴向等等宗教行持與施為過程裡面，儀式是一種必要而且非常重要的介面及平台。

然而，單靠儀式本身並不必然保證宗教行持與施為的有效性。雖然儀式是宗教行持與施為過程中不可或缺的一環，而且還必須要「如法」[37]地施行，但是宗教行持與施為的真正效力其實是繫於宗教實踐的行者，或者嚴格地說，繫於宗教行者至誠懇切的心念與思維。此處所說的「宗教行者」，並非專指「宗教師」（出家的法師），而是泛指所有「依教奉行」的實踐者，例如身體力行誦經、持咒、禮佛、懺悔、念佛、迴向等等功課的在家居士。

宗教行者的心念透過法會儀式的介面與平台，與亡者的心念溝通，協助並引導亡者在茫茫的生死大海之中找到方向與出路，這是在宗教行者與亡者之間，藉由聖者（佛、菩薩）的慈悲加持，而產生的一種不生不滅的靈性生命之間的感應道交。

[37] 所謂「如法」，係指隨順佛所說之教法而不違背。亦指契合於正確之道理。

結　語

從佛教的觀點而言，宗教行持與施為的真正意義與價值，不是對亡者有無效果的功利性問題，而是開導亡者「提起正念，放下以往的牽絆與執著，以迎接未來生命開展」的一種終極靈性關懷。

宗教行者透過宗教行持與施為與宗教儀式的具體實踐，不僅表達了生者對亡者的終極靈性關懷，而且在聖者、生者與亡者之間，形成一種心靈與心靈之間相互感應與溝通的網絡連結，讓彼此的精神與心意相通。如此不但可以引導亡者迎接並開展其未來的生命，同時還可以協助亡者之家屬與親友，轉化並撫慰其喪親的失落感與悲傷情緒。

基於以上所述，本文希望藉由大乘佛教「不生不滅」之生命觀的探索與義理開展，彰顯大乘佛教義理所特有的生死宏觀，而運用在喪親與失落的悲傷輔導與療癒之上。

佛教一向強調悲智雙運、解行並重，亦即理論與實踐的結合，而以心性的肯定體認與否，以及緣起性空之觀慧的掌握與否，作為有關生死大事的宗教教義及哲理取捨的準則，以此進一步運用在靈性關懷、照護與療癒的臨床實務上。

這樣的結合，對於現代生死學與生死智慧的建立課題，不但極富啟迪意義，還可以提供現代人，不論是在面對個人生死大事，或是抉擇現代社會的種種生死課題，包括喪親、失落與悲傷的輔導與療癒時，有不少可供運用的寶貴思維資糧。

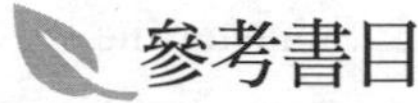

參考書目

《大正新脩大藏經》（以下稱《大正藏》）。東京：大藏出版株式會社，1924-1934。

《大般涅槃經》（卷上），東晉平陽沙門釋法顯譯，《大正藏》卷一。

《出曜經》卷第二〈無常品〉之二，姚秦涼州沙門竺佛念譯，《大正藏》卷四。

《成唯識論》（卷八），護法等菩薩造，三藏法師玄奘奉詔譯，《大正藏》卷三十一。

《佛光大辭典》，佛光大藏經編修委員會。高雄：佛光山，1988。

《佛說盂蘭盆經》（卷一），西晉月氏三藏竺法護譯，《大正藏》卷十六。

杜預注，孔穎達疏，《春秋左傳注疏》，哀公十五年，《十三經注疏6·左傳》。台北：藝文印書館，1997，頁1036。

《長阿含經》（卷十）第二分〈大緣方便經〉，後秦弘始年佛陀耶舍共竺佛念譯，《大正藏》卷一。

《慈悲道場懺法》（卷一），梁武帝集，《大正藏》卷四十五。

《碧巖錄》，《大正藏》卷四十八。

《論語注疏》（《十三經注疏8·論語、孝經、爾雅、孟子》）。台北：藝文印書館，1997。

《雜阿含經》（卷十），宋天竺三藏求那跋陀羅譯，《大正藏》卷二。

吳宏一（中文）譯注、辜鴻銘（英文）精譯（1984）。《論語》（中英文合訂本）。台北：台灣新生報。

吳昭志，高政一註譯（2000）。《新譯古文觀止》。台南：西北出版社。

海倫·聶爾寧（Helen Nearing）著，張燕譯（1993）。《美好人生的摯愛與告別》。台北：正中書局。

索甲仁波切（Sogyal Rinpoche）著，鄭振煌譯（1997）。《西藏生死書》（*The Tibetan Book of Living and Dying*）。台北：張老師文化。

陳勝英著（1995）。《生命不死》。台北：張老師文化。

陳勝英著（1997）。《跨越前世今生》。台北：張老師文化。

謝冰瑩、李鍌、劉正浩、邱燮友編譯（1973）。《新譯論語讀本》。台北：三民書局。

Brian Weiss (1988). *Many Lives, Many Masters*. New York: Simon & Schuster Inc.

Elisabeth Kübler-Ross (1991). *On Life After Death*. California: Celestial Arts, Berkeley.

Ian Stevenson (1999). *Twenty Cases Suggestive of Reincarnation*. Charlottesville: University Press of Virginia.

Martin Heidegger (1962). *Being and Time* (A translation of *SEIN und ZEIT* by John Macquarrie and Edward Robinson). New York: Harper & Row Publishers.

http://en.wikiquote.org/wiki/Henry_Ford

悲傷因應智能（測驗）

何長珠

理　論

問題一、悲傷輔導、諮商與治療之內涵

問題二、悲傷階段與因應輔導模式之關係

問題三、悲傷因應智能——輔導、諮商與治療

結　語

實　務

悲傷因應智能量表

理 論

問題一、悲傷輔導、諮商與治療之內涵

在生死失落的痛苦難過中，心理諮商的工作常被期望能有所介入並提供適當的幫助。雖然，也有文獻認為生死是人生必經之歷程，是每個人都可以學會應對的人生挑戰；但無論如何，對這項人人必經之事有所學習瞭解和準備，應該還是極有意義和價值的；到底，縱使不知為何而來，至少也要知道為何而去吧？不過，由於長期以來的中文文獻，習慣以「悲傷輔導」（grief guidance）的稱呼來含括悲傷心理因應的三個範圍——輔導（guidance）、諮商（counseling）及治療（therapy），因此本文特就此三部分之內容有所解說，以正視聽。

一、悲傷輔導

是以文獻分享及資訊提供的方式，來協助一般人增進或澄清對某項概念之瞭解（如死亡之對象會影響悲傷之深度等），在心理諮商之範疇中，屬於「預防及推廣」之性質。也就是說，「悲傷輔導」的重點在對一般大眾之死亡態度或迷思，進行知識和態度的認知澄清工作；因此「讀書會」、「影片欣賞」及短期的心理助人模式（如「焦點解決」或「現實治療」模式）均可用於此一階段之對象——一般來說，低度（L）的悲傷，可用這種方式來因應。

二、悲傷諮商

則主要在處理因悲傷所引發的情緒、感受或心理困擾，如憂鬱、悲觀或憤怒、無助等，其焦點總與感受有關，因此兼含文學、繪畫、音樂、舞蹈、沙遊等媒介的「表達性藝術治療」，便成為是最理想的介入模式；而「認知治療」的談話模式則被認為對悲傷、憂鬱之處理相當有效——中度（M）性質之悲傷處遇，屬此範疇。

三、悲傷治療

在心理諮商的系統中，針對困難度最高的人格問題之處理（如創傷性悲傷或複雜性悲傷等），則須採用對工作者訓練要求最高的深度治療模式，像是「心理動力治療」或「心靈治療」模式；困擾的是，台灣的情況，一般大眾真正求助的往往是所謂的「民俗」療法，而這又與「心靈治療」模式有著似是而非的關係，因此，專業、半專業及非專業的系統間之統合，是仍在發展中的趨勢。

問題二、悲傷階段與因應輔導模式之關係

由於悲傷經歷本身是一個持續發展與變化的過程，因此悲傷階段與因應輔導模式之關係，可以用**表2-1**來加以說明（何長珠等，2007、2008）。

表2-1　悲傷階段與心理因應模式

階段	特徵	狀態	心理介入模式	輔導—諮商—治療
震驚期（否定）	過分反應	1.退化：哭泣、失功能 2.堅強：表面無事，理性反應 3.「創傷性」反應	危機介入： 1.說出感受 2.結構：每天要完成的三件事 3.具體建立：支持連絡網	社工—輔導／諮商 1.讀書治療 2.影片欣賞 3.支持網絡之建立 4.生活事件之協助（重新安排生活結構）

（續）表2-1　悲傷階段與心理因應模式

階段	特徵	狀態	心理介入模式	輔導—諮商—治療
哀悼期	責怪自己／他人	1.分離的過程：恍如同在（幻覺） 2.獨白 3.得同樣的病痛 4.哭泣、憂鬱、憤怒	1.表達性藝術治療；催化情緒之表達與宣洩 2.心理諮商：處理未竟事務	諮商／治療 5.信仰之介入 6.心理成長團體（義工、宗教社團或藝術治療） 7.專業心理治療（認知或心理動力治療） 8.心靈治療（民俗或家族排列）
復原期	接受、回復現實	1.搬家 2.換工作 3.學新東西 4.深入宗教信仰	問題解決模式：正向心理學	輔導—社工 9.社工資源系統介入 10.新關係對象之建立（人物事）

問題三、悲傷因應智能——輔導、諮商與治療

由上可知，在悲傷輔導的不同階段中，悲傷輔導、諮商及治療，各有其獨特工作之模式與做法。何長珠及研究團隊收集中外文獻，整理出一個「悲傷因應智能量表」（何長珠、李盈瑩，2011）（請參見本章實務篇），分類說明如下。

一、悲傷輔導之智能

輔導是一種智能、知識相關的能力，例如我們知道女性比男性願意開放，所以我們在處理男性與女性的家人死亡時，介入的方式就會不一樣，這就是一種知識上的能力。在做輔導時比較常用團體的方式來進行，也就是二十個人左右的團體，輔導時會有比較多知識的分享與觀念的溝通，其內涵可參見**表2-2**的十四項說明與討論。

表2-2 悲傷輔導之智能

	內容
1	能感到很多正向力量的支持（從人際、書本或信仰中）。（Schaefer, J. A., & Moos, R. H., 1984）
2	知道工作有益於身體（但非心理）健康的維持。（同上）
3	悲傷會催化生理及心理疾病，而唯有規律運動的習慣，能協助對抗病痛。（同上）
4	瞭解悲傷的處理因人而異，有人的確可以默默（默思）完成其哀悼之過程。（Nolen-Hoeksema, S., & Davis, C. G., 1999）
5	明白男性處理哀傷的方式問題解決模式，因此需要幫助他們得到情緒宣洩之機會。（Wortman, C. B., & Silver, R. C., 1985）
6	女性處理哀傷的方式則偏向感受表達模式，因此需要幫助她們得到問題解決能力之訓練。（同上）
7	明白個人的依附類型會影響其悲傷處理，如焦慮型喜歡「求助和掌控感」；逃避型喜歡藉著「工作或理性」來因應；獨自型則傾向於「內省深思哲理」之做法。（Shapiro, E. R., 2001）
8	同意「獨白」（表面上看到的喃喃自語）被發現是一種有效的悲傷表達方式，不要擔心或制止。（Field et al ., 1999: 417）
9	瞭解悲傷會隨著時間而改變其形式，到墳場獻花或保持擺設的一切如故，在某個程度上都是自然正常的反應。
10	相信悲傷歷程的本質是一種「死亡—重生」的雙向歷程，在達到悲哀的極限（痛不欲生）後，生命的自然規律會再度上升，從而回到一個較前更為成熟老練的狀態，只不過每個人的速度、方法與結果有別而已。（Stroebe, M. S., & Schut, H., 1999）
11	死亡造成的影響中，「母喪子」與「白髮人送黑髮人」（老人喪失成年孩子）是喪慟最深的兩種類型，其恢復期也相對最久，甚至有人終生難忘。（Murphy, S. A., 1997）
12	老年喪偶（特別是寡婦）的悲傷結果似乎出現兩極現象，或者是一蹶不振（主要出現在關係很好或經濟社會地位的依賴者身上）；或者是快樂老人（主要出現在「夫管嚴」或經濟獨立者的寡婦身上），輔導時應注意其差別。（Lund, D. A., 1989）
13	悲傷對個人有意義的部分是喚起當事人對死者的一種承諾，「想為對方做一些事」的心意不僅有助於悲傷之轉向，而且也是讓「生死均安」的好辦法。無論尋求專業協助與否，有效的悲傷工作，均應包括生理（飲食、運動、休閒與新嗜好之健康化）、心理（自我概念與自我效能之再檢視；創傷性悲傷與壓力管理；讀書治療）、社會（支持網絡之擴增、家庭溝通之改善與工作職業之專注）、文化（民俗、信仰）及生死教育（生命與死亡意義之深入探討與處理）之追尋始可。（Stroebe, M. S., Hansson, R. O., Stroebe, W., & Schut, H., 2001）
14	悲傷因應的反應中，採「趨」反應者（理性分析危機、正向重新評估，採解決問題之行動，尋求支持），其悲傷復原之效果優於「避」反應者（企圖輕忽問題，尋替代補償，情緒複雜，對改變有無力感）。（Moss & Schaefer, 1993）

悲傷輔導智能說明

- ❖Fitzpatrick與Bosse（2000）探討工作（employment）對喪親者身體和心理的影響。248位是過去一年內遭遇傷慟、262位過去二至三年內遭遇傷慟。雖然兩組結果無差異，但仍發現工作對兩組的身體健康都是有益的，不過對心理的健康狀態則無改善；所以不要以為拚命工作就可以解決心理問題，這是一個迷思。
- ❖幾乎對每個人來說，喪親死亡經驗都是痛苦的，甚至還有少數的人終生無法走出其陰影。因此可說：悲傷因應歷程其實是一種正／負交織，來回往復的心理成長歷程。
- ❖依據Bowlby（1980）與Ainsworth等人（1978）所提出的依附論（安全、焦慮、逃避、瓦解）及其後Parkes對不同依附類型者的悲傷因應模式之觀察——不同的依附類型對於悲傷也有不同的因應模式，如焦慮型依附傾向於有持續性悲傷；逃避型依附傾向於不能表達情緒；而瓦解型依附則有可能成為藥物、酒精或性濫用者。甚至有研究發現，相關的影響因素尚包括性別與年齡差異，如Schut等人（1997）之研究發現男性處理哀傷的方式偏向問題解決模式，因此需要幫助他們得到情緒宣洩之機會。女性處理哀傷的方式則偏向感受表達模式，因此需要幫助她們得到問題解決能力之訓練。
- ❖悲傷隨著時間而改變形式，所以很多我們看起來不以為然的事情，其實都是因為當事人還沒有走完那個歷程。所以嚴格來說，並沒有不正常的悲傷，雖然我們在研究中有如此定義，但在一般生活裡面大部分的情況下，都是有原因的。
- ❖生命的自然規律是一個「死亡到重生」的雙軌歷程（Stroebe et al., 2001），所以，一個人在悲傷很久應該要結束痛苦的時候如果還沒有改善，很可能是因為他還沒有碰到悲傷最深處的原因；正常的情況下，一個人在悲傷中其實也等於在療癒中，所以，雖然你陪伴一個悲傷者可以很「真心」，但是不必太「擔心」，這個現象何長珠稱之為「游泳池理論」——溺水時人最先都是往下沉，但若下沉觸到底，則自然會回升。

❖最難最深的傷痛復原情況大概要十年，所以日後要安慰的對象若是屬於母喪子或白髮人送黑髮人這類悲傷最嚴重的案例，就要特別覺察到其心理機制的運作。像母喪子的例子，孩子如果是十歲以下的年齡，父母親就會基於補償心理想再生一個來紀念這個早逝兒，可是再生的那個孩子，在靈魂深處等於多為一個人而活，就比較容易成為不快樂的孩子。那假設母親老了，生孩子已經不可能了，就可能處於長期的憂鬱與失落之中，而成為自己與家人難以處理的困擾。這些都是屬於高難度的複雜性悲傷與失落議題，是需要深度心理治療之介入的。

二、悲傷諮商之智能

相較於輔導，諮商比較多是作感受的處理，諮商時是要把對方真正的感受引發出來，處理的焦點是個案的感受。例如我們知道男性比女性難開放，所以我們在跟男性相處時，就不要多去問他現在的感覺是怎麼樣，但是我們還是需要知道他的感覺，這時可能就要運用自我開放、互相說故事或任何我們所能運用的表達性藝術治療之媒材活動，來讓男性個案能夠把情緒宣洩或至少是能夠把情緒表達出來（**表2-3**）。

表2-3　悲傷諮商之智能

	內容
1	能對信任的人（或團體）公開表達並宣洩個人之情緒（哭泣 、想念、怨懟或不甘）。（Pennebaker, J. W., 1997a）
2	遇到死亡事件之衝擊，往往會產生新的互動序位，因此有效的衝突反而比假象的和諧，對家庭功能具有更大之意義。（Kissane, D., Bloch, S., & McKenzie, D., 1997）
3	在父（母）親掌權多年後去世的家庭情境中，要小心剩下來的伴侶有可能為「無助」（悲傷無法宣洩）或「無賴」（悲傷無盡）的悲傷遺族。（何長珠華人家排之實務經驗）
4	老年喪偶在鰥夫部分之例子，則有所不同。一般說來，在事發後半年左右的評估中，鰥夫雖然較不會出現如寡婦般的「創傷性（強烈）悲傷」；但卻有兩年內較高的生病與死亡率，因此可以說：表達及宣洩感受，有助於悲傷恢復。（Wortman, C. B., & Silver, R. C., 2001）

（續）表2-3　悲傷諮商之智能

	內容
5	對幼兒及小學兒童而言，好哭、尿床、睡眠不安、急躁、黏人、好動、不專心、拒絕上學等照顧上的困擾行為，都有可能是一種表達情緒困擾的求助方式。（Balk, D., & Corr, C. A., 2001）
6	對青少年而言，其表達悲傷之方式則除了飲食、健康（生病及發育）與學習上之困難外，尚包括有負面不穩定之自我意像、衝動冒險的行為以及對亡者愛恨交織的情緒，因之與兒童共同被列為是較易得到憂鬱的危險族群。（Balk, D., & Corr, C. A., 2001）
7	研究發現：喪親的兒童或青少年若能接受包括遊戲治療及表達性藝術治療在內的心理治療之協助，是可以有效改善狀況的。（何長珠實務經驗）
8	幼年時的喪親等心理困擾，若未得到處理，則成為「未竟事務」，而於其後成年時的喪親經驗中復發，變成所謂的「二度傷害」，增加當事人罹患憂鬱的危險因子。（Oltjenbruns, K. A., 2001）
9	從經驗中發現，任何能帶來內在快樂（歡笑）狀態的活動（如唱歌、畫畫、種花、養小動物、旅行、做義工等），都是有效的悲傷良藥（何長珠實務經驗）
10	「悲傷的工作」（grief work），通常包括三個階段，即：震驚期（適合介入方式為危機處理及實際問題之協助）、哀悼期（心理諮商，即情緒之表達、支持與澄清；對複雜性悲傷則可考慮心理治療）與復原期（適合介入方式為與認知治療有關的問題解決模式與意義治療）。（Neimeyer, R. A., & Hogan, N. S., 2001）
11	悲傷處理中一個很重要的概念，是向死者作出「正式的告別」。就此而論，儀式的存在有其必要性，而規避兒童介入喪禮的習俗也因此是有待商榷的現象。（何長珠多年實務經驗）
12	悲傷調適之做法，最先應是社會支持（社群網絡、宗教信仰），然後才是個人成長（成熟度上升、減少自我依賴、同理心增加、改變生命中目標的優先次序以及更懂得珍惜生命等）。（Schaefer & Moos, 1992）
13	悲傷調適之做法最先應是社會支持（社群網路宗教信仰）然後才是個人成長（成熟度上升、減少自我依賴、同理心、改變生命中目標的優先次序以及更懂得珍惜生命等）；敘事性家族治療成為幫助人們重新檢視他們生活中故事的一種過程。（Rosenblatt, P. C., 2001）
14	一個人愈能相信無常與死亡，面臨失落時的調適通常也越快與愈好。（Cleiren, M. P. H. D., 1993）
15	願意進行臨終前的溝通，在死亡之前把彼此多年之心結以及財產與身後事之安排等都表明清楚，將有助於死者的放下及遺族的歉疚與罪惡感。（Parkes, C. M., & Weiss, R. S., 1983）
16	我的死亡觀相信：人死後會經歷一個中間歷程（中陰）然後再走入輪迴（佛教觀）；或以基督教的說法是上天堂得永生。所以死亡只是肉體的消失而不是生命真正的結束。
17	我相信當一個人把某個摯愛的親人終於轉化到永懷於心（靈性關係的隨時同在）而不再難過時，他就真正完成了悲傷的復原歷程。（Wortman, C. B., Kessler, R. C., Bolger, N., House, J., & Carnelley, K., 1999）

悲傷諮商智能說明

❖一般而言，「悲傷工作」（包括輔導與諮商治療）的工作目標，主要是提供當事人一個安全支持的場域，使當事人能於悲傷歷程中，表達失落感（釋放情緒），經歷個人的內在療傷歷程，從而改變原有的認知架構（解構）、面對現實辨識與解決阻礙的衝突（連廷嘉，2001；Worden，聶慧文，2004），並以重構後的自我迎向前去。

❖「悲傷的工作」（grief work），通常包括三個階段，即：震驚期（適合介入方式為危機處理及實際問題之協助）、哀悼期（心理諮商，即情緒之表達、支持與澄清；對複雜性悲傷則可考慮心理治療）與復原期（適合介入方式為與認知治療有關的問題解決模式與意義治療）（Hogan, Morse, & Tason, 1996）（請注意此為西方心理治療之觀點）。

❖Bowen（1976）曾說：想要幫助一個遭遇家人死亡的家庭，必須瞭解家庭的型態、逝者在家中的地位功能，以及生活適應的程度。由此可見家庭是個互動單位，以家庭系統的觀點來看，未解決的悲傷不僅是家庭不健康關係的關鍵因素，也會使不健康的關係在代間傳遞下去。當家庭遇到死亡事件之衝擊時才會產生新的互動，所以真正有功能的家族是會吵架的，會談判的，不過爭吵的主要目的是要協調與妥協。Bowen（1976）在Stroebe等人（2001）的看法則是：伴隨死亡而來的焦慮和壓力，雖會增加一個家庭的融合，但也有可能為了情緒穩定而傾向於依賴過分僵硬的結構，使關係轉換至一個較前更為封閉的溝通系統。

❖Walsh與McGoldrick（1991）認為，藉由討論與處理家庭的悲傷反應（包含世代間及家庭生活圈內之溝通），可透過分享死亡的真實性與失落經驗的知識，重組家庭系統，使能重新投入其他的關係和新生活的追求。

❖Cohen和Wills（1985: 349-350）認為，支持系統不見得都可以發揮緩衝壓力的功能，因為：(1)當事者必須能夠覺察到具有功能的支持；(2)達到當事者所滿意的品質要求；(3)符合不同需求。根據這樣的觀點，悲慟者所需的支持必須是「質重於量」的，否則有時可能適得其反地擴大其複雜的悲傷反應，而發生以下的兩種狀況：(1)被視為無助的受照顧者；(2)被視為無賴的受照顧者。

Sanders（1989: 17）認為，悲慟者所獲得的酬賞會決定其悲傷調適所選擇的方向，Seligman（1975: 93-94）則提出「無賴的悲傷者」一詞，指稱個體相信自己缺乏能力改變事情的特徵——這類的老人可能患有身心症，會一天到晚咳嗽，氣喘，或是有胃病，全身都是病，讓人不得不去照顧他。「無助的悲傷者」，則意指那些不被社會所承認的關係者（如外遇小三），個體常因為所處的文化，使情緒性支持不足（如助人專業）或是提早被鼓勵回到正常的活動（如單親），而無法完成自我的悲傷調適。

❖一般來說，鰥夫比寡婦有更多負向的喪親結果（Cleiren, 1993）。老年喪偶的鰥夫，主要是指六十五歲以上男性，一般來說都要半年後才會出現悲傷，雖然表面上不會直接表達出來，但是兩年內，會有較高的生病率和死亡率。而在兒童面對喪親經驗中，父母或者手足的死亡對一個孩子亦有深遠的影響。某些兒童經驗悲傷的持續症狀（Hogan & Greenfield, 1991）會出現行為和心理問題。例如睡眠和飲食習慣的混亂，與同儕不好的關係，學業表現差，對於死去的手足有偏差的思考（我害的）並且有自殺意圖（Balk, 1990）。因此，當小孩出現這些現象時，應將焦點放在求助，並重新探討誘發他求助的事件。

❖對喪親的兒童或青少年兒童研究發現，喪親的兒童或青少年兒童比較能接受遊戲治療，而青少年和成人則透過表達性藝術治療較容易得到幫助。相反地，若幼年時期喪親經驗之心理困擾，未得到適當處理則會成為「未完成事務」，造成日後所謂的二度傷害。

❖儘管持續經驗悲傷會造成兒童出現行為或心理問題，但對較年長的兒童（小學高年級後）而言，悲傷經驗則提供機會重新檢視生命。Moss（1989）聲稱父母的死亡可以提供一個「發展的助力」，促使當事人重新檢視生命的定義，修正目標，同時與其手足更加親密。

總結來說，大多數人都會因為死亡與失落的打擊，經歷了成長的蛻變，得到更為堅韌的生命品質。

❖除此之外，不同的宗教觀念對於死亡的不同看法，也會影響人們面對死亡的態度。蔡明昌（2007）認為在不同的宗教信仰中，似乎基督教和天主教的教義最有助於悲傷調適。天主教的死亡觀，主要包括：(1)人生只活一次，最終之禍福由自己決定；(2)靈魂不滅；(3)信仰耶穌的善人，將與神結合於「奧身」之中，死後其靈魂與肉體立即以異於世間之型態復活。即使需要改正汙點，處於永恆世界的人，也可能在一瞬間完成（《新約聖經》重新詮釋的觀點）。在這種信仰之下，我們可以預期，天主及基督教的死亡觀，將可積極強化信徒在世時的行善動機，與面對挫折時忍耐及挑戰困難之勇氣。

三、悲傷治療之智能

進行悲傷治療之資格，通常是助人者先要有過被治療的種種經驗，才能夠有效的去幫助別人。所以從表面上來分，輔導是智能的增進；諮商是情緒的表達與處理；治療是人格的改變。此處所謂的人格其內涵就是價值觀，包括對人對事的看法，都會比一般人更為完整與客觀（**表2-4**）。

悲傷治療智能說明

❖Masten等人（1998）發現父母死亡對孩子會造成憂鬱及個人能力的重新思考，增加對死亡之現實與普遍感，因此對生命中事物的重要性會重新排列。透過這些觀點可知，喪親破壞了相關的自我認同與情緒控制的人際策略，並切斷了與重要他人經驗連貫的自我建構之持續性。

此時心理治療介入的重要在於以系統和合作計畫來減少壓力源（Henggeler, et al., 1996），藉由家庭介入，幫助探究和擴展家庭的溝通、凝聚力，以及分享失落的故事與故事的意涵，進而讓靈性達到一個新的狀態，以接受死亡的狀態重新生活。

表2-4　悲傷治療之智能

	內容
1	感覺看（聽）到亡者之存在是很多人的經驗（特別對中國人的文化而言），並不需要太介意；但如果造成當事人極大之干擾，則可以民俗或心靈治療之方式給予協助。
2	婚姻中或婚外的「墮胎」（流產或夭折）雖然一般人多不以為意，但其實對當事人其後的生活（親子或夫妻關係），往往會造成不良的影響（何長珠實務）。
3	不論對嬰靈或家中曾遭受不公待遇的人（如養子女或分產不公等）之悲傷處遇中，「和解」（正式承認對方）都是很重要的解決問題之道（海寧格理論，引自朱貞惠，2010）。
4	研究發現：有基督教和天主教信仰者，對死亡抱有最樂觀之態度（天堂與主懷）；而佛教淨土宗及一貫道之信徒則相信自己可以「前往西天」或「不落地獄」；但一般大多數的民間信仰者，則傾向於懷有「鬼魂」及「因果報應」、「六道輪迴」的擔心。（中研院本土研究）
5	悲傷對個人有意義的部分是喚起當事人對死者的一種新承諾，「想為對方做一些事」的心意，不僅有助於悲傷之轉向，而且也是讓「生死均安」的好辦法。
6	悲傷處理最重要的三原則是：「面對」、「表達宣洩」與「找出隱含其中的生命意義」（重構）。（Bonanno, G. A., 2001）

❖Kleiman對台灣地區中國人的死亡研究發現，人們即使面對自己的死亡時也不願正視，往往任由家人處理（陳新綠譯，1994：165）；而張珣（1989）則發現，中國人之所以有高比例的身心症，可能與文化中情感表達之壓抑性（禮貌及修養）與缺乏心理語言之使用習慣有關。Romanoff和Terenzio（1998）認為，一個成功的悲傷儀式需要同時闡述內心的自我轉換，社會地位的轉變，以及在集體的脈絡中與死亡連結的延續。因此，對中國人的文化而言，在悲傷歷程中，感覺看（聽）到亡者之存在是很多人的經驗，不需要太介意；但如果造成當事人極大之干擾，則可以民俗或心靈治療之方式給予協助。

❖在婚姻中或婚外的「墮胎」（流產或夭折）雖然一般人多不以為意，但其實對當事人其後的生活（親子或夫妻關係）往往會造成不良的影響。由於父母在孩子誕生之前，就已開始經歷身為人母的情感體驗，並開始建立與尚未誕生孩子彼此間的情感認知藍圖。大部分的母親在孩子死亡之後，仍堅持與持續對失落賦予意義（Horacek,

1995）。所謂成功的適應失落，通常是指個體需要面對並修通個人悲痛的感情。Stroebe等人（2001）認為「修通」是指面臨失落的認知過程，察看死亡前和當下所發生的事，聚焦在回憶及脫離對死者的依附。因此不論對嬰靈或家中曾遭受不公待遇的人（如養子女或分產不公等）之失落處理中，「和解」都是很重要的解決問題之道。藉由設牌位及唸經、懺悔等文化儀式行為，可以讓我們逐漸能面對情緒，進而更多瞭解人生潛意識的真相，心靈得以轉化成熟，成為「新存在（有）」的一種方式。

結　語

悲傷與失落是人類普遍的危機，當事人遭受因死亡所造成的失落狀態時，往往須承受生理上及心理上之失衡與痛苦。這種時候，若能具有達觀的死亡觀點及宗教信仰、具有健康的生活習慣（飲食及運動上），或擁有足夠的社會支持網路，則帶來的就不只是表面的失落而已；在緩慢哭泣、孤獨自問的悲傷旅途中，大多數人都會得到一個機會，能重新審視個人到此為止的人生意義與價值，並對逝者進行內在的追尋對話或和解，從而調整個人原來的價值觀以及與自己及他人（包括家人或相關之人）的關係，並因此變得更有成熟智慧和願意付出。

就此而論，我們是否可以這麼說：死亡／失落這個危機的確是一個轉機；也是一種「化妝的祝福」；在無盡痛苦的當下，同時（通常）以一種正向的模式改變並增富許多人的生命品質。但持續的挑戰則朝向於使未來之研究者能更瞭解這種成長在喪親的當事人、家庭和社區中，是如何、何時以及為什麼會發生？這些都有賴於持續投入更多研究，並嘗試整合個人發展的模式（由年輕到年老的種種角色，如孩子、夫妻、父母、祖孫、手足），同時考慮到悲傷本質（正常、創傷、複雜）和脈絡（社會、文化、宗教）的關係、個人和社會資源，以及因應的過程和評價為一個更分化又整合之模式，始可更系統性地建立悲傷影響之架構（何長珠，2011）。

實 務

悲傷因應智能量表（何長珠等，2006-2014）

<table>
<tr><td colspan="2">填答說明：
請依個人猜想實際能做到或知道之程度，填寫問卷之答案於題號之前
（5代表完全做到或知道；4代表常做到或知道；3代表有時做到有時做不到或知道；2代表常做不到或知道；1代表完全做不到或知道；總分代表目前之智能狀態）</td></tr>
<tr><td>1</td><td>感到很多正向力量的支持（從人際、書本或信仰中）。</td></tr>
<tr><td>2</td><td>能對信任的人（或團體）公開表達並宣洩個人之情緒（哭泣、想念、怨懟或不甘）。</td></tr>
<tr><td>3</td><td>工作有益於身體（但非心理）健康的維持。</td></tr>
<tr><td>4</td><td>悲傷會催化生理及心理疾病，而唯有規律運動的習慣，能協助對抗病痛。</td></tr>
<tr><td>5</td><td>悲傷的處理因人而異，有人的確可以默默（默思）完成其哀悼之過程。</td></tr>
<tr><td>6</td><td>男性處理哀傷的方式偏向問題解決模式，因此需要幫助他們得到情緒宣洩之機會。</td></tr>
<tr><td>7</td><td>女性處理哀傷的方式則偏向感受表達模式，因此需要幫助她們得到問題解決能力之訓練。</td></tr>
<tr><td>8</td><td>個人的依附類型會影響其悲傷處理，如焦慮型喜歡「求助和掌控感」；逃避型喜歡藉著「工作或理性」來因應；獨自型則傾向於「內省深思哲理」之做法。</td></tr>
<tr><td>9</td><td>「獨白」（表面上看到的喃喃自語）被發現是一種有效的悲傷表達方式，不要擔心或制止。</td></tr>
<tr><td>10</td><td>悲傷會隨著時間而改變其形式，到墳場獻花或保持擺設的一切如故，在某個程度上都是自然正常的反應。</td></tr>
<tr><td>11</td><td>感覺看（聽）到亡者之存在是很多人的經驗（特別對中國人的文化而言），並不需要太介意；但如果造成當事人極大之干擾，則可以民俗或心靈治療之方式給予協助。</td></tr>
<tr><td>12</td><td>悲傷歷程的本質是一種「死亡—重生」的雙向歷程，在達到悲哀的極限（痛不欲生）後，生命的自然規律會再度上升，從而回到一個較前更為成熟老練的狀態，只不過每個人的速度、方法與結果有別而已。</td></tr>
<tr><td>13</td><td>各種死亡造成的影響中，「母喪子」與「白髮人送黑髮人」（老人喪失成年孩子）是喪慟最深的兩種類型，其恢復期也相對最久，甚至有人終生難忘。</td></tr>
</table>

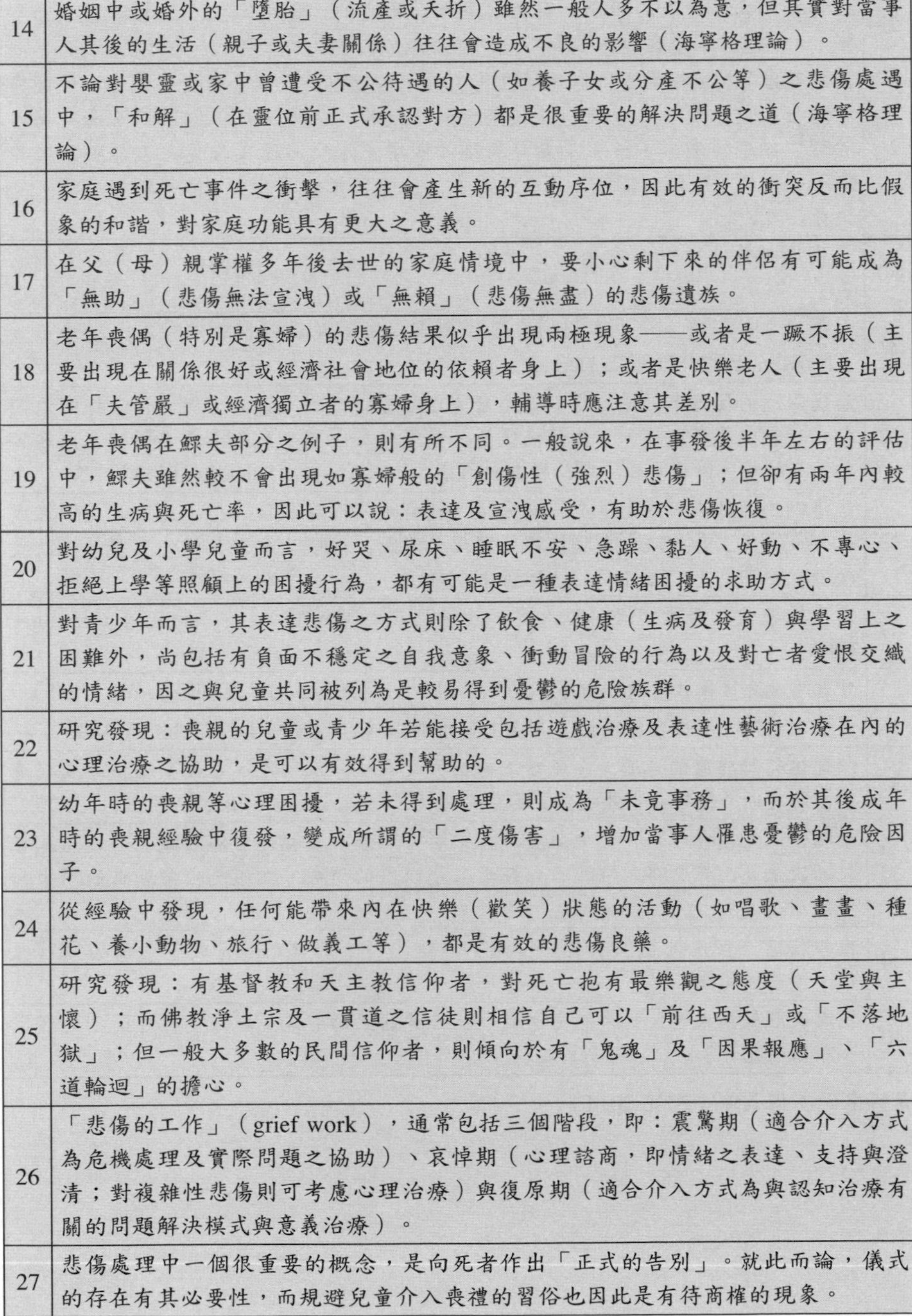

14	婚姻中或婚外的「墮胎」（流產或夭折）雖然一般人多不以為意，但其實對當事人其後的生活（親子或夫妻關係）往往會造成不良的影響（海寧格理論）。
15	不論對嬰靈或家中曾遭受不公待遇的人（如養子女或分產不公等）之悲傷處遇中，「和解」（在靈位前正式承認對方）都是很重要的解決問題之道（海寧格理論）。
16	家庭遇到死亡事件之衝擊，往往會產生新的互動序位，因此有效的衝突反而比假象的和諧，對家庭功能具有更大之意義。
17	在父（母）親掌權多年後去世的家庭情境中，要小心剩下來的伴侶有可能成為「無助」（悲傷無法宣洩）或「無賴」（悲傷無盡）的悲傷遺族。
18	老年喪偶（特別是寡婦）的悲傷結果似乎出現兩極現象——或者是一蹶不振（主要出現在關係很好或經濟社會地位的依賴者身上）；或者是快樂老人（主要出現在「夫管嚴」或經濟獨立者的寡婦身上），輔導時應注意其差別。
19	老年喪偶在鰥夫部分之例子，則有所不同。一般說來，在事發後半年左右的評估中，鰥夫雖然較不會出現如寡婦般的「創傷性（強烈）悲傷」；但卻有兩年內較高的生病與死亡率，因此可以說：表達及宣洩感受，有助於悲傷恢復。
20	對幼兒及小學兒童而言，好哭、尿床、睡眠不安、急躁、黏人、好動、不專心、拒絕上學等照顧上的困擾行為，都有可能是一種表達情緒困擾的求助方式。
21	對青少年而言，其表達悲傷之方式則除了飲食、健康（生病及發育）與學習上之困難外，尚包括有負面不穩定之自我意象、衝動冒險的行為以及對亡者愛恨交織的情緒，因之與兒童共同被列為是較易得到憂鬱的危險族群。
22	研究發現：喪親的兒童或青少年若能接受包括遊戲治療及表達性藝術治療在內的心理治療之協助，是可以有效得到幫助的。
23	幼年時的喪親等心理困擾，若未得到處理，則成為「未竟事務」，而於其後成年時的喪親經驗中復發，變成所謂的「二度傷害」，增加當事人罹患憂鬱的危險因子。
24	從經驗中發現，任何能帶來內在快樂（歡笑）狀態的活動（如唱歌、畫畫、種花、養小動物、旅行、做義工等），都是有效的悲傷良藥。
25	研究發現：有基督教和天主教信仰者，對死亡抱有最樂觀之態度（天堂與主懷）；而佛教淨土宗及一貫道之信徒則相信自己可以「前往西天」或「不落地獄」；但一般大多數的民間信仰者，則傾向於有「鬼魂」及「因果報應」、「六道輪迴」的擔心。
26	「悲傷的工作」（grief work），通常包括三個階段，即：震驚期（適合介入方式為危機處理及實際問題之協助）、哀悼期（心理諮商，即情緒之表達、支持與澄清；對複雜性悲傷則可考慮心理治療）與復原期（適合介入方式為與認知治療有關的問題解決模式與意義治療）。
27	悲傷處理中一個很重要的概念，是向死者作出「正式的告別」。就此而論，儀式的存在有其必要性，而規避兒童介入喪禮的習俗也因此是有待商榷的現象。

28	悲傷對個人有意義的部分是喚起當事人對死者的一種承諾，「想為對方做一些事」的心意，不僅有助於悲傷之轉向，而且也是讓「生死均安」的好辦法。
29	無論尋求專業協助與否，有效的悲傷工作，均應包括生理（飲食、運動、休閒與新嗜好之健康化）、心理（自我概念與自我效能之再檢視；創傷性悲傷與壓力管理；讀書治療）、社會（支持網路之擴增、家庭溝通之改善與工作職業之專注）、文化（民俗、信仰）及生死教育（生命與死亡意義之深入探討與處理）之追尋始可。
30	悲傷處理最重要的三原則：「面對」、「表達」與「找出隱含其中的生命意義」。
31	失去親人後，對生命中事物的重要性會重新排列（錢財、陪伴家人、健康）。（NerKen, 1993; Hogan & DeSantis, 1996）
32	悲傷因應的反應中，採「趨」反應者（理性分析危機、正向重新評估，採解決問題之行動，尋求支持），其悲傷復原之效果優於「避」反應者（企圖輕忽問題，尋替代補償，情緒複雜，對改變有無力感）。（Moos & Schaefer, 1993）
33	悲傷調適之做法，最先應是社會支持（社群網絡、宗教信仰），然後才是個人成長（成熟度上升、減少自我依賴、同理心增加、改變生命中目標的重要性以及更珍惜生命等）。（Schaefer & Moos, 1992）
34	悲傷能使我們對還活著的親人更加珍惜彼此之間的關係。（Miles & Crandall, 1983）
35	自悲傷復原後往往會改變當事人的死亡觀，變得更為正向。（Oltjenbruns, 1991）
36	一個人愈能瞭解無常與死亡，面臨失落時的調適也通常愈佳。（Cleiren, 1993）
37	願意進行臨終前的溝通，在死亡之前把彼此心結以及財產、身後事安排等表明清楚，將有助於遺族心中歉疚與罪惡感之處理。（Parkes & Weiss, 1983）
38	我相信人死後會經歷一個中間歷程（中陰）然後再走輪迴（佛教觀）；或以基督教的說法是上天堂得永生。所以死亡只是肉體的消失，並不是生命真正的結束。（死亡觀）
39	我相信當一個人把親人永懷於心而不再難過時，他就已經完成了悲傷的復原歷程。（靈性關係）
40	親屬在照顧病人時，如果能先學到一些臨終關懷的智能，應該是存亡兩利的事。（預期性死亡）

資料來源：何長珠（2006-2014）。

參考書目

中文部分

何長珠、李盈瑩(2011)。《大學生生命意義與悲傷因應智能之研究》。嘉義：嘉義大學輔導諮商學系碩士論文(未出版)。

何長珠、李盈瑩、王枝燦(2014)。〈大學生傷慟因應智能量表之應用研究〉。《生死學研究》,16(出版中)。

何長珠、曾湉慧(2014)。《台灣公幼教師之生命意義與悲傷因應智能關係之研究》。嘉義：南華大學生死學系所碩士專班論文(投稿中)。

何長珠、程鵬、王珮云(2007)。〈影響悲傷因應能力相關因應之探究〉。嘉義：南華大學生死學系畢業專題(未出版)。

何長珠、歐乃華(2008)。〈大學生傷慟智能與憂鬱、生命意義感相關之研究〉。嘉義：南華大學生死學系畢業專題(未出版)。

張珣(1989)。《疾病與文化：臺灣民間醫療人類學研究論文集》。台北：稻鄉出版社。

陳新綠譯(1994),Arthur Kleiman著。《談病說痛：人類的受苦經驗與痊癒之道》。台北：桂冠。

蔡明昌(2007)。〈我國大學生來生信念初探〉。《中華心理衛生學刊》,20(3),235-260。

英文部分

Ainsworth, M. D. S., Blehar, M. C., Waters, E., & Wall, S. (1978). *Patterns of. Attachment: A Psychological Study of the Strange Situation*. Hillsdale, NJ: Erlbaum.

Balk, D. E. (1990). The self-concept of bereaved adolescents: Sibling death and its aftermath. *Journal of Adolescent Research, 5*(1), 112-132.

Balk, D., & Corr, C. A. (2001). Bereavement during adolescence: A review of research. In Stroebe et al. (Eds), *Handbook of Bereavement Research* (pp. 199-218). Washington , DC: American Psychological Association.

Bonanno, G. A. (2001). Grief and emotion : A social functional perspective. In Stroebe et al. (Eds), *Handbook of Bereavement Research* (pp. 493-517). Washington , DC: American Psychological Association.

Bowlby, J. (1980). *Loss: sadness and depression. Attachment and Loss, Vol. 3.* London: Hogarth Press and Institute of Psychoanalysis.

Cleiren, M. P. H. D. (1993). *Bereavement and Adaptation: A Comparative Study of the Aftermath of Death*. Philadelphia: Hemisphere.

Cohen, S. & Wills, T. A. (1985). Stress, social support and the buffering hypothesis. *Psychological Bulletin, 98*(2), 310-357.

Fitzpatrick, T. R., & Bosse, R. (2000). Employment and health among older bereaved men in the normative aging study: One year and three years following a bereavement event. *Social Work in Health Care, 32*(2), 41-60.

Henggeler, S. W., et al. (1999). Home-based multisystemic therapy as an alternative to the hospitalization of youths in psychiatric crisis: Clinical outcomes. *Journal of the American Academy of Child & Adolescent Psychiatry, 38*(11), 1331-1339.

Hogan, N., Morse, J. M., & Tason, M. C. (1996). Toward an experiential theory of bereavement. *Omega, 33*, 43-65.

Hogan & Greenfield (1991). Adolescent sibling bereavement symptomatology in a large community sample. *Journal of Adolescent Research, 6*, 7-112.

Horacek, B. J. (1995). A heuristic model of grieving after high-grief deaths. *Death Studies, 19*(1), 21-31.

Kissane, D., Bloch, S., & McKenzie, D. (1997). Family coping and bereavement outcome. *Palliative Medicine, 11*, 191-201.

Masten, A. S., & Coatsworth, J. D. (1998). The development of competence in favorable and unfavorable environments: Lessons from research on successful children. *American Psychologist, 53*(2), 205-220.

McGoldrick, M. (1991). Echoes from the past: Helping families mourn their losses. In F. Walsh & M. McGoldrick (Ed's), *Living Beyond Loss* (pp. 50-78). New York: W. W. Norton.

Moss, M. S. & Moss, S. Z. (1989). The death of a parent. In R. A. Kalish (ed.), *Midlife Loss: Coping Strategies* (pp. 89-114). Newbury Park and London: Sage.

Murphy, S. A. (1997). A bereavement intervention for parents following the sudden, violent death of their 12-28-year-old children: Description and applications to clinical practice. *Canadian Journal of Nursing Research*, 251-272.

Neimeyer, R. A., & Hogan, N. S. (2001). Quantitative or qualitative? Measurement issues in the study of grief. In Stroebe et al. (Eds), *Handbook of Bereavement Research* (pp. 89-118) Washington, DC: American Psychological Association.

Nolen-Hoeksema, S., & Davis, C. G. (1999). Thanks for sharing that: Ruminators and their social support networks. *Journal of Personality and Social Psychology, 77*, 801-814.

Oltjenbruns, K. A. (2001). Developmental context of childhood: Grief and regrief phenomena. In Stroebe et al. (Eds), *Handbook of Bereavement Research*. Washington, DC: American Psychological Association.

Parkes, C. M., & Weiss, R. S. (1983). *Recovery from Bereavement*. New York: Basic Books.

Pennebaker, J. W. (1997a). *Opening Up: The Healing Power of Expressing Emotions* (Rev.ed.) New York: Guilford Press.

Romanoff, B. D., & Terenzio, M. (1998). Rituals and the grieving process. *Death Studies, 22*(8), 697-711.

Rosenblatt, P. C. (2001). A social constructionist perspective of cultural differences in grief. In Stroebe et al. (Eds), *Handbook of Bereavement Research* (pp. 285-300) Washington, DC: American Psychological Association.

Sanders, C. M. (1989). *Grief: The Mourning After*. New York: Wiley.

Schaefer, J. A., & Moos, R. H. (2001). Bereavement experiences and personal growth. In Stroebe et al. (Eds), *Handbook of Bereavement Research* (pp. 145-165) Washington, DC: American Psychological Association.

Seligman, M. E. P. (1975). *Helplessness: On Depression, Development, and Death*. San Francisco: W. H. Freeman.

Shapiro, E. R. (2001). Grief in interpersonal perspective: Theories and their implications. In Stroebe et al. (Eds), *Handbook of Bereavement Research* (pp. 285-300). Washington, DC: American Psychological Association.

Schut, H., Stroebe, M. S., de Keijser, J., & van den Bout, J. (1997). Intervention for the bereaved: Gender differences in the efficacy of grief counselling. *British Journal of Clinical Psychology, 36*, 63-72.

Stroebe, M. S., & Schut, H. (1999). The dual-process model of coping with

bereavement: Rational and description. *Death Studies, 23*, 197-224.

Stroebe, M. S., Hansson, R. O., Stroebe, W., & Schut, H. (2001). *Handbook of Bereavement Research: Consequences, Coping, and Care*. Washington, DC: American Psychological Association.

Wortman, C. B., & Silver, R. C. (2001). The myths of coping with loss revisited. In Stroebe et al. (Eds), *Handbook of Bereavement Research* (pp. 405-428). Washington, DC: American Psychological Association.

Wortman, C. B., Kessler, R. C., Bolger, N., House, J., & Carnelley, K. (1999). *The Time Course Adjustment to Widowhood: Evidence from A National Probability Sample*. Manuscript Submitted for Publication.

影響悲傷之重要因素（投射畫）

何長珠、吳文淑

理　論

問題一、悲傷重要內容摘要

問題二、悲傷影響之內容

問題三、生命階段與悲傷

問題四、喪親個人成長／復原模式

問題五、迷思的解構與重構

結　語

實　務

投射畫與華人家排

理　論

問題一、悲傷重要內容摘要

本章係文獻回顧，收集整理1980～2005年間與「悲傷」有關之「生理」、「社會」、「家庭」、「文化」、「宗教」、「背景資料」資料，並提出發現與建議（何長珠，2010）。

一、發現

1.喪偶的老年女性，更易引發憂鬱或創傷性悲傷；而男性則在死亡率或生病率上高於女性。

2.不論男女，喪親後半年內是否出現創傷性傷慟，可預測出癌症等重症。

3.工作有助於喪親遺族身體健康之保持。

4.社會支持普遍有助於減輕壓力及心理健康；同時人們對死亡和悲傷亦往往表現出多樣的社會建構，暗示整個社會，一個更寬容和彈性的喪慟氛圍之有待建立。

5.公開溝通表達感覺，有助於家庭功能之增進。

6.治療性團體的介入對喪親孩童特別有效。

7.社會支持雖然重要，但必須「質重於量」，否則可能造成所謂的「無助」或「無賴」的悲痛者。

8.大部分人仍逃避談論生死，建議未來教育課程中，廣義（通識）或狹義（生死）課程介入之重要性。

9.喪親老人之孤獨與寂寞是最常被提到的困擾，也暗示安養系統有加速受重視之趨勢。

二、建議

1.傷慟是一種正／負與內／外交織往復的心理歷程，未來研究方向建議要為評估多向度變項之危險及保護因子，藉以闡明影響喪慟的完整徑路。

2.悲傷輔導之重要內涵為認知層面的「生命與死亡意義之探索與重新建構」、情感層面的「悲傷負面情緒之表達與接受」以及行為層面的「問題解決能力之學習」。

問題二、悲傷影響之內容

有關悲傷之影響因素，大致上可分成：生理（健康與疾病）、社會（家庭與人際）、文化（迷思、禁忌與儀式）和宗教信仰（靈魂、輪迴）等；個人基本資料（年齡、性別、經驗）、失落對象之基本資料（死亡方式、家中地位與當事人之關係）、失落類型（父母、子女、夫妻、手足）與生命階段（幼年喪親、成年喪偶、老年喪子）等亦會影響。

一、生理（健康與疾病）

從文獻回顧（邱瑩明，2006）中可發現傷慟、悲傷、憂鬱、壓力對生理的影響如下：

(一)老年、女性或主要照顧者之角色

J. R. Jr. Williams（2005）對老年喪偶者的研究發現，這個族群容易產生憂鬱等負面情緒以及增加死亡率。K. Brazil、M. Bédard與K. Willison（2002）曾以151位照顧末期病人的家人（照顧者）為研究對象，結果發現：輕病的發生多見於逝者是死於慢性病者，而重病的發生則是和逝者之突然死亡有關。總結這部分的資料顯示：老年喪偶之當事人，似乎更容易產生憂鬱以及增加配偶死亡後之死亡率。

(二)針對不同生理系統的影響情形

◆對大腦生理的影響

A. Y. Shalev（2000）指出，創傷性事件後兩年內生病和死亡的機率增加，而其中男性又高於女性。

◆對免疫系統的影響

H. E. Peplau（1991）的研究對象為45位親密家人死於公車意外之創傷倖存者，發現比較易得感染性疾病，但社會支持則可降低壓力對免疫的衝擊。

◆對心血管血液的影響

L. Zgraggen、J. E. Fischer、K. Mischler、D. Preckel、B. M. Kudielka、R. Von Kanel（2005）等之研究發現，急性壓力會造成心血管阻塞之可能性增加。M. F. O'Connor、J. J. B. Allen與A. W. Kaszniak（2002）研究發現，傷慟組比起憂鬱組有較快的心跳速率，證實所謂的「心碎現象」（broken-heart phenomenon）是存在的。

◆對皮膚的影響

A. Picardi、P. Pasquini、D. Abeni、G. Fassone、E. Mazzotti、G. A. Fava（2005）研究545位皮膚科病人（十八至六十五歲），其中有38%符合DSM-IV的心理疾病診斷條件，最多的是情緒疾患（20%）和焦慮疾患（16%）。

◆對整體健康的影響

H. G. Prigerson、A. J. Bierhals、S. V. Kasl與C. F. III Reynolds（1997）研究150位喪夫（妻）者，結果發現：喪親後半年內的創傷性傷慟程度，可預測健康部分的負面情況。

二、社會（家庭與人際）

有關研究顯示：許多人類悲傷的內涵，顯著地跨越了地方、時間和種

族之差別（Rosenblatt, Walsh, & Jackson, 1976）。不但相異文化之間有著巨大的分別，事實上就連同文同種的你我之間，也出現極大之差異。

(一)悲傷與家庭

一個重要議題則是家庭世代論，認為未解決的悲傷會使不健康之關係會在代間傳遞下去。Walsh與McGoldrick（1991）因此建議處理家庭的悲傷反應時應包括：分享死亡的真實性與失落經驗有關的知識；重組家庭系統使能重新投入新的關係和生活。Walsh與McGoldrick（1991）更強調公開溝通感覺的重要性。Worden之書中引用Vess等人悲傷集群分析研究（MFGS）的發現，認為中等模式的家庭（在中國文化中被定義為「正常」的家庭），在家庭凝聚力上雖顯示中等功能，但在達成新調適方面的功能則最低（因為要避免衝突之文化特質）。

(二)悲傷的人際觀點

悲傷文獻的理論，主要是走一種由內心至人際心理之結構。像是最早由佛洛依德觀點所延伸的客體關係或John Bowlby的依附理論，都是喪慟歷程研究中的重要架構。W. Stroebe等人（1996）最近的研究更已驗證情感的孤寂與當事人最初的依附情結有關。無組織或令人害怕的親子互動，根源於父母親本人無法解決的失落和情感解離之影響（Lyons-Ruth & Zeanah, 1999）。

另一個重要的貢獻，是Horowitz、Bonanno與Holen（1993）的角色關係模式研究——視喪慟歷程為一種壓力反應的徵候。個別的悲傷反應可被定義為內在主觀的存在象徵，用以重新穩定因死亡所導致的自我與他人間的關係之破壞。最後，David和他的同事們（David, Nolen-Hoeksema & Larson, 1998）強調——瞭解死亡及情境性的介入焦點或許與增進當事人的短期調適有關（等同於接受諮商所得到的效果——表達及宣洩）；但要從死亡經驗中得到成長，則必須與當事人長期的調適有關（這通常是治療才能達到的效果——轉念及重新建構）。

三、文化（迷思、禁忌與儀式）

Kleima對台灣地區中國人的死亡研究發現，人們似乎即使面對自己的死亡時也不願正視，而往往任由家人處理（引自陳新祿譯，1994：165），他的假設是中國人之所以在心理語言上對死亡的表達模糊，可能是為了減少焦慮、憂鬱、恐懼等感覺的強度；而張珣（1989）的發現則是中國人之所以有高比例的身心症，可能與文化中情感表達之壓抑習性（禮貌及修養）有關。Romanoff和Terenzio（1998）則主張，一個有用的文化儀式會闡述隨著時間而演化的悲傷樣貌，而不該僅是死亡後的那一段短時間而已（Klass, Silverman & Nickman, 1996）。

文化人類學家Metcalf與Huntington（1991）則以「刺激閾」的概念陳述喪親者在喪親期間生理與社會的轉換經驗。雖然傷慟歷程的儀式為悲傷家庭提供有意義的支持，但有時個人需求與外在期望之間卻可能是有衝突的。例如歐美文化強調獨立，放手與繼續走下去，社會的氛圍會期待悲痛者迅速恢復。東方文化則較強調集體的自我（Tedlock & Mannheim, 1995）和精神及心理在死與生間之轉化。蔡文瑜（2000）對女性喪偶者的悲傷調適歷程研究發現：悲慟者所需的支持，可能質重於量，否則可能適得其反。而這樣的可能性一般常發生於以下的兩種狀況：(1)被視為無助的受照顧者；(2)被視為無賴的受照顧者。以下簡單說明：

(一)被視為無賴的受照顧者

Sanders（1989: 17）認為，悲慟者所獲得的次級酬賞會決定其悲傷調適時所選擇的方向，M. E. P. Seligman（1975: 93-94）則提出「學得的無助」一詞，用來指稱個體相信自己缺乏能力改變事情的結果。例如，悲慟者若受到社會支持網絡持續增強與悲傷有關的行為，則個體的悲傷反應可能會延長或誇大，甚至傾向於採取一個生病的角色，以交換情緒上的依賴與照顧。

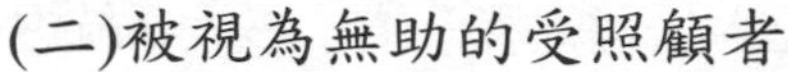

(二)被視為無助的受照顧者

個體常因為所處的文化或情境脈絡，使情緒性的支持提早撤退或是被期望儘快恢復正常，亦可能因處於退縮狀態而無法完成自我的悲傷調適。例如Parkes等（1996: 151）發現，在十三個月（一年）內與親戚或朋友互動最少者，心理上比較容易不安。

可預期的是——未來將有更多評估多向度變數之危險及復原因子的縱向研究出現，藉以闡明文化對於影響喪慟的可能途徑。

四、宗教信仰（靈魂、輪迴）

蔡明昌（2007）對300位大學生是否具有來生信念的研究顯示，「猶疑型」——未指對來生的各種敘述都抱持著「可能有也可能沒有」信念者，所占比例最多（100人）；「審判型」（57人）與「佳境型」（23人）則肯定死後世界的存在；至於「鐵齒型」（37人，占受試的1/10），基本上並不相信死後世界的存在。

可見大部分的大學生（153人，占受試的1/2）對此議題抱有半信半疑的立場，但是在懷疑中又傾向於相信的可能。在這種相信中，因果觀（審判）與交換觀（做法事改運）似乎是大家很習以為常的理念。

但無論如何，它都指出一個重要的事實：即如何讓生死教育廣義（通識課程）或狹義（生死課程）的介入於學校相關的教學或經驗，已成為今日「個人—物質主義」嚴重薰染的時代精神下，不容再輕忽的議題。至於各宗教對悲傷輔導所持有之構念，原則上當然受到教理主旨差異而有所不同（釋見蔚，2006）。但在偏向東方輪迴的思考中，一切都是因果循環的，因此人須為其行為負責；對西方基督教系統的信念而言，則是以一生為單位，因此更需要善用此生。這兩種基本理念上之不同觀點，當然會影響其對死亡之看法與悲傷之反應。對前者（六道輪迴）而言，似乎更多了一份懸念，像是擔心死者的去路或期待夢中再見；而對後者（回歸主懷）而言，則比較容易接納死亡與安心放手。

再者，典型中國人之宗教信仰，基本上為「儒—釋—道」三大系統之融合，因此不能不瞭解一下其融合之軌跡。李豐翎（1994/2000）稱之為「中國式佛教」，意指融合儒家慎終追遠、敬鬼神又遠之；佛家的因果業緣、輪迴有報與道家三魂七魄、談判和解等概念整合而成的一種既和諧又衝突的生死觀念與習俗。

可知：大部分中國人的信仰，經過幾千年文化的自然交融與洗禮之後，已成為不折不扣的「變色龍」：不屬於任何一個系統而又與任何系統都有關。在這種情況下來談悲傷輔導，其情況應更為複雜但原則應更為彈性，則是可以確定的。

問題三、生命階段與悲傷

一、喪親老人之傷慟類型

(一)喪偶的傷慟

Lopata（1996）認為老人配偶死亡時之失落感大於一般深愛的夫妻。這主要是因為許多重要的角色通常都被拿來定義我是誰及個人的自我價值感（Moss & Moss, 1996a）。孤獨是圍繞在大部分寡居生活中最常被提到的事情（Lopata,1996; Lund, Caserta & Diamond, 1993），特別是連結情緒與生理痛苦的哀傷，有時是以緩慢下降的方式瀰漫在喪偶老人周圍的（Thompson, Gallagher-Thompson, Futterman, Gilewski & Peterson, 1991）。

(二)喪子的傷慟

有四分之一大於六十五歲的女性被預估與她們生活在一起的兒子將死於她們之前（Metropolitan Life Insurance Company, 1997）。因此，對一個成（老）人而言，年輕人的死亡常會導致更強烈的傷慟反應（Cleiren, 1993; Hayes, 1994）。

(三)孫子的死亡

Fry（1997）對加拿大祖父母的喪親研究（平均年齡六十五歲）發現，其悲傷程度相似於一個小孩的死亡；會出現強烈的情緒不適、倖存者的罪惡感、痛惜死去的小孩與需要再重構活下來的家人關係。

二、成人父母親之死亡

非常老的父母親之過世，常被視為是解除病痛或負擔的自然之道（Marshall, 1996）。雖然如此，仍有一些相關因素值得探討。

(一)死亡情況

Pruhno、Moss、Burant與Schinfeld（1995）的研究指出，大約有二分之一（46%）的成人（孩子）表示，調適死亡所需的時間超出原先預期且更加困難。

(二)對自我之影響

Douglas（1990）發現，證實父母死亡會對孩子造成憂鬱及永恆生命觀改變的影響。

(三)放手

放手會造成一個情緒強烈的困擾。一般來說，成人—小孩的連結在母親喪子之痛的情境下是最困難放手的。大部分的母親在孩子死亡之後，仍堅持與持續對失落賦予意義（Horacek, 1991）。

三、父母喪子及生命週期的反應

(一)年輕父母對未成年子女

近期喪子的母親會產生高度的焦慮，有較負面的看法和較低的復原力。至於關係部分，對已故子女不變且強烈的依附關係，則幾乎是所有喪子母親的特徵，近期喪子的母親表現得更為明顯。

(二)中年父母對成年子女

喪子父母明顯地比未喪子父母更為焦慮。喪子四年的父母比未喪子的父母承受更多情感上、身體上、社會上及心理上的悲痛——父親的恢復較快，而母親則似乎成為一生的烙印。此外，喪子父母對於他們已故的子女傾向保留好的回憶，亦可能造成與在世子女之間相處關係上的困難。

(三)年老父母和較年長子女

當喪子父母回顧過去時，很多喪子父母則覺得和已故子女之間持續不斷的情感依附，會使得他們無法將全部的精力投注在其他不斷成長與改變的家庭成員中（Lopata, 1981）。

由此可見，喪子經驗中的危險因素通常包括幾項：意外的死亡、孩子在年紀較大時過世（父母年老時）、父母持續的憶念，會影響與在世的孩子之關係及其對死亡與親子之觀點。

問題四、喪親個人成長／復原模式

喪親經驗，幾乎對每個人來說都是痛苦不快的經驗，不過幸好對大多數人而言，仍是一個有正有負的成長旅程。以下將分別介紹一些重要的研究論點。

先澄清一下壓力與因應的定義：Lazarus與Folkman（1984/1986）認為它是個人改變思考或行為，以應付外在與內在壓力情境之模式，內容包括：事件—評估—因應（問題導向對情感導向）—事件結果（好或壞）—情緒反應（正向或負向——以意義或維生為基礎的因應）。

依據Stroebe與Schut（2001），喪慟因應的理論與模式約可分為幾種：

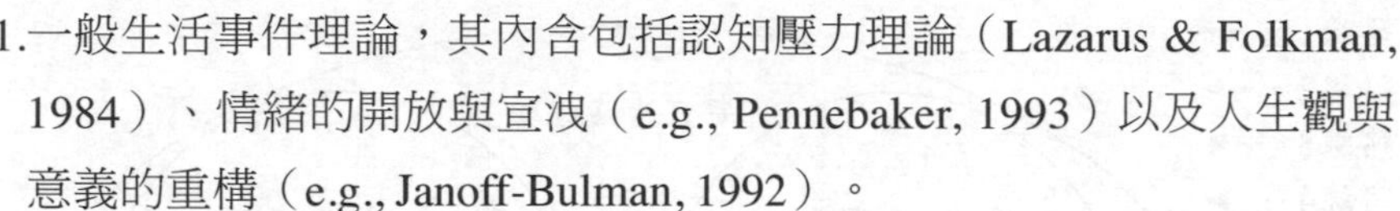

1.一般生活事件理論，其內含包括認知壓力理論（Lazarus & Folkman, 1984）、情緒的開放與宣洩（e.g., Pennebaker, 1993）以及人生觀與意義的重構（e.g., Janoff-Bulman, 1992）。

2.一般悲傷有關之理論，其內含包括心理分析理論（Freud, 1917, 1957）、依附理論（Bowlby, 1980）、心理社會轉換論（Parkes, 1997）（悲傷之修通）與雙軌模式（Rubin & Schechter, 1997）（自依附中轉換與復原）。

3.與喪慟有關之特定模式（從內在走向人際之觀點），其內含包括任務模式（Worden, 1982, 1991）、認知歷程模式（Nolen-Hoeksema & Larson, 1999）（認為修通包括四個任務，即默思、分散注意力、正向心理狀態、面對／逃避），累加（incremental）的悲傷模式（Cook & Oltjenburns, 1998）（指悲傷團體家人間內在的平衡與統整）、悲傷的新模式（Walter, 1996）（悲傷團體家人的傳記建構或重構）。

4.意義重新結構模式（Neimeyer, 2000）（指瞭解當事人之信念系統、悲傷之內涵、協助當事人瞭解悲傷是為自己做的事、從而重新定義意義並將之置放於社會性脈絡之中）。

5.統整模式（Bonanno & Kaltman, 1999），其內含包括四成份之模式（評估、評鑑之歷程、改變情緒規範之象徵為由負轉正）及雙歷程模式（面對／逃避、復原導向、正面／負面的意義重構與認知之控制）。

上述的模式，雖然琳瑯滿目美不勝收，但總括其內容，實際上可視為是一種正／負與內／外交織，來回往復的心理歷程。這個事實，Stroebe與Schut（1999）曾試圖以圖表的方式表達出來，如**圖3-1**。

悲傷的收穫

Moss與Shaefer（1986）的研究發現，隨著危機事件，個人可經驗到近程和終極的兩種結果。近程結果包括：社會資源的提升，包括與家庭和朋

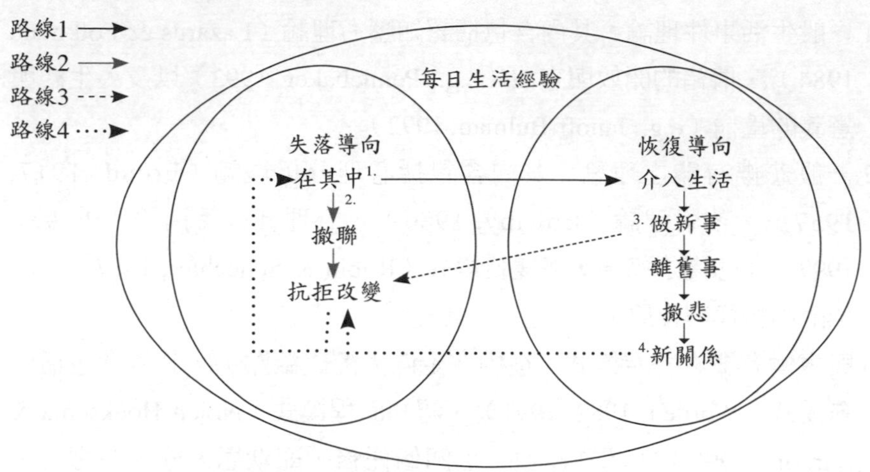

圖3-1　因應傷慟雙軌歷程模式

資料來源：DPM, Stroebe & Schut (1999).

友間更好的關係，並且發展新的知己和支持網絡；因應技能的提升，有能力去調整影響，尋求幫助，並且用合乎邏輯的方式去思考和解決問題。終極結果則是個人生命品質的提升，如增加自我瞭解，同理心，人生觀及死亡觀的更形成熟和利他性增加等。Simon與Drantell（1998）之看法則是個人在喪親經驗中所得到的成長，經常表現在增加的獨立性，自我信賴和自我效能；同時出現更多的智慧、成熟、同情並理解其他人；改變對生活的洞察並開始或加強對宗教上之信仰。

Arbuckle與de Vries（1995）研究人在失落之後其長期的適應上發現，隨著分離或離婚，女人在自我效能的增加和獨立上與寡婦們經驗到相似的改變（Nelson, 1994）。Moss等人（1989）則聲稱父母的死亡可以提供一個「發展的助力」，促 使年長的小孩重新檢視他們的生命和定義而修正生命目標，同時由於分享悲傷而與手足能更親密。在一項失去父母之大學生的研究中，Schwartzberg與Janoff-Bulman（1991）發現，喪親普遍地改變了學生的信仰和世界觀；45%重新訂定他們的目標，35%對生命有更深度的瞭解，30%開始質疑個人原先的價值觀，30%則變得篤信宗教（複選題）。

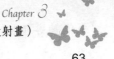

Shanfield與Swain（1984）的研究中注意到在兩年前於交通事故中失去青年孩子的父母們提到，孩子死亡後的一年會促進婚姻和家庭生活的改變。超過 三分之一的父母增加對婚姻的滿意，超過一半與配偶更親密，並且有超過三分之二的受訪者與其他的孩子更親密。似乎失親的家庭同時更能解決衝突並且與彼此談論情感問題（Lehman, Lang, Wortman & Sorenson, 1989）。

至於父母或者手足死亡，對孩子通常會有深遠的影響。一些孩子會經驗悲傷的持續症狀（Hogan & Greenfield, 1991），阻礙正常發展的任務、行為和心理問題。例如睡眠和飲食習慣的混亂，與同儕不好的關係，學業表現差，對於死去的手足有偏執的思考並且想自殺等（Balk, 1990）。儘管有這些暫時性的負向結果，但隨著喪親的調適，最終還是會帶來一些正向的改變，特別是成熟度的增加（Balk, 1990）。不過，國內之研究則有不同資料，如袁萍芳（2001）對罹患癌症父母兒童的研究發現是：隱藏秘密、害怕烙印、不知如何與患病的父（母）互動、有分離焦慮、夢魘、矛盾的感覺、抗拒的防衛心理、產生幻覺。陳瑛吟（1998）對低收入戶青少年父親過世影響的發現是：由於失親造成子女的恐懼再失去，因而強化母子關係，此點可能不利青少年的自我分化。

在中年喪偶部分，曹桂榮（2004）發現，協助喪偶婦女悲傷復原的正面因素，主要在於「復原力」能驅使個人內在機轉，強化自己以積極、正向的行動去改變自己，發展出問題解決的能力。至於悲傷復原力的相關因子，則包括：正向認知、個人特質、處置策略與社會支持四方面，且每個人的曲線都有所不同。

總結來說，不論是配偶、父母或子女之死亡，似乎隨著痛苦或悲傷的付出，大多數人都反而經歷了成長的蛻變，得到了更為堅韌的生命品質。無怪乎Caplan（1964）在幾十年前，便曾經提出「危機即轉機」的概念；而Park、Cohen與Murch更於1996提出喪慟因應歷程指標與近程及終極結果的模式，期望能更系統的探討與悲傷轉換歷程有關之資料。其研究資料顯示，為協助當事人能有效因應傷慟，悲傷（輔導）的工作可以包括認知層面的「生命與死亡意義之探索與重新建構」、情感層面的「悲傷負面情緒之表達與接受」，以及行為層面的「問題解決能力之學習與開展」。就此而論，「悲傷」實在就是一種「化妝的祝福」！

問題五、迷思的解構與重構

既有之文獻已經辨識和討論過許多普遍存在於一般人的傷慟之假設，像是：失落期間，正向情緒是不存在的、若有人無法感受到悲痛，可能是有問題的；是否能「切斷與已故者的依附」被認為是復原與否的關鍵成分等。

但事實上，現在一些新的研究，其方向與對象都已有所不同。例如：Zisook（1997）等人研究鰥夫寡婦顯示，少數人的確沒有太多的悲傷徵兆；Bruce（1990）發現，四十五歲以上的喪偶者有60%曾經歷焦慮，但也有40%的喪偶者並未經歷超過兩週的悲傷；Miller與Omarzu（1998）認為，人們有可能需要持續多年以處理其失落的完成；Archer（1999）的研究指出，逃避承認之悲傷因應策略，若非採用不良適應形式如酒精或藥物上癮，反而可能使後來的適應較容易。

國內的研究建議（鍾莉娜，2002；聶慧文，2004；葉珊秀，2004），多半指出失親者缺乏輔導的相關機構協助，以進行悲傷情緒的心理調適，以及宗教有助於臨終照顧者對靈性與終極需求之觀點。但事實上，Neimeyer（2000）的研究顯示，一般悲傷者接受輔導後，也未必一定能改善其情況；甚至有人（50%）還可能惡化；但是對意外、創傷死亡或長期性悲傷者的心理介入及處理，則有正面效果。

聶慧文（2004）對大學生失落迷思之研究發現，「與逝者親密之程度」最能預測其悲傷迷思程度與復原困難程度；「支持系統強度」則最能預測因應行為的使用頻率。另外，悲傷迷思中的「遷怒他人與自責」最能預測正、負向復原程度；悲傷迷思中的「應該壓抑情感」亦最能預測正向復原程度。以上之研究結果發現——整體而言，「以感受為焦點」的因應行為（如尋求心靈支持以及對逝者出現正向的因應）對悲傷的復原是最有利的。

結　語

總結來說，悲傷是一種普遍的危機，當事人遭受因死亡所造成的失落狀態時，往往須承受生理上交感及副交感神經之失衡、心臟缺氧、免疫力降低、整體健康下降，以及焦慮與憂鬱程度增加等身心功能有關之變化。這種時候，若當事人能具有健康的生活習慣（飲食及運動上）、達觀的死亡觀點或宗教信仰，以及足夠的社會支持網絡，則死亡帶來的就不只是表面的損失或傷害而已；在哭泣、流淚、孤獨自問自答的緩慢悲傷之旅中，大多數人都得到一個機會，重新審視個人到此為止的人生意義與價值，並對逝者進行內在的追尋、對話或和解，從而調整個人原來的價值觀以及與自己及他人（包括家人或相關之人）的關係。

由很多文獻或實務的例子中可以看到：有過親密家人死亡經驗的人，在彷彿自己也是大死一番之後，變得更是成熟智慧和有能力付出；而再長再多的怨恨，在死亡的裁斷下，也終於可以塵埃落定，停止糾纏。就此而論，我們是否可以這麼說：死亡這個危機的確是一個轉機；也是一種化妝的祝福，在無盡痛苦的當下，同時（通常）以一種正向的模式改變並增富許多人的生命品質。

持續的挑戰則應如Neimeyer（2011）綜合整理哀傷理論新模式的共同原則所建議的如下幾個方向進行：

1.鼓勵更多元化、複雜的哀傷調適模式。
2.關切不同地區、不同喪親關係以及不同文化族群調適失落的實際經驗與個別差異。
3.關注焦點兼顧喪親者在哀傷調適歷程中的個別經驗，以及個人所處的家庭文化與社會脈絡之影響。
4.認可與逝者維持象徵性連結是一種健康的哀傷表現。
5.重視哀傷調適中的認知與意義建構角色。
6.承認重大失落對自我認同的衝擊終將導致對自我概念的深層改變。
7.強調個人統整失落課題，有助於創傷後生命的成長。

實　務

投射畫與華人家排（吳文淑）

一、自我畫像

指導語：「請你使用12色彩色筆在一張A4白紙上，於閉目放鬆呼吸10下之後，以直畫的方式畫出一個現在的自己。畫完後在右上方註明個人姓名與一個目前待解決的問題」。

解說：何長珠建議解說時、應注意到五個向度之資料，例如：

1.整體感覺（用2正1負的形容詞來形容）——有沒有出現全身？還是只出現頭、肩、上身、中腰、下半身、腿、腳？不同的部位代表不同狀況（通常是越完整代表當事人越統整之狀態；而側面和背面則代表某種程度之抗拒溝通）。

2.顏色的明暗、冷暖（冷色如藍黑代表理性、暖色代表能量較高）、顏色數目之多少（顏色數目越多，代表能量平衡或失衡之狀態；一般人是3-5色；7色以上又不和諧之畫面，可能暗示躁鬱症之傾向）。

3.強調之處（眼睛、耳朵笑容、頭髮）為何？眼睛的強化（睫毛大眼）可能代表一種緊張或想控制之焦慮、非常細描之頭髮則代表思慮過多的可能等。

4.畫面中的其他裝飾如雲朵、太陽、小狗等；其解釋要配合畫面其他資料才能客觀；不過如果是在畫的上下各畫出一排雲朵或草地，則是輕微防衛之徵兆！

5.自身與畫面大小的比例及角度（是否垂直）還是左傾或右傾幾度等（傾斜通常代表自我概念之不穩定現象）。

二、兒童問題類型（攻擊／退縮）投射畫分析之舉例

(一)攻擊行為

當事人之自畫像有很多叉狀（頭髮、嘴巴）之表示，代表攻擊之能量；屋頂窗戶及小狗之紅色，從正面說是能量之表現，負面則有憤怒之暗示；家庭動力畫部分把自己畫得比母親還高大，也是一種過分自我肯定之相關的暗示。

自畫像

屋樹人

家庭動力圖

(二)退縮者類型

退縮者的自畫像不是把自己畫的較小、就是出現其他特徵，例如聳肩——沒脖子：手又短又小（代表心有餘而力不足）或眼睛睜得很大等等；屋樹人部分亦復如此，比一般的畫法要縮小尺寸、並且有點歪斜；家庭動力畫部分則會出現較多「區隔」現象，尤其當每個人幾乎都在自己的隔間之中時，更代表這個家的溝通可能是困難的。

自畫像

屋樹人

家庭動力圖

參考書目

中文部分

何長珠（2010）。〈悲傷影響因素初探〉，《生死學研究》，7，139-192。嘉義：南華大學生死學研究所。

李佩怡（2001）。《助人者與癌症末期病人關係歷程之質性研究》。台北：國立台灣師範大學心理與輔導研究所論文（未出版）。

李開敏、林方皓、張玉仕、葛書倫譯（1995/2004）。《悲傷輔導與悲傷治療》。台北：心理。

林綺雲（2004）。〈死亡教育與輔導——批判的觀點〉。《生死學研究》，創刊號，77-92。嘉義：南華大學生死學研究所出版。

邱瑩明（2006）。「悲傷輔導與表達性藝術治療上課講義」。嘉義：南華大學生死學研究所。

張珣（1989）。《疾病與文化》。台北：稻鄉。

張淑美（2001/2005）。《中學生命教育手冊》。台北：心理。

陳新綠譯（1994），凱博文（Arthur Kleinman）原著。《談病說痛：人類的受苦經驗與痊癒之道》。台北：桂冠。

蔡明昌（2007）。〈我國大學生來生信念初探〉。《中華心理衛生學刊》，20(3)，235-260。

聶慧文（2004）。《大學生經歷失落事件的悲傷迷思、因應行為與至今復原程之關聯性研究》。新竹：國立交通大學碩士論文未出版。

釋見蔚（2006）。「悲傷輔導與表達性藝術治療上課講義」。嘉義：南華大學生死學研究所。

英文部分

Arbuckle, N. W., & de Vries, B. (1995). The long-term effects of later life spousal and parental bereavement on personal functioning. *The Gerontologist, 35*(5), 637-647.

Archer, W. (1999). Delivering university-level communications programs at a distance: Benefits, costs, and disruptions. *Canadian Journal of Communication, 24*(3), 367-383.

Balk, A. (1990). *The Myth of American Eclipse: The New Global Age*. New York: Rockefeller Center.

Bonanno & Kaltman (1999). Broad and narrow perspectives in grief theory. *Psychological Bulletin, 127*(4), 554-560.

Bowen, M. (1976). Family reaction to death. In P. Guerin (Ed.), *Family Therapy* (pp. 335-348). New York: Gardner.

Bowlby, J. (1980). Loss: sadness and depression. *Attachment and Loss, Vol. 3*. London: Hogarth Press and Institute of Psychoanalysis.

Brazil, K., Bėdard, M., Willison, K. (2002). Correlates of health status for family caregivers in bereavement. *Journal of Palliative Medicine, 5*(6), 849-855.

Bruce, R. V. (1990). *Bell: Alexander Graham Bell and the Conquest of Solitude*. New York: Ithaca.

Chen, J. H., Gill, T. M., Prigerson, H. G. (2005). Health behaviors associated with better quality of life for older bereaved persons. *Journal of Palliative Medicine, 8*(1), 96-106.

Clerien, M. (1993). *Bereavement and Adaptation: A Comparative Study of The Aftermath of Death*. Washington, DC: Hemisphere.

Cohen, S., & Wills, T. A., (1985). Stress, social support and the buffering hypothesis. *Psychological Bulletin, 98*, 310-357.

Cook, A., & Oltjenbruns, K. (1998). *Dying and Grieving: Lifespan and Family Perspectives*. Ft. Worth, TX: Hancourt Brace.

Cornoni-Huntley, J., Blazer, D. G., Laferty, M. E., Everett, D. F., Brock, D. B. & Farmer, M. E. (Eds.) (1991). *Established Population for the Epidemiologic Studies of the Elderly: Rosource Data Book Vol. II*, NIA Publication No.90- 945, National Institute on Aging, U. S. Department of Health and Human Services, Washington, DC.

Davis, C., Nolen-Hoeksema, S., & Larson, J. (1998). Making sense of less and benefiting from the experience: Two construals of meaning. *Journal of Personality and Social Psychology, 7*, 561-574.

Douglas, J. D. (1990). Patterns of change following parent death in middle adults. *Omega, 22*, 123-137.

Fenster, L., Katz, D. F., Wyrobek, A. J., Pieper, C., Rempel, D. M., Oman, D., &

Swan, S. H. (1997). Effects of psychological stress on human semen quality. *Journal of Andrology, 18*(2), 194-202.

Fitzpatrick, T. R., & Bosse, R. (2000). Employment and health among older bereaved men in the normative aging study: one year and three years following a bereavement event. *Soc-Work-Health-Care., 32*(2), 41-60.

Fredriksen-Goldsen, K. I., Scharlach, A. E. (1993). *Families and Work: New Directions in the Twenty-First Century*. New York: Madison Avence.

Freud, S. (1957). *Mourning and Melancholia*. Standard edition of the complete psychological works of Sigmund Freud. London: Hogarth Press (Original work published 1917)

Fry, P. S. (1997). Grandparents' reactions to the death of a grandchild: An exploratory factors analysis. *Omega, 35*, 119-140.

Hanson, R. O. & Carpenter, B. N.(1994). *Relationship in Old Age: Coping with the Challenge of Transition*. New York: Guilford Press.

Hayes, D. N. (1994). *The Development of An Inventory to Measure Bereavement*. Dissertation of Louisiana State University and Agricultural & Mechanical College.

Hogan, N. S., & Greenfield, D. B. (1991). Adolescent sibling bereavement symptomatology in a large community sample. *Journal of Adolescent Research, 6*, 97-112.

Horacek, H., Oates-Indruchová, L. (1991). *The Politics of Gender Culture under State Socialism: An Expropriated Voice*. New York: Third Avenue.

Horowitz, M., Bonanno, G., & Holen, A. (1993). Pathological grief: Diagnosis and explanations. *Psychosomatic Association, 55*, 260-273.

Janoff-Bulman, R. (1992). Happystance. A review of Subjective Well-Being: An Interdisciplinary Perspective. *Contemporary Psychology, 37*, 162-163.

Klass, D., Silverman, P. R. & Nickman, S. L. (1996). *Continuing Bonds: New Understandings of Grief*. New York: Taylor and Franas.

Lazarus, R. S., & Folkman, S. (1984). *Stress, Appraisal and Coping*. New York: Springer.

Lazarus, R. S., & Folkman, S. (1986). Stress processes and depressive symptomatology. *Journal of Abnormal Psychology, 95*, 107-113.

Lehman, D. R., Lang, E. L., Wortman, C. B., Orenson, S. B. (1989). Long-term effects of sudden bereavement: Marital and parent-child relationships and children's reactions. *Fam. Psychol, 2*, 344-367.

Lindstrom, T. C. (1997). Immunity and health after bereavement in relation to coping. *Scand-J-Psychol. Sep, 38*, 253-259.

Lopata, H. Z. (1981). Windowhood and husband satisfaction. *Journal of Marriage and the Family, 43*, 439-450.

Lopata, H. Z. (1996). *Current Windowhood: Myths and Realities*. Thousand Oaks, CA: Sage.

Lund, D. A. (1989). Conclusions about bereavement in later life and implications for interventions for future research. In D.A. Lund (Ed.), *Older Bereaved Spouses: Reseach with Practical Applications* (pp. 217-231). New York: Hemisphere.

Lund, D. A., Caserta, M. S., & Diamond, M. R. (1993). The course of spousal bereavement. In M. S. Stroebe, W. Stroebe, R. O. Hansson (Eds), *Handbook of Bereavement Research* (pp. 240-254). Cambridge: Cambridge University Press.

Lyons-Ruth, K., & Zeanah, C. (1999). The family context of infant mental heaith: Affective development in the primary caregiving relationship. In C. Zeanah (Ed.), *Handbook of Infant Mental Health* (pp. 14-37). New York: Guilford Press.

Maddison, D. C., & Walker, W. L. (1967). Factors affecting the outcome of conjugal bereavement. *British Journal of Psychiatry, 113*, 1057-1067.

Marshall, V. W. (1996). Death, bereavement and the social psychology of aging and dying. In J. D. Morgan (Ed.), *Ethical Issues in the Care of the Dying and Bereaved Aged* (pp. 57-73). Amityville, NY: Baywood.

Martin, T. L., & Doka, K. J. (1998) Revisiting masculine grief. In K. J. Doko & J. D. Davidson (Eds), *Living with Grief: Who We Are, How We Grieve* (pp.133-142). Phialadelphia: Brunner/Mazel.

Metcalf, P. & Huntington, R. (1991). *Celebrations of Death: The Anthropology of Mortuary Ritual*. New York: Cambridge University Press.

Meyer, C., Girke, F. (1995). *The Rhetorical Emergence of Culture*. Oxford: Berghahn.

Miller, E. D., & Omarzu, J. (1998) New directions in loss research. In J. Harvey (Ed.), *Perspectives on Loss: A Sourcebook* (pp. 3-20). Washington, DC: Taylor & Francis.

Mor, V., McHorney, C., & Sherwood, S. (1986). Secondary morbidity among the recently bereaved. *American Journal of Psychiatry, 143*(2), 158-163.

Morillo, E., Gardner, L. I. (1979). Bereavement as an antecedent factor in thyrotoxicosis of childhood: Four case studies with survey of possible metabolic pathways. *Psychosomatic Medicine, 41*(7), 545-555.

Moss, M. S., & Moss, S. Z., Robinstein, R., & Reach, N. (1993) The impact of elderly Mother's death on middle-aged daughters. *Journal of Aging and Human Development, 37*, 1-22.

Moss, M. S., & Moss, S. Z., (1989). The death of a parent. In R. A. Kalish (Ed.), *Midlife Loss: Coping Strategies* (pp. 89-114). Newberry Park, CA: Sage.

Moss, R. H. & Shaefer, J. A. (1986). Life transitions and crises: A conceptual overview. In R. H. Moss (Ed.), *Coping with Life Crises: An Integrated Approach* (pp. 3-28). New York: Plenum Press.

Murrell, S. A., Himmelfarb, S. (1989). Effects of attachment bereavement and the prevent conditions on subsequent depressive symptoms in older adults. *Psychology and Aging, 4*, 166-172.

Nadeau, J. W. (1998) Meaning making in family bereavemen: A family systems approach. In Margaret S. Stroebe, Robert O. Hansson, Wolfgang Stroebe & Henk Schut (Eds), *Handbook of Bereavement Reserch* (pp. 473- 508). Washington, DC: A. P. A.

Neimeyer, R. A. (2000). Searching for the meaning of meaning: Grief therapy and the process of reconstruction. *Death Study, 24*(6), 541-558.

Nelson, G. (1994). Emotional well-being of separated and married woman: Long-term follow-up study. *American Journal of Orthopsychiatry, 64*, 150- 160.

Nelson, J. S. (1994). *Fishes of the World* (Third edition). John Wiley & Sons Inc. New York.

Nolen-Hoeksema, S., & Larson, J. (1999). *Coping with Loss*. Mahwah, NJ: Erlbaum.

O'Connor, M. F., Allen, J. J. B., Kaszniak, A. W. (2002). Autonomic and emotion regulation in bereavement and depression. *Journal of Psychosomatic Research, 52*(4), 183-185.

Park, C. L., Cohen, L. H., & Murch, R. L. (1996). Assessment and prediction of stress-related growth. *Journal of Personality, 64*, 71-105.

Parkes, C. M., Laungani, P., & Young, B. (Eds.) (1997). *Death and Bereavement Across Cultures*. New York: Routledge.

Pennebaker, J. W. (1993). Putting stress into words: Health, linguistic, and therapeutic implications. *Behav Res Ther, Jul, 31*(6), 539-48.

Peplau, H. E. (1991). *Interpersonal Relation in Nursing: A Conceptual Frame of Reference for Psychodynamic Nursing*. Springer Publ.

Perkins, H. W., & Harris, L. B. (1990). Familial bereavement and health in adult life course perspective. *Journal of Marriage and the Family, 52*, 233-241.

Picardi, A., Pasquini, P., Abeni, D., Fassone, G., Mazzotti, E., Fava, G. A. (2005). Pychosomatic assessment of skin diseases in clinical practice. *Psychother Pschosom, 74*,314-322.

Prigerson, H. G., Bierhals, A. J., Kasl, Stanislav, V., Reynolds, Charles F. III, et al. (1997). Traumatic grief as a risk factor for mental and physical morbidity. *American Journal of Psychiatry, 154*(5), May, 616-623.

Pruchno, R. A., Moss. M. S., Burant, C. J., & Schinfeld, S. (1995) Death of an institutional parent: Predictors of bereavement. *Omega, 31*, 99-119.

Rando, T. A. (1986). Death of the adult child. In T. Rando (Ed.), *Parental Loss of a Child* (pp. 221-238). Champion, IL: Research Press.

Romanoff, B. & Terenzio, M. (1998). Rituals and the grieving process. *Death Studies, 22*, 697-711.

Rosenblatt, P. & Elde, C. (1990). Shared reminiscence about a deceased parent: Implications for grief education and grief counseling. *Family Relations, 39*, 206-210.

Rosenblatt, P. C., Walsh, R. P., Jackson, D. A. (1976). *Grief and Mourning in Cross-Cultural Perspective*. HRAF Press.

Rubin, S.S. (1997).*Working With the Bereaved: Multiple Lenses on Loss and Mourning*. New York: Third Avenue.

Schwartzberg, S. S. & Janoff-Bulman. R. (1991). Grief and the Search for Meaning: Exploring the Assumptive Worlds of Bereaved College Students. *Journal of Social and Clinical Psychology, 10*,(3), 270-288.

Seligman, M. E. P. (1975). *Helplessness*. San Francisco: Freeman.

Shalev, A. Y. (2000). Biological responses to disasters. *Psychiatric Quarterly, 71*(3),

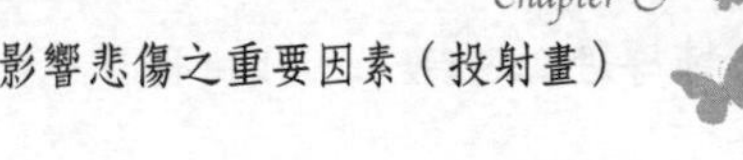

277-288.

Shanfield, B. & Swain, B. J. (1984). Death of adult child in traffic accidents. *Journal of Nervous and Mental Disease, 172*, 533-538.

Shapiro, E. (1994). *Grief as a Family Process: A Developmental Approach to Clinical Practice*. New York: Guilford Press.

Sheila M. LoboPrabhu, Victor A. Molinari, James W. Lomax (1997). *Supporting the Caregiver in Dementia: A Guide for Health Care Professionals*. Johns Hopkins University Press.

Simon, L. & Drantell, J. J. (1998). *A Music I No Longer Heard: The Early Death of A Parent*. New York: Simon & Schuster.

Stroebe, M. S., Gergen, M., Gergen, K., & Stroebe, W. (1996). Who participates in bereavement research? A review and empirical study. *Omega: Journal of Death and Dying, 20*(1), 1-29.

Stroebe, M. S., Hansson, R. O., Stroebe, W., & Schut, H. (Eds.) (2001). *Handbook of Bereavement Research*. Washington, DC: APA.

Stroebe, M., S., & Schut, H. (1999). The dual process model of coping with bereavement: rational and description. *Death Studies, 23*, 197-224.

Tedlock, D., & Mannheim, B. (Eds.) (1995). *The Dialogic Emergence of Culture*. Urbana: University of Illinois Press.

Thompson, L.W., Gallagher-Thompson. D., Futterman A., Gilewski, M. J., Peterson, J. (1991). The effects of late-life spousal bereavement over a 30-month interval. *Psychol Aging, 6*(3), 434-41.

Umberson, D., & Chen, M. D. (1994). Effects of a parent's death on adult child: Relationship salience and reaction to loss. *American Sociological Review, 59*, 152-168.

Walsh, R., & McGoldrick, M. (Eds.) (1991). *Living Beyond Loss*. New York: W. W. Norton.

Walter, T. (1996). A new model of grief: Bereavement and biography. *Mortality, 1*, 7-25.

Williams Jr., J. R. (2005). Depression as a mediator between spousal bereavement and mortality from cardiovascular disease: Appreciating and managing the adverse health consequences of depression in an elderly surviving spouse. *Southern*

Medical Journal, 98(1), 90-95.

Worden, J. M. (1982/1991/2002) *Grief Counseling and Grief Therapy: A Handbook for the Mental Health Practitioner*. New York: Springer.

Zgraggen, L., Fischer, J. E., Mischler, K., Preckel, D., Kudielka, B. M., Känel, R. V. (2005). Relationship between hemoconcentration and blood coagulation responses to acute mental stress. *Thromb Res, 115*(3), 175-183.

Zisook, S., Paulus, M., Shuchter, S. R. & Judd, L. L. (1997). The many faces of depression following spousal bereavement. *Journal of Affective Disorders, 45*, 85-94.

悲傷輔導與依附

何長珠

理　論

問題一、依附類型與哀傷調適

問題二、喪親者與死者的連結

問題三、哀傷調適模式與預測哀傷之架構

結　語

實　務

依附理論課堂整理

附錄——人際依附風格量表

理　論

本文以「grief」、「bereavement」與「attachment bond」關鍵字搜尋期刊，並將搜尋到的近十年的文獻分為「依附理論與哀傷調適」和「持續性連結」（continuing bonds, CB）等部分，說明如下（葉曉穎，2008）：

問題一、依附類型與哀傷調適

Bowlby（1969/1982, 1973, 1980）的依附與哀傷理論提出依附對象死亡造成之聯結中斷會引發哀傷反應。依附類型與哀傷調適的研究發現如下：Leoniek Wijngaards-de Meij（2007）研究從219名喪子／女的父母中，比較焦慮、逃避依附和人格特質與神經質特質在預測心理適應上的影響。結果發現：不安全依附與神經質特質，兩者都與哀傷及憂鬱有關。但神經質更能預測哀傷之程度。McCrae與Costa（1999）認為神經質有六個面向：焦慮、憤怒的敵意、憂鬱、否定的自我意識、衝動和脆弱。這可能因為神經質特質與心理症狀（憂鬱、焦慮和哀傷）之表現有重疊，因此可以解釋為什麼比依附層面更能預測憂鬱與哀傷。Wayment（2002）研究91位一年半內死亡親友者之哀傷／憂鬱與依附類型關係。並定義哀傷的主要特徵是浸沉在思念死者，而憂鬱則是不適當的絕望感，減少身心活動，失去自信和自責。換言之，哀傷的人沉浸在失落或空虛的世界，而憂鬱的個體則感受到內在的空虛（Freud, 1917）。

研究結果發現：

1.焦慮—逃避依附類型當突然失去密切依附聯結者時，會更加哀傷。
2.焦慮—矛盾依附者則隨著時間的經過，才會經歷憂鬱和焦慮。
3.逃避依附者，雖然在喪亡後的短期與長期時間，都不會呈現較明顯的憂鬱或哀傷，但相對而言較有可能患上身心症。

4.安全依附個體失落後比較不會體驗到哀傷或憂鬱。

可見依附類型的確能某種程度預測哀傷反應與哀傷調適的程度。

問題二、喪親者與死者的連結

Freud（1917/1957）對調適的說法是，哀傷者必須放棄與死者的聯結。Bowlby（1980）在論證繼續或終止聯結對於喪親者的適應性上，則是含糊的（Strobe, Strobe & Schut, 2005）。相對於Freud、Bowlby的觀點，Klass（1996）等提出了「持續性連結」（CB）概念，用意在於表明20世紀對於持續性悲傷之表現，被視為是哀傷性病理指標的立場是不適當的，他們認為與死者持續有關聯性之互動可以是正常而不是病態的。CB概念提出後，引發了大肆討論，尤其關於CB是否有助於或阻礙哀傷適應的爭議。以下文獻整理主要包括：「CB的定義與以依附關係為基礎的CB理論與哀傷調適」、「哀傷調適模式與預測哀傷架構」與「CB與意義重新建構的關聯」。整理如下：

一、持續性連結（CB）之定義

Russac（2002）對60位喪親者訪談後發現，喪親者透過豐富的精神性象徵（mental representations），繼續將死者納入個人的生命架構中。人與重要他人的關係並不會因為死亡而結束，而是透過重新建構和重新定義的方法持續著。換言之，CB是一種內化，其與哀傷工作（grief work）的不同之處在於：(1)內化可以無限期繼續，不一定是只屬於早期哀傷的獨特特徵；(2)內化的類別可能隨著時間，演變成為另一種象徵性的表徵。

Klass（2006）認為人際關係聯結的維持標準，不管是在活人或活人與死人之間都是一樣的。到墳場去獻花或在墳前祝禱、求保佑等儀式性行為，更是建構與亡者之精神性關聯及心靈親近感的重要因素。這種行為彷若重新建構其與逝者一個新的社會身分，一種物質之外的精神層面之關係。他並從對美國喪親父母以及幾個文化的哀傷敘述研究中發現，CB可視為是人類集體持有的一種習性與特質。

Field（2005）的看法則認為傷慟者在絕望的階段（反抗期）——正在對抗與傷慟相關的憂傷時，較不能夠善用CB。到了復原期，因為理解到失去的不可挽回，傷慟者才開始減少幻覺式的CB表現，而逐漸走向內在永久象徵的精神性建構。因此他認為依附理論應提供一個架構，基於不同時間點上主要CB的表現，來辨識CB表現的是有效（執行遺願）或不良適應（穿著亡者衣物）之內涵。同時他也指出，這種CB還會受到父母依附類型之影響而有不同表現，例如焦慮依附型傾向於更過度的保護存活之子女者可能造成溺愛，過度反應逃避型父母則傾向於貶低孩子依附的需求而造成疏離。

二、以依附關係為基礎的CB理論與哀傷調適

以依附關係為基礎的CB理論與哀傷調適彙整如**表4-1**。茲將各依附類型解說如下：

1.安全型依附：會在失落與復原導向中輕易的擺盪，內在同時具有正與負的意義建構（想法和評估），如能痛苦的懷念死者，但也懷念彼此共同的回憶或慶幸他不再受苦。與不安全依附型相比，安全依附有較多正向，較少負面的想法，故有利於調適。

2.焦慮型依附：主要是失落導向，緊緊抓住與死者的聯結。

3.排除型依附：主要是復原導向。逃避正在進行的關係連接，甚至不承認死者是重要他人。

4.逃避型依附：擾亂的擺盪（可能會是不相交的方式），大多是負向的意義建構，但也有一些正向的不過是很難整合的。對於要繼續還是終止聯結有困擾，有困難尋找到與死者聯結的一致性（或愛或恨）。

表4-1　以依附關係為基礎的CB理論與哀傷調適

依附風格	哀傷反應	正&負評估歷程	控制處置	歷程	良好適應程度
1.安全型依附：視自己／他人皆正	正常哀傷	正&負擺盪	在初級（意識）和次級（潛意識）控制間力求保持平衡	• 心理聯結轉向死者 • 追求替代 • 能與脫離接觸	適應性的CB：保有但重新定位
2.不安全—焦慮（焦慮型依附）：視自己負他人正	慢性哀傷	大多數負	僵硬—保留卡住的目標	• 鮮少轉變 • 較少替代對象（但理想化、神聖化） • 連接多於脫離	適應不良的CB：需要擰鬆聯結
3.不安全—逃避（排除型依附）：視自己正他人負	缺少，抑制哀傷	表面正裡面負	很多次級（意識）控制之反應	• 鮮少轉變 • 貶低死者的價值 • 較多脫離	CB終止，適應不良：否認聯結，需要面對&繼續
4.不安全—畏懼（逃避型依附）：視自己／他人皆負	複雜性哀傷——與PTSD有關	大多數負——受干擾的擺盪	力求混淆控制（不協調／不平衡／不一致）	• 混淆 • 難以替代 • 有困難處理連接與脫離	CB混淆，適應不良：需要面對，繼續，尋找一致性然後重新定位

資料來源：Stroebe, Schut & Boerner (2010).

由**表4-1**之資料可知：似乎只有安全型依附才最能承擔悲傷哀悼之挑戰，最容易由外表之CB逐漸調適走到內在之CB；焦慮型依附可能停留在外在的CB時間最久，通常也是諮商的主要工作對象群；排除型依附外表所受到悲傷之影響最少，但也可能是相對最不曾面對過真相者（他們也很可能直接跳到內在CB，例如：XX已經到天上與神同在了！生命本來無常、但祖先總會看顧我們的等正向、神性化的內在CB）；逃避型依附則因為一貫逃避感受，故易最可能出現身心部分之問題與困擾。但這只是一般而論的原則，當悲傷形式來得意外且巨大時（如2014年7月18日才發生的馬來西亞航空289人死亡之空難），相信大部分人仍會經歷不同的外在到內在的CB過程（Neimeyer, 2006），只是時間長短，會依關係程度及依附類型之不同而有別而已。

此外，Field（2006）的研究還發現有下列幾點：當控制外顯性CB時，受試者的年齡與內化CB正相關，亦即越年長者越傾向有內化CB；配對比較亦發現，喪夫／母者、喪伴侶者與失落手足者，其內化CB比較顯著高於喪子／女者、喪友與喪失朋友者。由此可見：(1)與死者有更親密的關係者，較有可能使用內化CB；(2)內化CB與個人成長有關。

Field（2009-2010）再從投射性繪畫來比較其對複雜性悲傷的預測力。結果發現：從投射繪畫來看，複雜性哀傷組的繪畫被評估為適應不良，其標準基於他們大多數使用黑、棕褐色和紫色，這種代表深沉情感狀態。此外，畫中的核心人物向左看，則象徵過去性導向和憂鬱。非複雜性哀傷組則大多使用多種顏色，沒有太多留白，和較多使用具有象徵性的符號，例如月亮和星星，代表他們適應良好。此種CB測量與投射性繪畫在悲傷研究上之貢獻為：能夠輕易區分出複雜性哀傷與非複雜性哀傷組之類型。

總之，在哀傷文獻中，關於對死者的CB表現是否對哀傷適應有益或有害，曾引起過很大的爭議（Stroebe, Shut & Strobe, 2010）——有些研究者提出了實證支持，認為CB表現有助於良好的適應，但也有研究認為CB表現，不能通用到所有應對失落的例子。

最近，有更多的學者傾向於認為並沒有所謂的「要怎樣或不怎樣」的規定可應用。由於哀慟基本上與人的關係——不是形成或維持關係，而是與一段關係的結束有關，故此Stroebe等人（2010）認為更有理由要運用關係理論如依附理論來瞭解CB。本段研究之主要發現在於確定：依附類型會影響CB之表現方式。

問題三、哀傷調適模式與預測哀傷之架構

本架構（Stroebe et al., 2006, 2440-2451）係基於認知壓力理論和雙軌擺盪模式所建構之一種預測傷慟後果的綜合危險因子架構（**圖4-1**）。

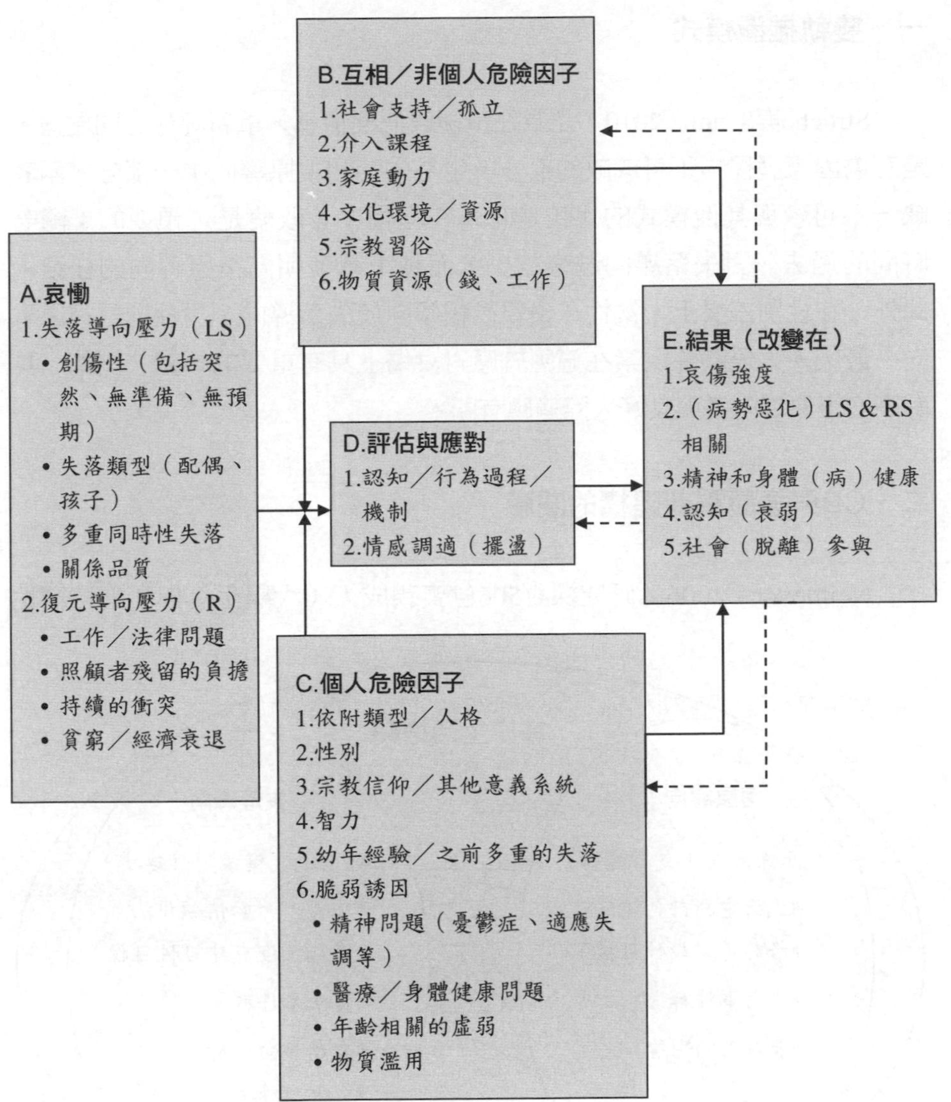

圖4-1　預測傷慟後果之綜合危險因子架構圖

資料來源：Stroebe et al. (2006).

一、雙軌擺盪模式

Stroebe與Schut（2010）認為在積極與消極情感／重新評估之間擺盪，是悲傷因應歷程中不可或缺的部分，也是失落和復原導向中一部分。兩者缺一不可。與其他模式的比較是認為在歷程中，改變是可預期的：隨著時間的過去，對失落導向越來越少，而越來越多朝向復原導向的任務。此外，在性別差異上，女性在喪親後較傾向於失落導向，男性則是復原導向。最後，人際關係因素在適應於應對哀傷上具有重要的貢獻。例如，具有高度復原導向者與良好人際適應有關。

二、CB與意義重新建構的關聯

Neimeyer（2006）研究探討506位喪親成人（大學生）與死者持續性

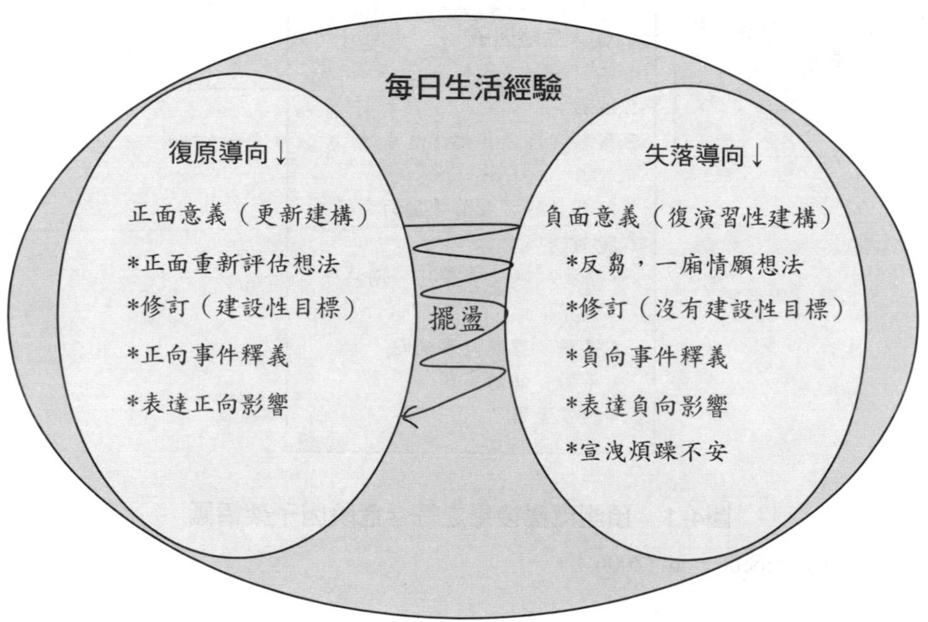

圖4-2　應對哀傷的雙軌擺盪模式：歷程分析

資料來源：Stroebe and Schut (2001).

連結（喪親兩年）的經驗，發現與他們對失落所賦予的意義關聯及其與複雜性悲傷症狀的關聯。因而認為從正在進行的依附之交互因素來預測失落後期的調適（意義重構之努力），可能就是復原的重要因素之一。研究結果發現：

1.持續性連結和意義建構是研究創傷和分離焦慮可靠的預測項目。
2.高度的意義建構能有較好的哀傷預後（哀傷的前兩年）。
3.持續性連結之因應方式與分離焦慮（seperation distress）有相關。
4.身分（角色）之重建與分離焦慮之調適有正相關；身分分裂越大，分離的苦痛越深。
5.尋找益處（benefit finding）和積極的身分轉換，與較少之分離焦慮顯著相關，顯示此為創傷性憂傷的保護因子。
6.創傷性憂傷與以下因素正相關：早產、最近發生、殘暴、直系親屬、與死者身前經常互動、喪親者無人支持；受試者的年齡與創傷性憂傷亦有顯著之負相關。
7.當意義建構度是低度時，較於喪失年長者，喪失年幼者的存活者，得創傷性憂傷的比率較高；然而當意義建構增加時，則無差別。由上可知：Niemeyer強調個人是否能夠適應失落，在於是否能夠找尋失落的益處，若是對失落能進行建構——找出個人、實際、存在或靈性的意義，更能預測較好的哀傷成果。

結　語

關於CB的研究主要可分為Utrecht大學，M. Stroebe等、N. P. Field和R. A. Neimeyer三大派別。他們關於CB與依附類型、依附關係、哀傷適應性及預後結果等相關研究雖都很有價值及貢獻，但其研究推論也有限制，即樣本人數太少或只限研究某一地區。Klass（2006）在評論各家學者對CB的看法時時，認為Schut等人（2010）假定CB「一般被理解為」代表一個與死者的「持續性內在關係」（p. 757），因而忽略了鉅觀的社會學和人類學研究者討論哀傷文獻的假設。Neimeyer等人雖表明「重要失落會擾亂個人用以安排生命經驗的意義矩陣之一致性」（p. 718），但並沒有表明死亡也可能會阻礙家庭和社區解釋生命事件的意義。從Klass（2006）的評論大致可看出：他認為要理解CB，除了從個體與死者的層面探討外，也必須從社會與文化的脈絡去解釋。

實　務

依附理論課堂整理

一、悲傷／疾病／修通

介紹西方系統的失落反應，可能有個最大的特徵就是：它會將失落或是悲傷看作一種疾病，因此假設遇到失落或悲傷等任何負面情緒，原則上都先被假設為是有害於心理健康的疾病，既然是疾病就要治療才能復原。因此其基本架構就是：意識型態上常常有「不是對就是錯」、「不是好就是壞」的二分法價值觀，這其實何嘗不是一種迷思？因此後來才產生了對此之探討。

例如在Worden的觀點中，悲傷者一定會很悲痛，於是就一定要去修通。修通就是通過黑暗哭泣的框緣，然後才能再回到正常的生活。對大部分失去自己重要他人的人來說，他們失去的是一般稱之為「關係」的東西，這個關係在心理學上我們用另外一個名詞來代表，就是「依附」。因此除非你在這個世界上最愛的只是你自己，否則一旦失去了關係，就好像失去了活下去的理由。所以依附和關係是有關係的——「依附就是關係」。所以如果我問各位你們的最重要他人是誰，你們可能會回答是我爸爸、爺爺，那你跟他的關係如果受到了傷害，是不是你這個人存在的價值也受到了傷害？所以各位在這堂課裡可以很清晰的來思考，到底你跟你的重要他人（不管他是哪一個人），誰比較重要？是有他才有你，還是有你才有他？想過以後就會知道真正的次序，但是大部分的人沒有清楚想過之前，都會落入一個狀況：我的存在都是被他所決定的。他很喜歡我，所以我一定不能離開他。這也解釋了為什麼我們在重要關係中，常常會失去自己而不自覺。

二、依附類型與悲傷

這就是依附上最需要澄清的觀念，所以假設你是焦慮依附或者是逃避依附，都可以再想想剛剛提到的問題。也因此我們才會說在一般的情況下，安全依附是比較好的存在。因為它總會想要追求一個「兩好」的局面。不過有趣的是，這樣的社會面具是你會不自覺的在外表讓人覺得、也讓自己覺得的一種安全依附的狀態——你好我好，可是實際上未必如此。大部分人在關係中都難免帶上面具，希望自己是好的！所以我們在做任何輔導時，需要設法去瞭解對方表面狀態下自己真正的依附類型是什麼，才是更重要的；這部分可以利用依附量表來幫助自己瞭解。例如某人的四個依附分數（依安全／焦慮／逃避／排除的次序排列）假設是30/27/26/16，那他才算標準的安全依附類型，因為第一與第二分數之間差異最少要達到3～5分以上才算穩定（這是施測過很多學生之後的參考值）；但以這個分數來說，當事人的焦慮—逃避又只有一分之差，所以他有時候應該是下不了決定的；再者因為其排除分數最低，與前面的逃避達到10分之多，所以可以猜測當事人是在安全的自我概念之下，有所焦慮或逃避；但應該絕不會立刻否定或反對別人的，因為排除型之特徵才是否定及反對——我好你不好！

三、悲傷程度之差別

其次，作為人類，他活下去的原因與為了種族傳續的原因，這兩句話是不一樣的：活下去是為了自己，種族傳續則是為了未來，為了這兩個原因每個人都要學會跟死者說再見。通常說再見的這個時間是要一到兩年，如果真正經歷過悲傷，就會發現，一至兩年的這段時間，通常只能達到外表上的分離。西方在這議題的研究上有幾個發現：(1)重要他人的死亡會引發我們強烈的悲傷；(2)六十五歲的這一群寡婦在傷痛的第一年，有三分之一會出現接近嚴重憂鬱症的表現；(3)另外的研究結果則不一樣，四十五歲以上者有60%會有焦慮，另外的40%則甚至連兩個星期的悲傷都還沒有。換言之，強烈的悲傷並不一定發生在每個人身上；(4)研究更進一步發現，有少數的人，的確不會有死亡悲傷。像是有虔誠宗教信仰者或者與死者的關係普通及當事人的依附類型等，都是要納入考慮的重要變項。

四、悲傷中仍有正向感覺

在嬰兒猝死以及愛滋病患者的死亡影響研究中，發現在主要的悲傷失落中會甚至出現一些正向情緒。這就是說，真實悲傷的反應內容應該是包括正向和負向而不會永遠只有負的。所以在悲傷中保持正向情緒可能是介入協助時要注意的一個指標，也是目前正向心理學所努力的方向。假如在幾年前你因父親死亡而一蹶不振時，朋友手機傳來一個好笑的短片讓你爆出笑容，那時你的家人可能會認為這朋友有點過分吧？可是現在大概就不會這麼想了。現在的人似乎都知道：悲傷中偶爾能有笑容點綴在其間，是可以幫助恢復的。

五、延宕性悲傷

第二部分是關於缺乏傷痛的部分。在一個五年的追蹤研究中顯示，並不是說所有當時不難過的人，後來都一定會再出現悲傷——延遲的悲傷。

這只是比較容易出現在自制力很強的當事人身上，或者會出現在一時遇到太大打擊者的身上。例如當事人是逃避型依附，當其遇到太大的打擊（像921的天災）時，是可能出現延宕的悲傷。而且即使對心理不反映出來的當事人而言，他們也往往要付出生理疾病的健康問題之代價！

六、修通是由外而內的連結（CB）改變之旅程

這部分就是要談修通和失落的重要性。20世紀的前半段，受到佛洛伊德理論的影響，很多東西都從精神分析的理論來解釋。所謂的修通就是：當我們面臨一個失落的環境時，我們的認知內在怎麼跟自己講話，跟自己講話的時候通常也表示在跟死者溝通。跟自己講話和跟死者講話，那內在看不到的過程，焦點第一個在於回憶。譬如說，你葬禮回來回到家中，看到桌上放著死去父親的眼鏡，你就會想起上次是什麼時候幫他買的眼鏡。然後會想起很多細節，這些細節可能又會讓你熱淚盈眶，覺得爸爸就是這麼節省，把錢都留給你們，他就是一直都不肯買眼鏡。因為老師本人也都經歷過這些過程，所以覺得說，在重要他人死亡後的悲傷，也就是哀悼過程中，其實有一個階段就是不想跟人連絡、來往，像行屍走肉般等等現象其實都是很正常的。只是社會很奇怪，有婚假、產假，就是沒有給我們一個死亡哀弔假（通常在喪禮後幾個月中發生）。其實那個時候，當事人是真的很沒有功能的，只是勉強活著。沒經歷過的人不知道——真心哀悼者其實有一段時間，真好像是死掉一樣的活著過來的。

七、表達出來的重要性

文獻中有討論到修通的過程中可以做哪幾件事：(1)覺察關係的好壞，因為關係越深切割越難；(2)情緒的自陳表中呈現高度困擾者，比如說生命意義很低。像我有一個學生最近跟我說，他從小父母就只給他物質上的需要，沒有精神上的愛。因此他從很久以前就一直有自殺的念頭，可是他都控制自己不要做，但是沒有做不代表沒有這個慾望，所以他一直存有高度

困擾；(3)延遲的表達，最後可能用一根稻草壓倒房子的方式爆發負面。因此在情緒壓力之調適中，表達還是很重要的一個原則！就是各位捫心自問——現在還有沒有不能公開的事情？有的話，至少思考一下如何把不能公開的部分練習做某種程度的公開。書寫也是公開的一種方式，間接的願意承認或是直接的願意承認，都是個人的選擇——不過越公開就越沒事。

八、心理成長的公式是先退化後前進

Neimeyer的研究還提到，一般的悲傷者在接受輔導後，有50%會惡化。為什麼會這樣講？很可能和上學期來修我的課、但這學期不繼續修的同學是相同的原因——就是人在遇到挫折（或個人問題知真相）時，是很難受的，所以會採取退縮策略！其實，任何的成長都不可能是由正到正的歷程，真正的成長都是要先通過退化（負面否定）才能完成的。因為退化你才能看到你幼年時的經驗，如何還在靈魂深處影響著你，處理完後然後才能重新前進。當你能夠前進的時候，幼年陰影的壓力就不會這麼大，因為它已經被處理過了。

所以Neimeyer認為這個原則對比較大的創傷、意外或長期悲傷的人，都是比較適合的。用我的話來說：悲傷輔導是對大家都有用的知識或建議，悲傷諮商在表達與宣洩上，應該是正面的，因為它會讓人覺得表達過後比較輕鬆些了，但到了轉念與重新建構部分，則有一半是負面的效果（因為抗拒是人的天性）；但真正的成長又必須靠後者才能完成。Chars也認為在許多困難上，假設當事人不會採取有用的策略時，往往就會採取習慣的策略。就此而論，死亡是什麼？「死亡是活人和死人之間，建立一種新關係的機會」。

九、為自己和對方重寫一個家族的生命故事

我們大部分人在對方沒有死的時候，兩個活人相處一定會有很多習慣，習慣帶來正的還有負的影響，但是大部分人走了以後只剩下正多於

負的記憶，你才會懷念對方。所以有時候你會發現你最愛的那個人，他其實是有你爸爸的影子、或是祖父的影子。因此到最後你瞭解越多，你才能越自由，就越不會受限於潛意識說不出來的理由——覺察越多才越有選擇權。所以持續和已故者保持依附不但是一個常態還是一個真理呢！各位可以去想想看，我們有誰，他的靈魂資料裡面沒有重要他人？找不到啊！目前為止我都找不到。所以聽懂這句話以後，各位在做悲傷諮商時可以送對方一個小本子：希望你可以悲傷一年，每次悲傷的時候就寫下或者畫下你的感受，同樣的禮物也可以是錄音筆。

總之，最重要的他人是不會麼快離開你的，他需要你這一年的哭泣來完成你們的關係。在老師（何長珠）自己處理重要他人的關係中，發現一個很可悲的真理：那就是不管你再多愛某個人，最多也只能為他哭一年、或是兩年、三年；到了一個時候你就是哭不出來了，你沒辦法再那麼悲傷，即使你想要也沒辦法。所以在這裡有一個不爭的事實：回頭來想，當你最珍惜的某個人死掉時，你為他這麼悲傷，為什麼不可以呢？（廖珩安等，2009）

〈附錄〉

人際依附風格量表

壹、以下題目的回答，請針對每一題項所敘述的事情，以你自己在一般人際關係中的實際情形，加以圈選

1代表和你的實際情形非常不符合
2代表和你的實際情形相當不符合
3代表和你的實際情形不太符合
4代表和你的實際情形還算符合
5代表和你的實際情形相當符合
6代表和你的實際情形非常符合

	非常不符	相當不符	不太符合	還算符合	相當符合	非常符合
1.和別人親近會讓我覺得不舒服	1	2	3	4	5	6
2.我發現自己很容易和別人親近	1	2	3	4	5	6
3.即使沒有任何親近的情感關係我仍過得很自在	1	2	3	4	5	6
4.我想要情感上的親密關係，但卻很難完全信賴別人	1	2	3	4	5	6
5.對我來說，獨立和自給自足的感覺是非常重要的	1	2	3	4	5	6
6.我擔心如果和別人太親近會容易受到傷害	1	2	3	4	5	6
7.我會擔心別人並不那麼想跟我在一起	1	2	3	4	5	6
8.我不喜歡依賴別人	1	2	3	4	5	6
9.我會擔心別人不如我看重他們那樣的看重我	1	2	3	4	5	6
10.我不會擔心自己孤單一人	1	2	3	4	5	6
11.當別人太親近我時，會讓我感覺不自在	1	2	3	4	5	6
12.我會擔心別人並不真正喜歡我	1	2	3	4	5	6
13.我很少擔心別人不接納我	1	2	3	4	5	6
14.我寧可和別人保持距離以避免失望	1	2	3	4	5	6
15.當別人想要和我更親近時，我會感到不安焦慮	1	2	3	4	5	6
16.我對自己不滿意	1	2	3	4	5	6

17.通常我寧可自己一個人比較自由 1－2－3－4－5－6
18.我發現自己一直在尋求別人的接納並藉以肯定自己 1－2－3－4－5－6
19.我瞭解自己的優點與缺點，並且喜歡自己 1－2－3－4－5－6
20.我時常太過於在乎別人對我的看法 1－2－3－4－5－6
21.我可以很自在的讓別人依賴我 1－2－3－4－5－6
22.一個人的生活就可以過得很好了 1－2－3－4－5－6
23.即使別人不欣賞我，我仍然能肯定自己的價值 1－2－3－4－5－6
24.當我需要朋友的時候，總會找得到人的 1－2－3－4－5－6

貳、計分

將上述各題得分填入下列空格中（意即第13題和16題為反向題）：
（反向記分時可以用減的再加7，這樣1變成6；2—5；3—4；4—3；5—2；6—1）

題號 1. 4. 6. 11. 14. 15.
得分 __ + __ + __ + __ + __ + __ ＝____（逃避依附量尺得分）C
題號 2. 16. 19. 21. 23. 24.
得分 __ － __ + __ + __ + __ + __ + 7 ＝____（安全依附量尺得分）A
題號 3. 5. 8. 10. 17. 22.
得分 __ + __ + __ + __ + __ + __ ＝____（排除依附量尺得分）D
題號 7. 9. 12. 13. 18. 20.
得分 __ + __ + __ － __ + __ + __ + 7 ＝____（焦慮依附量尺得分）B

參、解釋

A.安全依附：一般人得分大約在19～28分之間。
得分愈高者能接納自己而有安全感，能自在的和別人相互親近。
B.焦慮依附：一般人得分大約在19～29分之間。
得分愈高者擔心別人不喜歡自己，很在乎別人對自己的看法。
C.逃避依附：一般人得分大約在15～25分之間。
得分愈高者會逃避和別人的親近，以免除不自在的感覺或避免受傷害。
D.排除依附：一般人得分大約在19～29分之間。
得分愈高者傾向於比較喜歡一個人自由自在或自給自足的生活。

肆、請仔細閱讀下列文字後作答

如果把人大致分為下述A、B、C、D四種類型如下：

A型：對自己和別人都有較正向的看法，一方面覺得自己是有價值的、值得被愛的，另一方面也認為別人是善意的，可信賴的。這類型的人較能接納自己而有安全感，能自在的和別人相互親近，同時也能保有個人自主性。

B型：對自己的看法較負向，傾向認為自己是比較沒價值的、不可愛的；而對別人則為較正向的評價。會不斷的尋求他人的接納和肯定，擔心別人不喜歡自己，很在乎別人對自己的看法。

C型：一方面對自己的看法較負向，傾向於認為自己是沒價值的、不值得被愛的；而另一方面又認為別人是不可信賴和拒絕的。雖然內心需要別人的接納，卻會害怕和別人親近，逃避社會活動，以避免被拒絕或受傷害。

D型：對自己有較正向的看法，覺得自己是有價值的、值得別人的關愛，但卻認為別人是不可信賴和拒絕的，雖同樣會避免和別人親近，卻仍維持自我價值感。比較喜歡一個人自由自在，過自己的生活。

伍、請排出你和這四種類型的相似程度之順序

（請在□中分別依相似程度之順序填上1、2、3、4這四個數字，每個數字只能填一次，1代表最相似，2代表第二相似，3代表第三相似，4則代表第四相似或最不相似）

	A型	B型	C型	D型
我和這四類型的相似程度排序	□	□	□	□

如欲將人分類時，以壹、24題量表得分最高的量尺為其主要依附風格，貳、可作為輔助題，當壹、有量尺同分情形時，以貳、作為分類之輔助。不過原則上以四個量尺的分數作為統計分析的對象，不必將人加以分類才不會過於簡化了評量研究得到的量化資訊（所以除非有特殊目的只要施測壹即可）至於國外有學者單獨施測貳、的做法，國內須待進一步研究。

備註：以上原始量表摘自王慶福、林幸台、張德榮（1997）。〈人際依附風格、性別角色取向與人際親密能力之評量〉。《測驗年刊》，44(2)，63-78。

參考書目

中文部分

王慶福、林幸台、張德榮（1997）。〈人際依附風格、性別角色取向與人際親密能力之評量〉。《測驗年刊》，44(2)，63-78。

葉曉穎（2008）。悲傷輔導與表達性藝術治療之學期報告。

葉曉穎（2010）。悲傷輔導與表達性藝術治療之學期報告。

廖珩安（2009）。悲傷輔導與表達性藝術治療之學期報告。

賴淨慈（2011）。悲傷輔導與表達性藝術治療之學期報告。

英文部分

Field, N. P. (2005). Continuing bonds in bereavement: An attachment theory based perspective. *Death Studies, 29*, 277-299.

Field, N. P. (2006). Unresolved grief and continuing bonds: An attachment perspective. *Death Studies, 30*,739-756.

Field, N. P. (2009-2010). The relationship between grief adjustment and continuing bonds for parents who have lost a child. *Omega, 60*(1), 1-31.

Freud, S. (1917). *The History of the Psychoanalytic Movement*. New York: Nervous and Mental Disease Publishing Company.

Klass, D. (2006). Continuing conversation about continuing bonds. *Death Studies, 30*, 843-858.

Meij, L. W. (2007) Neuroticism and attachment insecurity as predictors of bereavement outcome. *Journal of Research in Personality, 41*, 498-505.

Neimeyer, R. A. (2006). Continuing bonds and reconstructing meaning: Mitigating complications in bereavement. *Death Studies, 30*, 715-738.

Russac (2002). Grief work versus continuing bonds: A call for paradigm integration of replacement. *Death Studies, 26*, 463-478.

Stroebe, M. S., Folkman, S., Hansson, R. O., & Schut, H. (2006). The prediction of bereavement outcome: Development of an integrative risk factor framework. *Social Science & Medicine, 63*, 2446-2451.

Stroebe, M., & Schut, H. (2010). The dual process model of coping with bereavement: A decade on. *Omega, 61*(4), 273-289.

Stroebe, Schut & Boerner (2010). Continuing bonds in adaptation to bereavement: Toward theoretical integration. *Clinical Psychology Review, 30*, 259-268.

Wayment, H. A. (2002). Attachment style and bereavement reactions. *Journal of Loss and Trauma, 7*, 129-149.

悲傷輔導與華人文化及民俗（元神宮催眠）

何長珠、楊采蓁

理　論

問題一、文化脈絡中的悲傷觀

問題二、華人宗教的悲傷輔導

結　語

實　務

元神宮觀靈術

理 論

問題一、文化脈絡中的悲傷觀

相對於西方，華人傳統文化中雖然並無明確的悲傷輔導脈絡可追溯，然而研究者認為對傳統華人文化影響深遠的儒家、道家以及佛家思想體系中，必然潛藏一套應對悲傷的因應模式。以下探討儒、釋、道各家對形塑悲傷輔導的可能面向。

一、儒家的悲傷觀

儒家是以道德性的修身、自我德性的自覺來節制生理感官的欲望活動，從而達到人性的道德層面。儒家認為人性是由天命或天道所生，心性與宇宙實有內在聯結，如《中庸》曰：「天命之謂性，率性之謂道，修道之謂教」。基於此，儒家重視透過社會倫理行為的具體實現，以禮樂法則來維繫社會的和平與穩定，以便達到內在人性的生命實現（鄭志明，2012）。

因此，先秦儒家以「有序親和」為主要生存原則，由家庭為基礎拓展至社會秩序及國家政治，形成中國文化中獨有的修身齊家到治國平天下之系統性政治哲學，也形成了傳統殯葬禮儀之文化。殯葬行為的範圍包含臨終、殮、殯、奠、葬、祭禮等，雖每一階段都與儒家對生命、死亡、鬼神觀有關，但這些觀點仍離不開孔子所奠基的基本思想——「孝」。孔子認為孝親的行為自生至死，始終如一，生死之禮以「孝道」為核心，以「禮儀」為表現（李日斌，2009）。因此，哀傷是知、意、情之綜合表現，身為人子，面臨失去至親所激發的悲哀之情，痛心疾首而不能自已。

林安梧（2001）則認為儒家所說的「仁」是放在家庭、社會與整個大自然裡，貫通天道、宇宙造化的傳統，貫通於良知本心的傳統與整個歷史哲學的道統裡，故並不強調「自我」的個體性。故在一個重視孝道的社會文化風氣下，對於父母長輩的過世，儒家哀傷情感的真誠表達，是喪禮的最高準則。

孔子認為喪禮中衷心的哀傷勝過喪禮的完備，缺乏哀傷肅穆之情，就失去整個喪禮的意義。但又認為事逢變故固然悲傷，但身體髮膚受之父母，愛惜自身是對父母盡孝，故不能過度悲哀以傷身。由此可見，情感流露的表現受限於孝的觀點影響之大。

春秋戰國的亂世中，人倫道德敗壞社會秩序離經叛道，重建人心正念從孝道開始，以孝親思恩改善偏離正道的仁心，方能回歸到人倫的社會禮制規範（李日斌，2009）。另外，由宰我問三年之喪，亦可看出許多與西方心理學不同之處，「三年之喪」是配合人們內心情感需要的外在表達形式（傅佩榮，2012）。

但或許亦因文化的影響，華人在表達情緒時較為含蓄。由儒家喪祭禮「祭思敬，喪思哀」的核心精神可見——透過適當的葬禮安排來表達對死者的敬慎尊重，能增加失落的真實感；而適度的宣洩悲傷情緒，則更可望超越生死的鴻溝，回歸正常的生活軌道，以重建人生之意義與價值（王玉玫，2003）。

葬禮儀式使喪親之哀慟能有所緩衝與調適，古代聖人在人性與人情的宗族法制的基礎上，以三日而後斂為喪禮之制。故劉秋固（1998）認為《荀子‧禮論》中的喪祭禮具有生死關懷也有悲傷輔導的功能——確定失落的真實性、哭泣宣洩悲傷、適應喪居生活、祭祀懷念等，能夠催化哀悼，使悲傷順利結束。然而其中某些規定如不滿八歲則無成服之殤、父母不能為子女哀悼、無德行的人之死也不被賦予喪禮等之禮俗，從當代西方的觀點而言，則可能抑制喪親者自然情感的表達，這樣一個使個體悲哀的程度與時期，均為禮制所約化的體制，亦可能導致更複雜的悲傷型態之存留。

二、道家的悲傷觀

道家倡導「順應自然」、「安時處順」，認為人應「虛靜無為」（方力天，1998）。「順」並非同流合汙，而是「順人而不失己」（《莊子‧外物》），一方面根據客觀環境做出必要調適，以便於主體的生存；另一方面，又持守操行，「不以物挫忘」（《莊子‧天地》），「不與物遷」（《莊子‧內篇‧德充符》），不因外在而喪失自我，在艱苦的條件下安然自得。相對於儒家所重視的繁文縟節，從過度社會化的束縛中解脫，回溯到真正的源頭——自然，亦即回歸於道（呂錫琛，2002）。

除了「無」與「自然的原理」，還有「反」的法則。「反」的意義為道及萬物除了周而復始不停運行外，也要「復命」、「反璞」（《老子‧二十八章》）以「歸明」（《老子‧五十二章》）。此外，「反」亦有「物極必反」的道理（何英奇，1990）。故此，研究者詮釋，依循「順應自然」的原理，悲傷等情緒是被允許存在的，但也應注意切勿悲傷過極，否則反而可能失去自己。

此外，從道家對萬物「氣」體的觀點以及生死觀也可看出其在思想上的悲傷輔導功能。

(一)萬物都是由氣所組成

作為宇宙本源的「道」，其生成宇宙萬物的模式是「道生一，一生二，二生三，三生萬物。萬物負陰而抱陽，冲氣以為和」（《老子‧四十二章》），強調在陰陽生萬物的過程中，氣作為存在物質性的根據而成就一種哲學上的本體觀（邢玉瑞，1999）。

《莊子‧知北遊》：「人之生，氣之聚也。聚則為生，散則為死。」莊子則認為人是由「氣」所構成的，生死只不過是氣的聚散分別而已。究極而言生死實乃一體（李凱恩，2008）。

(二)道家認為死亡是一自然的現象

《莊子》外篇的〈至樂〉描述莊子對於妻子之死雖然也感哀傷，但後來想通後便鼓盆而歌，惠子不明所以，莊子則回答說：「不然。是其始死也，我獨何能無慨然！察其始而本無生；非徒無生也，而本無形，非徒無形也，而本無氣。雜乎芒芴之間，變而有氣，氣變而有形，形變而有生，今又變而之死，是相與為春秋冬夏四時行也。人且偃然寢於巨室，而我噭噭然隨而哭之，自以為不通乎命，故止也。」

由此可知莊子認為死亡不但是氣的變化，更是極其自然且無法避免或改變的現象。老子亦說：「不失其所者久，死而不亡者壽」（《老子・三十三章》），意思是指常處於自己該處的位置一道，便能長久；肉體雖死，而道與精神卻可長存。萬物由生長而死亡的過程叫「歸根」、「歸璞」（《老子・十六章》）。因此，死亡是萬物回歸自然之道（何英奇，1990）。

由道家發展出來的《黃帝內經》則另有一套獨特的詮釋（戰佳陽，2004）。

(三)《內經》認為情志影響悲傷甚大

《黃帝內經》是關於身心健康的系統性論述。《內經》中的情志分為五類，稱為「五志」，如喜、怒、憂（思）悲、恐（畏），後來人綜合整理稱為「七情」（侯南榕，2001）。這七種不同的情感反映，屬於人體正常的精神活動和心理表現，適度的情志活動乃是人體的生理需要，有利於臟腑的功能活動，對於預防疾病、保持健康是有益的。然而，刺激超過正常限度或刺激過久或個體本身缺乏移情易性的能力時，就可能導致陰陽、經絡與臟腑功能失調而發生種種病變（劉建新、危玲、李花，2004）。

侯南隆（2000）指出，七情之中，最為重要的情志是「悲」，因其直接影響臟腑中最為重要的「心」。《黃帝內經・靈樞・口問》：「心者五臟六腑之主也……故悲哀愁憂則心動，心動則五臟六腑皆搖，搖則宗脈感，宗脈感則液道開，液道開故泣涕出焉」。因此，老子才會提出抑制情感、少私寡慾的無為之道，正如《內經》所言：「恬淡虛無，真氣從之，精神內守，病安從來。」

(四)道家認為五臟之「氣」影響悲傷

按五行相生相剋、環環相扣的原理，悲（憂鬱）則肺氣盛，剋肝，因而導致怒（憤怒）的情志反應，故此，內經認為人的情志反應不是單一的狀態，而是交雜著極其複雜的關係，長期的悲傷甚至會使人陷入癲狂，《黃帝內經・靈樞・癲狂》：「狂始生，先自悲也」（怒極而笑）。

五志間相生相剋變化極為複雜，過極除傷內臟健康，還會轉化變動而產生不同的疾病症候，故此悲傷過極，當事人除了意氣消沉，還可能患上各種併發症，最後甚至如同西方早期對悲傷的表述一樣，「心」碎而亡！

三、佛家的悲傷觀

佛教《瑜伽師地論》中對悲傷有如此傳神生動的描述：「由是因緣愁憂燋惱。拊胸傷歎悲泣迷悶。」（蔡貴玫，2008）。《愣嚴經》亦有精闢的描述：(1)執著於根塵識，不能作正確認知，以至無明悲傷；(2)內抑過分，忽於其處發無窮悲，對所遇情境，悲從中來不覺流淚；(3)悲魔入其心肺，見人則悲、啼泣無限；(4)憂愁魔入其心肺，手執刀劍自割其肉（曾靜玲，2008）。由此可見，佛教認為一切的煩惱、悲苦皆與心靈意識的執著有密切關係，生命裡隱含著內在的無明——從無始以來累積的業力與疑惑，必須通過生命修行、實踐的過程來克服。故此，佛教的悲傷輔導與道家的相似，是一種由改變思想（正知見）而建立起來的轉念過程，主要觀念有因緣、業力以及輪迴觀三種。

在佛法的觀點裡，緣，是指一切事物之間生起一種互相交涉的關係（釋淨空，2008）。「緣起法」是一連串不間斷的過程，它包含《阿含經》「十二因緣」的全部法則：無明、行、識、各色、六處、觸、受、愛、取、有、生、老死。據《長阿含經（卷十）》第二分〈大緣方便經〉所載：「緣癡有行，緣行有識，緣識有名色，緣名色有六入，緣六入有觸，緣觸有受，緣受有愛，緣愛有取，緣取有有，緣有有生，緣生有老、死、憂、悲、苦惱大患所集，是為此大苦陰影緣」，而這十二者有相依相持之關係，即一切事物皆由因、緣所成立，沒有絕對、永恆的存在（丁孝明，2008），故說無常、苦、無我（釋慧開，2008）。

《佛光大辭典》輪迴（梵語作samsara），謂眾生惑業之因（貪、瞋、癡三毒）而招感三界、六道之生死輪轉，恰如車輪之迴轉，永無止盡，故稱輪迴。由此可見「輪迴」之說其實是通於古今中外的並非東方或佛教思想所獨有，在古代西方哲學思想中亦原本就有輪迴的概念。此外一般大眾皆誤以為「輪迴」之意是在命終之後，依其善惡業報去投胎轉世，其實佛教所說的輪迴是指在無明驅使之下業行的輪迴，而不祇是「自我」、「色身」或「心識」的輪迴而已（丁孝明，2008）。

業，梵語為karman，原意為行為或所做。人們的起心動念，對於外境與煩惱種種心識會做出種種感受反應並形成行為的影響力——不論是作用力或反作用力，簡稱業報、業果。因緣成熟，即是業力與眾緣配合，才能形成果報；所以說業力乃是諸法因緣生，同時也會因為諸法因緣而滅（丁孝明，2008）。

釋慧開（2006）認為佛教生死觀以「緣起法」、「輪迴」與「業力」為基礎。人若學會用此種「方生方滅」之視野來看待死亡，則不致一直停留在失落與悲傷的情境中，而能進一步將失落與哀慟的情緒轉化為一種生死永續的持續關懷。

問題二、華人宗教的悲傷輔導

與西方相比，台灣人面對哀傷和喪葬禮儀，有很大的一部分是依循傳統、遵照習俗來進行而鮮少談論內心的情感甚至隱諱死亡的議題（鐘美芳，2009）。可見，作為炎黃子孫的我們，心靈深處其實仍深受儒家、道家與佛家很大的影響（林安梧，2001），儀式的內涵亦涉及到文化（儒、道、佛）多樣的集體潛意識之影響而不自覺。

一、文化禮儀對華人悲傷情感表達之影響

在台灣的文化中，適當角色之需求在喪禮中顯而易見。如林其薇、陳鴻彬、吳秀碧（2012）的研究發現，男性、獨子因被期許為家庭支柱的角色，故男兒有淚不輕彈的特色影響男性在哀傷歷程中有「壓抑情緒」的現象。另外，該研究也發現，基於「孝」文化的影響，子女優先關注與照顧的是父母的哀慟、手足或子女的哀慟則常被忽略。此外，何長珠從事家族心靈排列十年的經驗亦發現：在華人文化中，孩子的死亡通常被認為是不吉祥的，因此葬禮往往是簡單草率的處理；造成墮胎流產及夭折嬰靈有無處安頓的靈魂困擾。喪子（女）的父母也常被禁止去憑弔遺體或參加葬禮，因為無從參與，不但父母喪失了表達對孩子的感受和對話的機會，父母的悲傷情緒也可能久久不能釋懷。以上可見，儒家禮制文化中所重視的孝道、男女有別，長幼有序之制度之深遠影響，至今猶存。

二、宗教對悲傷輔導的影響

宗教是普遍的文化現象，體現在具體的生活形態上。宗教亦是文化的深層記憶，潛藏在族群的集體意識中，成為一種「宗教心靈」。蔡瑞霖（1999）認為在華人傳統文化中，宗教不僅影響了人們表達悲傷的方式，也影響了人們因應悲傷的模式。

(一)儒家的祭祀活動

台灣至今仍延續儒家的「三祭」，即「天地崇拜」、「祖先崇拜」以及「聖賢崇拜」（鄭志明，1998）。他認為此种「祭祀」儀式除了讓人覺識生命的精神心靈圓滿天人關係外，也蘊藏宗教性的神聖莊嚴。鄭志明（1990）進一步定義所謂的「宗教」為內化於生命之中的精神動力，是由抽象觀念認知到超越存在的精神實體，真正關懷的是個體生命自覺的身心體驗與價值之實現（p. 2）。

儒家「三祭」中的「祖先崇拜」，又或清明祭祀之禮義，除了在於貫

徵孝行，包含了儒家以孝為人性的基本法則之外，也具有宗教性質的悲傷輔導意涵。鄭志明（1990）提出生死信仰四大主題——生死相續、死而不絕、以生制死與以死教生，來詮釋儒家的祭祀，從中亦可得見悲傷療育之功能與目的。

(二)道教的葬禮儀式

台灣過去及現在的殯葬均以道教（包括民間信仰）為主要模式（劉明德，2003），現今社會亦有約七成的台灣人採用道教的殯葬儀式（鈕則誠，2006）。然而，因為道教演化已成為是民俗鬼神色彩較濃的宗教，故而道教殯葬儀式之各種步驟中所蘊藏的悲傷輔導價值反而被忽略了。郭展宏（2009）認為道教目前進行的悲傷輔導是透過以下方式來表達的：

- 透過儀式操演引導悲傷。
- 以階段進行不同的程序。
- 以忙碌喪事來轉移悲傷。
- 給亡者最好的旅程安排。
- 做法事助功德的幫助與安慰。
- 集體的支持與共渡難關。
- 喪事活動之時間漸次減少。
- 以祭祀轉變對亡者之思念。
- 多元化的道教殯葬科儀。

因此鐘美芳（2009）認為，台灣道教傳統喪葬儀式具有Worden（1995/2005）所提出的四個主要哀悼任務與功能：一是接受失落的事實；二是經驗悲傷的痛苦；三是重新適應一個逝者不存在的新環境；四是將對逝者的情感重新投注在未來的生活上等。

(三)佛教的助念與超薦法會

民國以來，由於印光、弘一大師等大德極力倡導念佛往生，此模式幾乎已成為大眾或佛教徒處理臨終的「標準作業程序」。導致「能否往生」

變成了國人以為的終極關懷（釋慧開，2008）。

由於人在臨終的時候，身體要忍受四大分離之苦（索甲仁波切，1996），臨終者此時必定會感到恐怖。此時若一旁有人助念，「稱名念佛」（即口中稱念「南無阿彌陀佛」），亡者較能「一心不亂」，並相信因此能往生淨土（釋淨空，2008）。謝雯嬋（2008）指出，佛教之助念有助於產生「傳遞」、「支持」、「跨越」、「改變」、「持續」、「轉變」等之經驗歷程，亦有助於轉變悲傷經驗。他並總結出助念的功能有如下幾點：

- 引導形成一個「可以想像的死後存在」，導引「死亡不是永遠的結束」之信念，給予喪慟中人以希望與支持。
- 佛教助念的引導及念佛過程，給予死亡一個正向情感傳達的通道，將「親人死亡」的悲傷，轉換成「親人即將往生到一個很美好地方」的心像。
- 助念歷程中助念人員無私的付出與陪伴，亦提供了喪慟中的社會支持。
- 助念的力量提供了感應、安定與轉念力量，提供喪慟者支持及安慰。
- 助念歷程中的念佛持誦經文迴向的引導方式，甚至延續在助念結束後成為喪親者安定自我的方式。

另外，佛教中的超薦佛事對於喪親者亦有類似的悲傷輔導功能。釋滿祥、釋宗惇等（2006）認為超薦佛事有兩種意義，一是對亡者的超渡，二是對生者的引薦，也就是引薦佛法。從臨床來看，後者引薦的生死教育是更重要的部分，建構起生與死、有形與無形之間的橋樑，對悲傷輔導也有很大的效益。

釋滿祥、釋宗惇等（2006）進一步指出不同經典的個別輔導功能與療效，如下：

- 對於感到有擔心、遺憾的家屬，《梁皇寶懺》、《水懺》等法事有助於家屬將有形的遺憾轉化為無形的祝福，是很好的悲傷輔導方式。

- 對於親情較濃郁、難以割捨者，《金剛經》與《心經》的開示有助於看空情愛之執著，是很好的說「法」。
- 對能夠接受死亡同時希望未來要更美好的遺族，淨土系列的經典如《阿彌陀經》、《普賢行願品》都是很好的共修法門。
- 患者生病很久，或因為意外及災難往生時，《阿彌陀經》十念往生的開示對往生者慌亂的心境，提供很好的指引，《藥師寶懺》也是常會被選用的部分。

怕亡者淪入惡鬼道，或因為信仰強烈的緣故，希望藉著佛菩薩的威德讓亡者遠離苦難，導引到諸佛淨土時。《三時繫念》便可藉著更多念佛的功德，迴向往生極樂世界。

綜上所述可見各個宗教文化的喪禮儀式或制度均各有特色，然而他們的悲傷療癒功能則大致上是一致的。鐘美芳（2009）認為透過儀式與制度，喪親者身體力行實際參與、更能抒發悲傷情緒。如鄭志明（2009：7）所言，儒釋道在對死亡的悲傷療癒功能是以「提高自我的生命精神能量，以靈性的形而上體驗幫助人們從痛苦與煩惱中超克出來」。故此可見，華人宗教悲傷輔導之做法，主要是讓喪親者藉由靈性的信仰力量走出悲傷。

結　語

台灣在1999年921的大地震災後，哀慟範疇的實徵文獻才有明顯的累積，然多半由專業領域內的理論、模式而探討出來，而非由哀慟者的實際經驗去瞭解人們的哀傷（王純娟，2006）。王純娟從921震災哀痛家庭所獲得的資料中發現，除了西方理論重點與心理社會造成的因素外，還帶有本土宗教民俗有關的因素。許敏桃等（2005）在1995-2002年間檢視台灣本土哀悼傷逝文化模式就發現其與西方所強調的「貫穿—修通」為哀傷療癒主軸的論述是有所差異的。

有別於西方切斷與死者連結的療癒進程，台灣華人的研究顯示與死者關係的再連結（continuing bonds, CB）是主要的文化哀傷反應（許敏桃、余德慧、李維倫，2005）。最近的研究更發現，現今大陸華人處理悲傷的方式亦有異於西方所預想的模式（Klass, 2011）。相較於Stroebe與Schut（1999）雙軌模式所強調的在恢復因應導向與失落因應導向之間來回「擺盪」的復原歷程，研究發現與其在這兩項因應導向間維持平衡，大陸華人則偏重在復原因應導向。如成千上萬在汶川大地震中喪偶的人們往往很快地再婚，此外並有相當數量之喪子（女）的中年婦人透過技術懷孕而再孕，希望透過完成照顧孩子的使命，來因應喪子（女）的悲傷（Klass, 2011）。

遺憾的是：到目前為止，台灣的悲傷研究仍具有「掛羊頭賣狗肉」的現象，表面探討的雖然是以台灣為文本的悲傷現象，卻在分析悲傷歷程、療癒過程時套用了西方的模式來進行闡釋，鮮少從千百年華人傳統文化思想脈絡中去探尋。華人的悲傷因應必須要套上西方的理論才能得以證實其療效嗎？

所謂的「本土化」，是反實證主義，反對把各種「多元典範」移植過來而不自覺地喪失研究者的主體性（顧忠華，1997）。悲傷的概念源自西方是一個歷史事實，西方的研究也先行於我們，諸多的悲傷理論與模式，確實有我們借鑑與學習之處。然在運用的同時，我們仍然必須深思，源自於西方的悲傷概念與理論模式是否能適合照本宣科直接應用於華人之文化脈絡。又或，在研究華人文化脈絡中所體現出悲傷之表達與因應模式時，非得移植西方的悲傷理論才有其價值？就如顧忠華（1997）所言，台灣「本土化」「作為一個論域（discourse），未必需要一套獨特的方法論加以證成（justify），它毋寧屬於某個科學社群的『認同』傾向，更是具體的歷史與情境條件下的產物。」華人的悲傷之表達與因應是否也當如此？這也是楊國樞等人討論本土契合性與提倡心理學本土化（楊國樞，1997）之立場所在。故林綺云（2005）認為如何避免受限於西方的輔導模式而研發適合本土民情、風俗或溝通習慣等文化內涵的輔導模式的，本土的研究要如何走下去，是一值得深思的課題。

實　務

元神宮觀靈術

儒家文化的子民在華人文化論述的資助之下，合法地採取與亡親的締結儀式（余德慧、彭榮邦，1999）。「觀靈術」是台灣民間傳統風俗宗教信仰中的重要活動。由周文王開始發展至今，亦就是藉著「通靈」（乩童或催眠師）進行意識與潛意識交流的一種心靈治療，內容包括「牽亡魂」、「遊地府」、「探訪元神宮」、「探花叢」、「探訪死去親人」等等，常以「自觀」、「代觀」或「團體」等幾種方式進行。在台灣民間，喪親者往往藉著宗教靈媒的引介，去尋覓過世親人的影子；甚至會去找靈媒或通靈者之儀式牽引過世親人的亡魂回來，與他們產生對話等行為，藉此得到心靈的慰藉。因此「牽亡」可視為是台灣本土民間信仰裡很重要的一種象徵治療（symbolic healing）或儀式治療法（ritual healing）。台灣的習俗對失親者來說，「牽亡」最大的意義在於，給出一個與過世親人「重逢」的短暫時空，讓他們因能感覺再見而得到安慰，以完成生死分離的「正式告別」。

觀落陰則是一種團體靈療之活動，約從中國魏晉南北朝（西元220～589年）開始流傳，是巫術色彩濃厚的宗教儀式，通常透過一個類似法師的巫者，持咒語讓信徒產生與陰間共振的磁場，信徒坐在神壇前，雙眼以布條跟符咒遮眼，在巫者的引導下，進入陰間與往生的親人相見。觀落陰亦有著安慰心理的作用，也可表達對往生親人的思念。因此觀落陰與牽亡，都可視為是中國文化習俗中所特有的悲傷輔導模式。

此外，透過催眠技術亦可引導個案進入自己的元神（辰）宮，以產生與自己最核心之靈魂／往生親人溝通互動的機會。除了可以讓人探望過世的親人之外，也可以讓個人藉由探訪元神宮（元辰宮）或本命樹（花），投射性地發現個人運勢好壞與補救改進之道（做好事—給希望）；這種藉當事人之意識投射性地瞭解自己深度潛意識之做法，本質上與西方所習用的催眠或心理治療（沙遊／釋夢），並無不同之處。

王中和（2014）更從心靈治療的觀點，認為元神宮應是一個自我心靈的穩定空間，但事實上元神宮有可能大部分被歸因屬於潛意識或無意識，因此我們對本命元神宮之理解其內涵可分為三個心靈空間狀態：(1)失控空間；(2)穩定空間；(3)控制空間。他又認為，通常在用催眠導引深入的過程中，要進入本命元神宮可以分為三個階段，第一個階段又可分為四個步驟，第一步驟：鍛鍊心靈控制能力，有特定方法依步驟進行；第二步驟：鍛鍊圖像能力，也是有特定方法依步驟進行；第三步驟：以三個方法跑（run）能量，以解消一些負面能量團，這個步驟是針對身體的更進一步放鬆，並鞏固前二步驟的成果；第四步驟：介紹如何搭一條心橋，以準備進入本命元神宮。

這四個步驟的時間長短不一定，生命力愈強的人，這四個步驟的時間愈短！反之，生命力弱的人，這階段時間則愈長！通常來講，不論什麼人只要生命力弱，初步的調整方法不外乎：(1)增強圖像能力；(2)打通時間軌跡；(3)釋放負荷壓力煩惱業障心結；(4)提升情緒等級；(5)增進瞭解與主導。

元神宮亦是我們的靈魂回到靈界時居住休息的地方，牽動著我們到世上現在的一切狀況，探元辰宮能幫助我們去發現影響到我們現況的奧祕。它其實沒有宗教的分別，在西方稱之為生命花園。元辰宮之內涵則會根據個人的背景身分與福報不同，可能會以各種不同形式的建築物來呈現，如中式、日式、美式、歐式等，房子裡面有客廳、花園、臥房、廚房、書房……這些地方，它掌管了我們自己本身的總體運勢，還可以與自己的守護神做連結，並請守護神幫助我們處理我們內在的障礙。所謂「調理」，是在強化元辰宮內的能量。添米（食祿）、添油（光明）、添水和柴（財），其用意等同補運。元辰宮中客廳燭火的大小，可以對應出個人現階段的運勢，廚房中的灶火旺衰可以對應出個人現階段的健康好壞與元氣強弱，水、米、柴，也可以看出今世的財祿，臥房則顯是現階段的感情狀況，而這些東西亦會隨著個人的當下或平素作為而有所改變。

案例——命途多舛難道真有前世？

以下的實務案例，即是透過催眠的技術進入靈界造訪元神宮，探望往生親人，探尋本命花、樹叢，並調整自身的狀態與運勢。本案例主角小琳（匿名），63年次，有兄弟姊妹六人，是家中老么，有大哥、二哥、大姊、二姊和三姊。據父親描述，當她還是強褓中嬰兒時，曾被媽媽拿起來摔，於是爸爸將她交給奶奶扶養，直到六歲才被爸爸帶回家去。爸爸是退伍榮民，媽媽沒有工作，小琳是個孝順的孩子，總覺得爸爸一個人很辛苦要養六個小孩，所以小琳從十六歲開始，就很努力打工賺錢。

十八歲時，小琳開始在公司行號上班做會計，然而卻做一家倒一家，共做了三家，而大哥生意失敗慘賠、二哥卻總是不斷地惹事生非，後來為了想趕快努力賺很多錢回家孝敬爸爸照顧家人，所以就跑去夜店做服務生，沒幾個月後爸爸就被醫生判定檢查出癌症末期，只剩六個月的生命，於是毅然決然就去酒店當陪酒小姐。為了償還家中負債與應付不斷向她伸手要錢的母親與二哥，上班整整五年，每天都要喝很多的酒，非常的痛苦，雖賺到錢卻失去健康。其間，最疼愛她的父親離開了人世，不久後最關心她的大姊卻因為男友劈腿而跳樓自殺身亡。自己也因為年輕不懂事，為前男友墮胎，內心愧疚不已。

在父親過世三、四年後，小琳突然會看到第三世界的東西，甚至還有辦法跟祂們聊天，而且發現母親也有類似狀況，後來經由朋友的父親（宮廟師父）作法始得解除，原本想藉機請求母親的愛，但母親從小琳出生後就非常討厭她，對待三姊總是百般呵護，但對待她不是拳頭相向，就是刀子飛過來，一定會叫她去死吧去死吧！母親並且告訴她：我就是沒辦法愛妳！這讓小琳傷心之餘卻又百思不得其解。除了父母以外，自殺往生的大姊是小琳特別關心的對象。

小琳等了十年幫爸爸撿骨，三姊卻還在埋怨爸爸，讓她情緒崩潰到歇斯底里，七個月來沒辦法睡覺，一天到晚哭，覺得人生失去了方向和活下去的目標與意義，於是才開始來尋求協助。後來朋友一直找她做保險，於是非常堅定的離開酒店去做保險。雖然老師認為她不太適合保險工作，鐵齒的她還是去做，但撐了兩年業績卻一直沒起色，做得非常不開心。後來換了服務業的工作，果然開心了一些。

由於工作能力很強，自然成為老闆最得力且不可或缺的左右手，導致老闆對她日久生情，窮追不捨。由於自己的道德感不能接受當小三的情形，目前陷入工作與感情抉擇的兩難。又夢到往生的父親似乎不太好，好像有話想對她說。因此小琳是為了想要和往生父親、自殺的大姊與墮胎嬰靈做溝通，以及瞭解未來感情的發展，希望透過催眠進入元辰宮找到答案。

(一)元神宮狀態

她的元神宮是中國式三合院的白色建築，黑色屋瓦，圓圓的窗戶，木頭的門有黑色扣環一對，很大很漂亮。進去之後有噴水池，裡面養了二、三十條錦鯉，庭院很寬，有白色很高的圍牆，大約比人高三、四個頭。大廳有神桌，桌上有祖先牌位，右邊有觀音菩薩圖像貼在牆上，是白衣大士右手拿柳枝，左手持寶瓶站著往下看。菩薩說她很調皮不夠虔誠，要她乖乖修行，由此可得知其守護神為觀世音菩薩。

(二)和往生父親、自殺的大姊與墮胎嬰靈的溝通

然後她突然感覺左邊的頭皮發麻，聽到祖先嘆息的聲音一直唸：子孫真是亂七八糟，原因是跟她往生的爸爸有關。她描述看見爸爸的臉都黑了，好像被人作法一樣，於是恭請地藏王菩薩做主。原來爸爸前世曾經是小鬍子穿咖啡色軍服，拿武士刀的日本大皇軍，命令下屬殺光很多人，但是祂真的不是故意的，於是幫忙這些冤魂立了十幾個牌位，並請爸爸跪在眾牌位面前懺悔，然後牌位一個一個逐漸消失，剩下一個。此時發現爸爸的手可以動了，臉色也變白了一些，但是仍然心裡很苦，原來是在氣二哥。二哥在那一個前世就是爸爸的直屬長官，一直叫爸爸去殺人，原來二

哥本靈是一隻很壞的猴精，到處作惡，於是催眠師請齊天大聖出馬，把祂壓制在石頭下，最後地藏王菩薩將祂收服成為一隻任人擺佈的玩具猴。

此外，爸爸的業障太多，喝酒太多、殺人太多、殺太多狗來吃狗肉，所以他的肚子凸了起來，肝、胃、腸子都有問題，且兩腳膝蓋以下是黑的……此時催眠師要她爸爸向所有的冤親債主懺悔請求原諒。原本祂們還想住在小琳的元神宮裡，後來溝通後才妥協在隔壁建了三棟大豪宅，又燒了很多金銀珠寶、車子、麻將、衣服、手機、撲克牌、象棋、五子棋和僕人……給祂們，如此冤親債主們才答應不再干擾小琳的運勢。再請觀音大士幫她爸爸治療全身的病痛，只見觀音菩薩對爸爸灑了甘露水，感覺爸爸已經完全恢復了靈體健康，這讓小琳終於釋懷了。

催眠中經由招喚，自殺往生的大姊現身了卻一直哭，因為她想要結婚。披著鳳冠霞披，全身戴滿黃金，想嫁給辜負她的那個人，要跟他糾纏一輩子。我們勸她別繼續逗留在陽間，現在有機會到菩薩旁邊修行，放過對方，也放過自己。原本大姊十分不甘心，面有難色，但是後來決定接受我們的建議，於是從女人變成了七、八歲的小童女，手裡拿著兩個大銅環，跟在觀音菩薩旁邊。至於自己的子宮常有問題，原來是與當時拿掉的那個無緣的小孩沒處理好有關係。這個小男孩一直住在小琳的肚子裡，等待可以成為她的小孩出生的機會。菩薩說不用再開刀，只要向祂懺悔就好了，而且小孩說如果是正在追求小琳的這個老闆當祂的爸爸，祂會很開心。

(三)感情的抉擇

小琳元神宮的臥房有張粉紅色床單的雙人床，上有兩個枕頭，但是她自己的枕頭擺得歪歪的，但又多了一個髒髒的大枕頭卡在衣櫃裡。櫃子後方發現有蜘蛛網掃不掉。床底下的鞋子兩雙都朝外，女鞋也擺得歪歪的。由這些情況可知小琳的感情狀態正處於三角問題，讓她很心煩，且自己也尚未完全準備好走入婚姻。於是請管理元神宮的宮婆幫忙打掃，處理蜘蛛網，把枕頭擺好、鞋子擺正朝內，把牆壁粉刷一下，也換了一張有雕花的梳妝台。此時臥房突然變得好像是新房一樣，到處貼著喜字。在鏡子裡小琳看到她的老闆在某個西班牙的前世中，當時也是有老婆的情況一直來追求她，糾纏不清，被她斷然拒絕，非常地難過，但是她可以感受到他對她的真心。再看到未來五年後，似乎仍與老闆在一起，而且也把那個無緣的兒子生了回來，之後又生了個女兒，好像就是今生自殺的大姐。

(四)個案回饋對生命的體悟

探訪往生親人讓小琳把對父親、自殺的大姊與墮胎嬰靈的擔心與罣礙，從此釋懷而感覺很輕鬆，對於未來的感情路也比較篤定知道該如何抉擇。原本只相信命運是掌握在我自己手中的小琳，在經過這次催眠進入元辰宮之後，對生命的體悟是：人生中會遇到誰、發生什麼事情彷彿在冥冥之中自有安排，因為一切都會受到累世業力的影響。有些事情發生了就是要去面對問題，解決問題，不要一直想著否認或逃避，在遇到人生轉折點的時候，應該勇敢地做出抉擇。

結　論

當事人經過潛意識之旅後，通過催眠師（目前亦正在攻讀諮商心理的博士學位過程中）的協助合解，不但表達宣洩了個人在家庭與家族問題上之困擾；而且更藉由「正向」、「催眠」、「敘說」之引導，使當事人對人生議題與因果解套等觀點，都有了一場深刻的體驗。相信其後的人生旅途，應該更有自我效能罷！

參考書目

中文部分

丁孝明（2008）。〈原始佛教的業報輪回〉。《正修學報》，21，183-200。

方力天（1998）。〈佛道互動——以心性論為中心（上）〉。《哲學與文化》，25(11)，1049-1059。

方蕙玲（2001）。〈喪葬儀式功能初探〉。《東吳哲學學報》，6，183-203。

王中和（2014）。法布施網，http://blog.sina.com.tw/abraham/article.php?entryid=628784

王玉玫（2003）。〈悲傷輔導在儒家思想中的意義——以「祭思敬，喪思哀」為中心〉。《國立台中技術學院學報》，4，207-214。

王佩麗、葉高翔（2008）。〈先秦道家思想對中醫學基礎理論形成的影響〉。《浙江社會科學》，5，83-86。

王純娟（2006）。〈哀傷或不哀傷？當西方的哀傷治療遇上台灣的宗教信仰與民俗〉。《生死學研究》，3，94-131。

王叢桂、羅國英（2007）。〈華人管理者與情緒智慧講師對情緒智慧之認知差異〉。《本土心理學研究》，27，231-297。

何英奇（1990）。〈道家思想的心靈觀與心理健康觀的初步實徵性研究〉。《教育心理學報》，23，159-188。

余安邦、薛麗仙（2001）。〈關係、家與成就：親人死亡的情蘊現象之詮釋〉。生死教育實務工作坊、台北護理學院生育斯研究室。

余德慧、彭榮邦（1999）。〈從巫現象考察牽亡的社會情懷〉。宣讀於「述說、記憶與歷史：以情與文化為核心的論述」研討會。中央研究院民族學研究所主辦。台北：南港。

吳寶嘉（2010）。〈文化敏感的哀傷處遇：以佛教徒為例〉。《輔導季刊》，46(4)，46-53。

呂錫琛（2002）。〈道家文化治療學智慧管窺〉。《鵝湖》，327，9-15。

李日斌（2009）。〈先秦儒家殯葬倫理的詮釋與現代意義〉。《生活科學學報》，14，173-198。

李凱恩（2008）。〈莊子死亡觀評論〉。《新竹教育大學人文社會學報》，2，

3-14。

李開敏、林方皓、張玉仕、葛書倫譯（2010），J. W. Worden著（1995/2005）。《悲傷輔導與悲傷治療：心理衛生實務工作者手冊》。台北：心理。

沈慧如（2002）。〈生死教育的始祖——老子生死觀探究〉。《德育學報》，17，17-24。

邢玉瑞（1999）。〈道家思想與《內經》理論建構〉。《陝西中醫學院學報》，22(5)，3-5。

林安梧（2001）。〈「心性之學」在教育上的運用——儒、釋、道義下的「生活世界」與其相關的「意義治療」〉。《新世紀宗教研究》，1(4)，28-61。

林其薇、陳鴻彬、吳秀碧（2012）。〈從華人文化的家庭系統觀探究哀傷歷程與影響因素——以成年前期男性喪失手足為例〉。第四屆全國輔導與諮商碩博士研究生，國立台南大學學術研討會。

林綺雲（2003）。〈死亡教育與輔導——批判的觀點〉。《生死學研究》，創刊號，77-92。

林綺雲（2005）。〈社會文化與悲傷反應〉。《生死學研究》，2，107-127。

侯南隆（2000）。《我不是壞小孩——喪親少年的生命故事與偏差行為》。南華大學生死學研究所碩士論文。

侯南隆（2001）。〈《黃帝內經》與悲傷諮商〉。《諮商與輔導》，188，14-20。

徐福全（1999）。〈去土洲賣鴨卵？談台灣漢人的喪葬習俗〉。《歷史月刊》，139，79-84。

許敏桃、余德慧、李維倫（2005）。〈悼傷逝的文化模式：由連結到療癒〉。《本土心理學研究》，24，49-84。

郭展宏（2009）。《道教殯葬科儀之生命教育研究》。高雄師範大學教育學系碩士論文。

陳玉璽（2005）。〈建構佛教心理學的新典範——唯識學八識學說的現代省思〉。《新世紀宗教研究》，5(2)，55-88。

傅佩榮（2012）。《逍遙之樂：傅佩榮談莊子》。台北：天下文化。

曾文星（2002）。《文化與心理治療》。香港：中文大學出版社。

曾文星（2002）。《性心理的分析與治療》，頁237。北京：北京醫科大學出版社。

曾靜玲（2008）。〈佛教臨終關懷義工助念經驗〉。《第七屆佛法與臨終關懷研討會》。台北：蓮花基金會。

鈕則誠（2006）。《殯葬學概論》。台北：威士曼。

楊中芳（2001）。〈有關關係與人情構念化之綜述〉。載於楊中芳主編，《中國人的人際關係、情感與信任：一個人際交往的觀點》，頁3-25。台北：遠流。

楊采蓁（2010）。《命理諮商（算命、改名）與前世催眠對身心靈療癒影響之初探》。嘉義：南華大學生死學研究所碩士論文（未出版）。

楊國樞（1997）。《華人本土心理學方法論》。台灣大學心理學系本土心理學研究室編輯出版。

董少萍（2001）。〈論情志致病中的意志因素〉。《中國中醫基礎醫學雜誌》，7(7)，18-20。

劉明德（2003）。〈殯葬業經營管理之研究〉。《上海國際殯葬服務學術研討會論文集》。上海：上海殯葬文化研究所。

劉建新、危玲、李花（2004）。〈《黃帝內經》所論情志致病原因之我見〉。《中醫研究》，6，10-12。

劉秋固（1998）。〈荀子喪祭禮的生死關懷與悲傷輔導〉。《國立台北護理學院學報》，6，104-119。

蔡貴玫（2008）。〈佛教與社會生命教育之初探——佛化悲傷輔導之適用性〉。《第七屆佛法與臨終關懷研討會》，頁248-265。

蔡瑞霖（1999）。《宗教哲學與生死學》。嘉義：南華大學管理學院。

鄭志明（1990）。《宗教與文化》。台灣：學生書局。

鄭志明（1998/2012）。《儒學的現世性與宗教性》。嘉義：南華大學管理學院。

鄭志明（2009）。〈道教符咒法術養生學：以《道法會元》為核心〉。《道教生死學》，第二卷。台北：文津。

鄭振煌譯（1996），索甲仁波切著（1992）。《西藏生死書》。台北：張老師。

黎岳庭、王旻（2012）。〈中國古代道家人本主義思想——豐富和發展21世紀的人格和諮詢心理學理論〉。《心理學探新》（南昌），5，3-10。

戰佳陽（2004）。《道家、道教與《黃帝內經》》。瀋陽：遼寧中醫學院。

謝雯嬋（2008）。〈佛教助念於喪親者走過悲傷之探討〉。《第七屆佛法與臨終關懷研討會》，頁214-244。

釋淨空（2008）。〈佛法與悲傷輔導〉。《第七屆佛法與臨終關懷研討會》。

釋聖嚴（1992）。《正信的佛教》。台北：東初。

釋滿祥、釋宗惇、陳慶餘、釋惠敏（2006）。〈超薦佛事與遺屬輔導〉。《哲學與文化》，33(4)，69-85。

釋慧開（2008）。〈佛教臨終與往生助念之理論建構芻議——以《瑜伽師地論》為主之初探〉。《生死學研究》，9，81-125。

鐘美芳（2009）。〈台灣道教喪葬文化儀式與悲傷治療之探討〉。《台灣心理諮商季刊》，1(2)，10-21。

顧忠華（1997）。〈本土化的策略與陷阱：評黃光國〈互動論與社會交易〉〉。楊國樞主編，《文化、心病及療法》。台北：台灣大學心理學系本土心理學研究室。

英文部分

Kaori Wada and Jeeseon Park (2009). Integrating buddhist psychology into grief counseling. *Death Studies, 33*, 657-683.

Klass, D., Silverman, P. R., & Nickman, S. L. (Eds.). (1996). *Continuing Bonds: New Understandings of Grief*. Bristol, PA: Taylor & Francis.

Klass, D., & Chow, A. Y. M. (2011). Culture and ethnicity in experiencing, policing, and handling grief. In R. A. Neimeyer, H. Winokuer, D. L. Harris & G. Thornton (Eds), *Grief and Bereavement in Contemporary Society* (pp. 341-354) New York: Routledge.

Romanoff, B. D., & Terenzio, M. (1998). Rituals and the grieving process. *Death Studies, 22*(8), 687-711.

Stroebe, M., & Schut, H. (1999). The dual process model of coping with bereavement: rationale and description. *Death Studies, 23*, 197-224.

悲傷輔導與靈性治療（禪修）

何長珠、賴淨慈

理　論

問題一、靈魂與靈性之異同

問題二、靈魂（業／好壞命運）與修行之關係

問題三、靜坐之功效：能調整呼吸狀態、增加覺察力

問題四、臨終議題

實　務

一、靈性量表

二、臨終死亡與藏傳禪修——大圓滿禪修

理　論

問題一、靈魂與靈性之異同

靈魂與靈性之異同，到目前為止，似乎仍處於妾身未分明之狀態；從英文字義來說：靈魂（soul），《韋氏字典》的定義是人所擁有、非物質的、可存續的思考感受之存在狀態；至於靈性（spirituality），張淑美（2008）則定義有心、靈魂、精神、活力、力氣等意思，她並介紹Banks、Poehler與Russell（1984）使用改良的德懷術（Delphi Technique）建構靈性的意義如下：(1)靈性是與生俱來的；(2)一種生命的意義，協助個人獲得成就感；(3)它也是人與人之間共通的結合力量，包括與神的聯繫；(4)靈性是個人的感受力和信念，以及對超自然和無形力量的認知和看法。

從表面意義來說，兩者似乎是同一件事；但本文作者從事多年實務工作經驗觀察所得，則有如下之觀點：靈性是「體」，是所有生命（動物、植物、人等）狀態，都會有的生命能量原始之起源——光——因此是光明無惡的存在狀態；靈魂則是附屬於吾人身上、歷代重要的未竟事務之議題（或者亦可稱之為基因之藍圖——是一種精微能量，通常可以用起心動念之感受來覺察之），生具對錯好惡之情緒與動機趨避之傾向（心理學上可能稱此為生命神話或情結）；因此可視其為「用」：兩者之間，一個是生命開始和結束都存在的核心光能，一個則是在一期（世）生命中主要揮灑的顏料；請問有沒有差別呢？

以下以圖形表示靈魂與靈性間之關係：

由**圖6-1**可知東方系統之修行與西方系統之自我成長，兩者間存在著一種連續性的關係——後者可視為是靈魂的鍛鍊性旅程，在一生中，幾乎每個人都會不斷經歷實現願望所需付出的努力與遇到挫折之痛苦，在這個過程中之所以會失敗，一方面是外在的運氣或緣分是否俱足，一方面則是

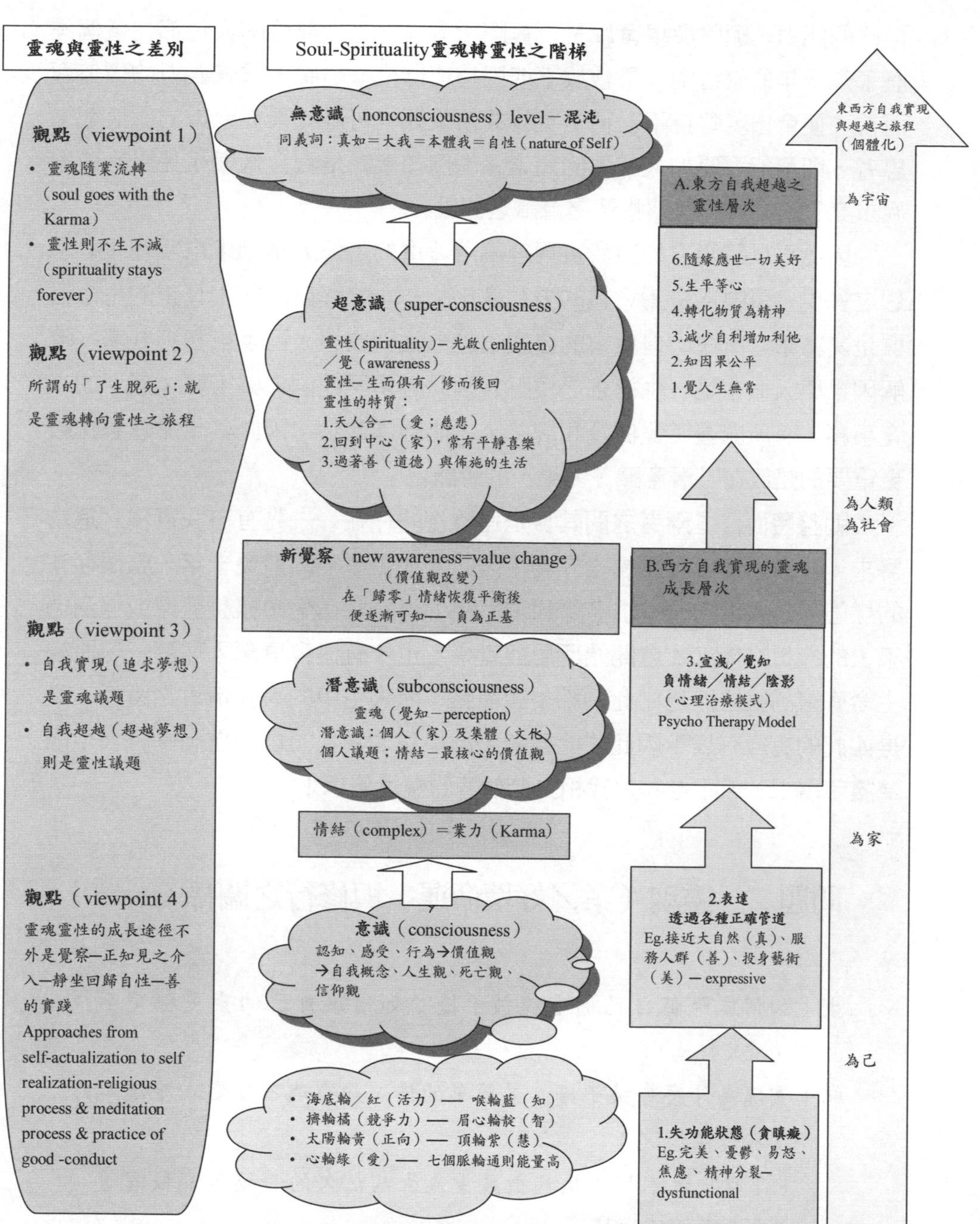

圖6-1　靈魂（soul）與靈性（spirituality）關係圖

資料來源：何長珠（2014）。

自己的能力、願望與現實感是否實際所造成——大部分的人也都在這個經歷了幾十年的旅途中，學會放下或堅持或鬱卒或超脫！這就西方的價值觀而言，便會出現堅持不捨便是英雄的價值觀；可是如果從東方的價值觀來思考，則可能需要加入其他的元素——例如機緣是否合適與祖先風水或家族未竟事務之業等有關集體潛意識之假設。

因此可以說西方的自我實現理論所著重的是努力奮鬥求自我理（夢）想之實現，可視為是「意識的潛意識化」——瞭解自己此生真正的生命目標是其精華之所在；但東方的自我超越則強調要與人己宇宙和諧共處，瞭解因果與天命才是一生追求之重點，因此必須反觀個人與家庭（族）的未竟事務，有所處理（懺悔及和解），才能圓滿此生；因此其生命意義比較更重要的是放在「潛意識（因果）的意識化」。

就整體而言這兩者之間其實是連續性的存在——先有自我實現之追求需求，才會遇到自我超越之立場！因此人在生命中的前幾十年，整個存在的樣態都是入世的——求名逐利求幸福；也只有在生命經驗豐厚或遇到過不去的挫折之後，才會開始反思與覺察，也才有機會更深入理解——原來生命底層的脈絡線是如此的綿長與複雜；而人生中的人我情仇之邂逅，又是如此的有緣有故！因此才能逐漸超越小我的我執（自私自利——多半成為靈魂需求），而走向大我相對無執著的靈性旅程！

問題二、靈魂（業／好壞命運）與修行之關係

生：如何能降低自己的靈魂被干擾？如何讓自己的靈更穩定？（宜X）

師：靈魂為什麼會被干擾？最簡單的情況是靈魂不安定。靈魂不安有幾個情況：

1.身體狀況不好：生病很嚴重或生病很久的時候，都較容易感應不好的事情。

2.業力來臨的時候。

有信仰是為了有依靠。大部分的人很少修行，所以需要靠修得好的人來幫忙。而那能幫忙的對象，則可以是死人（如鬼神、神仙）也可以是活人，總之就是一種精神力量。同時因為業的顯現，人一生中總會有個很慘的十年，就好像也總會有個很棒的十年一般，基本上誰都如此！但是，「在惡業還沒有來以前，趕快好好修（去惡增善）」則才是智者的行為！因為我們每個人的能量就像一個桶子，桶子裡每個人都有那麼多的能量，但是因為個人的個別根性造成的習慣與環境不同，會影響人們具有不同的正負的比率，而形成所謂失敗或成功等等定義之人生樣貌。

一、正負比與人生時運

我們每個人存在之本質一定都是正負的比率。但是這正負的比率有很多種，可以是2：8，1：9或3：7或5：5等，所以一個人負面能量若是只有1-2的話，就算是有高功能的人。但大多數的人則通常在3：7／6：4的狀態。這樣的人，業如果來的時候（業其實有好的也有壞的，可是我們一般人觀念都習慣認為業是指壞的方面）——在一個人最不好的十年裡，所受的苦就會比2：8的人要重（慘）很多（如諸事不順等）。可是那只是因為你沒有往光明（善）去追求所產生的結果。所以各位如果現在狀況還很好的時候，為什麼不趕快去練（修善去惡）？假設你認為你到目前為止都沒有遇到最壞的十年，你為什麼不該更好好的去修練？而一定要等壞事臨頭才開始後悔呢？要瞭解：人在好的狀況修行，總是比較容易的吧！

二、從家排的經驗得知，「附身」其實就是有「靈魂議題的未竟事務現形時」

而且根據家排一千人次的觀察經驗，通常人被上身或被跟時也不會是外人來跟，而是你與你／家族系統有關的靈魂對你有所求而已。被外靈附身的比率非常小，只有身體健康很弱或你遇到業力成熟或者個人是從事這種行業的人，才會出現（而且通常都是有原因的，因為業的本身一定是根據冤有頭債有主的公平原則）。所以墮胎的、流產的，還有夭折的孩子，最常有的情況是去跟隨相關的母親、手足或家人，因為否則靈魂的未竟事務沒有其他地方可去——中國傳統的信仰系統（如家祠或祖先牌位）是不承認他們的。這樣的人，也有一樣特長，就是會因靈魂在身而有一點感應力。但假設這個人沒有修行，那這種感應力只是最低級的（如小鬼級，指死掉的小嬰兒或胎兒）。所以即使某人有些感應力，那表示更要去修，才能自渡渡人。

三、念經——自念自得最有效

為什麼有些人不敢去寺廟（尤其是虔誠修行的道場）？因為寺廟的修行會產生一種正氣的能量，所謂天龍護法的威嚴，會讓不相干的鬼魂進不去也不敢去。所以即使為嬰靈設了牌位之後，還要必須要給一個名字，最好是以道場的名字幫他命名，例如如果是在地藏院設的，就是「（自己姓）地」或「（自己姓）藏」。這樣，在師父超渡完畢之後，當事人還要跟嬰靈說，「法X、媽媽今天來幫你設牌位，希望你在此安心好好修行，以便靈魂的舊業逐漸消除，才能得到超渡，有更好的未來」。總之，設牌位進行超渡時，一定要跟對方走完和解的完整過程——承認、懺悔、確認（這是目前台灣大部分求超渡者都沒做到的）與祝福，才算真正的結束。否則很可能只是設牌位者求自己一個心安而已——未經確認對方是否確實收到之超渡，很可能也只是換一個短時間的平安，事情處理未究竟，當然不會完全結束。至於對那些怕接近道場而又很想解決這類困擾的人，第一步做法可以先唸地藏菩薩的「滅定業真言——嗡！波囉—摩寧—多寧—梭哈！」一萬遍。「定業」的意思就是把當事人本來應該要受的負面之業或得不到的願望，因為真正心誠意正求懺悔，而能所改變的一種「自力」加「佛力」之和解做法；又根據《地藏經》的說法：大部分的念經功德，都是回到念經者本人（七分之六），只有七分之一是回到其迴向的對象；因此才說——自念自得。

四、魂飛魄散與人之能量波動

生：魂飛魄散存在嗎？解脫後（靈體）會怎樣？

師：道教的觀點強調三魂。

人死亡後，神識會往哪裡去感受和存有？

✓生魂：在屍體上

✓靈魂：在墓碑上

✓祖／牌位神：有所拜之處，它就有在

✓覺魂：在道場中接受後代供養，以修行功德者

人死後之意念，都只會往自己最熟悉的地方去——家，就是我們絕大部分的人所懸置意念的地方。通常在死後的七天內，因為不知自己死了，魂會往自己家裡去，卻發現家裡沒人看得到你，這時才會不得不慢慢接受殘酷的事實——自己已死。然後你可能會很悲哀地回到墳墓上（如果你有墳墓／牌位），因為那裡還有你的身體或名字——即使身已成灰了，可是你知道那是你的位置。所以這種執著就是為什麼有上面幾種魂的來源。但更好的做法是去個人所親近的道場，為亡者設一個靈位——意指是跟者菩薩去修行的場所，此種有覺性的靈魂之所在地，便可以稱為是「覺魂」！

所謂的魂飛魂散若非指驚嚇後之反應，則是指生命的物質能量破解（死亡）後，回歸最小單位的波粒運動之事實。但隨著意念的層次（通常是掛念著未竟事務）而漂流在相關人物（後代）的能量場中，以「氣」（感受）的方式繼續存在！

五、靈魂隨業而輪迴，靈性則不生不滅

我們大部分的人只要沒有往內追求覺醒（最核心的光、存在的本源——自性或神），就一定仍在輪迴（重複原來的狀態）中。

「在什麼境界，就過什麼生活。」人因為存在的層次不同所感受到的快樂亦不同，換言之，不同於那個層次的人是感受不到的；因此一般人所以為的快樂或成就，在越有修行程度的人來說，就越不重要；反之亦復如

是；所謂的天堂與地獄其實就是一種主觀的靈魂體驗之現象場經驗。一般來說，在這個世界上你需要活下去所要求的條件越多，你的靈魂越重。要求越少，但還是能活得快樂，就是靈魂越輕。越輕，輕到一個程度，就是回到靈性的本源——靈魂的核心——也就是我們的靈性。其實，每一個人都有靈性的，不同之處只是靈魂的重量（世俗性欲求）不同而已。

死後靈魂出體，成為光跑來跑去（約一個手掌長度的光體）。光體的特質是連石頭亦能穿入，因為無質量，要去哪就去哪。其實真正修得好的人自然會達到出體現象（其次序為「先陰神、後陽神」——前者是無實體現形，通常只會感覺為夢遊到某處；後者則是實體現形，如達摩祖師死後西行、其墳墓中但見陪葬草鞋而已等之傳說，這也就是道家所說的陽神出體之現象。

本文作者之理解是：修行得道就能達到物質與非物質互換的狀態——意念成真；這到目前為止還是物理學界正在努力探求的宇宙最大之祕密。例如，對清靜修行的人而言，常有心電感應的現象「我希望明天可以吃到甘蔗」——明天就有甘蔗來到！這其實也就是某種程度的質量互換。當代印度有名的聖者塞巴巴的神蹟——常常手往空中一撈就會變出食物、金箔等之現象，亦可視為是「心—物交換」之例。其實，對一般人而言只要老實打坐，達到意念平靜無波的水準，就可以傳送意念影響別人了——神通是對未到該修行狀態的人而言的，其實並無神奇怪異可言。

問題三、靜坐之功效：能調整呼吸狀態、增加覺察力

平常人為什麼不能覺察到業力的來去？因為大部分人是活在物質化的世界中，是一個只管吃好、穿好、看得見就可以存活的粗燥的意識狀態（即是α或β的呼吸狀態）。所以某種程度就相對減低（少）了當事人能完整覺察的程度。

覺察力大部分要靠呼吸來維持。靜坐就是改變呼吸狀態的唯一之道。你若能夠老實的每天靜坐半小時，一年後，你的呼吸速度（慢）和生活感

表6-1　靜坐之功效

	一般情況的普通人	練習固定靜坐一段時間者		每天安靜靜坐30分鐘，30天後
一分鐘	呼吸±20-25次beta波（*β*）	呼吸越來越穩定，下降，達到alpha波（*α*）	theta波（*θ*）	大部分可以維持在*α*波或*δ*波，一分鐘大概10-15下呼吸
解釋	• beta波（*β*）就是一秒鐘腦波跳動13-32Hertz（Hz） • beta（13-15Hz）：身體放鬆，精神奕奕 • beta2（16-18Hz）：在思考問題，如在做閱讀、數學題等的狀態 • beta3（19-26Hz）：也是在處理問題、思考的狀態，但有些焦慮、擔心 • Hi-beta（27-32Hz）：表現出焦慮、強迫等行為	集中注意力，特別專注的時候。一秒鐘腦波跳動8-12（Hz）	一秒鐘腦波跳動4-8（Hz）	一秒鐘腦波跳動0.5-4（Hz） Beta Alpha Theta Delta

資料來源：Brain wave states and how to access them, http://synthesislearning.com/article/brwav.htm; Clinical neurotherapy, http://www.clinical-neurotherapy.com/Neurofeedback.html

覺（清淨）絕對會改變很多（**表6-1**）。

根據實驗證明，人的腦波跳動，由低至高可分為四個頻率帶：*δ*波（delta，無意識）、*θ*波（theta，潛意識）、*α*波（alpha，意識與潛意識的橋樑）、*β*波（beta，意識）。

老實靜坐，一年後的身心健康情況最少會改善三分之一。因為呼吸慢＝新陳代謝慢＝焦慮減少。換句話說，人若能控制呼吸，就可以改善自己的健康和心態。呼吸越慢，越接近宇宙波，覺察的範圍就自然增大（如他心通、宿命通等）。舉例來說：靜坐五分鐘中的第一分鐘，一定是粗燥意識（呼吸聲清楚可聞），第五分鐘一定比較慢，而且比較清比較安。這個時候你就有機會進入「入靜」的狀態。若打坐三十分鐘持續一個月，則可能達到一個更新的經驗，就是剎那之間覺得宇宙都安靜下來了。繼續再坐一年、兩年，然後就會得到較長期的安靜經驗，也就是：(1)清安；(2)入靜；(3)入定的次序。通常來說，靜坐最少要持續一年後才能常體驗入定（很高的等級）的奇妙，這其中還要考量個人的各種情況而定，如打坐＋吃肉的人，就得花費更長的時間。這主要是因為吃蔬菜的話，循環所需的消化能量會減少6倍，吃肉則會增加6倍。所以才說，吃素容易得清安。

其實不管是什麼宗教或者是沒有宗教中，都會有修得很好的人，他不一定要每天靜坐，但是在生活的起居中，常常做善事、心非常平安，這樣的人，本身就得清安。各別的宗教所強調的戒律或箴言咒語都往往只是大象身體器官之一部分（象鼻或象腿），但都不是真理之全相。真理一定要遇到「中心」（center）才算得到真髓。而且不管各位相信的是何種信仰，其實也都要走十至二十年以上之自我修練與調整，才能得到象心吧！達到核心的一個表面徵候是什麼呢？就是可以接納及理解所有的宗教了。

問題四、臨終議題

一、為什麼要採臥佛的姿勢？

生：人即將死亡時，需要借由儀式，如影片中死者要調整右臂拱彎而臥的姿勢來呈現，才是最好嗎？還有在影片中，為什麼喇嘛一直提醒死者，下一步會到哪裡去、不要去哪裡等等，真的會有效嗎？（X靜）

師：臥佛的姿勢是因為朝右側臥躺，心臟不受壓迫，讓你體腔內的空氣比較流通。所以各位不是等死前才要這樣做，平常睡覺都要練習這樣睡，才比較不容易做惡夢。

人在死的時候就是在走一場意識轉換歷程——呼吸越來越慢，腦波也由β波→α波→δ波，所以為什麼再壞的人到最後都還是會有靈性呢？因為人最後都會回到δ波，也就是接近靈性核心（宇宙生成狀態）的波。這樣一步一步退走回去，就可以達到那個狀態。此外當人病危體力很弱的時

候，會越來越沒有能力思考，那也就是很多人逐漸走向死亡的狀態。所以很重要的是不要讓臨終者在此脫殼的過程中受到內外在的各種干擾（下題詳說）。

二、在喪禮中不要大哭

生：當喇嘛到喪家，時常要求家屬不要哭泣，這與一般人性自然的反應，似乎很不一樣。（莉X）

師：人死不是壞事，當你能覺得不是壞事的時候，就不會那麼悲苦了。假設你知道無常才是真理，而把每天都當作是最後一天來過，那你要死時或你家人死了，都是自然可接受的狀態。所以我們要做的是把平時當戰時（反之亦然）。所以當親人死的時候，才可以不要那麼悲傷或哭泣。

至於為什麼不要大哭呢？因為死者在臨死時處於越來越昏沉的地—水—火—風在進行解體之狀態，在那個狀態中，他的五官會變成非常敏銳，敏銳到我們現在講話的聲音，對他來講都是很大的噪音。因為他正在慢慢要消失的過程中，其實理論上活人是應該要配合臨終者的，人的聲音要越來越小，越來越慢，這樣才是臨終者真正聽得到的聲音。

三、「萬般帶不走，唯有業隨身」——沒事時要趕緊修

生：死後投生時如果會遇到各種不同狀況，要秉持的信念應該為何？（瀞X）

師：這個時候就是平常有親近上師或保護神或具有善念習性之重要。如果你現在有了某位很信任的神（抱歉！通常不可能是人），就是你基本上完全相信到不會再退轉的程度，這時你的生命其實就比較安全穩妥了。因為害怕的時候，就可以念求自己原先相信的那個神（佛）號來得到安定。假如人平常都不練習，只有需要時才臨時抱佛腳，有沒有用？應該沒有

很大的用（因為神經連結通路尚未建立）。

這件事情其本質還是等於一種算數。如果有人終生造惡，全身都是負的能量，最後臨死時因為害怕受到審判而改去受洗變成基督徒。那可能也只有頭上這一小團範圍有光吧，當然也不能太怪對方，因為他可能沒有好機緣，可是也不能因為這樣就確論自己真正能夠升天。因為真正的升天不是在死後才發生，而是在每天生活中奠基的。一個人總是在幫助別人就是在天上；總是在計較，那不就是在地獄嗎？各位千萬要瞭解：天堂地獄並不是遠在天邊、死後才算帳的事；它是你每天起心動念後、意識狀態所得到的自然感受之果報。

藏傳佛教系統很嚴苛的修行方式（閉關三至五年以上，當然也是要循序漸進的）當然更能夠幫助修行人到達無意識的層次。修練越多，能量的等級就自然越高。我所瞭解的生死書影片中，死後的那個光其實就是投射。假設我們班上有某個同學只要不拿到前三名，回家就會做惡夢的人，那種人就是比較心很強的人，他身邊圍繞的就可能是臍輪的橘光（競爭光）。每一個生命狀態都有一個特質，雖然我們理論上說身體周圍的光罩是包括紅橙黃綠藍靛紫，但其實每個人都有自己現實生活等級所反射出來的光。假設有一個人是看到一隻螞蟻被踩死都會哭的，他一定就是粉紅光一團。所以我們自身的光其實也就是自身靈魂現存狀態的投射，也就是當事人目前的執著。所以每個人只要執著不變，他或他的周圍氣場光也就不會變；這樣下去，活到你臨死時，當然就是帶著現在的狀態去投生，這就是所謂的「萬般帶不走，唯有業隨身」吧！

生：影片中，喇嘛引導亡者應該選擇投身到哪一道，死後靈魂可以選要投生哪裡嗎？不是因為業力所轉而投生的嗎？（淨X）

師：一個信念要能夠成為當事人內在堅定的意識，它才能產生作用。過往之西藏生活方式是活在很誠信的宗教價值觀中。這個師父做的善誘就叫做慈悲心，就好像有些喇嘛或天主教的神父，在人死前一定會儘量幫亡者做一些儀式。但他做了就能保證你去升天嗎？其實是你這一生的言行，才能保證你會不會去天堂啊？但是他還這樣做，是因為家人有需求和喇嘛修行的慈悲吧！

即使你平常都很相信這個系統，每天都如實地在修練，但是從活人變成死人，本身就是一個很艱難的過程，在這個過程中還是需要有受過訓練的專業工作者在旁邊的諄諄教誨與提醒。所以很多人在彌留時會放蠟燭或佛樂，就是讓你有個東西可以依傍和捉住。順便告訴各位，佛教裡有很多佛，但對往生者則特別強調阿彌陀佛，因為阿彌陀佛本來的定義就是無量光，所以念阿彌陀佛的本意就是希望能回到光（生命的起源）中去而已。

四、沒有修的人死後會如何？

生：過世的親人若未經中陰解脫幫助，也未修行，那他現在在哪裡？（X妙）

師：我的瞭解就是有修的人就走有修的路，沒修的人就走沒修的路。假設他一生中自覺很不快樂，這樣的人死後就容易停留在中陰狀態較久（指意識離體、但尚未投胎前的一段流連迷惘之階段）。中陰的意思就是一個等待轉生的空間。那個空間並不是在天上地下的某個地方，實際上就是我們意念的表現方式。若你的意念覺得這一生過得太苦了，不想再去投生，就可能會在這個茫茫人世間（通常還是會在自己熟悉的人與環境中）漂蕩，那漂的其實只是我執的意念（業習）而已。

看得見與看不見的遺傳

人都是從自己的父母受精受血而生。胎兒除了會受到母親的飲食影響健康外，還會受母親情緒的感染而產生今生的氣質，如果媽媽懷胎時很焦慮，生出來的胎兒也容易是焦慮性的，一切其實都只是遺傳。另外例如自殺的系統，你看到一個人自殺的話，往上面追溯，他的家族往往都還有其他自殺的案例。你幫他現在處理自殺的方式，如果只是讓他暫時覺得很溫暖可以不再想並且轉念去只看光明面，請問這樣做除了暫時安頓之外，有什麼究竟之用呢？他的潛意識就是不想活。為什麼不想活？應該要去處理的是那個「因」才能解開想自殺之癥結。所以有沒有修行，都不一定會去投胎，還要看他自己活著時以及到死時的主要情緒狀態為何而定。

五、關係是靈魂輪迴中的主題

生：在輪迴中與別人的關係若未完成，是否仍會繼續？（淑X）

師：關係是靈魂輪迴中的主題；而且不只是愛，恨也是帶不走的。

我們知道雙數＝團體，0生1，1生2，2生4。但每個人基本人格的組型仍是6（化學元素裡最強固組合之單位）。6代表什麼意思？你最喜歡、最討厭、最喜歡你的、最恨你的、不好不壞、又好又壞的六種關係，其實都活在你一生生活的周圍，這也就是佛教所說：來報恩或還債的冤親債主之說法了。人類的各種關係在六個組合裡面幾乎可以全部代表出來，不是嗎？

生：那這六種關係要如何對待呢？

師：所謂結緣的意思是說，遇到冤家或債主，我可以選擇要不要重複以往之輪迴，這樣的表現才是自由意志。也就是說當你的討債者（世俗的不公平狀態）來時，大部分的人就是會跟對方計較公平或者選擇逃避，那你的債就沒辦法還成。所以真正修行這個系統之內蘊其實是很深的，修到較高級時，你可能會很高興自己遇到倒楣的事，因為表示——還債，就還在眼前了。很奇特吧？這些都是幾千年歷史，才造就出來的偉大的哲學思考呢！

生：如何還債？

師：隨便你啊！你可以逃，或者還到剛剛好，或還到別人欠你，或還得歡天喜地。完全看你那個時候存在（修行）的階層而定。你怎麼還，就決定你下面要遇到什麼關係。

有一句話「沒有學佛的人是畏果，真學佛的人是畏因」。人們沒有學佛時就是怕遇到壞事情。學佛以後，在遇到壞事情的時候，除了盡心面對，可能還會擔心想說這是要還的，我那個因不知處理完了沒有？這就是人生的不同境界。

實　務

一、靈性量表

因素1：個人之信念

1.我常被神祕不可解釋的事件所吸引。
2.我認為人與自己和諧相處是很重要的。
3.得知別人因不公正而受苦時我會覺得很悲哀。
4.如果你認為某事是重要的那你就應該重視它。
5.自然界的某些事情是科學所不能瞭解的。
6.人們應該常評估生命中該珍惜之事到底為何。
7.對生命中所發生之事我會常有反思。
8.有時必須經歷一些重大的事件，才能讓人體會生命中真正重要之事為何。
9.往好的方向去成長和改變，是一個人能做的最高貴的努力之一。
10.每一個經驗都當幫助個人更多的瞭解自己。
11.我對別人的需求常懷同情（compassion）之心。
12.我常企圖找到一種表達自己的方式。
13.對意義之尋求能讓一個人得到內在的平靜（peace）。
14.自我發現的旅程對我是非常重要的。

15.人們應該努力去實現其最理想（most idealistic）之信念。
16.我嘗試使痛苦的經驗變成個人的成長。
17.宗教性領袖必須常強調對所有人事物（for all）同情和容忍之重要性。
18.我希望大多數人死後都能去一個好地方（good place）。

因素2：更高存有（higher being）之必要性

1.對更高存有之信念影響我大部分之生活（life）。
2.我覺得有要跟更高存有溝通之需求。
3.我認為自己是一個靈性的（spiritual）人。
4.我堅信好的（good）會超越壞的（evil）。
5.我覺得每個人在生命中都有一個獨特的任務要完成。
6.如果沒有更高存有之信念，我的生命是沒有意義的。
7.我定期尋求來自更高存有之內在力量和指導（guidance）。
8.藉著協助他人，我得以向自己的最高存有示愛（showing my love for）。
9.我盡力以自己瞭解之方式向最高存有提供最有之服務（serve my higher power as best I know how）。
10.我覺得與最高存有之間有一種個人性的聯結。
11.我會受到神聖儀式之感動。
12.我追求日常生活中的終極真理（ultimate truth）。

---

*同意題號越多，代表靈性信念越強
資料來源：Miller (2004).

二、臨終死亡與藏傳禪修——大圓滿禪修

關於靈性，還有一個極重要的部分就是西藏藏傳佛教中所介紹的「中陰救渡」之觀點，他們認為臨終——死亡與靈魂之間有著極密切的關係因

此必須掌握死前到死後四十九天的時間，好好進行這方面之教導，才能讓人死後之靈魂得到好的投胎與轉世之機會。這些觀念，索甲仁波切在《西藏生死書》中有完整的介紹。

(一)禪修為何重要

1.佛教把生和死看成一體，死亡只是另一期生命的開始，是反映生命整體意義的一面鏡子。（p. 25）

2.生命學習的重點就是學習「放下」。執著背後的動機也許並不壞；希望快樂也沒有錯，但必須瞭解我們所執著的東西，本質上是「空」，永遠執著不了的。當瞭解到這一點並能慢慢地解除執著時，大慈悲心就從我們身上產生。（pp. 56-57）

3.禪修真正的妙處，正在於它持續的存在於當下，以及一無所求所帶來的喜悅、清明與安祥，最重要的是，它的毫無執著也正是讓人變得更自由的徵兆。這其中，真正重要的不是過程，而是態度。禪修就是將禪坐的寧靜和專注的心境延伸到生活之一種存在方式。（p. 110）

(二)業與輪迴

1.佛教徒接受的輪迴觀念，主要是以意識的連續為基礎。讓生命和生命之間相聯繫的輪迴，並不是一個可見實體，而是能量最微細的層面：靈魂與業力之作用。

2.我們無法指出是哪一個因造成某一個果，因為任何事件都是許多業成熟之後集合在一起的複雜集合體。因此，一般人才會以為事情是「偶然」發生在我們身上的。（p. 127）

3.業報的法則是不可避免和真實不虛的，所以每當我們傷害別人時，也是在傷害自己；每當我們帶給別人快樂時，就是在培育自己的快樂。（p. 129）

(三)中陰與其他實相

1.「中陰」這個名詞通常是指在死亡和轉世之間的中間狀態。事實上，在整個生和死的過程中，中陰不斷出現，而且是通往解脫或開悟的關鍵點。只不過其中威力最大和最富改變潛能的，還是死亡時的那一刻（也就是所謂的最後一念，話說回來，除非平常日夜修練，否則臨終物質身崩裂之際，哪有可能保持正念呢？）。（p. 25）

2.此生的自然中陰：包含生與死之間的整個過程；臨終的痛苦中陰：從死亡過程的開始，一直到所謂的「內呼吸」結束為止；法性光明的中陰：是包含死後心性光芒的體驗（通常是七天）；受生的業力中陰：就是我們通稱的中陰身，它一直持續到我們投胎有生命為止（通常是四十九天）。（p. 142）

(四)大圓滿禪修

加行之道有三：第一，禪定（治散亂心的無上解藥，把心找回家，讓它安住在自然狀態中）；第二，深度的淨化修習（透過功德和智慧的累積而加強善業，可以去除障蔽心性的情緒與知識的面紗）；第三，一種特別觀照心性和現象的修行（可以終止心對於思考和研究的無盡渴求，讓心不再依賴無盡的思維、分析和攀緣，喚醒對於空性的現證）。（pp. 204-205）

因此大圓滿禪修的要點，可以歸納為四點：

1.過去的念頭已滅，未來的念頭尚未生起時，中間是否有當下的意識？是清新的、原始的一種光明而純真的覺察。是的，那就是本覺。

2.然而它並非永遠停留在那個狀態中，因為又有另一個念頭突然生起，不是嗎？這就是本覺的光芒。

3.如果在這個念頭生起的當下，你沒有認出它的真面目，它就會像從前一樣，轉變成另一個平凡念頭。這稱為「妄念之鏈」，也正是輪迴的根。

4.如果你能夠在念頭生起時立刻認出其真正性質，因而不理會亦不跟隨它，那麼不管生起什麼念頭，都將全部自然溶化，回到廣大的本覺中獲得解脫。（pp. 210-211）

5.最深層的禪定，就是念頭和情緒的自我解脫。（p. 213）

(五)臨終修行

1.臨終關懷者的叮嚀：探視臨終者，最要緊的是溫暖地接納對方之恐懼和情緒。這種坦誠、不退縮的安定感是非常重要的，可以讓臨終者放下未竟事務並順利轉化心境。（p. 226）

2.人們應該盡量死在家裡。（p. 238）

3.回到自己的心中，回想一個真正感動過你的愛，然後才能去觀想承擔別人，尤其是病人和臨終者的痛苦。（p. 258）

4.牢記在心中，自己的上師（信仰的神祇或確知能幫助你靈性的人），在死亡的那一刻，把心和祂結合為一。（p. 290）

5.當自覺已經接近生命終點時，每一個呼吸和心跳都要想著自己最真實的信仰。因為，死時的那個念頭，就是你在死後中陰重新醒來時，會強而有力回來的念頭。（p. 303）

6.在中陰境界中，大多數人仍然繼續執著自己有一個實體；這種幻覺（我執），其實正是生命一切痛苦的根源。（p. 304）

(六)死亡與重生

「母光明」是一切萬物的基本起源和內在性質，是所有經驗的基礎，在死亡的那一刻，顯現出它完全的輝煌燦爛。「子光明」則是我們的心性。如果經由上師的教導，我們就可以逐漸透過禪定來穩定它，同時越來越完整地融入日常生活的行動中。當心性完整的融入時，認證完整，終極的覺悟也就發生了。它是大圓滿修習之最後（高）成果。也被稱為是「兩種光明的結合」。（p. 330）

參考書目

中文部分

石世明、余德慧（2001）。〈對臨終照顧的靈性考察〉。《中華心理衛生期刊》，14(1)，1-36。

佛曰（1994）。〈業因果報定律〉。內明，取自http://enlight.lib.ntu.edu.tw/FULLTEXT/JR-MAG/mag256558.pdf

李嗣涔、鄭美玲（2004）。《難以置信II——詢訪諸神的網站》。台北：張老師。

李震宇譯（1998），Sherii Prabhat Ranjan Sarkar著（1997）。《瑜伽心理學》。台北：阿南達瑪迦。

沈清松、傅佩榮編（1994）。〈生死與輪迴〉。《哲學雜誌季刊》，8。台北：業強。

屈大成（2011）。〈古印度吠陀時代之業論〉。《南亞研究》，3，136-149。

林朝成、郭朝順（2000）。《佛學概論》。台北：三民書局。

南懷瑾（1990）。《如何修證佛法》。台北：老古文化。

胡文郁、釋惠敏、姚建安、邱泰源、陳慶餘（1999）。〈癌末病人靈性照顧模式之研究〉。《中華民國家庭醫學雜誌》，9(1)，20-30。

張淑美（2008）。〈生命與教育的雙修並練——靈性教育理念與實踐〉。高雄縣圓照寺主辦：97年度全國中小學教師生命教育成長營之「生命教育議題研討文集」（頁118-129），7月6日。

張莉莉譯（2010），Phil Joyce、Charlotte Sills著（2001）。《完形諮商與心理治療技術》。台北：心理。

郭育祥（2010）。《不想生病就搞定自律神經》，柿子文化事業有限公司，http://hrvtw.blogspot.com/2011/02/blog-post_3977.html

傅偉勳（1993）。《學問的生命與生命的學問》。台北：正中書局。

游琬娟譯（1998），Susanne F. Fincher著（1973）。《曼陀羅的創造天地——繪畫治療與自我探索》。台北：生命潛能。

項慧齡譯（2004），Geshe Michael Roach著（2004）。《西藏心瑜伽——關於瑜伽哲學和實修的古老佛教教法》。台北：橡樹林文化。

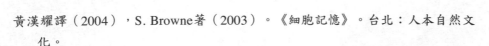

黃漢耀譯（2004），S. Browne著（2003）。《細胞記憶》。台北：人本自然文化。

潘定凱譯（1997），T. Michael著（1991）。《全像宇宙投影》。台北：琉璃光。

蔡奇林（2013）。〈佛教的業論〉。《法光雜誌》，289，取自http://enlight.lib.ntu.edu.tw/FULLTEXT/JR-BJ013/bj013395211.pdf。

蔡承志譯（2006），M. Lynne著（2002）。《療癒場》。台北：商周。

鄭振煌譯（1996），Sogyal Rinpoche著（1992）。《西藏生死書》。台北：張老師。

蕭雅竹、黃松元、陳美燕（2001）。〈宗教與靈性健康、健康促進行為之相關性研究〉。《實證護理》，3(4)，271-279。

英文部分

Brain wave states and how to access. http://synthesislearning.com/article/brwav.htm Clinical neurotherapy, http://www.clinical-neurotherapy.com/Neurofeedback.html

Daaleman, T. P., Frey, B. B., Wallace, D., & Studenski, S. A. (2002). Spirituality index of well-being scale: Development and testing of a new measure. *Journal of Family Practice, 51*(11), 952.

Dyson, J., Cobb, M., & Forman, D. (1997). The meaning of spirituality: A literature review. *Journal of Advanced Nursing, 26*(6), 1183-1188.

Miller, Eric D. (2004). The Development and validation of a new measure of spirituality. North American *Journal of Psychology, 6*(3), 423-430.

Sahaja Yoga (2010). Chakras & the Channels of Energy. http://www.sahajayoga.org/chakrasandsubtlebody/default.asp

Tirri, K., Nokelainen, Petri & Ubani, Martin (2006). Conceptual definition and empirical validation of the spiritual senstivity scale. *Journal of Empirical Theology, 19*(1), 32-62.

悲傷治療與華人家族排列（小和解）

何長珠、黃孟晨

理　論

問題一、華人家族排列之源始
問題二、華人家族排列之內涵
問題三、因果業報與公平
問題四、懺悔之內涵
問題五、寬恕之內涵
問題六、感恩之內涵
問題七、華人家族排列之和解內容

實　務

華人家族排列中的核心：小和解（PPT）

理　論

問題一、華人家族排列之源始

近年來對於家族排列相關研究之論文與其刊物國內共有七篇（宋光宇，2006；孫孟琳，2011；胡璉艷，2012），與華人家族排列（簡稱華人家排）關聯性之研究有四篇（翁淳儀，2009；蔡淳慧，2012；朱貞惠，2011；盧忻燕，2012）。文獻中共同指出人類問題並非表面單一的存在，而是由過去自我或祖先之行為所造成今生的問題，此狀態在華人家族排列稱之「傳承」，盧忻燕（2012）認為「傳承」之內涵可分為微觀與巨觀，微觀角度而言，對於家庭中的成員來說，未解決之悲傷（未竟事務）也是讓家庭不健康的因素之一，而此部分會經由代間傳遞下去（何長珠，2008），此後果會引發家庭產生許多生活中的困擾，如憂鬱症以及精神官能症等等；以巨觀的層次來看，家庭是一個延綿不絕的系統，任何一個人都不能缺少（宋光宇，2006）。印度《奧義書》（巫白慧，2000）之觀點認為造業受報之過程可歸納為「欲望」→「意志」→「業」→「果報」四部分，換言之，當事人問題之產生其實是消業過程之開始，然而多數人在其問題當中往往會放大自我主觀良好或受害之感受，以致看不見問題背後的「真相」。

解決之道以華人家排實務過程之立場是認為當事人必須直接面對問題，唯有尋找到負能量累積的源頭來進行紓解（所謂的道歉、承認以及和解），當事人才能得到剎那間的靈魂感應，將原先無意識的恐懼以及枷鎖等感受卸除，而也唯有將負面之感受削減、能量歸零後，當事人的有機系統才能夠恢復平衡（盧忻燕，2012）。

既有文獻往往從不同學派理論剖析華人家族排列之內涵，如翁淳儀

（2009）以團體心理治療角度，建構出家排之議題包含家庭情境重現、人際學習、自我瞭解、情緒宣洩等主題，其結論認為傳統以心理角度來處理心靈議題，其效果必然有所限制，因為心理治療只能解釋當事人之心理狀態，但未能如家排般呈現心理狀態之下靈魂之間的「真實互動」；朱貞惠（2011）則以家庭治療系統探討華人家族排列理論與實務之內涵，並根據探討，將華人家排歸類屬於家族治療理論中的折衷學派；最後蔡淳慧（2012）以靈性健康量表的主題研究、探討參與華人家族學員心靈成長之改變狀況，其結論建議未來對於當事人之靈性轉變，最好能進行後續性的追蹤研究。此三篇共同之發現為：確認華人家族排列之處理方式有效，通常能使參與者的問題達到改變（以總參加480人次計算，大多數人改善程度約為三分之一至二分之一）之狀態，但對家排過程進行之主要方式，多半只交代用「和解」來處理之原則，對於到底什麼是「和解」（因果／懺悔／寬恕等），以及為何經由「和解」，當事人就能夠轉變成長自我之生命狀態部分，則尚無探討；因此成為本研究之主要動機與目的。

問題二、華人家族排列之內涵

何長珠將家族排列治療理念與做法，結合過去自己四十年專研諮商實務與十五年以上的學佛打坐經驗，形成更貼近中國人心靈脈絡之靈性療癒模式，稱之為「華人家族排列」。其特色在將傳統民俗祖先之信仰與現代心理劇角色扮演之概念結合；以更貼近中國人集體潛意識（家族）採取之做法和懺悔和解之原則，來處理當事人的未竟事務。其內涵可以分為三個層次論述：

一、「未竟事務」定義

朱貞惠（2011）將家庭治療八大學派之重要內容——產生家庭問題之觀點與治療介入概念、治療目標與治療技術等加以歸納分析，並與華人家排互相比較，發現在華人家排治療過程中，相關家庭治療之理論與實務皆有部分被運用到，因此將華人家排歸類為家庭治療中之「折衷學派」。

至於對產生家庭問題之觀點，各學派間之相似點是回歸到當事人原生家庭的影響，何長珠（2013）以完形心理學角度界定此一影響可能來自祖先代間遺傳的「未竟事務」。其表現方式為在當事人自覺或不自覺意識中，產生對過去祖先所感受不公平負面情緒之「認同」，而繼承此一「靈魂議題／情結」之感受，成為當事人自己的問題。換言之，當事人的虛擬生命神話（阿德勒觀點），實際上可視為是祖先（家族）的「靈魂議題」直接或間接之影響（亦即所謂集體潛意識之範圍）。

二、華人文化內涵

榮格認為不同民族擁有不同的集體潛意識或稱細胞記憶（黃漢耀譯，2004）而形成民族不同之文化脈絡。華人文化之特色之一是「和諧」狀態（李亦園，1996），與強調「家族」概念為架構的人際關係網絡（郭士賢、張思嘉，2004），因此個人行為不單會影響個人成就而且成為是整個家族的議題。換言之，華人文化跟西方文化之主要差別在於家族主義之價值觀；其次則是受業力因果（前世業今生果）和功利主義（做好事得好報）所支配而產生的一種公平需求（董芳苑，1991）。因此何長珠認為華人文化的主要價值觀，應該包含：家族（祖先）議題、業力與因果，此部分之內容也可以視為是華人「集體潛意識靈魂」之精髓。

三、華人文化特質所引發的問題

海寧格在家排中發現「每一個人都承載著歷代祖先靈魂，而有些「孤魂野鬼」因被拒絕回到家族的序位之中，所以他們用騷擾的方式，讓後代注意到它們的需求。」（翁淳儀，2009）。蔡淳慧（2012）則發現造成華人文化中不安「孤魂野鬼」之原因，可能有三：(1)重男輕女的狀況嚴重，即使在祭祖方面也是如此，因此母方有困擾議題時沒辦法藉由祭祀（以夫

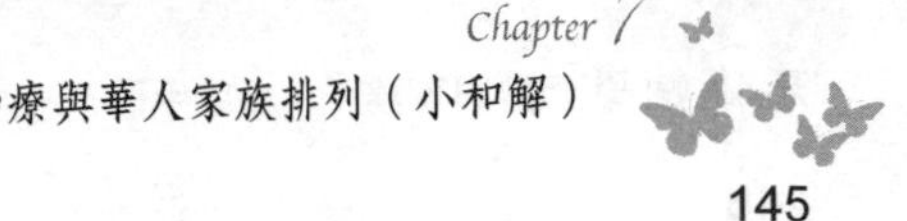

方為主）獲得改善，以致影響仍然及於後代子孫；(2)華人文化重視血脈傳承，因此養子女或入贅者常受到不公平的差別對待（家產議題），也造成家族系統的失衡狀態；(3)華人傳統倫理觀念上對於墮胎與流產的死亡是不重視的（並沒有設牌位之習俗），這種不平等的對待亦會導致家庭隱形序位（動力）上的混亂不安。由上述三例可知：華人文化的特質正是「孤魂野鬼」求「公平」議題的源頭。

四、華人家族排列之本質是心靈而非心理治療

華人家排發現當事人表面種種問題之背後不只為一世（當代）的心理問題，更是過去累世（祖先／自我）未竟事務所影響的意念狀態之結果（何長珠，2013），何長珠認為心理治療之焦點：是「意識的潛意識化」，也就是由外在感受行為走向內在潛意識之一種成長狀態；心靈治療之焦點：則是「潛意識的意識化」，是由內在潛意識之和解所導向的一種外在意識之重新結構之旅程。因此榮格所謂的陰影與情結，實際上係存在於潛意識的不同層次之中，所以必須用心靈治療之做法才能究竟解決一個「靈魂議題／心結」的未竟事務狀態。歸納上述華人家排之內涵可形成一個華人家族排列之概念化分析圖（參見問題七中之**圖7-1**）。

問題三、因果業報與公平

一、因果基本定義

因果在梵語為「hetu-phala」指原因與結果，在佛教教義中用來說明世界一切關係互相影響之基本理論（大正新脩大正藏經）。《佛光大辭典》（2004）指出因果關係如束蘆之相倚相依，屬於「因生果、果生因」之狀態，亦即因與果永遠是一體兩面的互相影響。再從發展史上來說，佛教

因果概念吸納了印度傳統婆羅門教當中「業報理論」之想法，在佛教強調的「無明」的概念中，更能發現其與婆羅門教的「欲」有所關聯，皆代表了一種世間苦樂的根本來源和對真理的不理解（屈大成，2011；蔡奇林，2013）。

而無明是指眾生從無始以來對真理的無知或錯誤認知，人類藉由這份無知而產生偏離的理解和執著，因而產生煩惱，成為一切苦的根源（林朝成、郭朝順，2000）。解脫之道在佛教的觀點是要回歸「真理」，真實體會我執所追求的生之欲其實是如幻泡影的變動現象，一切萬物都只是短暫的存在，最終將回歸於宇宙亙古的虛空而已（大正新脩大正藏經，2002）。

二、華人家族排列因果觀

在漢人宗教信仰中相信生活中所遇到的好壞，認為跟祖先是否安頓／祭拜與自己過去所造作行為是息息相關。其次王鏡玲（2014）則在台灣靈媒相關研究中提出萬物的靈性並非只有這一輩子，而是加入了因果輪迴「累世」神話劇情節。在輪迴轉世的神話劇裡，個體不再只有一個「自我」而是多重「自我」的合體，在累世被當成不斷生生不息的生命史，進德與敗德都被視為同一生命整體。其次當事人問題影響來自個人與祖源（祖先）、靈界因果衝突所導致的失調。靈性的衝突與失調在於在累世因果輪迴裡，糾結了不少「冤親債主」所累積的恩怨。換言之靈魂不死概念下的因果報應思想中，「祖源」依然對於後代子孫具有一定的影響力，即便因為早夭或生前不名譽被家族排除，死後依然具有家族共同體的地位與尊嚴，要求必須透過列入祖先牌位被祭拜來認證（引述王鏡玲，2014）。

王鏡玲提出所謂的因果其實在台灣漢人宗教信仰中，靈界並非絕對的「惡」，而是生命和生命之間的利害衝突所導致的恩怨狀態。生命不只是承受神明或祖先所給予的協助，還必須去幫助那些曾經虧欠過、或需要救渡的無形界，不管是祖源、人類還是非人類，基於生命與生命之間「公平」與「正義」的原則（引述王鏡玲，2014）。

華人家族排列的因果觀念較接近王鏡玲所提出的因果觀念。影響當事人現在生活議題，其背後原因並非是一世觀念與當事人個人問題，而是累世／多世與集體（家族／冤親債主）互動下所產生狀態，換言之，華人家族排列和解過程直接介入當事人形成生活議題背後主要原因（未竟事務／業），讓「未竟事務／業」與當事人在一個對等平台互相協商與認錯，化解生命與生命之間不平等／不公平狀態，而轉化當事人當下生命狀態（何長珠，2014）。

問題四、懺悔之內涵

一、懺悔定義

懺悔梵文學相關研究（平川彰，1990；中村元，1995）認為，其詞原語為梵文的「kṣama」，形容詞，意義為「堪忍、忍」，「kṣama」直接中文翻譯為忍受，並沒有「悔」的意涵。平川彰認為佛典中「懺悔」語意最早出現於《鼻奈耶》（西元383年左右）卷八，是當僧團持戒的說明書，而在《梵網經》（約西元450左右），寫到懺悔之內涵為在佛菩薩像前自誓受戒七日，其中若是犯下十重罪則必須教令懺悔，日夜六時在佛菩薩像前誦十重四十八輕戒；若是輕罪只需在法師一人面前發露悔過，藉由此儀式洗滌自我的戒罪與性罪。

中村元提到「懺悔」以梵文學定義，「懺」為音寫而「悔」為其義，「懺悔」是懊悔。其次慧廣法師（1990）指出懺摩在印度梵文的音譯，它的意義就是「忍」。懺摩之意義是請他人忍受和寬恕我做了對不起他的事情。換言之，懺摩就是請求他人原諒自己的過錯，當事人內心知道做錯事情，並內心後悔希望對方能夠原諒他，懺摩又譯之「悔往」，後悔以往所做的事情（引述慧廣法師，1990）。而在《佛光大辭典》（2004）中提到：

> 謂悔謝罪過已請求諒解。懺為梵語kṣama（懺摩）支略譯，乃

「忍」之意，既請求他忍罪；悔，為追悔、悔過之意，即追悔過去之罪，而于佛、菩薩、師長、大眾面前告白道歉；期達滅罪之目的。

綜觀上述研究可以將「懺悔」分為兩層面論述：第一點初期佛時期懺悔觀念是由僧團戒律當中發展出來，當初主要目的規範僧侶本身的行為必須符合教律。第二點「kṣama」字義為請求他人寬恕自我犯下的錯誤，而在佛教由印度傳入中國後，「kṣama」思想漸漸被定義為對自己所犯下罪感到悔恨。平川彰對於現代「懺悔」思想認為可以界定為「告白所犯的罪和惡業」，而中村元則認為懺悔是人類普遍的、根源性的心作用，不需要特定的原語來界定，而且漢譯方面只有一個，表示中國佛教在很早的階段已經將「懺悔」之語固定。

《三昧水懺》提到：「人之居世，誰能無過？學人失念尚起煩惱，羅漢結習動身口業，豈況凡夫而當無過，但智者先覺，便能改悔，愚者覆藏逐使滋蔓。」人會犯錯，但更重要的事當犯錯時能夠勇於承認自己的過錯，向做了對不起他人的事情求原諒，並願意承擔過錯負起自己該有的責任，是一種懺悔的表現（慧廣法師，1990）。其次《摩訶止觀》卷七提到：「懺名陳露先惡，悔名改往修來。」懺摩在中國佛教文化中轉變為懺悔，其觀點不但具有去舊，也含有更新，換言之懺悔內涵在於去惡行善之狀態，慧廣法師指出懺悔是自己做錯事之後，知錯改過的表示，是一種不甘墮落，向上昇進的心志（慧廣法師，1990）。

二、佛教懺悔與業之關係

懺悔的力量可以改變自身性罪之思想，來自早期大乘佛教界之規定（印順，1993）。在早期大乘佛教經典《舍利佛悔過經》，發展出了修行法門為「三品法門」之做法來轉化自身的業障，其中三品分別為悔過、隨喜與勸請，此法門藉由念佛名號與禮佛後所產生的「神聖力量」進行發願與迴向，迴向觀念則是將自我修行獲得之功德轉向給十方有情眾生，以獲得自身業障之消融。

瓊・卡巴特欽（1997）認為業力的意義為A和B有某種形式的關聯，亦即佛教所說的因果觀念——每個原因背後都有其他原因並藉後果造成新的影響。整體來說，當談到某人的業力時，表示此人在生命的總體方向，和發生在此人周遭事情的趨勢，受到之前的條件、動作、思考、感覺、印象、欲望等所影響，因此業力常常和宿命的概念混為一談。林朝成、郭朝順（2000）指出，業是個人過去、現在或將來的行為所引發結果之集合，會主導現在及將來的經歷，所以個人的生命經歷及周圍他人的遭遇，均會受自己行為的影響。業力也主導輪迴的因與果，所以業力不單是現世或前世的結果，而且會生生不息地延伸至來世。黃國清（2013）則認為業障的產生源頭與支撐力量，來自於有情眾生的執著妄想之心，亦即不明諸法性空無實的真理，執取我人和萬物為真實存在（無明與我執之狀態），從而持續起惑造業，不斷地累積業力。

上述研究可知懺悔與業力的關係是互相拉扯，而所謂業力亦可視為是習性（慧炬，1986），一般人因為長久以來被自身習性所控制沒有察覺，直到生命困境產生時才感到身心靈焦慮或痛苦。

西方相關研究（Jerry M. Burger, 2012）中指出面對焦慮或痛苦，有三種人格特質狀態：

1.第一類是進行問題解決策略可讓自己走出焦慮議題，此類的人是察覺焦慮或問題本身其實有部分責任是自我必須承擔，所以才可能採取積極態度面對問題。
2.第二類會採情緒焦點策略面對自身焦慮，藉由外在資源幫助自己走出焦慮，此類的人重視焦慮來源之減除，卻忘了產生焦慮問題其實部分問題來自於自身習性。
3.最後一類採逃避策略來處理面對自身焦慮議題，此類知道焦慮影響自己生命議題，卻因習性控制，不能夠面對焦慮，導致自身陷入痛苦輪迴中。

西方文獻與東方文獻可知人是被習性所困，而在佛教《摩訶止觀》與

《方等懺法》經典中對於惡業（惡習）如何影響無明之人的生命狀態亦提到十層次第，稱為隨順生死十心：

1.自從無始以來心識為無明所覆蓋，執取自我而生起顛倒妄想，被貪、嗔、癡所控制，廣泛造作業行、而流轉生死不息。
2.內具煩惱，外遭惡友，鼓吹邪說謬見，我執之心更加強盛。
3.內外在惡緣具備，於內滅除善心，於外滅除善行，又對他人善行不能隨喜。
4.不肯善修，只隨從惡心，放縱身口意三業造作各種惡行。
5.惡行雖尚不廣，但惡心已然遍布，以致對眾生於苦奪樂。
6.惡心相續，晝夜不斷，無一刻暫停。
7.覆藏過失，不欲人知，內懷姦詐，外現賢善。
8.粗暴殘酷，不畏墮惡道。
9.無慚愧心，全然不知羞恥。
10.否定因果，不信善惡，斷一切善法，成一闡提（阿修羅道）。

問題五、寬恕之內涵

一、西方對寬恕所下的基本定義

寬恕最早來自希伯來聖經中的「nasa」、「calacb」和「kapbar」，意思是上帝將人的罪行加以移除（李新民，2012），而在新約希臘文「aphiemi/aphesis」，原意為取消、放行、遺下、釋放，其中引申而有寬恕、赦罪、恩赦之意，換言之，上帝對於罪人赦免，放棄對罪人的審判，和罪人恢復和諧的關係，給罪人無條件的愛（羅春明、黃希庭，2004；Enright & Eastin, 1992；引述李新民，2012），由文獻中可知早期寬恕在西方宗教領域之思想屬於一種「上對下的和解」行為，不去計較罪人過去種種過錯，對他們「罪」赦免而達到愛的表現，以「愛」感化罪人讓他們在愛的教化中重新學習；而非是用「罰」讓人以感到恐懼、害怕的心理狀態

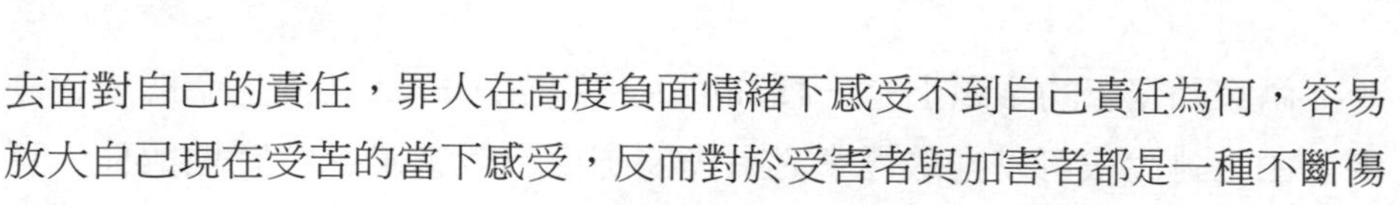

去面對自己的責任，罪人在高度負面情緒下感受不到自己責任為何，容易放大自己現在受苦的當下感受，反而對於受害者與加害者都是一種不斷傷害的可能。

新舊約比較之下，可以發現寬恕在不同時期之內涵並無一致性，在舊約（詠41：5；達9：19；耶36：3）經典中之立場，是以人向天主求恕為主。在先知和聖詠裡，則一再祈求天主寬恕我們的罪過，不再記憶我們的過犯；而新約經典中則提到預設天主寬恕了我們的前提下，耶穌和新約的其他作者因此一再要求我們也要寬恕別人（引述黃懷秋，2003），由此可知施行寬恕的對象由上帝轉變成為人類，寬恕對象由自己過去的「罪」改變為他人對我們的傷害，寬恕之內涵亦由希望上帝能夠赦免自己罪，轉變成為放下自己負面情緒並且去原諒、接受傷害過我們的人，寬恕思想可以說是西方文化發展下，成為上帝給予人類最美好的禮物之一。

二、中華文化——儒家忠恕觀

相形之下，東方對寬恕的基本定義則因文化傳統之影響，表現為是一種忠恕之立場，說明如下：

儒家主體與客體關係建立在「忠恕」（傅玲玲，2007），「忠恕」定義在《論語．雍也》寫道：

> 子曰：「夫仁者，己欲立而立人，己欲達而達人，能近取譬，可謂仁之方也已。」
> 子貢問曰：「有一言而可以終身行之者乎？」
> 子曰：「其恕乎！己所不欲，勿施於人。」

朱熹認為忠恕之道為「盡己之心為忠，推己及人為恕」，心為身之主，仁為心之法，故所謂近取諸身，即是盡己之心，盡己之仁。本於仁而無自欺便是忠，推而行之便是恕（中華百科全書，1981），忠與恕的關係其實是一體兩面狀態。

儒家論寬恕的議題上是一種高度人格特質，一種高度生命態度之表現，由上述說法可以推敲儒家必須先關照自己行為是否合宜地與他人互動。而高予遠（2006）認為所謂忠恕為仁愛思想表現：

> 是以忠敬之心靜後明覺仁愛天道流貫吾之心，此心必須恕己，查己之非，而後推及諸人。仁人之心，誨人不倦，將天命之明覺仁愛推及于人、昭示于人。忠敬之人必能恕人者，未有忠敬而不人恕者。

上述相關文獻可以理解儒家思維中推己及人之立場為「自我必須先負起自己的責任」。主體能夠負起自我責任時，才能「看見」事情本身並非為對或錯的二元對立狀態，同時，事件當中不管是受害者或加害者都有各自必須承擔之責任。

此外儒家對於主客體行為之互動認為並非是一種矯情狀態而必須在高度道德規範下所做出直接反應，在《論語・憲問》中提到：

> 「或曰：『以德報怨，何如？』子曰：『何以報德？以直報怨，以德報德。』」（按：直的意思為公平正義的思想原則）

儒教思想並不只是一種生活方法，而是一種高度人格或是對生命積極態度，以「禮」培養人之內心，本身就存有「仁愛」之心。研究者認為儒家對於忠恕思想並非用推論教導人們，更是一種直接行為模式，「推己及人」與「以直報怨，以德報德」是一種知行合一的生命狀態，換言之，儒家的仁愛精神其實就存在於儒者的生命當中。此外葉映華、鄭全全（2007）認為華人圓通思維傳統的「忠恕之道」，是以心為德、施為行的「主體理念」來加以拓延充實，使其更能反應本土心理學的微言大義。「不念舊惡，怨是用希」的忠恕，更說明人與人之間的互動本即是自我與他人善意的共同存在，不必然要借助特別的外力驅使或內心刻意的抉擇，才能展現寬恕（引述李新民、陳密桃，2009）。

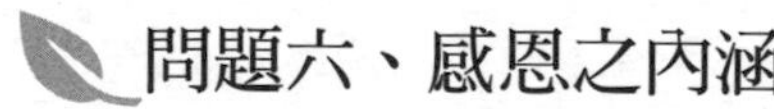

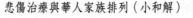

問題六、感恩之內涵

一、感恩基本定義

感恩在拉丁文分為「gratia」與「gratus」，前者代表「好處」，而後者代表「愉快」。Emmons（2007）認為來自此拉丁文的字根，都意涵和善、慷慨、禮物、施與受的美好、不求回報。感恩相關研究（Wood, Froh, & Geragthy, 2010）認為感恩屬於人格特質的一種表現，同時感恩是一種高尚道德表現，Peterson和Seligman（2004）在其所著《人格長處與美德》（*Character Strengths and Virtues*）一書中，將感恩視為是六大美德（分別為：智慧與知識、勇氣、人道與愛、正義、修養、心靈的超越），底下的二十四項長處之一，屬一種心理特質。

二、感恩動機、狀態與內涵

Fitzgerald認為感恩行為產生自三種動機層次：(1)因某人的好意而受惠；(2)對方是刻意給予好處而付出某些代價；(3)好處在個體眼中具有價值。他認為人不能在沒有感恩感受的情況下產生感恩行動。Wood等人（2010）進一步認為人在感恩的狀態「注意到並感激生命中的正向事物」，其中包含：對他人的感激、專注自己所擁有的、接觸美善的事物而產生敬畏感、表示感恩的行為、專注於當下的正向事物、瞭解到生命短暫而產生感激等，林志哲和葉玉珠（2011）將感恩內涵定義為四大層面：(1)對人或事或物（即包含人與非人層次）表達謝意；(2)活在當下享受生命；(3)珍惜自己所擁有的；(4)身處逆境仍不忘感謝。

上述由感恩動機、狀態與內涵可知當事人產生「感恩行為」為一種趨善狀態，當事人在「感恩狀態」為滿足自我與祝福他人融和感受，其感受可視為一種幸福感，而幸福感的感受研究者則認為「愛」是直接影響的因素。

三、愛與感恩

證嚴大師認為「愛」無法描繪其具體形態，然而雖然無形，卻能發動無窮盡的力量去撫慰幫助人，換言之，它是一種無私奉獻自我生命成就他人之精神（釋證嚴，2007）。此外，林志哲等人（2011）將感恩分化出知（覺察）、情（感受）、意（意圖）、行（行為）四大成分，感恩狀態下，當事人的知、情、意、行被某種感受所控制，此種感受乃成為一種真心為他人付出、不求回報的狀態，因此本研究也認為，感恩之核心價值應該是「愛」。

上述可知感恩價值觀當中因為有了「愛」才會去感謝與不求回報的付出；因為有了「愛」才能感受幸福感為何。郭紅梅（2007）所著《培養孩子一顆感恩的心》，其主題從對親人的愛到社會與環境關懷都是讓人培養感恩思想與感恩行為很重要的議題，從其書分章的方式可以得知「愛」的發展是有層次地逐漸培養而成，一開始是對親人的關愛，從親人良善互動當中獲的幸福感，「愛」茁壯後開始對朋友或是自我關心的議題開始付出心力，主要目的不是為了自己的利益而是真心對人事物給予祝福，使人可以在倫理與行為上邁向趨善結果，基本上是屬於由社會而心理而心靈的一種發展歷程。

證嚴法師（2007）說過：「人若是常抱著感恩的心，好好思考日常生活的來源，就應該知道，我們要靠社會一切眾生的幫助才能維持生活，既然如此，人們應該從反思中理解取之於社會用之於社會，多付出多幫助人的生命意義。」也就是從滿足社會需求當中漸漸對自我價值能重新「從心」肯定，以滿足心理層面需求。

上述相關研究可以將感恩內涵視為是為一種大愛的表現，雖然一開始之目的性可能為利已行為，但在「愛」的體驗與包容之下，個體會學習放下自身的欲望朝更大的生命意義之追尋，研究者將此定義為由心理人走向心靈人之歷程，其中之「感恩」或稱「愛」，既是推手也是自身靈性成長之成果。

問題七、華人家族排列之和解內容

一、和解議題

朱貞惠（2010）提到將和解過程可分成低、中、高三種議題來進行，其中提到中、高問題必須藉由懺悔行為而達到和解狀態，本研究者認為和解過程議題除了懺悔思想外又可以分類為寬恕與感恩思想，可將當事人問題中之立場分別歸類為受害者、加害者與感激者三種，來進行排列歷程。

華人家族排列中基本界定懺悔思想為當事人家排過程中發現其實自己是加害者，向對方認錯也希望對方可以諒解；寬恕則是相反的狀態，當事人是受害者，但透過家排回溯前世後，才瞭解到自己曾是加害者，因此除了自願懺悔之外，亦可能願意寬恕對方今生今世之傷害，學習原諒自己與對方。此外兩種和解之特質均為更願負起責任（更客觀）；感恩則是當事人對他人有感激之心但沒辦法說出口，藉由家排能夠說出與表達，這不但可以使當事人如釋重負，在日常生活中更可增加彼此良好的互動。

二、未竟事務與因果觀

依據完形心理學文獻（張莉莉譯，2010；謝曜任，2001），未竟事務基本定義指當事人與重要他人、事、情境之間未得到圓滿解決或結束的一個過去情景，這些情景特別與創傷有關的負面意向／情緒——失落、哀傷、受傷害、生氣、憤怒、焦慮、罪惡感以及被拋棄的感覺等有關。這些未完形的感覺或經驗往往持續存在於當事人的生活中，並干擾當事人與他人及環境有效的接觸，以致於影響當事人的生活效能。

基於以上之觀點，完形治療（張莉莉譯，2010；謝曜任，2001）認為人的種種情緒困擾有可能都是未竟事務之投射，因此人若能擴增其覺察，不但看見看得見的事實，還要能看見看不見的背景資料，便能反應更為完整與客觀。所以其治療方式亦包括多種覺察力之開發，如夢之解析、舞蹈

／聲音治療、心理劇等。

完形心理學之父Fritz Perls認為身體、情緒、心靈是不可分割之一體，語言、思想及行為亦是整合一體的（張嘉莉譯，2000）。因此，身體結構代表當事人過去的經驗，而未表達的情緒最終會以身體症狀呈現。其症狀可能讓當事人出現心不在焉、強迫性的行為、不斷擔心、沉悶無神，以及許多自我欺瞞的行為。依據上述文獻可知──壓抑未表達情緒會導致身、心、靈的錯亂現象，而長久壓抑的情緒將會更巨大反撲當事人到日常生活之中，在完形心理學中之此狀態為──未竟事務。

然而在華人家族排列實務中發現很多人的未竟事務可分為表面、中、深狀態，其形成之背後並非是一世價值觀（何長珠，2013），而是三（多）世輪迴轉世過程中不斷累加壓抑情緒所形成狀態。在第二節因果文獻比較中，可發現深層「未竟事務」形成後影響個體身心狀態，其與累世「業力」而形成「習性」是一樣的狀態，換言之，深層「未竟事務」是一種「業力」在心理深層面所表現的狀態，而深層「未竟事務」，何長珠稱之其為「靈魂議題」。

榮格心理學之觀點認為人的意識（感受、想法等）是潛意識直接與間接影響所致（榮格，1990），換言之，人表面上看似為自由意識個體存在，但實際上所有表達都受到潛意識之影響。榮格發現潛意識之來源基本上可分為個體及集體潛意識兩種。個體潛意識包括那些一度被意識過，但又被個人忘卻的心理內容之資料庫，而且當下已無法自我覺察者（劉國彬、楊德友譯，1997）；集體潛意識來自同一個資料庫，儲藏的是家族關係背後所牽扯出來的各種親屬之間正負好惡的未竟事務議題，它常是隨遺傳而來的一種習性或生命價值觀，超出個人意識覺察之範圍而且常常是當事人所不願承認的失敗或祕密經驗之烙印。由此可知：個人絕非獨自存在之個體，還有許多看不見的潛意識，累生影響著我們。

綜觀上述，由佛教的「業力與習性」（因果觀）、完形心理學的「深層未竟事務」，到榮格心理學「集體潛意識」一連串下來，可發現其實是論述著相同議題！當事人的存在狀態與心理活動並非是現世形成而已，還包括過去種種前人（祖先）或前世自我意識（其包含經驗、感受、意念）

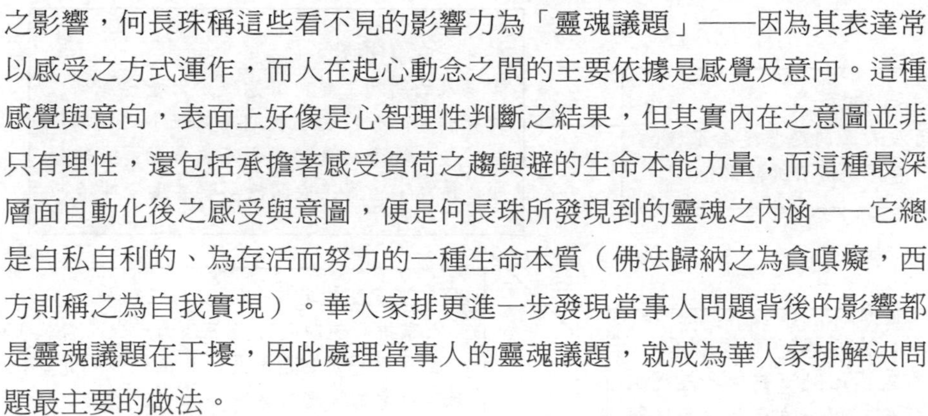

之影響，何長珠稱這些看不見的影響力為「靈魂議題」——因為其表達常以感受之方式運作，而人在起心動念之間的主要依據是感覺及意向。這種感覺與意向，表面上好像是心智理性判斷之結果，但其實內在之意圖並非只有理性，還包括承擔著感受負荷之趨與避的生命本能力量；而這種最深層面自動化後之感受與意圖，便是何長珠所發現到的靈魂之內涵——它總是自私自利的、為存活而努力的一種生命本質（佛法歸納之為貪嗔癡，西方則稱之為自我實現）。華人家排更進一步發現當事人問題背後的影響都是靈魂議題在干擾，因此處理當事人的靈魂議題，就成為華人家排解決問題最主要的做法。

如何處理靈魂議題（業力）？在佛教主要認為可藉由空與無常之生命觀、覺察生命是苦與業不斷輪迴之本質，從而懺悔自己過去種種惡習而改變回到自性清靜無為包含萬有之狀態，完形心理學則認為藉由身體感覺之練習或夢的分析可擴增覺察；榮格分析心理學則主張藉由一系列沙遊或曼陀羅繪畫等感受表達為主之體驗活動與隱喻及主動聯想，去認識並接納自己的靈魂陰影議題以轉換提升生命的狀態（個體化旅程）。而華人家排之做法則在藉由家排中角色扮演與靈魂感覺之移動及治療者「和解」介入之操作方式，來處理靈魂議題的未竟事務。其和解歸內涵主要可歸納為兩個層面（翁淳儀，2009；蔡淳慧，2011；朱貞惠，2010）：懺悔（自己的未竟事務）與寬恕（別人的未竟事務），其主要目的為恢復個人之公平感與平衡之宇宙運行之道；感恩與祝福（因為自己得利而產生對他人及世界的喜愛與趨善之性向）之功能則為完整個人存在於世間的生命意義，也就是所謂的自我實現；換言之，華人家排認為完形靈魂未竟事務之最好做法要包括消負與增正兩大方向。

下面以圖表之方式，說明人類問題之起源與家族排列處理未竟事務之主要程序（**圖7-1**）。

一、問題意識
個人表面問題背後為家族的「未竟事務」所影響。

二、未竟事務概念
當事人的問題主要與潛意識中之重要深刻感受有關。此一感受經長期（累世）之認同性遺傳後，逐漸成為當事人不自覺的「靈魂議題／情結」，直接或間接影響其生命神話。

三、心結與人際互動之關係
當事人「心結」影響所及之人際關係可以分為六種狀態：最喜歡、最討厭、最害怕、最憤怒、矛盾情緒、無感覺。這六種狀態也成為華人家排中和解的主要內涵——其中尤以害怕（恐懼／焦慮）與憤怒（攻擊／躁鬱）為最常見之類型。

四、心靈治療概念
華人家排發現問題背後不只為一世（當代）的心理問題，更是過去累世（祖先）未竟事務所影響的意念狀態之結果。
1.心理治療之焦點：是「意識的潛意識化」，也就是由外在感受行為走向內在潛意識之一種成長狀態。
2.心靈治療之焦點：是「潛意識的意識化」，是由內向外的整合。因「深刻意念」（榮格所謂的陰影與情結）存在於潛意識的不同層次之中，所以必須用心靈治療之做法才能究竟解決一個「靈魂議題／心結」的未竟事務狀態。

五、華人家排治療之介入方式
海寧格的家排認為當事人之問題是因為「認同」家族中某一代的負面情緒，因此「切斷認同」將負面情緒回歸給祖先後，家庭就可以「回歸序位」，問題自然就能消減了。
何長珠的華人家排則認為「認同」家族的「靈魂議題／情結」議題，與過去祖先所感受的不公平負面情緒有關。源頭的負面情緒（業因）得到處理之後，當事人因「認同」而繼承產生的「情結」自然也就會化解，導致表面問題亦隨知有所改善（至於改善之程度，則與問題難度與當事人改變動機之低—中—高互相有關）。
實際上的和解行為通常包含：懺悔（念經／設牌位）、寬恕、感恩三種做法；而且通常以懺悔為主要介入模式。

圖7-1　華人家族排列理念之概念化分析圖

資料來源：黃孟晨（2014）。

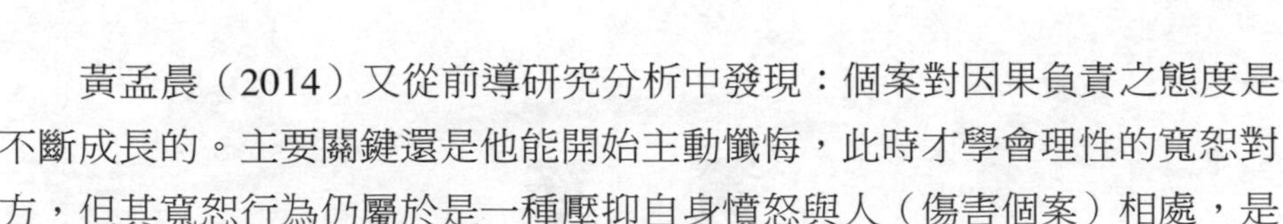

黃孟晨（2014）又從前導研究分析中發現：個案對因果負責之態度是不斷成長的。主要關鍵還是他能開始主動懺悔，此時才學會理性的寬恕對方，但其寬恕行為仍屬於是一種壓抑自身憤怒與人（傷害個案）相處，是屬於一種「社會→心理」的立場。

因此可以推論「懺悔、寬恕、感恩」彼此間的關係是環環相扣的。一般人多半要經由理解因果後，才開始會懺悔自己的行為（罪惡感），而當能產生自身之罪惡感時，才會真正同理（寬恕）他人的行為並放下自身的負面情緒，藉由此種新增加的同理能力，當事人才會開始去誠心的祝福與感恩對方，可整理如圖7-2。

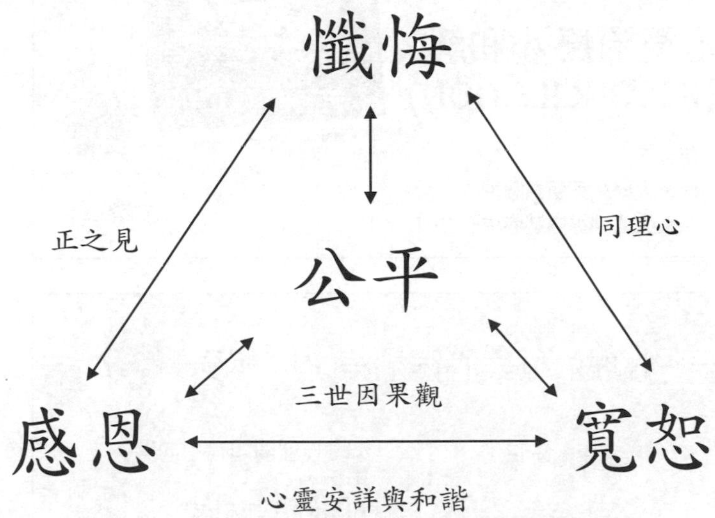

圖7-2　和解主題（懺、寬、感）之關係圖

資料來源：研究者據文獻與研究對象彙整後繪圖。

實　務

華人家族排列中的核心：小和解（PPT）（何長珠）

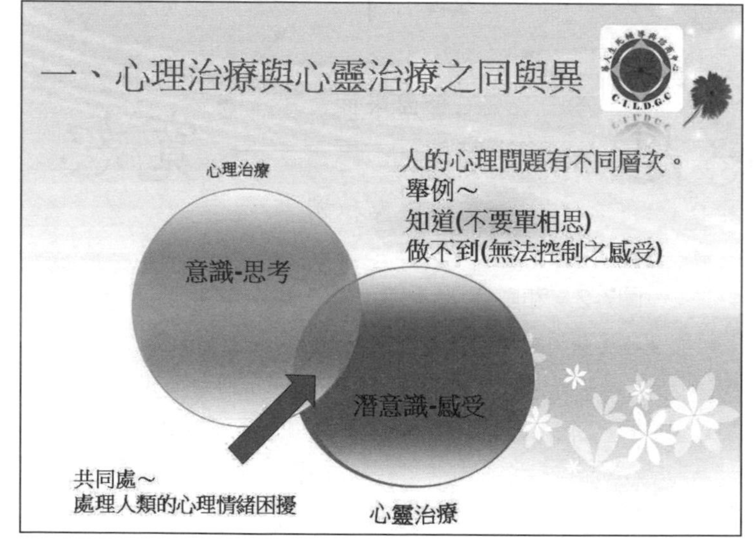

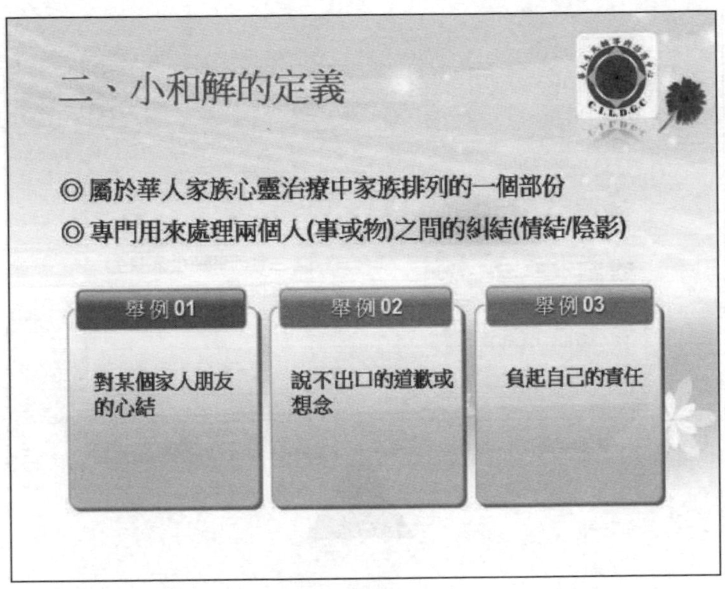
二、小和解的定義
C.I.L.D.G.C
◎屬於華人家族心靈治療中家族排列的一個部份
◎專門用來處理兩個人(事或物)之間的糾結(情結/陰影)
舉例01
對某個家人朋友的心結
舉例02
說不出口的道歉或想念
舉例03
負起自己的責任

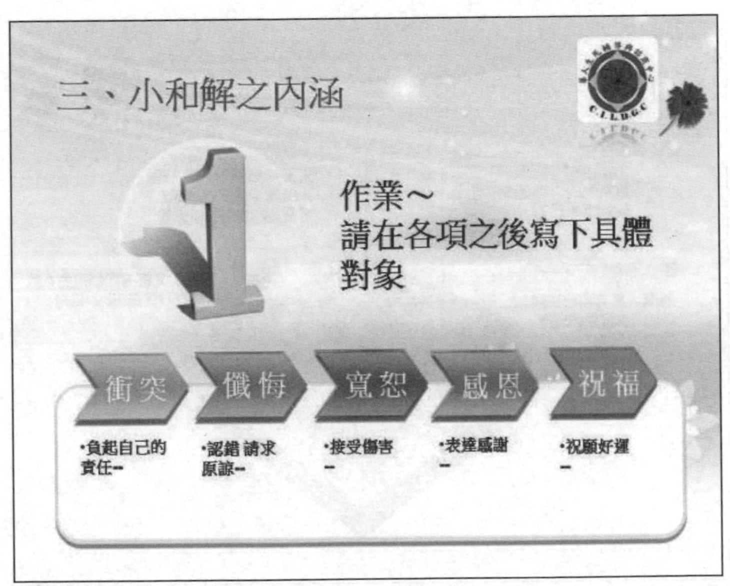
三、小和解之內涵
C.I.L.D.G.C
1
作業～
請在各項之後寫下具體對象
衝突
懺悔
寬恕
感恩
祝福
•負起自己的責任--
•認錯 請求原諒--
•接受傷害--
•表達感謝--
•祝願好運--

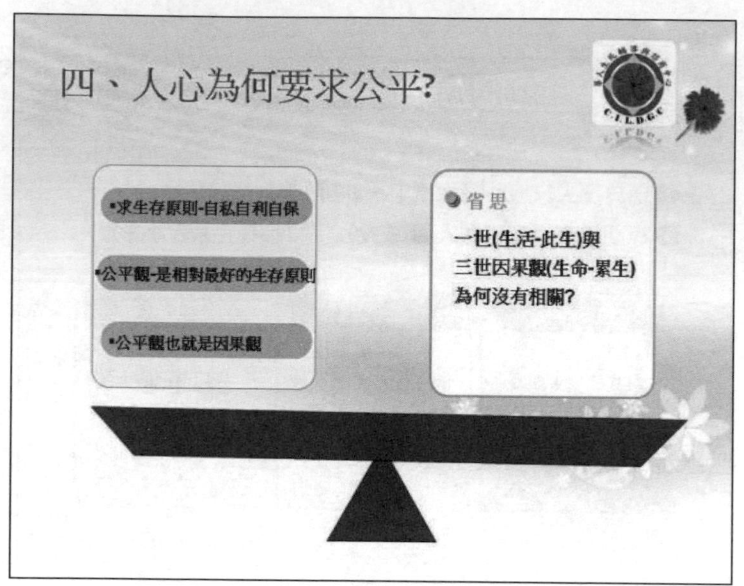
四、人心為何要求公平?
•求生存原則-自私自利自保
•公平觀-是相對最好的生存原則
•公平觀也就是因果觀
省思
一世(生活-此生)與
三世因果觀(生命-累生)
為何沒有相關?

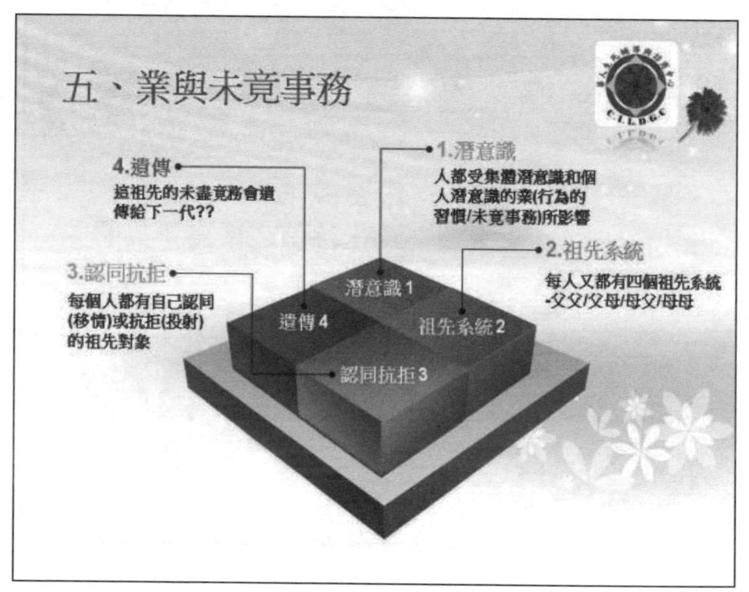
五、業與未竟事務
4.遺傳
這祖先的未盡竟務會遺
傳給下一代??
1.潛意識
人都受集體潛意識和個
人潛意識的業(行為的
習慣/未竟事務)所影響
2.祖先系統
每人又都有四個祖先系統
-父父/父母/母父/母母
3.認同抗拒
每個人都有自己認同
(移情)或抗拒(投射)
的祖先對象
潛意識 1
遺傳 4
祖先系統 2
認同抗拒 3

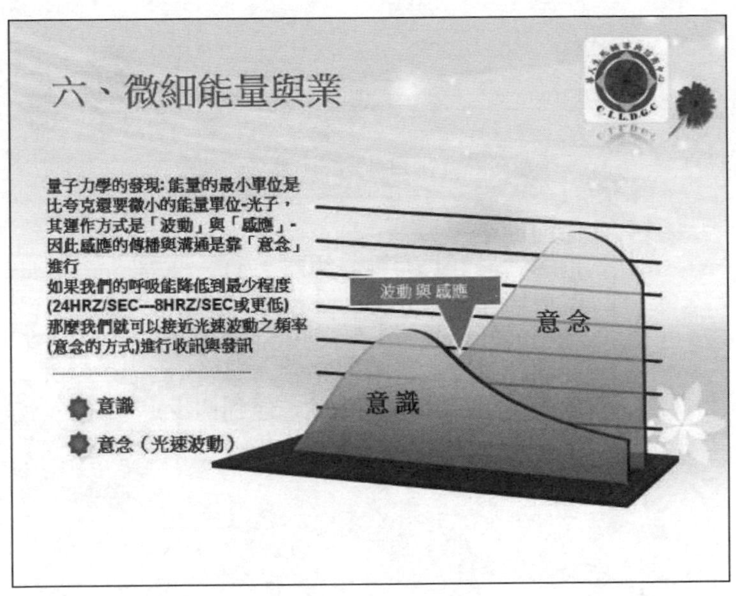
六、微細能量與業
量子力學的發現: 能量的最小單位是比夸克還要微小的能量單位-光子，其運作方式是「波動」與「感應」-因此感應的傳播與溝通是靠「意念」進行
如果我們的呼吸能降低到最少程度(24HRZ/SEC---8HRZ/SEC或更低)那麼我們就可以接近光速波動之頻率(意念的方式)進行收訊與發訊
意識
意念（光速波動）
波動與感應
意念
意識
C.I.L.D.G.C

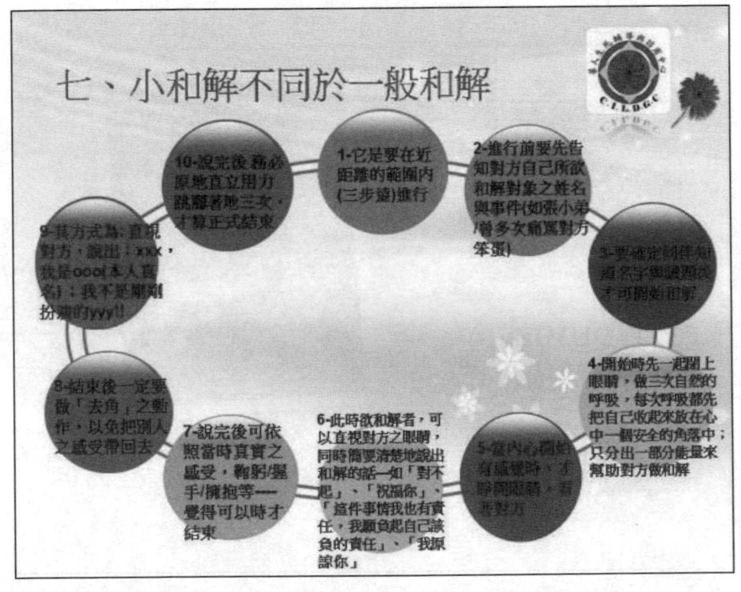
七、小和解不同於一般和解
C.I.L.D.G.C
1-它是要在近距離的範圍內(三步遠)進行
2-進行前要先告知對方自己所欲和解對象之姓名與事件(如張小弟/曾多次痛罵對方笨蛋)
4-開始時先一起閉上眼睛，做三次自然的呼吸，每次呼吸都先把自己收起來放在心中一個安全的角落中；只分出一部分能量來幫助對方做和解
5-當內心開始有感覺時，才睜開眼睛，看著對方
6-此時欲和解者，可以直視對方之眼睛，同時需要清楚地說出和解的話一如「對不起」、「祝福你」、「這件事情我也有責任，我願負起自己該負的責任」、「我原諒你」
7-說完後可依照當時真實之感受，鞠躬/握手/擁抱等----覺得可以時才結束
8-結束後一定要做「去角」之動作，以免把別人之感受帶回去
9-其方式為: 直視對方，說出：xxx，我是ooo(本人真名)；我不是剛剛扮演的yyy!!
10-說完後務必原地直立用力跳腳著地三次，才算正式結束

八、結語

C.I.L.D.G.C

小和解很有效，也很容易做

但前提是--
指導者最好具有靈修經驗，有某種程度可信靠之直覺力，才能應付突發狀況。最好是受過1-4學期華人家族排列訓練，已大致處理完個人議題者；或有一年以上持續禪定、達到初步定-悟經驗者，較有把握!!

華人生死輔導與諮商中心
C.I.L.D.G.C
請看YOUTUBE2014-2-7
第4分鐘開始!
https://sites.google.com/site/cildgc/
ccho2737@gmail.com 何長珠 教授

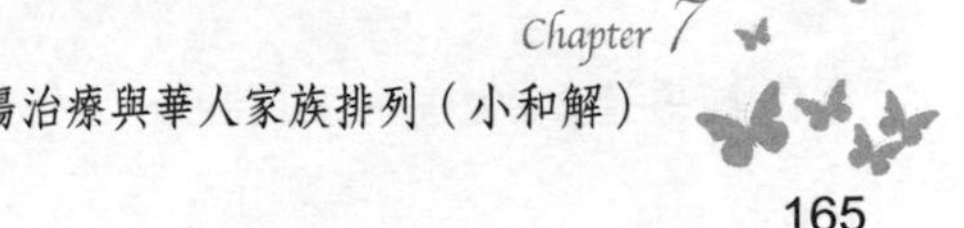

參考書目

中文部分

中村元（1995）。〈悔過の成立〉。《中村元選集》，21，東京：春秋社。

王怡婷譯（2008），瓊・卡巴特欽著（1997）。〈業力的變化〉。《香光莊嚴》，95，104-106。

王鏡玲（2014）。〈神聖的顯現——母神、家族象徵、靈界〉。《哲學與文化》，41(10)，33-57。

印順（1993）。《華雨集》。上海市：中華書局。

危芷芬譯（2012），Jerry M. Burger著（2012）。〈人格心理學〉。台北：洪葉文化。

朱貞惠（2010）。《從家族治療的觀點來探討家族系統排列之內涵——以華人家族心靈排列為例》（碩士論文）。取自http://140.130.170.6/cgi-bin/cdrfb3/gsweb.cgi?o=dstdcdr&i=sG0000960821.id

何長珠（2008）。《心靈治療課程內容——東方治療理論與技巧》。嘉義：南華大學（未出版）。

何長珠（2013）。華人家族排列第十期工作坊影音資料（2013/10/05）。嘉義：南華大學（華人生死輔導與諮商中心）。

何長珠、林原賢（2013）。《諮商與心理治療——理論與實務》。台北：五南。

何長珠、張晉瑜、黃孟晨（2014）。〈華人家排經驗對大學生靈性觀點改變之研究〉。《佛教文化與現代實踐》。香港：中華書局。

佚者（2002）。〈大正新脩大正藏經〉。取自中華電子佛典協會。http://www.cbeta.org/index_list.htm

佛日（1994）。〈業因果報定律〉。《內明雜誌》，256，16-22。

宋光宇（2006）。〈藉由海寧格的「家族星座排列」反思中國文化的一些問題〉。《生命學報》，6，163-168。

巫白慧（2000）。《印度哲學：吠陀經探義和奧義書解析》。台北：東方出版社。

李亦園（1996）。《文化與修養》。台北：幼獅。

李新民（2012）。〈國小學生寬恕與前置、後果變項的關聯〉。《樹德人文社會電子學報》，8(1)，67-105。

李新民、陳密桃（2009）。〈寬恕的測量及其與焦慮的潛在關聯〉（Assessment of potional relationship between forgiveness and anxiety）。《教育心理學報》，41(1)，1-27。

屈大成（2011）。〈從天台智顗《小止觀》看「止、觀」修行法門〉。《哲學與文化》，38(12)，91-109。

林志哲、葉玉珠（2011）。〈「大學生感恩量表」之發展〉。《測驗學刊》，58，2-33。

林朝成、郭朝順（2000）。《佛學概論》。台北：三民書局。

南懷瑾（1990）。《如何修證佛法》。台北：老古。

胡璉艷（2012）。《親密相遇：探索家族排列之身體動力經驗》（碩士論文）。取自http://ndltd.ncl.edu.tw/cgi-bin/gs32/gsweb.cgi?o=dnclcdr&s=id=%22100TCU05183002%22.&searchmode=basic

孫孟琳（2011）。《家族系統排列對成年性伴侶親密關係之研究》（碩士論文）。取自台灣博碩士論文系統。

翁淳儀（2009）。《台灣家族系統排列團體之心理效果初探》（碩士論文）。取自http://ndltd.ncl.edu.tw/cgi-bin/gs32/gsweb.cgi/ccd=smJIpG/record?r1=1&h1=0

高予遠（2006）。〈論儒家的「忠恕」與基督教的「 恕」〉（Confucious" Loyal Forgiveness" and Christian" Forgiveness"）。《宗教學研究》，2，108-112。

張其昀（1981）。《中華百科全書》（Vol. 8）。台北：中國文化大學出版部。

張莉莉譯（2010），Phil Joyce、Charlotte Sills著。《完形諮商與心理治療技術》。台北：心理。

張嘉莉譯（2000），Petruska Clarkson著。《波爾斯——完形治療之父》。台北：生命潛能。

許明銀譯（1990），平川彰著（1990）。《佛學研究入門》。台北：法爾。

郭士賢、張思嘉（2004）。《台灣華人婚姻中的控制觀》。中央研究院人文社會科學研究中心：「第七屆華人心理與行為科際研討會」宣讀之論文。

郭紅梅（2007）。《培養孩子一顆感恩的心》。新北市：大拓文化。

傅玲玲（2007）。〈儒家人文精神的當代意義〉。《全人教育學報》，1，

1-14。

黃孟晨（2014）。《華人家族排列和解內涵之探討》。南華大學生死系碩士論文（未出版），嘉義：大林。

黃漢耀譯（2004），Sylvia Browne、Lindsay Harrison（2002）著。《細胞記憶：揭開前世今生超連結‧業障病‧細胞靈魂印記的驚人祕密》。台北：人本自然。

黃懷秋（2003）。〈聖經中的寬恕〉。《神思》，57，1-8。

慈怡（2004）。《佛光大辭典》（Vol. 6）。北京：北京圖書館出版社。

葉映華、鄭全全（2007）。〈效度概念新認識〉。《中國臨床心理學雜誌》，15(3)，263-269。

董芳苑（1991）。〈解開民間宗教的糾纏〉。《當代》，40-45。

劉國彬、楊德友譯（1997），榮格著（1990）。《榮格自傳——回憶，夢，省思》。台北：張老師。

慧炬（1986）。《佛教徒信仰的是什麼》。台北市：慧炬出版社。

蔡奇林（2013）。《佛教的業論》。台北：法光文教基金會暨法光佛教文化研究所。

蔡淳慧（2012）。《華人家族心靈排列團體靈性健康改變經驗研究》（碩士論文）。取自http://ndltd.ncl.edu.tw/cgi-bin/gs32/gsweb.cgi/ccd=BEvOp4/record?r1=1&h1=0

盧忻燕（2012）。〈以華人家族排列模式在成人非預期喪親者哀傷團體之運用〉。《諮商與輔導》，318，45-47。

謝曜任（2001）。〈完形治療對身體工作的觀點〉。《諮商與輔導》，183，2-5。

羅春明、黃希庭（2004）。〈寬恕的心理學研究〉。《心理科學發展》，12(6)，908-915。

釋星雲（2004）。《與大師心靈對話文選》。台北：圓神出版社。

釋慧德（2007）。《證嚴上人衲履足跡，2007年，秋之卷》。台北市：慈濟文化。

英文部分

Enright, R. D., & the Human Development Study Group (1991). The moral development of forgiveness. InW. Kurtines & J. Gewietz (Eds), *Handbook of*

Moral Behavior and Development, 1, 123-152.

Peterson, C., & Seligman, M. E. P. (2004). *Character Strengths and Virtues: A Handbook and Classification*. New York: Oxford University Press.

Wood, A. M., Froh, J. J., & Geraghty, W. A. (2010). Gratitude and well-being: A review and theoretical integration. *Clinical Psychology Review, 30*, 890-905.

悲傷輔導與遊戲治療（受虐兒遊戲治療）

何長珠、賴品妤

理　論

問題一、兒童對死亡之概念
問題二、影響兒童死亡概念發展的因素
問題三、兒童對死亡之情緒反應
問題四、兒童的悲傷反應與發展
問題五、兒童悲傷的調適過程
問題六、進行輔導的方法

實　務

受虐兒的遊戲治療

理　論

問題一、兒童對死亡之概念

兒童死亡概念的發展，Stambrook和Parker將之分為四階段（黃雅琪，2004）：

1.三歲以下：六個月大的嬰兒在進行躲貓貓遊戲時，其實已經具備對於死亡的先備概念，幼兒開始產生分離焦慮時亦是最早瞭解死亡的時期。因此，三歲以下幼兒對於死亡已經具備初步的概念與知覺。

2.三至五歲：此階段的兒童認為死亡是暫時的、不可逆的和部分功能喪失的，對於死亡的普遍性、終止性及無機能性均無法瞭解，而將死亡認知為一種分離或離開，可以透過某種方法復活；或是將死亡視為一種在世生活的延續，雖然身體無法移動，但是對外界仍會有感覺。

3.六至九歲：此階段的兒童會將死亡擬人化。大部分研究支持此階段的兒童相信死亡是終止一切，但也有部分研究認為此階段的兒童仍會認為死亡具有可逆性。

4.九歲以上：大部分研究發現此階段的兒童瞭解死亡的終止性和普遍性，不過，也有少部分的研究指出，兒童瞭解死亡終止性和年齡有很大的差異，例如：Kane發現兒童在六歲時，就瞭解死亡的終止性和無機能性是很常見的。

問題二、影響兒童死亡概念發展的因素

一、兒童的發展階段

幼稚園大班的幼兒，恰巧正處於皮亞傑的認知發展理論中的「運思前期」（二至七歲），此一階段幼兒的思考方法具有九大特徵：(1)具體性；(2)不可逆性；(3)自我中心觀；(4)集中注意；(5)狀態對轉化；(6)直接推理；(7)人為觀（認為一切現象由人或上帝所製造）；(8)泛靈觀（多數東西是有生命的，與其他有機體類似，都有目標）；(9)實在觀（認為自己的觀點，是直接、客觀與絕對的）。

Kooche（2000）認為兒童的實際年齡不如其成熟度那樣重要。如果再加上發展程度的評價，它比實際年齡更能預測兒童的死亡概念之特質。

二、家人對死亡的詮釋與導引

悲慟處理專家Johnson（2000）認為父母有責任也有義務教導孩子認識死亡，因為：「死亡與傷慟是生活的一部分，而且孩子不會永遠天真。」根據國內學者（李復惠，1987；巫珍宜，1991；黃琪璘，1991）的研究顯示：家中愈能主動公開談論死亡問題者，孩子具有較低的死亡焦慮。

三、傳播媒體（含平面媒體）的影響

(一)童書

繪本、童話故事裡牽涉到死亡的描繪，許多是我們耳熟能詳的，白雪公主因王子的一吻死而復生；被大野狼吞食的七隻小羊們仍能死裡逃生；以及人魚公主最後死後化為泡沫等，都對死亡做了一定的詮釋與定義，常常在不知不覺中，對兒童死亡觀念的建構產生了相當程度的影響。

(二)電影、電視

Berry（1995）指出，孩子從電視經驗中所學習的世界與建立的價值觀，絕對遠多過來自家庭或社區的經驗。依據國內蔡秀錦（1991）的研究結果也指出，有五分之三以上的學童認為其死亡知識的主要來源是電視（影），也五分之三以上的學童認為令人不安的死亡事件是出現在新聞報導中，而這些事件多屬意外災難或謀殺，對學童的死亡概念當然具有影響。

(三)父母的宗教信仰

Stambrook與Parker（1987）的研究顯示，在宗教環境下長大的兒童，宗教對其死亡觀念的發展扮演著一定的影響角色。林烝增（1997）的研究亦認為，兒童在「形而上的死亡概念」受宗教信仰與文化的影響，傳統的民間信仰對於宗教虔誠度不高的兒童有很大的影響力。

(四)親身接觸死亡的經驗

Kane發現，對三至六歲的幼兒而言，有死亡經驗者較擁有成熟的死亡觀念。Maria Nagy的研究顯示，死亡經驗提供六歲以下的孩子較清楚的死亡觀點。Speece研究一至三歲的幼兒，發現一半的受試者有死亡的相關經驗，如親人的死亡等，幼兒對這些經驗是清楚明白的（高慧芬，2000）。陳瑞珠（1994）也指出，有深刻死亡經驗的學生，比無死亡經驗的學生有更高的死亡接受度。

問題三、兒童對死亡之情緒反應

Sanders（1989）將哀傷的過程大致上分為震驚、覺悟、保護與退縮、療癒及重建五個階段（郭靜晃等，1994）。這些階段受到中斷或兒童停滯於某一階段，則會影響人格之形成及正常發展。根據各研究結果，兒童面臨不同種類死亡的反應與感受如下：

一、父母的死亡

William Worden（1995）提到，童年或青春期時失去父母的孩子，很可能無法適度地哀悼，在日後的生活裡，可能出現憂鬱的症狀，或在成年以後無法與人建立親密的關係；而五至七歲的孩子則是最脆弱的一群，他們認知發展上足以瞭解死亡的事，但是應對能力非常不足。

面對父母親的死亡，兒童常有的反應包括否認、身體上的困擾、對死者的敵意、反應、代替、理想化、焦慮與驚慌、自責、難過與孤單。

二、手足的死亡

兒童在家中的排行與地位可能影響其反應，假使較年幼的手足去世了，兒童可能會因為一直希望此手足不存在，而產生愧疚感；當年長的手足去世時，兒童也可能會因要代替逝者的角色，而倍感壓力（Dyegrow, 1991）。很多孩子甚至認為若自己能用不同的方式來處理某些事情，或許自己的手足就不會死了（Worden, 1995）。手足的死亡讓兒童感受到不只有老人或生病的人才會死，影響到他們的安全感、存在的意義與公平的感覺（林烝增，1997）。

三、祖父母死亡

當祖父母或其他長輩去世時，兒童的反應通常不像他們父母那樣強烈，這可能因為孩子並不像父母與祖父母那麼熟識；同時也因為祖父母年紀較大，死亡是較屬於意料中的事，不過有些孩子會因為面對這樣的事，自己沒有情感上的反應，而產生罪惡感（Worden, 1995）。但他們可能也會有分離焦慮或收養的焦慮，同時也可能引起兒童擔心其他所愛的人也會死亡的焦慮，尤其住在一起或由祖父照顧者反應更激烈（Dyegrow, 1991）。

四、朋友死亡

面對自己已故的同學所空下的桌椅是很困難的事，而朋友的死亡讓兒童覺得害怕，可能認為死亡也可能會發生在自己身上（Worden, 1995）。除此之外，在同儕中兒童很少有機會討論關於朋友的死亡，大一點的兒童，尤其是男孩，可能很難表現出他的哀傷，因此其哀傷可能是非常孤單的（林烝增，1997）。

五、寵物死亡

寵物死亡時，兒童會有許多不同的情緒，包括憤怒、悲哀或者震驚，有些兒童一開始會否定這個事實，而罪惡感也是兒童常會有的一個感覺（Eric E. Rofes et al., 1997）。

問題四、兒童的悲傷反應與發展

死亡學專家（thanatologist）根據兒童的悲傷反應方式、強度及持續時間，將兒童的悲傷分成三類：正常（normal）的悲傷、病態（pathological）的悲傷以及失能（disabling）的悲傷，有助於輔導人員評估與適時提供兒童必要的協助（引自曾瑞真，2011）。Bowlby指出兒童所以無法適切表達悲傷，常是因為他人沒有給予兒童死亡相關的正確知識，此即社會心理環境因素的影響——過於保護兒童不要接觸死亡及談論死亡話題，反而忽略了孩子的內心感受，失去面對死亡的成長機會。

一、兒童的悲傷反應

兒童的悲傷反應主要展現在五個層面（蔡麗芳，2001）：

1.情緒層面：主要悲傷情緒有難過、焦慮、罪疚、憤怒、震驚、空虛、缺乏感覺、失措等。

2.行為層面：兒童的悲傷情緒通常藉一些外顯行為來表達，例如大吼大叫、容易衝動、打架、反抗權威、爭辯、攻擊、挑釁、與人結盟等；內向行為則有情緒不穩、憂鬱、退縮、退化行為、小大人症候群等。

3.生理層面：主要有疲倦、缺乏能量、睡不安穩或難以入睡、缺乏食慾或暴飲暴食、呼吸急促、易怒、神經質、頭痛、胃痛、四肢無力、皮膚起疹、不舒服等身心症狀或生病、易發生意外事故、擔心自己死亡、尿床等。

4.學業表現：五分之一的兒童出現學習困難、難以集中注意力，但也約有十分之一的兒童學業表現反而更好。

5.自我知覺：喪親兒童的自我效能及自尊均顯著較低，在人際上也較退縮、消極、與繼父母的關係較差、對父母及自己的安全有較高的焦慮、有較多的情緒及行為問題。

二、兒童悲傷反應的發展

Olowu（1990）研究發現兒童哀悼過程有三個階段：拒絕階段、沮喪階段和撤離階段。而兒童悲傷反應要達到復原，必須經過五個歷程（James & Cherry, 1988）：

1.自覺：決定不再孤獨的面對悲傷，願意和別人分享。

2.負起責任：對自己的復原負起責任。

3.覺察關係中是否有未竟事務。

4.採取行動：選擇適合自己的方式並採取行動。

5.超越失落：超越自己、追求成長。

問題五、兒童悲傷的調適過程

一、以任務論來談

Baker、Sedney和Gross（1992）發展出一個較詳細且針對兒童喪慟反應的模式，將兒童面對哀悼的心理任務分為早期、中期和晚期。

(一)喪親兒童早期任務

早期任務包括：

1.瞭解有人死亡和死亡這個事實的涵義，為初期的第一個任務。如何告訴孩子，她最親近的母親、父親、手足或奶奶死亡了呢？一般是由孩子最親近的人告訴他，最好是在家裡，孩子較有安全感。

2.提供正確的訊息，孩子需要知道的是正確的訊息和具體事實，例如：「爸爸是因為癌症死掉的」；避免用虛構的事來回答他，例如：「他去旅行了！」

3.保護自己的身體、精神和家庭是兒童在喪慟初期的第二個任務。兒童關心的保護課題第一是誰來照顧我？需要得到具體的回答；第二個課題則是情緒上的安全，避免接觸喚起死亡記憶的人、事、物，不想談論死亡，甚至否認，都是為了維護情緒安全。

(二)喪親兒童中期任務

中期任務包括：

1.情緒上接受死亡與失落，需要兒童從理智上的瞭解死亡進展到深一層情緒層面體認失落的意義。

2.中期任務的重點是專注於與死者的關係，強調關係，是為了讓兒童領悟他們失去了什麼。兒童將死者理想化，會影響他們對關係的重新評估，或喪親兒童會從事一些讓他們覺得仍和死者相連結的適應行為。

3.悲傷的主要任務是必去承擔痛苦，不是逃避否認而是感受它。支持固然重要，但傷慟兒童終究必須自己承受痛苦的感覺，兒童在處理這個任務時，通常是緩慢嘗試且斷斷續續的。

(三)喪親兒童晚期任務

晚期任務包括：

1.形成新的個人認同：原來不容易達成的認同發展會因傷慟而變得更複雜。過度認同死者固然傳達出一種對死者的罪惡感；相反的不認同，目的也仍是為了逃避與死者相似的事務。

2.投注於新關係：兒童害怕遭遇另一次失落而會逃避發展新的關係，或嘗試建立新的關係，卻因對象無法和理想化的死者並論，導致關係無法維持。新關係的建立，需給予多一些的自由，而不要被過去經驗過分扭曲。

3.建構恆定的內在關係：悲傷最終的結果，是建立一種新的依附。理想上讓兒童能找到自己的方法紀念死者，藉著結合死者部分特質形成新的自我，以進入和死者新的關係。

4.重回發展性任務：重大失落會阻礙發展，只有完成悲傷任務，兒童才可能回到適合他們年齡階段的發展任務。

5.調適週期性重現的痛苦：悲傷並沒有真正終點，某些事件、節日、情境和人，都會激起人們對死者的懷念，痛苦總伴隨著思念而來。

二、以歷程論（因應喪慟的雙軌歷程模式）的觀點

因應喪慟的雙軌歷程模式是以歷程為主，為失落取向和復原取向的雙軌模式，兩者並不會同時進行，但會間歇性的在失落與復原的歷程中來回擺盪著（Stroebe et al., 1998）。

三、以悲傷調適是復原的結果論來說

Wolfelt（1992）指出，能在死亡事件中看到意義是復原的重要部分。以另一種追思悼念的方法來回憶死者，重新建構出新的生活方式，賦予新的意義。完整的悲傷反應基準點，是想到死者時能不感覺痛苦，且能重新將情感投注在生活和生命中，此時哀悼才算完成（Worden, 1991/2004）。

所以，不論是任務論、歷程論或是悲傷調適是復原的結果論，喪親者的悲傷調適內涵並非一成不變，而是隨著時間改變，悲傷強度而作增減，不一定是依循增到減的模式。且悲傷是一個流動的過程，可能會來回擺盪著，也可能是同時進行；且在悲傷調適的過程中，每個悲傷階段的不同悲傷任務亦會有重疊的部分無法做出清楚劃分。

問題六、進行輔導的方法

可配合藝術、閱讀、遊戲等方式，進行個別或團體輔導（簡秀雯，2008）。

1.使用藝術媒材與遊戲：依照孩子的狀態，使用適合的藝術媒材，如畫圖、摺紙、拼貼、紙黏土、音樂，也可利用布偶進行角色扮演遊戲。此外，不要對孩子呈現的作品標籤解釋，引導孩子將自己內心的感覺和情緒表達出來。

2.製作回憶本或紀念冊：請孩子將和逝者有關的物品，如照片（影片）、紀念物、圖片（畫）等象徵物放入回憶本或紀念冊中，讓孩子追憶與逝去親人曾經共同創造的回憶，協助孩子找到與逝者關係的重新定位。

3.寫作記錄心情：利用寫作、寫信、寫日記的方式，讓孩子記錄自己的思念心情，表達懷念，減輕他們心中的悲傷及瞭解死亡的現實性。

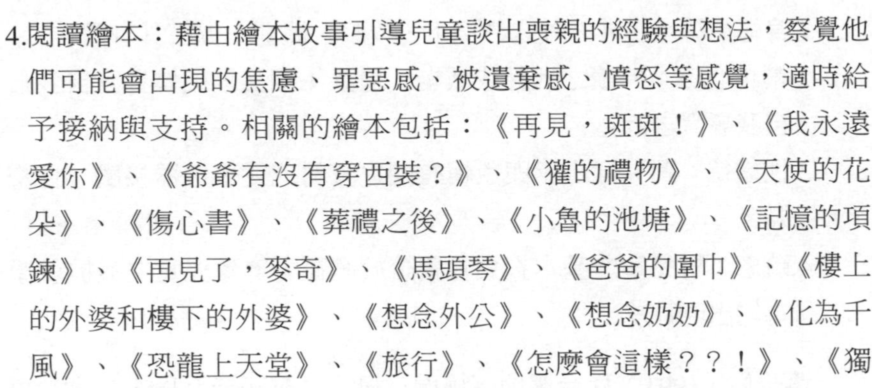

4.閱讀繪本：藉由繪本故事引導兒童談出喪親的經驗與想法，察覺他們可能會出現的焦慮、罪惡感、被遺棄感、憤怒等感覺，適時給予接納與支持。相關的繪本包括：《再見，斑斑！》、《我永遠愛你》、《爺爺有沒有穿西裝？》、《獾的禮物》、《天使的花朵》、《傷心書》、《葬禮之後》、《小魯的池塘》、《記憶的項鍊》、《再見了，麥奇》、《馬頭琴》、《爸爸的圍巾》、《樓上的外婆和樓下的外婆》、《想念外公》、《想念奶奶》、《化為千風》、《恐龍上天堂》、《旅行》、《怎麼會這樣？？！》、《獨自去旅行》。

5.談論逝去親人的相關事件：與孩子談論想念、夢到逝去親人時，要接納與傾聽孩子說出完整的事件和內在感覺，澄清他們對親人逝去的負面想法與連結，和孩子討論親人過世後的生活改變，以紓解孩子的壓力。

6.建議讓孩子參與追思儀式：孩子參與親人的告別儀式，會有被重視與接納的感覺，這也影響著孩子自然悲傷的過程，此外帶孩子去與逝者有關的地方，例如去墓園或舊居之憑弔，均可抒發思親之情。

實　務

受虐兒的遊戲治療（何長珠）

一、受虐兒之定義內容與因應

根據余漢儀（1995），黃惠玲、郭明珠、王文秀（1994），廖秋芬（1997）等之定義，受虐係指對十二歲以下之兒童，出現如下之行為：

1.身體虐待：在非意外之情況下，攻擊、體罰、傷害其身體。
2.精神虐待：持續之批評或威嚇、遺棄、嘲笑等破壞兒童自我形象與自我評價之行為。
3.性虐待：對兒童出示與色情有關之資料或從事性器接觸、性交等行為。
4.疏忽：對兒童之基本衣食營養疏於照顧，導致兒童之發展就學與行為均出現偏差。

黃千佑（1991）對台灣地區施虐父母之調查研究發現，施虐者以男性居多，年齡約在三十至四十五歲，教育程度偏低，小學畢業、藍領階級，破碎婚姻亦多。虐待形式則以身虐最多，疏忽次之。

王淑娟（1998）則依Folkman和Lazarus的壓力標準化模式之概念架構，發現有四種取向，即「內在取向歸因——自我責備」、「外在取向歸因——施虐者個人因素」、「客觀理性的評估——互動性因素」以及「不知所然——不明被虐原因」四種。並且在這四種歸因中，以「內在取向歸因——自我責備」占大多數。專業人員對兒童受虐的客觀認知亦包括四項：(1)因照顧者替換而造成的親子適應不良；(2)施虐者婚姻關係不良下之代罪羔羊；(3)因患病或挫折導致的情緒不良；(4)受虐兒持續不斷的行為困擾之激怒。

二、受虐兒的因應機轉

在鄭麗珍和王淑娟（1999）的論文中，Chilas和Timberlake（1995）認為受虐兒傾向於採用防衛／適應機轉，如「解離」等方式來因應。Heide和Solomon（1993）則認為因應方式非常多樣，從酒癮、藥癮、飲食失調到解離，邊緣性人格或精神病患都有。大約來說，其因應多係不安全依附之反應，從逃避、退縮、自閉、敏感到攻擊，矛盾甚至自殺或殺人等都有（Murdock, 1992）。

Crillenden（1992）與Leaman（1980）則認為受虐兒的因應方式，受到年齡成熟及智能發展影響，而有不同之反應。如三歲前幼兒的反應，主

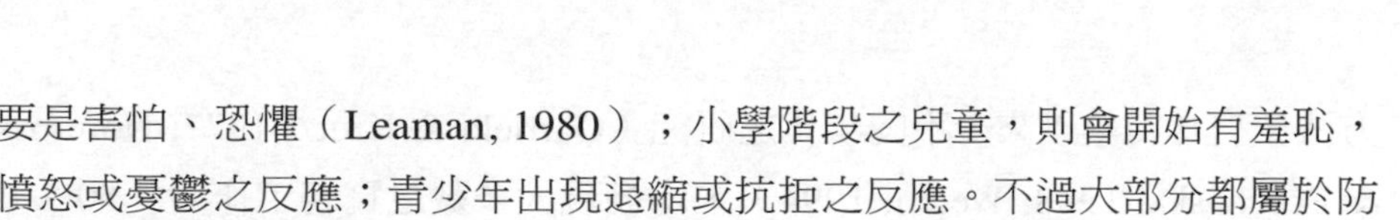

要是害怕、恐懼（Leaman, 1980）；小學階段之兒童，則會開始有羞恥，憤怒或憂鬱之反應；青少年出現退縮或抗拒之反應。不過大部分都屬於防衛性適應機轉之範圍。

不論方式為何，成功因應通常都包括三個方向：注入安全感，恢復自我功能和對環境之控制，以及重新對虐待事件賦予意義而採取更有效的因應策略。

三、受虐兒的遊戲治療

總結來說，對受虐兒創傷後之治療歷程，其方案涉入之目標不外以下六點，分別是：(1)關係之建立（Cattanach, 1992）；(2)情感之宣洩，口語之增加與體驗不同的成人學習模示（Lusting et al., 2004, Wilson et al., 2011）；(3)提升自我概念和自尊（Fatout, 1993；溫雅蓮，1995）；(4)減少問題行為；(5)訓練社交技巧；(6)增進同儕關係。

而在遊戲治療的歷程與階段中，大多數研究者同意，須經過起一承一轉一合之過程。如Mann & McDermott（1983）所主張的：(1)建立治療性關係；(2)出現創傷遊戲的退化性行為；(3)試驗新關係，發展對衝動之控制；(4)結束治療。Madsen（1990）則主張混合語言和領悟取向之治療。Cattanach（1992）主張有三階段，分別是：(1)建立關係；(2)透過玩具來做探索；(3)發展自尊和自我認同。

鄧啟明（2000）引用美國聯邦政府自1974～1982年間之長期研究。在檢視了89種治療方案和3,253位受虐兒個案後，發現各類諮商及團體處遇方案，如果能加做親子之處理則療效較佳。且個別團體與醫療之個案中，約有70%的比率，在許多功能上顯示進步（Cohn & Daro, 1987）。

四、折衷式遊戲治療

折衷式遊戲治療模式（Eclectic Play Therapy Model, EPTM），顧名思義，乃是從不同系統中選擇適合之理論與技巧，以處理當事人問題之方法。自1970年以來，不同年代之研究（Garfield & Krutz, 1977; Norcross & Prochaska, 1988; Welch, 1994），均發現大多數之實務工作者（50%，70%，72.6%），視其工作為折衷性取向，並肯定此一取向之療效。本研究亦嘗試將遊戲治療之實施，依改變機制理論架構，媒材介入與治療階段之特質，區分如**表8-1**所示。

表8-1　折衷式遊戲治療模式

階段	改變機制	理論導向	相關技巧	媒材
初	1.減低焦慮，增加安全感 2.經歷不同的成人經驗，增加自信 3.正向移情及自由表達增加	兒童中心學派	1.跟隨反映 2.同理2 3.確認權力（empowerment）	自由遊戲
中	1.宣洩負向情緒 2.對治療者之正向移情 3.自我肯定增加	心理分析—（動力）學派	1.同理3 2.解說 3.設限	投射性遊戲繪畫 沙遊
末	1.認知重結構（能量導向建設性之方向運作） 2.分離與結束	認知—行為學派 短期治療模式	1.教導 2.建議 3.導引 4.肯定個案所達到之改變	結構性遊戲（角色扮演、說故事）

說明：同理2意指對個案之情緒，能以類似的用辭反映出來，以表達瞭解與支持。亦稱「初層同理」。

同理3意指對個案之情緒，能以不同的用辭，表達出對其問題主要問題焦點與相關背景之瞭解，亦稱「高層同理」。

資料來源：何長珠（2001）。

五、受虐兒折衷式遊戲治療的實例（何長珠，2005）

(一)個別遊戲治療部分

2002年的3月至6月，受中部某育幼院委託，對三名院童進行遊戲治療，這三位院童，稱cl1、cl2、cl3，分別是六歲、十歲、十歲之女童。而其轉介來的問題，對cl1而言，是身暴（曾受繼母毒打），對cl2及cl3則為

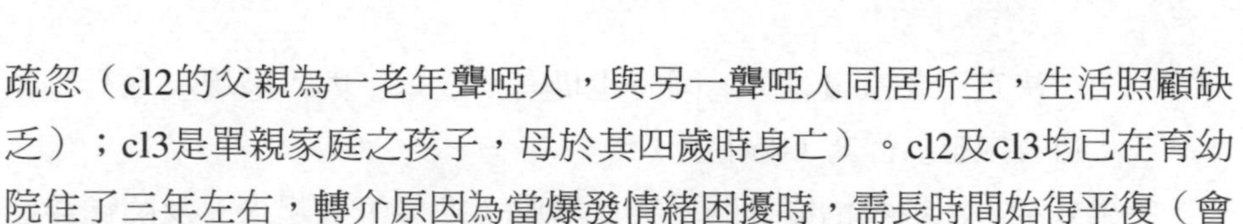

疏忽（cl2的父親為一老年聾啞人，與另一聾啞人同居所生，生活照顧缺乏）；cl3是單親家庭之孩子，母於其四歲時身亡）。cl2及cl3均已在育幼院住了三年左右，轉介原因為當爆發情緒困擾時，需長時間始得平復（會大哭大鬧數小時之久），使育幼院之照顧者頗感頭痛。

此次只舉cl1為例，來說明過程中之主要現象，藉此瞭解折衷式遊戲治療之做法。

❖cl1第一次進遊戲室時，即出現強烈好動與好奇（脫娃娃衣服）及衝動（不經許可，即吃起玩具糖果）之行為，使治療者之角色，亦迅速進入「設限」及「與問題有關（過動）之過程」。

❖接下來的幾次，治療者介入，採「跟時鐘競賽」之遊戲，以達到「暫停」及「增加自我控制力」之目標。

❖同時，在自由遊戲中，cl1亦出現「漫罵」與「粗魯的身體接觸」等行為（懷疑是對其繼母的反認同行為），治療者除了「接納」、「同理」、「跟隨」等技巧外，並「示範」「語言性的情緒表達」及「非語言式的撫慰」，如「很痛喔！」、「咻！咻！」（台語表示「抱抱」之意）。

❖第四次之後，開始以貼紙來鼓勵其正向行為之表現（如說「請」代替「搶」）。並開始設計攻擊性之遊戲，以宣洩其壓力（她果然很用力，打破了兩個塑膠企鵝）。

❖這之後的兩三次，cl1開始出現「退化性行為」（出現幼兒喃喃不清的語言、妄想；同時在育幼院中亦較易哭鬧），對治療者出現想要擁抱之行為。另外關於協助cl1控制衝動之行為，則仍在持續進行中。如在其拆裝玩具時，有意唸出「慢！慢！慢！」之話語。此階段cl1玩娃娃的行為，已較初期增加不少正向的撫慰性動作；但負面的暴力行為，仍會出現（比例減少）。

❖第六次去育幼院訪問的過程中，見到其父親，對cl1的問題背景有更完整的瞭解。同時並發現其父女間的關係良好，是治療中催化改變的有利因素。

❖第七、八次，cl1出現更多自主性的假扮行為（如打扮自己、燒飯煮菜、決定不要畫畫等）。同時也仍有「攻擊」與「破壞」之行為及「自我撫慰」行為（喝牛奶）。

❖第九次，出現和治療者開玩笑之舉動（把畫筆藏起來）及照顧洋娃娃之遊戲（為其選擇衣服鞋襪）。當其為娃娃著裝時，動作表情之溫柔與初期之急躁粗暴相較，有很大之不同。

❖第十次及第十一次，cl1仍是玩娃娃，並會制止治療者之跟隨式的旁白；說：麥嚨（台語不要吵的意思），能自動整理玩具，並只有在必要時，才尋求協助。結束的時間來到時，cl1還主動要求治療者抱她下樓，離開遊戲室。

❖最後一次，cl1帶了一支羽毛來送治療者。不過在遊戲過程中，脾氣比較壞（不知是否和即將分離有關？）。最後做了一個沙盤，才告結束。

整個過程可說是頗能符合折衷式遊戲治療起—承—轉—和之假設。

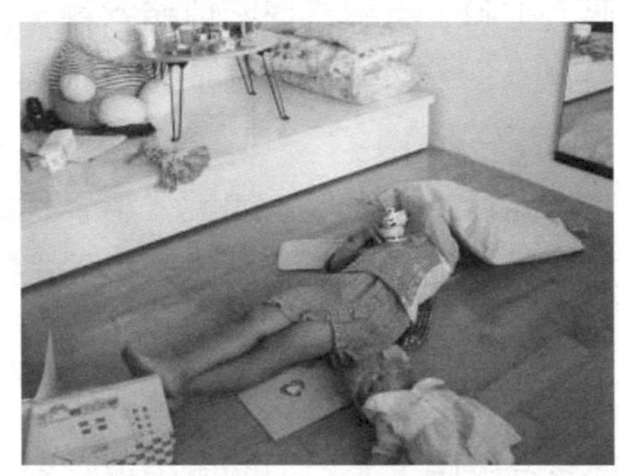

退化—吸奶嘴

對家庭的渴望

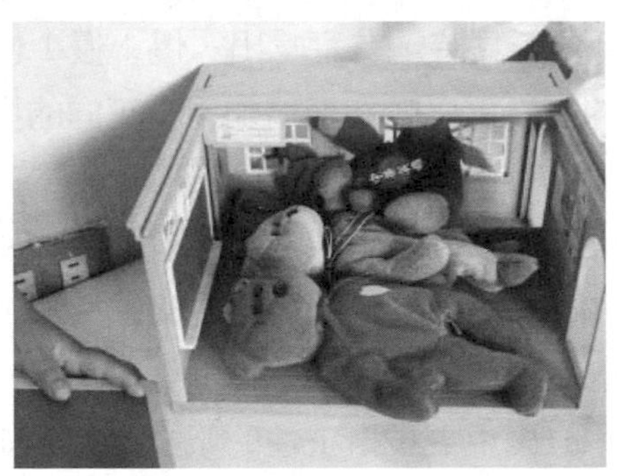

終於達到團圓的心理狀態

(二)團體遊戲治療部分

2001年9月至11月間，本研究者針對台灣中部地區某縣市當年度通報的十一名受虐兒（另有三名因情況較嚴重，直接轉介為個別遊戲治療），隨機分成三組：G1（cl4、cl5、cl14）、G2（cl7、cl8、cl10、cl11）及G3（cl12、cl13、cl6、cl9），進行為期十六次，每次一小時，共約四個月的遊戲治療處理。並以投射性繪畫測驗分組，作為協助診斷及評估改變之依據。

以下將舉例介紹其改變狀況：

◆身虐部分

身虐部分之個案有兩位，分別是cl4（五歲女）及cl10（十歲，小四女）。cl4被轉介的原因是姐妹疑似遭受其父之性侵害，故與其姐（cl8）妹（cl5）同來接受處理。唯其所展現之特徵為強烈的「憤怒、衝動、攻擊和不安」，與其他兩位姐（cl8）妹（cl5）有明顯不同。cl4在十六次過程中，亦充分呈現所謂「創傷II之遊戲型式」，如對玩具無法定心感到有趣，經常到處遊走，投射性繪畫中的「屋、樹、人」三者聯在一起，無法辨識（此為三、四歲之畫法——證明其有退化現象）。玩具部分喜歡冰淇淋（曾乞食）及不斷打電話（求救？）；偶而會尖叫，對治療者出現試探性的攻擊行為，並於第六次時，把一杯沙直接倒到治療者身上。中期以後，曾嘗試導引布偶說故事，以瞭解其在家中之身實狀況，但未顯示明顯性受虐之資料，屬本次進步最少的個案之一（約只達到階段二宣洩的狀態）。

cl10之受虐則主要來自其母對其之責打，影響cl10在與人相處時，常出現「計較」、「公平與否」之現象，亦影響其與他人之互動及關係。並導致在團體中，直接引發其與接送社工員間之衝突。在約第十次左右，她出了一些小麻煩，經過治療者之協助後才解決問題。自那之後，cl10的心態似乎稍獲平和，並開始以「繪畫」與「沙遊」，消解其個人內在之壓力。到結束時，其在前測時，抗拒不肯進行的家庭動力畫，已出現基本的客廳構圖。雖仍是寥寥數筆，但前後畫作的比較之下，仍可看出當事人目前較能面對現實之治療後改變之立場！

CL10（中期之圖畫故事）：「好人的昆蟲被壞人嚇到了，而且沒人來救他們，最後好人都被壞人抓起來懸空了。」

◆疏忽部分

疏忽部分之個案有cl14（五歲）、cl5（四歲）、cl8（八歲）、cl11（七歲，男）及cl9（九歲，女），其中cl4、cl5、cl8為三姐妹。比較身暴與性暴，本組個案之成長程度是最高的。雖然，對cl14及cl11而言，其原本迅速開始展開之進步，在中期之後，因家庭因素惡化（家裡大人之間發生紛爭），導致結果有停滯之現象（特別是對cl14而言）。其次，cl5與cl4及cl8雖為三姐妹，只是相較於cl5之常被處罰，cl4及cl8的乖巧、退縮，使她們比較免於被虐，但也造成特殊的因應型式。像cl4便某種程度出現「解離退縮到個人小世界」之特徵，總是一個人在搭積木或默默地撥電話、放下。不過在後測資料中，其原先胚胎式之人體，已逐漸成為具體而微之人形；至於「屋—樹—人」部分，則出現與cl5相似的陰莖形樹幹（令人懷疑其家中，是否仍有某些事在進行？）。

cl8則屬此次進步最大之個案之一，在無數次的燒飯煮東西請大家（特別是治療者）吃之後，她逐漸學會如何去攻擊、追逐打別人（cl11），並自其中得到很多的歡笑和樂趣。

而cl11與cl14雖是兄妹，且遇到同樣的家庭困擾。不過不知是否因為

cl14與母親之依附較強，所受影響較深？其進步在中期後，便出現停滯現象，唯在後測中仍顯示某種程度之進步，如「由小變大的自我觀」，以及「房子」、「弟弟」和「媽媽」等資料。相形之下，cl11由開始時的喃喃自語，遊來盪去的無法安定下來玩玩具，到後來與其他同伴一起玩鬧（對別是對cl8），其語言與社交能力上之顯著進步，是不容忽視的。但由此例中亦可發現，在進行治療性介入時，納入「家庭」變項處理（如同時做親子治療或親職工作）之重要性。

cl9亦屬本次進步最大的個案之一。但在開始時，卻是非常退縮不能融入環境的。直到遊戲室中諸多種類之媒材，使她找到樂趣與才能發揮特長（用黏土來捏小動物，她有很精巧的手藝）之後，才慢慢走出個人的內在之殼，變得自我概念逐漸清晰（從所畫的圖中顯現的整體性，加上動作、表情），並能出現對治療者提出要求與拒絕等有效功能狀態（此為遊戲治療階段四之表徵）。

前測

後測

◆性虐部分

性虐部分之個案，主要是一對已在寄養家庭住了幾個月之久的原住民姐妹花（cl12，7歲；cl13，6歲）。整個十六次的遊戲治療過程中，雖然其父親因吸毒及疑似性虐被判定隔離醫護，且兩姐妹亦受到安置。但不知是時間離事發已有一段時日，抑是其在寄養家庭得到較安定有序的新經驗，已某種程度取代了不快樂的往日回憶。治療者覺得從頭到尾簡直沒辦法從遊戲中，看出與性傷害有關的任何端倪。即使在中途之後（第九次），cl6因明顯的性騷擾，被轉入本組，而出現好幾次與性有關的相關事項（如脫娃娃的褲子）之處理，亦不曾讓cl12及cl13出現任何異樣；只在將近結束時（第十五次），在畫畫的閒聊中，說了一句「要原諒他！」（原住民很多具有基督教信仰，也許其家人早已如此教導過嗎？此為治療者之推測）。話雖如此，從前後測的投射性繪畫資料中，仍可看出兩人更多適應性心能之展現（豐富性、多樣性及明亮性）。

cl6則是這次處理中意外發現的性傷害個案（原先問題是疏忽），亦是改變進步最大的個案之一。由於其個人明快且直接表達之特質，使治療者在第六次左右，即發現與性可能有關之線索（她臨走時說：爸爸喜歡我，我討厭爸爸！），而在其後逐次之畫作中，亦愈來愈鮮明的呈現有關資料，如耳朵「塞棍子」（棍子畫得像陰莖）；在玩沙時亦常出現把恐龍埋入沙中之重複遊戲；其後又有一次畫了好幾朵「大便」，最後更直接挑明「小恐龍」即是爸爸等。與治療者一起工作的社工員團隊，除了加緊行政作業之程序，協助cl6及其讀國中之姐姐，快速安置至寄養家庭外，亦決定將其轉組至G3，希望做些直接的處理。

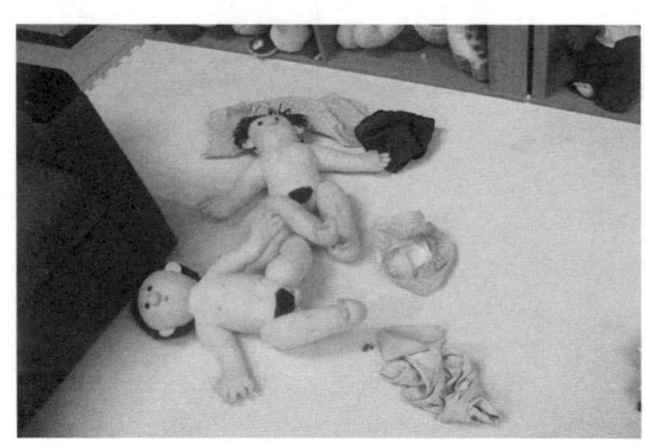

由其投射性繪畫之資料看來，自我畫象部分仍有傾斜之勢（不安）。只在軀幹部分由原來的「正方形」，近一步分化為有「脖子」、「上身」、「下身」之人體形狀；嘴部表情亦由「下垂」改變為「平而微揚」。「屋—樹—人」部分，由前測的兩個分散的「恐龍」，改變為「討厭的二姐」（右上方國二生，與其同往，但不喜歡照顧她）及「可怕的樹木好像鬼」（推測為害怕之表示，可視為是一種不安的心態）。而家庭動力畫部分，則把現在所住的家庭與過去（已逝之阿公，畫在cl隔壁房）混為一團（似乎其心態仍在融合現在與過去之階段）。

結　語

就此而論，改變最少的比較屬於身虐兒之個案。這到底是因為身虐個案的創傷較大，故需更長之時間或個別遊戲治療之處理還是有其他因素之影響，均有待未來更多之探討。另外，進步最多的則是疏忽型受虐個案，故以後對疏忽型個案的處理，除非嚴重退化者（如不能自行清理尿便者），否則建議可採用「十六次折衷式團體遊戲治療」之模式，來催化其成長與學習。

參考書目

中文部分

王英珠（1998）。《阿德勒學派遊戲治療團體對國小兒童行為困擾因應之輔導效果》。台南師院國民教育研究所碩士論文。

王淑娟（1998）。《受虐兒童對父母施虐行為之因應初探》。東吳大學社工研究所碩士論文。

何長珠（1995）。〈應用遊戲治療於受虐兒的三個實例研究〉。《輔導學報》，18，1-37。

何長珠（2001）。《遊戲治療技巧》。台北：心理。

何長珠〈2002〉。《遊戲治療——國小輔導實務》。台北：五南

何長珠〈2005〉。《折衷式遊戲治療之理論與實務》。台北：五南。

余漢儀（1995）。《兒童虐待現象檢視與問題反思》。台北：巨流。

余漢儀（1997）。〈家庭寄養照顧——受虐兒童的幸抑不幸？〉。《國立台灣大學社會學刊》，105-140。

吳俊宏、劉靜女譯，G. D. Oster、P. Gould著（2002）。《繪畫評估與治療：心理衛生輔導人員指南》。台北：心理。

巫珍宜（1991）。《青少年死亡態度之研究》。國立彰化師範大學輔導研究所論文。

李復惠（1987）。《某大學學生對死亡及瀕死態度之研究》。國立台灣師範大學衛生教育研究所論文。

李開敏（1997）。〈受害到生還——談性虐兒童重新得力的輔導過程〉。《中華心理衛生學刊》，103-128。

林美珠（1998）。《遊戲治療對改進國小父母離異兒童自我概念、情緒困擾之研究》。花蓮師院國民教育研究所碩士論文。

林烝增（1997）。《兒童對死亡的認知與情緒之研究——兒童死亡世界的話與畫》。中國文化大學兒童福利研究所碩士論文，頁13。

洪瑜堅譯（1997），Eric E. Rofes等著。《與孩子談死亡》（The Kids' Book about Death and Dying）。台北：遠流出版公司。

高慧芬譯（2000），I. Orbach著。《不想活下去的孩子》。台北：心理。

郭靜晃、吳幸玲譯（1994），Philip、Barbara Newman著。《發展心理學：心理社會理論與實務》。台北：揚智。

陳逸群譯（2000），Joy Johnson著。《協助孩子了解死亡課題》。台北：生命潛能。

陳瑞珠（1994）。《台北市高中生的死亡態度、死亡教育態度及死亡教育需求之研究》。國立台灣師範大學衛生教育研究所論文。

陳慧鴻（1999）。《沙箱治療對受虐兒童生活適應之影響歷程研究》。台南師院國民教育研究所碩士論文。

曾瑞真（2011）。〈兒童的失落與悲傷〉。《諮商與輔導》，302，25-30。

黃千佑（1991）。《虐待兒童的父母之社會心理探討》。東海大學社會工作研究所論文。

黃惠玲、郭明珠、王文秀（1994）。《兒童虐待──如何發現與輔導「兒童虐待」家庭》。台北：心理。

黃琪璘（1991）。《台北市立綜合醫院醫師對死亡及瀕死態度之研究》。國立台灣師範大學衛生教育研究所論文。

黃雅琪（2004）。《兒童繪本內容之死亡概念分析研究》。中國文化大學心理輔導研究所論文。

黃慧涵（2000）。《身體受虐兒童遊戲治療中的遊戲行為之分析研究》。彰化師大輔導與諮商學系博士論文。

溫雅蓮（1995）。《受虐兒童介入方案之發展暨成效評估研究──以兒童團體方案為例》。東吳大學社會工作研究所碩士論文。

廖秋芬（1997）。《社會工作員對兒童保護案件處遇計畫的價值抉擇之研究》。東海大學社會工作研究所碩士論文。

蔡秀錦（1991）。《城鄉學童死亡之概念、焦慮及教育需求之研究》。國立台灣師範大學衛生教育研究所論文。

蔡麗芳（2001）。《喪親兒童諮商中悲傷經驗改變歷程之研究》。國立彰化師範大學輔導與諮商學系博士論文。

鄧啟明（2000）。《受虐兒童後續處理模式之探討》。國立暨南大學社會政策與社會工作學系碩士論文。

鄭麗珍、王淑娟（1999）。〈受虐兒童對父母施虐的因應行為之初探〉。《東吳大學社會工作學報》，89-134。

賴品妤（2010）。《原鄉地區國小教師的生命意義與工作壓力》。南華大學生死系碩士論文（未出版），嘉義：大林。
簡秀雯（2008）。〈陪伴喪親兒童走過悲傷的旅程〉。《諮商與輔導》，275，58-62。

英文部分

Baker, J. E., Sedney, M. A., & Gross, E. (1992). Psychological tasks for bereaved children. *American Journal of Orthopsychiatry, 62*, 59-61.

Berry, J. O. (1995). Families and deinstitutionalization: an application of bronfenbrenner's social ecology model. *Journal of Counseling & Development, 73*, 379-383.

Bowlby, J. (1982). *Loss: Sadness and Depression* (Attachment and Loss Vol III). New York: Basic Books.

Cattanach, A. (1992). *Play Therapy with Abused Children*. London: Jessica Kingsley Publishers Ltd.

Cohn, A. H., & Daro, D. (1987). Is treatment too late: What ten years of evaluative research tell us. *Child Abuse and Neglect, 11*, 433-442.

Crittenden, P. M. (1992). Children's strategies for coping with adverse home environments: An interpretation using attachment theory. *Child Abuse and Neglect, 16*(3), 329-343.

Fatout, M. F. (1993). Please hurt me again: posttraumatic play therapy with an abused child. In T. Kottman & C. Schaefer (Eds), *Play Therapy in Action: A casebook for Practitioners*. N. J.: Jason Aronson Inc.

Garfield, S. L., & Kurtz, R. (1977). A study of eclectic views. *Journal of Consulting & Clinical Psychotherapy, 45*(1), 78-83.

Heide, K. M., & Solomon, E. P. (1993). *The SCS Survey: Measuring Childhood Maltreatment and Coping Strategies Used by Survivors of Childhood Trauma*. 45th Annual Meeting of the American Society of Criminology, Phoenix, AZ, October.

Homeyer, L. E. (2001). Identifying sexually abused children in play therpy. In G. L. Landreth (Ed.), *Innovations in Play Therapy: Issues, Process and Special Populations*. US: Brunner-Routledge, 131-154.

James, J. & Cherry, F. (1988). *The Grief Recovery Handbook: A Step-by-Step Program*

for Moving Beyond Loss. New York: Harper & Row.

Koocher, G. P. (1973). Childhood, death, and cognitive development. Developmental Psychology, 9(3), 369-375.

Kot, S. (1995). Intensive play therapy with child witness of domestic violence. Unpublished Doctoral Dissertation, University of North Texas, Denton.

Leaman, K. M. (1980). Sexual Abuse: The Reactions of Child and Family. In Jones, Barbara McComb (Ed.).; And Others. *Sexual Abuse of Children: Selected Readings*. National Center on Child Abuse and Neglect (DHHS). Washington DC.

Lusting, S. L. et al., (2004). Review of child and adolescent refugee mental health. *Journal of the American Academy of Child & Adolescent Psychiatry, 43*(1), 24-36.

Mann, E., & McDermott, J. F. J. (1983). Play therapy for victims of child abuse and neglect. In C. E. Schaefer & K. J. O'Connor (Eds), *Handbook of Play Therapy*. New York: A Wiley-Interscience Publication, 283-307.

Norcross, J. C., & Prochaska, J. O. (1988). A study of eclectic (and integrative) views revisited. *Professional Psychology: Research & Practice, 19*(2), 170-174.

Olowu, A. A. (1990). Helping children cope with death. *Early Child Development and Care, 61*, 119-123.

Phillips, R., & Landreth, G. (1998). Play therapists on play therapy (part 2): Clinical issues in play therapy. *International Journal of Play Therapy, 6*(2), 28-29. 437-453, LD: SAGA Publications.

Stambrook, M. & Parker, K. (1987). The development of the concept of death in childhood: A review of the literature. *Merrill-Palmer Quarterly, 33*(2), 133-157.

Stroebe, M., Schut, H. & Stroebe, W. (1998). Trauma and grief: A comparative analysis. In J. H. Harvey (Eds.), *Perspectives on Loss: A Sourcebook* (pp. 81-96). Washington: Taylor & Francis.

Tamm, M. E., & Granqvist, A. (1995). The meaning of children and adolescents: A phenomeno-graphic study of drawings. *Death Studies, 19*, 209.

Terr, L. C. (1991). Childhood Trauma : An outline and overview. *American Journal of Psychiatry, 148,* 10-19.

Tyndall-Lind, A. (1999). Revictimization of children from violent families: Child-centered theoretical formulation and play therapy treatment implications.

International Journal of Play Therapy, 8(1), 9-25.

Wilson, K. R., Hansen, D. J., & Li, M. (2011). The traumatic stress response in child maltreatment and resultant neuropsychological effects. Faculty Publications, Dept. of psychology paper 549.

Welch, C. M. (1994). Exploring psychologists' reflections on "good moments" in child psychotherapy. Dissertation Abstracts International: Section B: the Sciences & Engineering, 55(4-B), 1682.

Worden, J. W. (1995). *Grief Counselling and Grief Therapy: A Handbook for the Mental Health Practitioner.* New York: Springer Publishing.

Chapter 9

剝奪性悲傷——青少女墮胎（華人家族排列）

楊絲絢、黃邁慧、曾應鐘

理　論

問題一、國內對青少女墮胎議題之相關研究

問題二、青少女墮胎原因、心路歷程及後續影響

問題三、剝奪性悲傷經驗之諮商輔導

問題四、「華人心靈家族排列」在青少女墮胎議題上之應用

實　務

家族心靈排列——墮胎與手足死亡悲傷輔導（輔導案例）

理　論

根據世界衛生組織的評估，全世界每天有十五萬人次墮胎，每天至少有五百名婦女因企圖墮胎而死亡。在台灣，青少女未婚懷孕比率為全亞洲之冠（李宗衡、劉艾蕾，2003），而青輔會（2005）曾推估每年未成年墮胎人數應在24,000人以上，又依據衛生署統計，國內一年約九萬人次墮胎，其中尤以青少女的生育、墮胎率節節上升最令人擔心（林玲瑜，2008）。台灣青少女墮胎的發生率，雖然沒有明確的統計資料，但根據醫界估計，未成年青少女墮胎率高達五成；多數研究亦指出，在發現懷孕後所做的生育抉擇，以仍在就學、未曾輟學、在學校表現良好或是對教育成就有所期待的青少女為例，通常會選擇墮胎作為事後處置的方式（任麗華，2003；李孟智，1998；李德芬，2001；Torres & Forrest, 1993；引自林玲瑜，2008）。

上述研究資料不僅顯示台灣青少女墮胎的普遍性，更揭露了一般大眾似乎認為選擇墮胎便能解決問題，使青少女得以回到學校、家庭的「正軌」上，持續其發展任務，並將未婚懷孕的負面影響降到最低。然而在華人社會文化脈絡下，青少女之性、懷孕與墮胎行為不僅鑲嵌於社會道德之無形規範中，而個人家庭議題、成長背景等因素，亦往往形塑出墮胎之果。就傳統民俗信仰而論，胎兒為有感受、有靈性的生命，選擇墮胎的青少女往往帶著罪疚、恐懼與失落面對接下來的生活，在自責、悲傷的情緒下產生自我價值貶低的陰影，更影響青少女未來親密關係的發展（李逢堅、陳彥聿，2006；林玲瑜，2008；李欣姿，2010）。因此墮胎雖看似「處理了」青少女無力面對的問題，但在「不能說」、「不要想」的社會氛圍下，卻造成了青少女的心理創傷，且此一創傷是更容易為人所忽略的「剝奪性悲傷」。此外，真正致使青少女墮胎的原因並未得到修通解決，因此青少女將持續帶著個人與家庭的議題，再加上墮胎造成的陰影交織其

間，使青少女未來的生活狀況與生命品質皆受到不利的影響或干擾。因此，對於墮胎少女的生命議題，可由哪些層面進行理解，並協助墮胎少女修通個人議題，即為本文專注的重點。

問題一、國內對青少女墮胎議題之相關研究

從歷年文獻研究結果可知，早期對女性墮胎之研究多在醫護領域中進行，以瞭解醫護人員如何針對墮胎青少女進行醫療照護與心理關懷（李碧娥，1998；楊美惠，1998；李碧娥、楊玉娥，2002），或影響未成年少女選擇墮胎之相關因素（張美鶴，2002），其重點多放在瞭解女性墮胎後之身、心照護需求（周承珍、李從業、劉盈君，2003），以及墮胎事件對青少女的影響（林婉玉，2003；李德芬等，2004；楊裕仁、林婉玉，2005）。近年研究則開始著眼於社會文化脈絡對女性墮胎經驗之影響（林玲瑜，2008）、墮胎歷程影響後續生活狀態的自我敘說（李逢堅、陳彥聿，2006；陳韋樺，2008；李欣姿，2009；梅慧惠，2010）以及女性墮胎後之心理調適（陳韋樺，2008；李欣姿，2009；梅慧惠，2010；賀思瑋、吳孟純，2013）。

以下則由上述文獻中整理出墮胎青少女之墮胎成因、心路歷程及後續影響，再進一步論述針對墮胎青少女可行之處遇方式。

問題二、青少女墮胎原因、心路歷程及後續影響

一、青少女墮胎原因

Donovan（1992）針對12,575位青少年與成人瞭解他們接受人工流產的決策能力，結果顯示大部分的青少年的決策能力和成人相同。但其他研究則發現懷孕的青少年因害怕被指責，不敢與他人討論，故缺乏有關人工流

產的知識與法律認識，較易感到孤單與混淆（Stone & Waszak, 1992，引自周承珍等，2003）。國內楊美惠（1998）訪談七位未婚青少年接受人工流產術前的考量，發現其思考面向包括經濟的壓力、學業未竟的壓力、養育責任的逃避、釐清與男友的關係、害怕家人得知懷孕的事實及社會道德的規範壓力等。足見懷孕事件與是否墮胎的決定，對青少女而言皆是一場煎熬，而「墮胎」往往又是非預期懷孕下逼不得已的選擇。茲將青少女墮胎原因整理如下：

(一)個人因素

◆生理發展之成熟與認知發展之不足

多數青少年認同性行為是發洩生理需求的管道，而有「正常發洩的迷信」（胡月娟，1994；引自周承珍等，2003），但由於性知識及避孕方法的應用能力不足，再加上「個人神話」（personal fable）的認知發展特質，很多青少女認為懷孕不會發生在自己身上（Brien & Fairbairn, 1996: 101；引自楊裕仁、林婉玉，2005），卻因而比其他年齡層婦女更容易發生未預期懷孕事件，再加上並未積極尋求有效的支援系統、未經過墮胎前諮商就倉促決定墮胎，使墮胎成為青少女未預期懷孕常有的因應方式。

◆投機心態

根據楊裕仁、林婉玉（2005）針對墮胎少女進行之研究，一半以上的研究參與者在一年內會發生重複墮胎，其原因來自於「不會那麼剛好又『再度』懷孕的投機心態，因此在進行性行為的過程中不採取避孕措施，導致重蹈懷孕—墮胎的循環。

◆情感渴求

李德芬等（2004）在針對中學階段未婚懷孕少女之因應措施研究中亦指出，造成未成年少女懷孕的前五項因素，除了上述欠缺有效的避孕措施、錯誤的性知識與迷思外，亦有下列三項：(1)尋求愛與安全感；(2)成年男友的引誘與要求；(3)親子關係不佳；此三項即與情感需求有關。且部分墮胎青少女，又會因擔心墮胎經驗使其難再尋覓伴侶，因此把性當作籌碼與男友繼續交往，卻成為感情中的弱者而無法要求男友避孕，持續陷入懷孕與墮胎的恐懼中（林玲瑜，2008）。

(二)社會系統因素

◆同儕與男友

林玲瑜（2008）研究發現，墮胎往往並非由青少女一人決定，青少女通常會告知男友、親密同儕自己懷孕的事實，並與同儕、男友商討解決辦法。若男友以及同儕支持墮胎，尤其是當中若有相同墮胎經驗的同學，則更易使懷孕之青少女作出墮胎之決定。

◆家長態度

國內目前關於家人對青少女墮胎決定的影響缺乏相關研究，不過國外根據Henshaw和Kost（1992，引自李欣姿，2009）的研究，針對1,519位選擇人工流產的輕少女做問卷調查，以瞭解父母參與對青少年人工流產決定的影響，研究顯示914位（60%）青少女的父母知道女兒懷孕，其中75%的父母知道懷孕的事實是由女兒告知，且大部分支持青少女人工流產的決定；其他並非經由女兒告知而發現其懷孕的父母，則有18%的青少女表示父母強迫她們接受人工流產（引自周承珍等，2003）。可知父母面對青少女未婚懷孕的態度，通常是傾向墮胎，而青少女尚未俱備替自己做主的客觀條件，因此往往聽從或被迫遵從父母的決定而選擇墮胎。

◆社會風氣

台灣的社會文化對懷孕少女的接納程度不高，首先是對於發生婚前性行為少女的汙名化，認為發生婚前性行為的女孩是有慾望、壞、不乖、低賤。再加上如果是未婚懷孕，整個社會便不斷用丟臉、做錯事、不道德、自食惡果等批評的姿態，來懲罰這個觸犯禁忌的違規者（莊慧秋，1996；引自林玲瑜，2008）。因此就社會層面而言，若是懷孕青少女選擇生產，便必須承受周遭他人投以異樣的眼光，以及道德輿論的撻伐，選擇墮胎則可避免這些負面評斷，維持「好女性」的形象。

(三)環境因素

◆經濟與社會資源

如經濟因素不利、沒有足夠的資源系統支持青少女產子以及後續撫養，或親密對象家庭不認可這段關係與胎兒，皆會促使青少女選擇墮胎（楊美惠，1998；周承珍等，2003）。另外洪雪蓮（2009）在其研究計畫中亦發現，成長於匱乏家庭中的青少女，會因為不忍讓未來子女經歷自己一直承受的貧困、窘境而決定墮胎。

◆學校教育

校園中的諮商體系，未能發展出針對青少女懷孕所進行的諮商輔導措施。教師雖然擔負生活輔導之責，但基於優生保健之規定，往往未能給予青少女自主選擇的機會，也未能提供墮胎以外的解決管道，或陪伴青少女面對此一議題進行家族諮商，反而是經常直接或間接地鼓勵青少女選擇墮胎（楊裕仁、林婉玉，2005）。

◆父權意識形態

除上所述，亦有學者以「父權意識」看待青少女墮胎議題，例如為了留住男友而與之發生性行為（李德芬等，2004）、擔心男友因自己懷孕被提告，因此選擇不告知家人（林婉玉，2003）；或是由於本身貧窮與匱乏的處境，而使其在性別關係中處於劣勢，必須配合男方的決定（林玲瑜，2008）。

二、墮胎對青少女之影響

(一)生理影響——生理功能可能造成反覆感染（楊裕仁、林婉玉，2005）

◆器官感染

青少女可能因墮胎而深受生殖器官感染所苦，但基於文化壓力、協助管道的缺乏而未能向學校或家人求助。

◆生理機能下降

歐美研究報告指出，墮胎較容易罹患乳癌，曾墮胎的婦女未來比較不容易受孕，而且導致日後如果懷孕易出現流產或早產的情形，且流產的機率比一般婦女高。

(二)心理影響——鬱悶、恐懼、孤單失落、空虛

◆擔心影響未來的生育能力，鬱悶的情緒無處傾訴

李逢堅、陳彥聿（2006）研究指出，青少女墮胎之後，多數會立即產生罪惡感與愧疚感，主要來自對胎兒、家人的虧欠，同時也有悲傷、生氣、自責等情緒彼此交錯融合的狀態，讓青少女的生活陷入低潮，負面情緒較為顯著，又稱為「墮胎後遺症」。

◆墮胎過程造成恐懼陰影

研究發現，不論採用外科或是內科手術，皆因墮胎過程不被他人認可，青少女不瞭解墮胎過程中可能出現的生理變化，而產生害怕、驚懼的情緒。接受外科手術的青少女，亦會擔心上手術台時隱私暴露；接受內科方法墮胎的青少女，則是在看到下體大量出血時產生驚嚇、無助的慌亂情緒（楊裕仁、林婉玉，2005）。而選擇流產的青少女會有短暫或數月或數年不等的罪惡感及憂鬱，負向心理感受會隨著個人流產次數的增加而增加（Byers, 2000；引自林玲瑜，2008）。

◆獨自面對墮胎過程的孤單失落

面對難熬的墮胎歷程，青少女雖不敢或不願意讓家人發現墮胎，但是在墮胎歷程中，卻最希望母親或家人陪伴。然而青少女卻往往不敢說出自己需要他人陪伴的需求而需獨自一人孤單面對（楊裕仁、林婉玉，2005）。

◆無以言說的空虛感

黎小娟、陳玉玲（2003）等研究以藥物流產法進行墮胎的婦女，發現出血過程會造成女性的空虛感，雖然醫生告知與月事來潮差不多，但女性仍能清楚感受到生命在體內一點一滴地消逝。

上述的「不敢說」，代表了已認定自己的行為不被認同、接納，而墮

胎後「無以言說的空虛感」，亦對應到青少女心理層面的空虛失落，在這樣隱藏感受、沉默無援的狀況，將影響到青少女對個人自我價值之認定。

(三)生命歷程影響——親密關係與個人價值受到衝擊

◆對親密關係之影響

墮胎事件若未處理得宜，對青少女未來親密關係之影響包含兩性交往、婚姻關係及家庭動力等層面。李逢堅、陳彥聿（2006）及林玲瑜（2008）之研究即指出，墮胎對青少女發展親密關係之影響為——輕者因害怕懷孕而要求避孕，或排斥再度發生性行為；重者憎恨男友，或對愛情的期待有所幻滅，更有青少女因擔心墮胎經驗使其難再尋覓伴侶，因此把性當作籌碼與男友繼續交往，卻成為感情中的弱者無法要求男友避孕，導致重複懷孕、重複墮胎的惡性循環。

就婚姻關係而言，Franz等研究者指出，青少年期曾經墮胎的婦女罪惡感及焦慮感較為嚴重，婚姻遭遇困難的可能性較大（Franz et. al., 1990；引自楊裕仁、林婉玉，2005），且由於缺乏抒發鬱悶的情緒管道，混亂的情緒干擾到生活適應的能力，更影響青少女對情感與婚姻的認知，如擔心未來的家庭會在意自己的墮胎經驗、害怕接受新的感情、不想結婚，甚至害怕嬰靈報復而不敢再生小孩（楊裕仁、林婉玉，2005）。

在家庭動力上，Bright（1987）則指出青少年在面對周產期的失落，較依賴母親的青少女容易再度懷孕以證明自己與成人是相同的，以減少失落感，這樣的結果常造成母親因為女兒（表象的）獨立加速而產生問題，導致青少女可能無法在未來與孩子有很好的連結，而持續其與孩子間的衝突（周承珍等，2003）。

◆對個人價值之衝擊

如唐敏（1990）在談論人工流產時就曾提到，從「女人必須貞潔」的道德觀點念來看，墮胎女性常被輕蔑的認為是「破鞋」，因此青少女在經歷過墮胎經驗後，亦傾向將此一經驗視為不可告人的祕密，選擇默默承受殺害生命的指責，並反身以負面評價論定自己，形成自己不再是「好女人」的自我意象（林玲瑜，2008）。

(四)靈性觀點——愧疚感、罪惡感

「靈性」指的是對生命價值所堅持的信念或信仰（杜明勳，2003），涉及一個人在各個層面上的悅納與統合（黃惠貞、姜逸群，2006），並影響個人與周遭世界的關係。青少女在經歷墮胎事件時，會出現「明明不會冷，身體卻莫名的不斷發抖」的經驗，或是感受到生命的脆弱以及自己輕易扼殺生命的殘忍（楊裕仁、林婉玉，2005）。

上述不明所以地顫抖、對生命脆弱的體悟，皆來自青少女面對生命即將在自己體內消失的生命，而感到的愧疚與罪惡感，帶著這樣深刻的感受持續生活，容易使青少女對於個人存在價值與意義產生困惑，影響其對自我的悅納與統合。

(五)社會層面影響

由於目前社會對未婚懷孕仍存有負面評價，故他們常常被社會跟家庭所孤立，其本身亦不願參加團體活動，以致在遭受困難時不會主動尋求協助，自己與家人關係疏離或在人際交往中傾向封閉退縮，如楊裕仁、林婉玉訪談青少女新生如下：

1.因心藏祕密與家人關係疏遠：不論與父母感情親疏如何，皆不敢告知父母自己懷孕的事實，而是尋求同儕好友協助。

2.與同儕人際互動關係變差，和男友的感情也發生變化，害怕接受新感情；也可能自同儕關係中退縮，將自己完全隔離，還容易發生行為偏差、學校適應困難（Franz, et. al., 1990；引自楊裕仁、林婉玉，2005）。

(六)正向影響

在經歷墮胎事件之後，痛定思痛，有的人開始檢視與男友的感情，調整與男友的交往態度；有的人發現父母對她的愛，開始加入家庭的活動，逐漸敞開心胸和家人分享心事，感覺心情更為順暢。

從上述文獻整理可知，墮胎事件對青少女所造成的影響似乎仍是負多於正。對青少女而言，「墮胎」更並非是事件的中止，青少女必須開始面對生命的存活與死亡，尤其是這樣的生命更是孕育自自己的體內，與自己有著最緊密的聯繫。因此，青少女在選擇墮胎後，往往有許多自責、憤怒甚至悲傷的情緒，卻在社會風氣與道德評價下，為周遭旁人所忽略。以下即從「剝奪性悲傷」之觀點，理解青少女墮胎所經歷的喪慟經驗，並思考如何因應青少女墮胎後的悲傷處遇（李欣姿，2009）。

問題三、剝奪性悲傷經驗之諮商輔導

「當個體經驗失落的悲傷無法被認知、公開哀悼或得到社會的支持時，稱為悲傷剝奪。」（Doka, 1989；引自李玉嬋，2012）前文之研究便指出未婚青少女墮胎的失落應是一種剝奪性悲傷，因為不論是自己選擇或是環境因素都必須獨自承擔，但是被照顧之需求卻因為年輕、未婚、未預期懷孕而被忽略（Wheeler & Austin, 2001，引自楊裕仁、林婉玉，2005），導致心有悲傷卻說不出口、情緒負荷沉重卻須假裝一切如常。以下整理李玉嬋（2012）、林綺雲（2002）、楊裕仁、林婉玉（2005）之研究，將剝奪性悲傷之形成原因、形式及處遇方式整理如下：

一、剝奪性悲傷的形成原因：往往是特有的文化脈絡所致

從社會規範的角度來看，自有一套約束體系來處理死亡，它允許某些特定的人，在某些時間、地點，以某種方式來哀悼死亡；亦即認定了「誰合法為誰哀悼」的體制。當失落事件發生，這些悲傷法則不但是個體如何表現，也包括如何感覺和思考。李佩怡即指出，社會上有許多失落事件並未被認定為重要，例如：流產、胎死腹中、死產、人工流產等，彼等不但沒有公開儀式來悼念，也沒有相關社會支持給予此類失落經驗者。擁有這些失落經驗者，多半只能由自己承受或形成另類。顏素卿指出悲傷剝奪的結果可能衍生後續的心理問題，包括強化負面情緒（例如憤怒、罪惡感或無力感）、矛盾的情感，甚至產生更大的生活危機。

二、剝奪性悲傷的形式

剝奪性悲傷可區分為五種形式（Doka, 1989），茲列出顏素卿（2004）整理出的此五種形式（**表9-1**），並以上述文獻之墮胎青少女為例列舉於後，以便於進一步瞭解墮胎青少女所經歷的悲傷及被剝奪方式。

表9-1　剝奪性悲傷形式

剝奪類型	定義	以青少女悲傷剝奪經驗為例
關係不被認可	人們對親密關係的認定，通常只存在於家庭親屬之中，雖然戀人、朋友、照顧者等，也可能和死者有長期頻繁的互動關係，但這種非親屬的親密關係，通常不被瞭解或察覺。	如青少女與體內胎兒共依存的親密關係，在社會規範的壓力下不易說出口。
失落事件不被認可	有些不被人們認可的重大失落事件，例如：產期的胎死或墮胎等，仍然可能引發當事人的悲傷。	青少女往往被認定為尚有其發展任務（如求學），墮胎過後就應快速投入常軌生活，因此墮胎事件不被認為對青少女造成深刻影響，旁人亦無法理解青少女經歷的失落。
悲傷者被排除	非常年老者、年幼者，以及身心障礙或心理疾病患者，常被認定為沒有悲傷的能力，因此被排除在悲傷議題與儀式之外。	墮胎對青少女而言是「解決了問題」，因此不應當有悲傷情緒。
死亡形式不被認可	AIDS或自殺者遺族通常感到被汙名化，因此在與他人分享失落經驗時，必須謹慎小心，這可能會令遺族感到諸如被隔離、指責或令人不舒服的好奇反應。	經人工流產的胎兒其「死亡」不被一般社會大眾所認可，因此胎兒也被隔離在祭祀、哀悼的儀式之外，青少女只能偷偷跟死去的胎兒講話，或私下舉行祭祀儀式。
個體表達悲傷的方式	有人以直覺的方式、深刻的情感表達悲傷；有人則以行為的工具理性表達悲傷。若是女人在男性居多的團體裡，以諮商團體分享宣洩悲傷的互動形式，幾乎就是剝奪習於以工具性悲傷的男性，以自己的方式因應悲傷。	如青少女僅能在夜深人靜時，與胎兒的超音波相片說話，在墮胎週年的日子暗中祭拜胎兒，或將胎兒托付給已逝的親人、朋友及家中的神明與祖先，期待能在夢中和胎兒相見（引自楊裕仁、林婉玉，2005）。

資料來源：顏素卿（2004）。

三、針對失落哀傷進行的處遇

近年來學界對於悲傷輔導的重點有些改變，從過去協助人「克服悲傷」，走向強調「人有悲傷的權利」，這些權利如下（林綺雲，2002）：

1.有權對悲傷有特定的感受。
2.有權傾訴自己的悲傷。
3.有權用自己的方式表達。
4.有權請求幫忙。
5.有權對每天正常發生的問題感到沮喪。
6.有權非預期地感到悲傷。
7.有權嘗試描述死者為何死亡。
8.有權用信仰來處理悲傷。
9.有權想念或說出懷念的人。
10.有權與悲傷長期共處，直到「痊癒」。

因此Niemeyer（2001）認為輔導一個有失落經驗的人，使之恢復的並不是原來的生活秩序，而是重新建構一個包容甚至充滿悲傷情緒的新生活秩序；所以悲傷本身就是一種意義建構的過程。面對被剝奪悲傷權利的這一群失去胎兒的孕母，首先要賦予她們悲傷的權利，讓她們有機會正視失落、公開表達悲傷、用個人的方式或信仰來處理悲傷，那麼她就有機會找回生命動力，走出另一番新生活來。

問題四、「華人心靈家族排列」在青少女墮胎議題上之應用

華人心靈家族排列屬於一種靈性介入的治療方式。靈性是個人內在及宇宙本質最深層而直接的接軌，能使當事人對原先的「世間我」產生「心靈我」之覺察，而達到人格面向的統合，致使個人與世間的互動不再有內在價值與認定上的衝突（蔡淳慧，2012）。

從前述文獻之探討可以得知，「墮胎」對青少女而言是一件重大的生命失落事件，然而一般人看待青少女墮胎議題時，多把焦點著重在其身、心調適，而忽略靈性層面的影響，亦即從墮胎經驗所造成的羞愧感，以及進一步衍生出的生命匱乏感。此外，青少女未婚懷孕、墮胎抉擇又往往與其家庭經驗有關，若能在墮胎歷程中，重新使青少女對生命意義擁有更為豁達正向的觀點，對存在價值有更肯定的認知，並且與家人建立更深入信任的關係，不論是對青少女或家庭，都有正面的影響。以下以蔡淳慧（2012）、朱貞惠（2011）之研究論文為主軸，探究華人家族心靈排列團體在墮胎青少女議題上之可行性。

一、家族排列簡介

家族系統排列（Family Systemic Constellation）為德國心理學家海寧格自創的一種家族治療方式，海寧格（2006）定義其家族系統排列中代表的移動為靈性的移動，意味著藉由移動產生家族間新的平衡秩序，是靈魂想要和解與平衡的象徵。在看待家庭與心理問題時，海寧格（2001）認為這兩個層面皆與家庭系統平衡與否有關，若系統失衡代表家庭秩序亦失衡，而擾亂家庭系統最常見的一種動力就是「擁有家庭成員資格的人被排除在外」（如墮胎），此時透過治療師的介入，讓隱藏在背後造成失橫的動力浮現，使靈魂得以回到正確的位置，家庭問題或個人未竟事務就可以得到解決。

華人家族心靈排列（Chinese Family Spiritual Constellations）則是由何長珠融合海寧格主要的概念與自身心理學背景及靜坐學佛經驗所提出之家族治療方法。以何長珠教授帶領的華人家庭排列經驗中發現，影響華人靈魂層面的集體文化中，有三個議題會讓華人家族系統處於失衡的狀態，此三個議題都和系統中的每個人是否受到同等重視及公平對待有關，其中一個重要議題即是「墮胎、夭折與流產」。何氏認為人的問題受到家族影響，而此影響可能來自於祖先或死去親人的不安寧，或是來自各人業力所致，在此脈絡下逐漸形成更貼近華人心靈之靈性療癒模式。**表9-2**為華家族人心靈排列方式（蔡淳慧整理，2012）。

表9-2　華人家族心靈排列步驟

	做法	理論效果
排列前	1.帶領一小段靜心或是對光的觀想	靜心能夠讓參與者在一個平靜中立的狀態下開始排列。觀「光」的意義在於排列的過程中，所接觸到的都是靈魂的議題，靈魂的議題可能有大有小，靈魂的感受可能很強烈很激動。對光的觀想可以啟動自身的保護機學，藉著對自身能量場的觀光與結界，讓團體更有能力完成該次之家族排列
	2.自畫像的應用	當事人在排列前先畫出目前的存在狀態，或是畫出家庭成員間的相處情形。經過分析之後，可以幫助治療師及當事人更深入的看到問題的所在
	3.家庭動力圖	家庭動力圖的繪製可以幫助瞭解當事人的家庭動力，如是否出現逾越狀態（孩子代替了父母的角色，如小媽媽等）等有意義的資料。家庭動力圖也可以協助決定參加排列之家族成員為何，因為一個人的問題來源有可能是父方系統也可能是母方系統
排列中	1.當事人父母進入	藉由父母的位置可以先判斷出整個家庭的動力結構，並與家庭動力圖做比較
	2.孩子進入	透過場內成員的移動，進一步確認家庭動力與問題來源
	3.問題成員進入	再一次排除或確認造成系統失衡的原因
	4.業或原因代表進入	問題若是屬於家族或個人業力，透過業力代表的進入可以在排列中進行和解的動作
排列後	1.分享並評做改善程度	排列後的分享可以讓當事人有機會瞭解家庭成員及問題的瞭解。並讓團體參與者連結反思自身的問題，協助成員跳脫原有思維模式及框架
	2.追蹤效果	排列後的一個月內請當事人先不要討論排列內容，讓靈魂移動的效果慢慢發酵。接著請當事人填寫過程紀錄表及評估家庭動力改善狀況，以利後續追蹤研究

資料來源：蔡淳慧（2012）。

二、從家族排列看墮胎議題

由於青少女懷孕事件，使青少女實際上在家庭中的位置由「孩子」轉變為「母親」，而親少女之父母便隨之成為「祖父母」。然而墮胎卻形成家族中各種相關位置的游移不定。因此這樣的位置移轉造成家庭動力的懸置，關係上的衝突、疏離與莫名的情緒牽動便也應運而生。而從靈魂系統

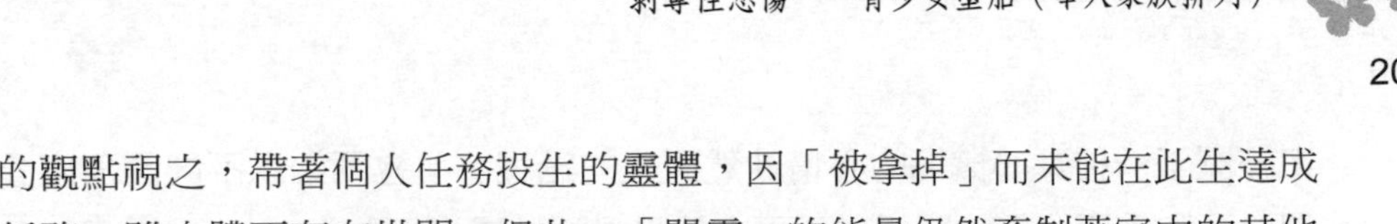

的觀點視之，帶著個人任務投生的靈體，因「被拿掉」而未能在此生達成任務，雖肉體不存在世間，但此一「嬰靈」的能量仍然牽制著家中的其他成員，而影響生母與未來的手足，甚至形成家族中必須共同承擔、面對的議題。

何長珠（2013）即針對就上述靈魂問題對個案所產生的影響，得出四種「嬰靈性格類型」，以及此四種性格形成的現象：

1.茫然、不知道自己已死：影響是嬰靈會跟著媽媽，讓當事人易有憂鬱無力感，若嬰靈跟著兄弟姊妹，則活著的手足可能感覺怪怪的或甚至可感覺有東西在旁邊。

2.憤怒、知道自己已死：嬰靈可能怨恨手足中之某一人，不明白為何自己需死而對方卻能存活。其具體影響可能為：

(1)欺負手足：此手足容易感覺生活不順、常易被同儕欺負。

(2)讓手足認同嬰靈：該手足容易表現出反叛父母之言行。

3.依附型：在情感上仍依附、黏膩於母親，導致母親可能終身懷念這個孩子甚至變成憂鬱狀態或相對忽略對其他孩子的應有關照，認同此類型之手足常易有高度分離焦慮之現象。

4.有緣無份或有修行者：來和媽媽結緣一下就走了（如流產）不會有負面影響。（引自蔡淳慧，2012）

三、家族排列對當事人之療效

就蔡淳慧之研究發現，參與華人家族心靈排列能產生下列療效：

(一)向內開展、探尋自我

在華人家族心靈排列中，團體的參與者常有機會透過扮演不同的代表，深刻地體會到被扮演的那位家族成員的感受及想法。每一次的扮演其實都是一次自我覺察及自我成長的機會，因為透過分享扮演角色的感受，及之後的自我省思，可以發現每個人都是用自己的角度在理解事情。當個案經歷了一種真心懺悔的心情油然而生的過程，便會開始以不同的角度詮釋自己和重要他人的關係，不再向外尋求彌補或責怪他人。

(二)向外締結、肯定自我

參與者感到自己與重要關係人間能有一個清楚的界限，而非病態化的依附關係。界限的產生使自己得以較為包容、客觀的觀點理解對方，給予對方真正的接納與愛，並透過誦經與迴向祝福對方。

(三)向上超越

透過家排使個案更為尊重生命的價值，希望沒有生命再被犧牲。參與家排的個案開始不再自責，而是能接受自己與孩子的命運，接納的同時，過往的負面情緒也就不再出來，而感到自己「能夠走得過去」，甚至夢見自己已然重生，擁有新的人生目標。

統整上述參與團體者的改變歷程看來，華人家族心靈排列適用於墮胎青少女之療癒因子如下，而這些功能都與前面林綺雲所提的悲傷復原之十種權利息息相關，更可進一步確認華人家族心靈排列對悲傷療育上，具有多種功效。

1.提供青少女（或成年女性）述說哀傷失落的空間。
2.提供青少女（或成年女性）面對墮胎事件與胎兒靈魂對話道歉之機會。
3.使青少女（或成年女性）的感受與心聲得以被家人（通常是與墮胎流產夭折前後生序的手足）之理解、認同與支持。
4.使死去的胎兒因為能得到家族的認可或處置（如納入牌位等做法）而得以恢復平靜安寧（影響力及於尚存但受其影響之手足）。
5.使家庭成員看到彼此的需求（嬰靈系統之影響及於父母雙方之早夭手足或婚前墮胎），並回到適當的角色位置上。
6.互動方式。
7.從對靈魂的尊重，回歸到對他人以及對自己的尊重。

實　務

家族心靈排列——墮胎與手足死亡悲傷輔導（輔導案例）（曾應鐘）

一、背景資料

個案的大妹因情自殺，個案的內兄因病早逝（四十二歲）；太太曾經兩度墮胎。

二、目前的主要問題

1.兒子有習慣性的飲酒。
2.女兒愛反抗，導致內人易生氣。
3.二弟罹患癌末期，母親骨折未癒。

三、家庭圖

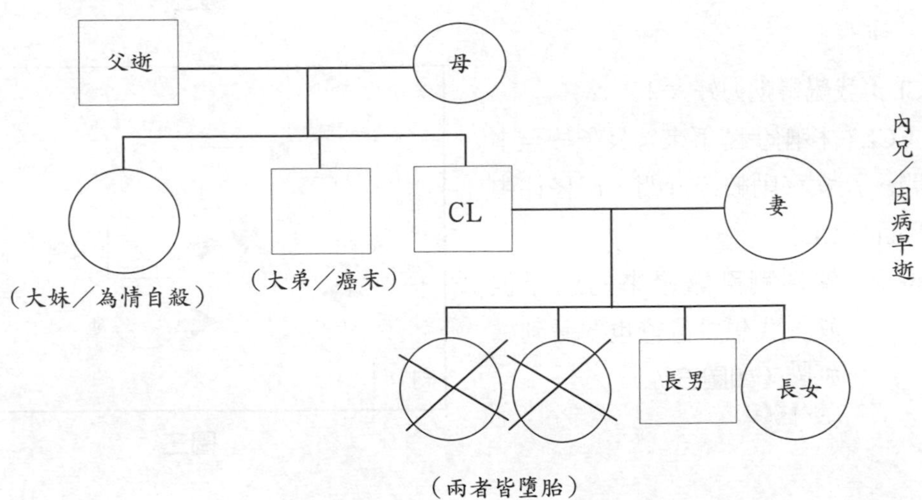

四、排列過程

（排列位置如**圖一**箭頭方向所示）

師：請四位把眼睛閉起來，做三次自然的呼吸，進入你所代表的角色，到有感覺時才開始移動。

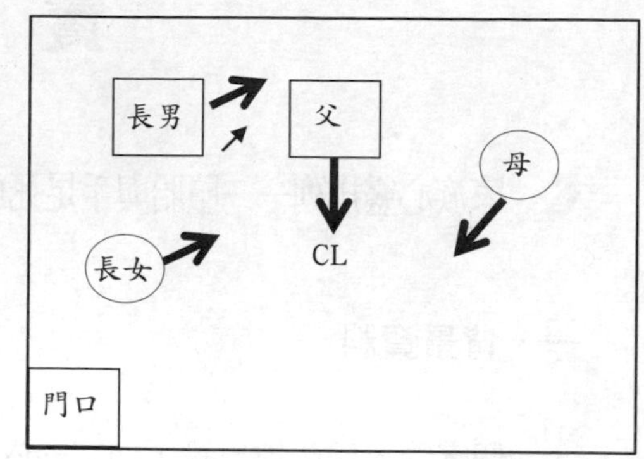

圖一

（長子面對父親CL，母背向門移動，長女向父親移動並排，父親向中移動如**圖二**）

長女：我一直想靠近爸爸，但爸爸眼中好像只有弟弟。

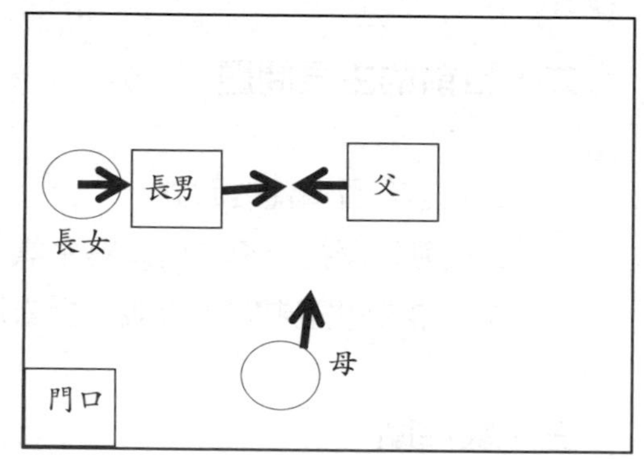

圖二

CL：我覺得壓力好大！

（CL右移兩步蹲下來，長子移至中間，長女移動較接近門，母移往中間面對CL）

長子：媽媽剛剛靠過來的感覺很好，我想看爸爸也要看到媽媽。（如**圖三**）

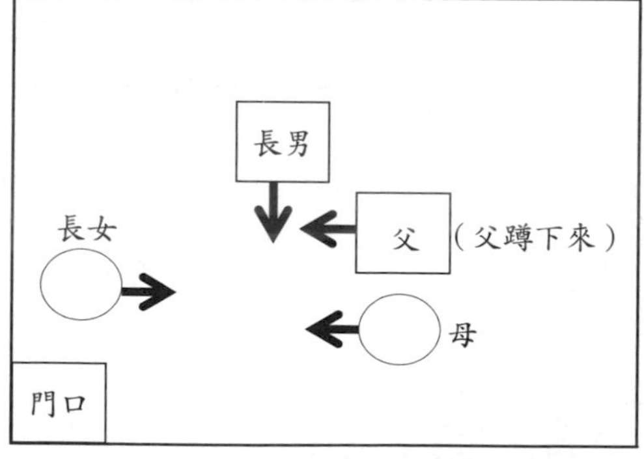

圖三

第一場：處理墮胎孩子對家庭動力之潛意識影響

◆墮胎一處理狀態

師：讓墮胎的孩子代表進場。

母：老師，我好像常擺盪在他們兩個之間。

師：妳是第一個墮胎的，請妳進來找一個位子站！（墮胎一：面對父母兄）

師：先閉著眼睛做三次深呼吸，因為妳生下來會有難所以才墮胎並非得已！（母速後退，長女接近墮胎一，墮胎一向前）（如**圖四**）

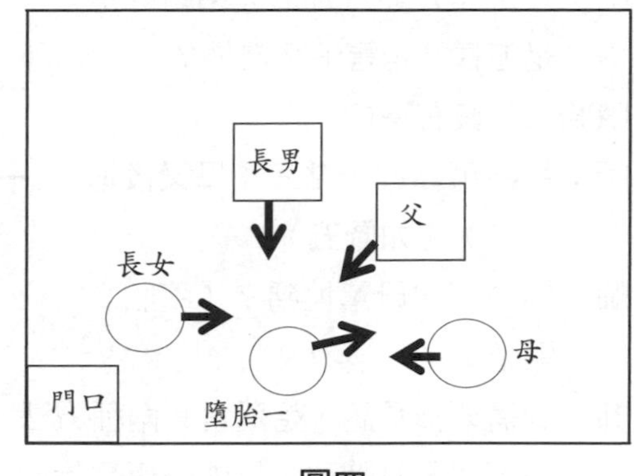

圖四

母：很強烈想要退出去的感覺。

師：是怕她？還是恨她？還是喜歡她？

母：我覺得有點怕。

師：請問墮胎的人，妳有沒有感覺？

墮胎一：有想要靠近。

師：妳往前走一步靠近媽媽！

師：是誰主張墮胎的？

CL：應該是醫生的建議，認為胎兒有問題，忍痛不得已把妳拿掉，對不起。

墮胎一：剛開始我想問為什麼不要我，經過解釋我可以接受了。

師：妳希望妳的父母好好照顧活著的孩子，妳已經原諒他們了？

墮胎一：是。

◆墮胎二處理狀態

CL：墮胎二是太太跟我商量後的決定。

（墮胎二移向兄姐面前，母又右移一步，長子亦右移一退步表示有壓力）

師：妳是想要靠近妳的兄弟姐妹還是怎樣？是害怕？還是？

墮胎二：沒有害怕。

師：那妳再靠近一點。（母又後退一步）（如**圖五**）

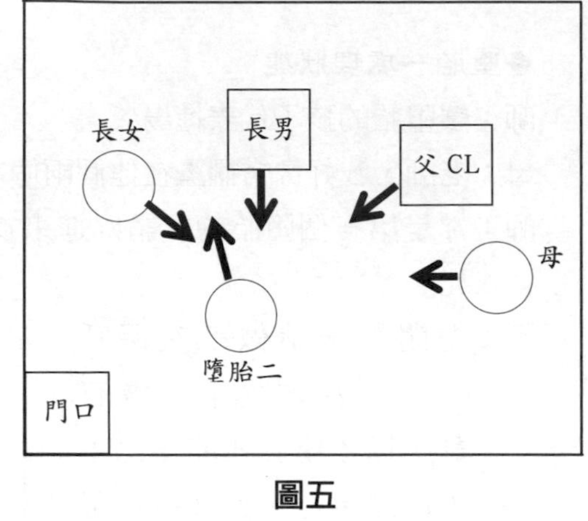

圖五

師：妳希望父母幫忙嗎？（墮胎二點頭）

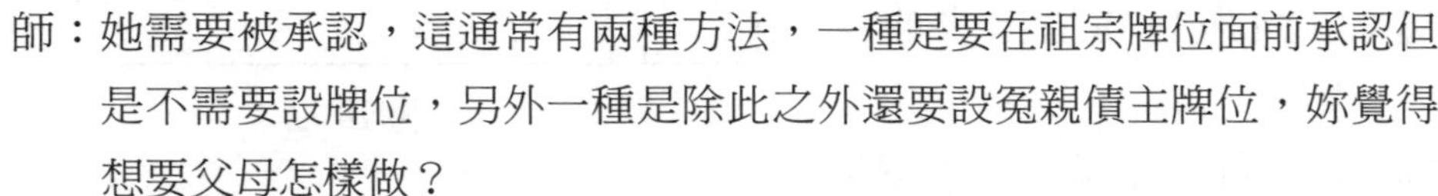

師：她需要被承認，這通常有兩種方法，一種是要在祖宗牌位面前承認但是不需要設牌位，另外一種是除此之外還要設冤親債主牌位，妳覺得想要父母怎樣做？

墮胎二：第二種立場。（此時長子退到母身後，左手並搭在母肩上）

師：父母願意答應嗎？（長女撫著墮胎二的肩）（如**圖六**）

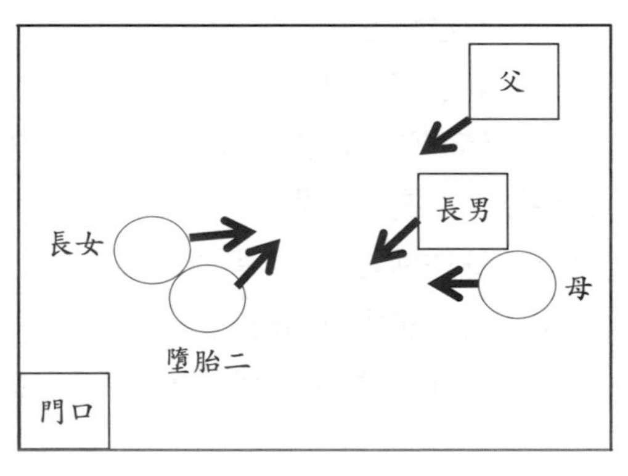

圖六

母：原本我的心裡是比較傾向第一種，就是在祖先的面前承認妳的存在，但是哥哥給我助力之後我也可以接受。我想可能需要在家裡面再討論一下，沒有意見的話我們就這樣做。

CL：只要覺得好就好了，我只是想知道太太的想法，既然太太接受我也可以接受。

師：請你們正面的告訴她，答應她設立怨親債主的牌位，希望妳能夠有更好的未來，也請妳祝福哥哥和姐姐。

Cl：我們答應妳為妳設立一個怨親債主的牌位！（長子撫著墮胎二的肩）希望妳能好，我們沒有忘記。

母：妳一直在我們心裡面，永遠不會忘妳是我的女兒。

師：請問墮胎二這樣可以嗎？

墮胎二：可以。

師：請妳鞠躬離開。

墮胎二：我可以跟姐姐講話嗎？

師：可以。

墮胎二：我覺得姐姐很可憐，我希望姐姐自己要勇敢繼續努力（母接近墮胎二，墮胎二向每人鞠躬離開）（如**圖七**）

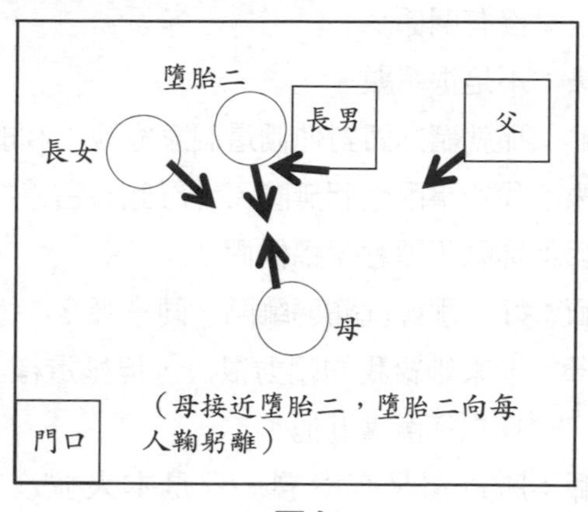

圖七

第二場：開始處理CL夫妻原生家庭中之問題

師：現在可以再加兩個人（依據家庭圖資料），找一位代表你十幾年前自殺的妹妹。

師：怡X代表的是CL的妹妹（母後移，CL右移面對妹妹，長子走入中間又退回原位，母回到角落）（如**圖八**）。

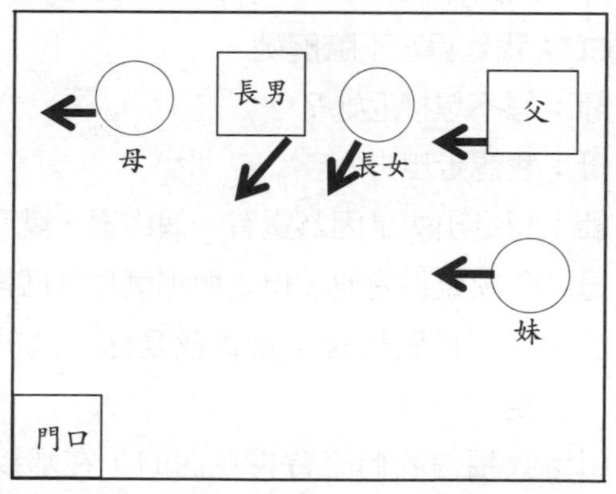

圖八

母：我想走出去。

師：好，妳就走走看。

母：走出來有輕鬆的感覺。（長子亦走向門邊）

CL：我希望老婆可以在我身邊。（母再度退回家中之場域中）

師：妹妹講一下話，妳跟這個家的誰有關係嗎？

妹：（自殺者）我覺得頭好暈喔！

師：妳可以坐下來或蹲下來。妳只要幫助我們分辨妳跟這個弟弟之間還有沒有關係？

妹：不是很明顯。

師：那就請妳面對他們這個家庭說：我的事跟你們無關。

妹：我的事跟你們無關。（母此時右移接近CL）

師：妳願不願意祝福他們？

師：好！那妳就鞠躬離開。同意嗎？

母：本來她給我的壓力很大，但她這樣講之後，我就很想跟先生道歉，並且想逐漸靠近他。

師：所以還是有影響，只是本人並沒有那個意思要影響你們。請問你（CL）現在的感覺有沒有好一點？

CL：剛她講的時候，我覺得為什麼到現在還是這樣想。

師：所以你跟她有關或她跟你有關，請你面向她說：我尊重妳的命運！

CL：（面向妹妹鞠躬說）我尊重妳的命運！

師：回到你們的家庭。你跟太太怎麼回事？

CL：我覺得我不瞭解她。

師：想不想接近她？

母：我想走出去。

師：想走出去是因為還有一個亡靈，就是她哥哥——內兄還沒處理。

母：我感覺很愛他，但是他那麼早就離開了，讓我捨不得！

師：妳可以跟他說：哥哥我愛你，真的很愛你，但是我知道我將來也會走。

母：我相信我們終會再見面的，在那以前你在我心中有一個很重要的地

位，我們記得你，你也要記得我（擁抱）。（如**圖九**）

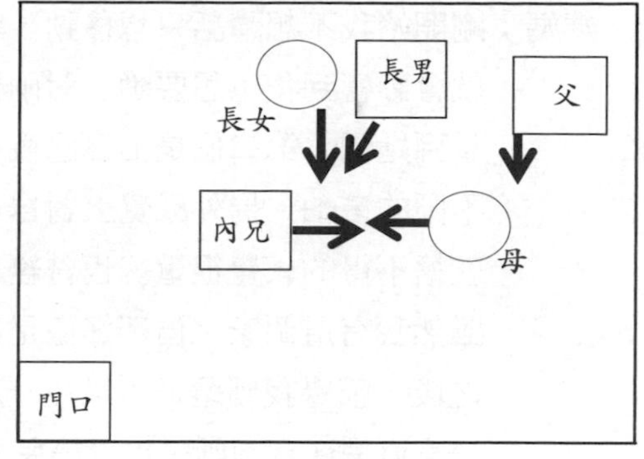

圖九

師：你要對她說什麼話嗎？

內兄：沒有什麼壓力，很平靜的。

師：這個妹妹可以靠著你，都不想離開你。

內兄：其實我覺得妹妹是可以獨立的。

師：但是她在靈魂上依賴你，可能妨礙了她人間的生活，你要怎麼辦？

內兄：雖然哥哥很早就離開妳了，不過在另一個世界我覺得自己很平靜。

母：我捨不得你，可是我們還是要分手，你要保重。

兄：你也要好好的加油，我將祝福帶給妳。

（內兄退場後，母開始能走向CL、長子、長女）

CL：（對太太說）我在妳身邊，妳可以依賴我（母女擁抱，長子扶母，長女牽CL手接近母親）。我要謝謝女兒，因為妳總是很體貼我們，雖然妳不住家裡其實很掛念家，不希望我們一直給妳帶來這麼大的包袱！

師：希望妳能更為自己而活！

（當事人進場與家庭成員相擁，母要大家加油，不要擔心）

女兒：爸爸我愛你。

CL：爸爸也愛妳，弟弟（長子）要少喝酒。

師：謝謝你們，請大家圍成圈子進行分享。

◆排後分享

師：請大家回想剛剛扮演過的角色，講講自己的感想。

墮胎一：我覺得我很想靠近媽媽，覺得她很可憐，很想靠近、安慰她。

墮胎二：我的感覺是她不太想靠近我；開始沒說原因的時候，心裡一直想：為什麼不要我，是不是不愛我？

媽媽：剛開始我不想講話只想移動，就是這個家裡面只要有人動，無形中就會影響到我也想要動。對兩個墮胎孩子我是有點怕，第一個是怕看到她們，第二個是怕自己沒有能力處理，有兩個有不同的擔心和不同的害怕。另外感覺上對自己哥哥的感情好像很深，哥哥一出現就捨不得的感覺很重。也曾經有一度自己覺得蠻孤單的站在角落，雖然我有這個家，但卻好像是獨自一個人似的。不過經過問題處理之後，感覺我們還是可以在一起的！對女兒有點不好意思——因為一直沒去注意到她，也覺得兒子應該要好好再加油！

但是我覺得搞不懂為什麼自己一直想動（不斷移動代表靈魂不安也就是焦慮）？雖然背對著他們，但只要有人進入這個圈子，我就想動，不動都不可以、不動就會想搖擺。其實自己很關心這個家，但到最後才覺得我們就是一家人。

內兄：我扮演哥哥，一進來就感覺壓力很大但心裡其實是平靜的。感覺上妹妹在我離開之後就非常孤單很依賴，好像是沒有走出傷痛的事實。退出這個家之後，壓力頓時不見了。

姐姐：（代表CL的女兒）我在這個家庭裡面，好像是一個旁觀者的角度。因此就常靠在爸爸的左後方或右後方，想要跟弟弟並肩（並肩代表立場一致或合作），對媽媽反而有些憤怒。剛開始不知道憤怒什麼，等到第一個亡靈進來的時候就知道憤怒是什麼了，是憤怒媽媽把她拿掉！我可以感受她的悲哀，她變成我心裡面很大的掛礙，結束時我心裡面才比較好過；可是等到第二個亡靈來的時候我又更生氣，媽媽怎麼又這樣子，這個事情好煩喔！不要跟我有任何關係！所以我就躲到旁邊去。妹妹（墮胎二）要靠近我的時候我其實很願意接納她，然後等到爸爸媽媽願意承認她的時候，我才真正舒服了。

最後看到媽媽好像眼睛有看到我了，然後我才願意抱她。那時我就知道，我雖然是個旁觀者，但是，這個家裡面眼睛裡是有我的，我不是外人，我還是這裡的家人，有「回家」的感覺，有跟家人重新連絡的感覺。

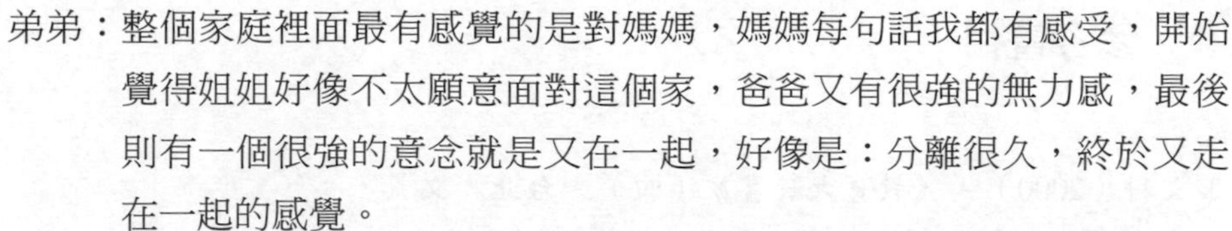

弟弟：整個家庭裡面最有感覺的是對媽媽，媽媽每句話我都有感受，開始覺得姐姐好像不太願意面對這個家，爸爸又有很強的無力感，最後則有一個很強的意念就是又在一起，好像是：分離很久，終於又走在一起的感覺。

媽媽：我覺得我是受到已逝哥哥的影響，先生則受到已逝妹妹的影響，因而不知不覺中影響了我們夫妻的感情，今天才知道：為什麼以前總覺得彼此之間有種說不出的隔閡。

師：這是今天的標題，現在發現：手足死亡悲傷（同一代或上一代）的影響真的很大。

CL：她哥哥來的時候我會忌嫉，太太一動我就會焦慮。我一直覺得我可以當家裡的支柱跟重心，愛所有的人，請大家相信我，但我不知道該怎麼做。然後妹妹來的時候我覺得很熱，還是很在乎妹妹，但是妹妹的個性怎麼還是跟以前一樣這麼的倔強？我也覺得自己把對兩個墮胎小孩的期望，投射到女兒的身上來，反而不知道怎麼去愛這個女兒，常常都想說妳這個人怎麼總是一直跑走開，會有不自覺的焦慮。

◆排列後的改變（三個月後追蹤訪談之發現）

兒子變得比較喜歡主動講話，喝酒的習慣雖然改變不多，但似乎在減量中。

女兒主動告訴我，她覺得自己變乖了，與母親的溝通也比較沒有鬥氣與對立。

（請參考前面提及的活著的手足對死去手足的認同議題之影響）

參考書目

王文科（2000）。《教育大辭書》（四）。台北：文景。

朱貞惠（2010）。《從家族治療的觀點來探討家族系統排列之內涵——以華人家族心靈排列為例》。國立嘉義大學輔導與諮商學系研究所碩士論文。

何長珠（2013）。《南華大學生死學研究所課堂資料——悲傷輔導與表達性藝術治療》（2013/9/18-2014/1/6）。

李玉嬋（2012）。〈特殊形式與被剝奪的悲傷反應與咨商實務工作—以失去胎兒的孕母悲傷〉。《導引悲傷能量手冊》，頁241-257。台北：張老師。

李欣姿（2010）。《未成年墮胎經驗對成年前期女性親密關係之影響》。國立台南大學諮商與輔導系碩士論文，未出版。

李美遠（2009）。〈宗教、靈性與心理健康〉。《諮商與輔導》，286，2-8。

李逢堅、陳彥聿（2006）。〈青少女墮胎經驗之研究〉。《台灣性學學刊》，12(1)，25-40。

李碧娥（1998）。《未婚女性於第一孕期施行人工流產手術的經驗歷程與照護需求》。高雄醫學院護理學研究所碩士論文。

李碧娥、楊玉娥（2002）。〈未婚女性接受人工流產前後的照護需求〉。《護理雜誌》，49(2)，51-58。

李德芬、周才忠、林美珍、陳嘉鳳（2004）。〈青少女懷孕對其生理、心理社會之衝擊〉。《台灣性學學刊》，10(2)，93-109。

杜明勳（2003）。〈談靈性〉。《護理雜誌》，50(1)，81-85。

周承珍、李從業、劉盈君（2003）。〈青少年與人工流產〉。《護理雜誌》，50(4)，65-70。

林玲瑜（2008）。《女性非預期懷孕及人工流產之身體經驗》。國立屏東教育大學教育學系碩士論文。

林婉玉（2003）。《未婚青少女學生墮胎的相關照護需求之探討》。南華大學生死學研究所碩士論文。

洪雪蓮（2009/8/21）。〈我所知道的青少女墮胎〉。女流網誌：http://nuliu.wordpress.com/2009/08/21/%E7%AC%AC53%E6%9C%9F%E6%96%87%E7%AB%A0%E9%81%B8%E8%AE%80%EF%BC%9A%E6%88%91%E6%89%80%E7%9F%A5%E7%9A%84%E9%9D%92%E5%B0%91%E5%A5%B3%E5%A2%AE%E8%83%8E

張春興編（1991）。《張氏心理學辭典》。台北：東華。
張美鶴（2002）。《墮胎與生育、非期望懷孕與期望懷孕、及重複懷孕與初次懷孕在未成年少女中間之比較》。國立成功大學公共衛生研究所碩士論文。
梅憙惠（2010）。《未婚女性非預期懷孕與人工流產之心理調適》。國立暨南國立大學輔導諮商研究所碩士論文。
陳韋樺（2008）。《早年自主墮胎的中年婦女之生命經驗》。國立嘉義大學輔導與諮商研究所碩士論文，未出版。
陳莉莉、陳信昭（2006）。〈青少女懷孕生育問題之探討〉。《諮商與輔導》，243，38-44。
賀思瑋、吳孟純（2013）。〈淺談墮胎女性的失落與協助〉。《家庭教育雙月刊》，43，6-110。
黃惠貞、姜逸群（2006）。〈某大專院校學生靈性健康和社會人口學特性之相關研究〉。《學校衛生》，49，15-33。
楊美慧（1998）。《未婚青少年作人工流產的生活經驗之探討》。國防醫學院護理研究所碩士論文。
楊裕仁、林婉玉（2005）。〈未婚青少女學生之墮胎經驗及相關照護需求研究〉。《學校衛生》，46，53-77。
蔡淳慧（2012）。《華人家族心靈排列團體靈性健康改變經驗研究》。南華大學生死學研究所碩士論文。
黎小娟、陳玉玲（2003）。〈以RU486施行早期人工流產的已婚婦女之生活經驗〉。《護理雜誌》，50(4)，50-58。
鍾春櫻（1992）。〈未婚懷孕諮商及其相關問題〉。《輔導月刊》，28(5)，24-26。
顏素卿（2004）。《專業照顧者的悲傷剝奪經驗初探——以加護病房護理人員為例》。國立台北護理學院生死教育與輔導研究所碩士論文。

英文部分

Doka, K. J. (1989). *Disenfranchised Grief: Recognizing Hidden Sorrow*. Lexington, MA: Lexington Books.
Donovan, P. (1992). *Our Daughter's Decisions: The Conflict in State Law on Abortion and Other Issues*. AGI, New York.

老人的悲傷與失落輔導（長照老人的遊戲治療）

何長珠、簡月珠

理　論

問題一、生理人際與情緒的老化觀點

問題二、老年的社會心理觀點

問題三、老人之傷慟與失落

問題四、老年人的輔導策略

結　語

實　務

長照老人的遊戲治療

理　論

一般人以六十五歲界定為老人，而Erikson在八個心理社會發展階段理論中，亦指出老年期是人生發展中最後一個階段，其發展危機為統整與絕望（周怜利譯，2000）。此階段會面臨多種挑戰，其中喪親更是一種無法避免的重大失落。根據Maro（1996）與Cicirelli（1999）研究指出人對死亡，恐懼的是無法預知的未來及臨終的過程，因為痛苦的死亡其壓力更甚於死亡本身（林歐貴英、郭鐘隆譯，2003）。

由於社會結構轉變、傳統三代家庭之結構逐漸式微，取而代之的是核心家庭與獨身型態，獨居老人亦越來越多。Iliffe等學者（1992）認為鰥寡、貧窮、沒有謀生經驗的老年人，更容易遇到貧窮、社會隔離、寂寞、健康轉壞等結果（引自徐淑貞，2001）。因此終將面臨老化衰退、喪親失落等悲傷與死亡的老人，實是當今社會更應受到關懷與輔導的族群。

問題一、生理人際與情緒的老化觀點

一、生理功能的改變

蔡文輝（2008）指出，生物學論點認定老化是一種生理衰退的過程。而老化過程又牽涉到五個層面：(1)年代老化；(2)生物老化；(3)心理老化；(4)社會老化；(5)功能老化。黃富順（1995）則將老化分為主要老化和次級老化，前者係指普遍性且不可避免的，可以觀察或覺察到的「生物性老化」或「正常老化」；後者係指身體部分的老化並非由年齡造成，而是由疾病或身體機能的或不當使用所造成，老人慢性疾病即屬於此。

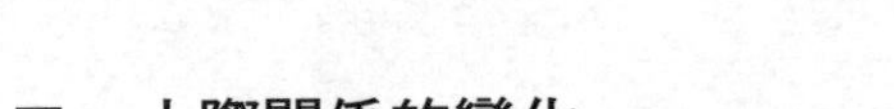

二、人際關係的變化

老人再生醫學模式提出「environmental docility」（環境順應模式），以為身體、心理、社交功能較差的老人，面對任何環境形式的壓力因素，適應性均較為狹隘（Lawton & Simon, 1968; Nahemow, 2000）。而張玲慧等（2010）發現此世代老人的理想生活，雖然仍以家庭為核心，但必須在現實和期待的落差中作調適，好命歹命的範疇牽連到個人經歷及台灣社會文化情境之內涵而有不同。

對老人而言，最好的服務是指能與年輕人建立良好關係，且可隨著疾病、虛弱與生活依賴性的需求而增加（Hansson & Carpenter, 1994）。設若缺乏重要的支持則易產生寂寞感與抑鬱感。林正祥等（2010）以十四年（1989～2003年）台灣地區長期追蹤的老人為樣本，探討老人憂鬱的變動趨勢，發現憂鬱相關因子有配偶、經濟狀況、健康自評、體能狀況及家庭狀況等五因素。

三、情緒調整的轉變

從Boston Normative Aging之研究發現，生活壓力評估、情緒經驗及處理的模式，在年齡上有明顯的差異（Aldwin, Sutton, Chiara, & Spiro, 1996）。而邁入老年期的人為避免對過往生活之比較，可能更專注在關係的滿意度上，因而導致生活範圍更為窄化（Carstensen, Gross, & Fung, 1997; Lang & Carstensen, 1994）。但是當生活壓力越來越不可避免時，老人也學會使用認知策略以調整其情緒（Schulz & Heckhausen, 1998）。這些策略有：降低標準、比較自己與他人的處境，及重新評估事件以正向的態度面對。最後，Lawton等（1992）發現老人的情緒較能自我調節，在表現沮喪與情緒激動時也會減少生理上的反應，而此種特質被預期認為會影響其悲傷反應的程度。

問題二、老年的社會心理觀點

一、老年期相關發展理論

(一)馬斯洛（Maslow）的人類需求理論

Maslow將人類需求分成生理需求、安全需求、愛及歸屬、自尊自重及自我實現。並強調在不同環境下的老年人仍有其特殊的需求，而且不會因為年紀多寡或身體功能的好壞而消失，因此若能協助老年人滿足其需求，可獲得更多的精神能量（高淑芬等，2000）。

(二)艾瑞克森（Erik Erikson）的心理社會發展危機論

Erikson認為人生要經歷八個心理社會發展階段，每一階段都有需要完成的主要任務與危機，而「統整與絕望」則是老年期之發展任務（周怜利譯，2000）。當個人驚覺到生命的結局尚未定案時，就會刺激進行生命回顧，並檢視過去自己所做的選擇（王仁潔、李湘雄譯，2001）。

(三)容格（Jung）精神分析觀點

Jung認為，最大的成長潛力及自我瞭解，乃存在於人生後半段；老年期是一個重生的階段，應該利用未發揮的潛能，善用生命所賦予的各種可能性。老年人必須將生命的終止當成一個目標來接受，視死亡為生命的一部分，那麼生活才會變得更好，才更能適應自己，最後方能從容地告別生活（蘇克譯，1990）。

(四)佩克（Peck）的人格發展論

Peck認為老年期的心理發展包括三個任務：(1)職場退休；(2)身體功能減低；(3)面臨死亡。並且強調老年人為了心理發展順利，必須解決的三大危機為：自我價值感的統整與工作角色的偏差、超越對身體之偏見、超越對自我之偏見（邱天助，1993）。

(五)哈維葛斯特（Havighurst）的社會文化發展理論

Havighurst指出生命的每一個階段均有三方面的發展任務：(1)生理的成熟、成長；(2)文化、社會的要求與期望；(3)個人的價值與期望。而發展的過程中存在著所謂的關鍵期，如果無法完成其階段性的發展任務，不僅造成此階段的適應困難，也會影響下一階段的發展（邱珍琬，2001）。

二、老年期相關的文化心理觀點

「老」的客觀經驗和主觀意義，深受文化、歷史、政治經濟與人口生態環境的影響而變化。文化並無所謂對錯與優劣，所以每一種文化價值體系都應相互尊重。依此即便老年人是個「次文化」族群，在屬於他們的族群當中，仍有其原先之角色與自我。認同自己是老年人也仍然可以為自己爭取應有的權益（邱珍琬，2001）。如吳昌政等（2013）以為由於社會的高齡化，疾病形態亦轉為慢性化，使老人對醫療保健的需求日益增長；而利用高科技電子化醫療器材，接受遠距且多元化的健康照護，即屬新興的老人醫療文化趨勢。

但是社會文化脈絡中，仍有一些對於年老人的標籤與框架，如須倚賴他人、缺乏生產力、體能衰弱、思想頑固等。因此讓老年人受到歧視及不公平對待，甚至將此種負向概念內化，導致自信心低落、自覺無能或感到存在無價值。

三、老年期的生理與心理之交互影響

Stewart（1989）研究發現慢性生理疾病對健康的影響深遠，並且絕大多數的疾病都會影響到身體功能與心理健康。雖然生理老化（biological aging）乃是老人生理發展中最顯著的現象，然而他們的認知退化，在醫學的診斷與治療上，往往也是一大挑戰（引自王仁潔、李湘雄譯，2001）。

另外，傅偉勳（1993）指出高齡化的結果，除了在經濟、政治、社會等現實人生層面產生新問題之外，也會影響與死亡問題息息相關的種種生命高層次的心理或內在精神問題之出現。洪櫻純（2012）之研究更發現靈性健康是一種動態、整合的成長過程；且以下四種特質有助於老人的靈性健康之增進：(1)樂觀進取；(2)多元興趣；(3)服務利他；(4)隨緣自在。

問題三、老人之傷慟與失落

喪親對於老人而言，是一個多面向的時間與順序的失落。過去成功調適失落的經驗，並不表示就能發展出一套世界觀與自我概念，協助其處理晚年失落的調適（Hansson, Remondet, & Galusha, 1993）。由於現代家庭的重心以年輕人為主而老年人則被邊緣化，容易將老人視為次要的悲傷者（Littlewood, 1992）。因此當老人面臨傷慟時，會被鼓勵將悲傷放置於一旁，同時期望他們能調整思想與感覺，以表現出正常的外表功能（Rubin, 1993）。但是，對於老年人而言，一個親人的死亡所帶來的影響，意味著失去一個中心角色的意義與失落的衝擊（Raphael, 1983），不經過哀悼歷程是無法克服的。

總之，老年期可說是一個人開始「喪失」的階段，包含自己的健康、各種功能及社會地位都逐漸消失，亦必須開始面對配偶死亡及自己生命喪失的困境，茲將老年將面對的失落悲傷分述如下：

一、喪偶

歷史學家湯恩比認為「死亡的挨苦」乃是一種「雙人事件」，涉及一對夫妻之雙方，因為其中一方如果換上絕症死亡，另一方挨受的痛苦並不見得輕，恐怕反而有過之而無不及（傅偉勳，2001）。Lopata（1996）認為老年配偶死亡的失落感往往大於一般彼此深愛的夫妻，因為許多用來定義「我是誰」及自我價值感的重要角色，將會隨老伴死亡而消失（Moss

& Moss, 1996）。也有研究發現許多寡居者在小社群裡單調的生活著，沒有勇氣去學習新的技能或發展新的支持關係（Sanders, 1993; Stroebe & Stroebe, 1987），因此朱秀琴等（2008）研究建議護理人員面對老年喪偶憂鬱患者時，適時介入悲傷輔導較能幫助喪偶老人度過悲傷。

(一)喪偶老人的特質

相依為命的配偶是老人原來生活之依靠，一旦不幸喪偶，精神上的創傷加上對於未來無法掌握的無助感，使得許多老人因此更悲傷（邱亨嘉等，1998）。林娟芬（1999）針對老年喪偶女性的研究顯示，性格特徵為開朗、樂觀、獨立自主者，悲傷調適較佳。反之，若個性傾向屬於依賴、自卑者其調適更易產生困難。

(二)喪偶老人面臨的生活適應

羅家玲（1998）研究指出，影響老年喪偶者悲傷反應的因素有：

1.與逝者的關係：關係愈親密、所經歷的悲傷創痛愈強。
2.年齡：年老喪偶者在喪偶六個月後會出現較強烈的悲傷反應、伴隨深刻的寂寞感。
3.死亡形式：倘若配偶是突然無預警的死去，因為震驚，不但無法接受，遺憾也因此相對加深。

對老人而言，喪偶的傷慟會結合年齡相關的改變，如慢性疾病或是傷殘、依賴對象的喪失等事件之交互作用而惡化（O'Bryant & Hansson, 1995）。有研究指出在喪偶六個月內，個體免疫功能會下降，容易誘發各種身心疾病或促使原有疾病惡化（Mazure, Bruce, Maciejewski, & Jacobs, 2000）；因此及早介入悲傷輔導，對於喪偶者可以減少身心方面之負面影響（Balaswamy, Richardson, & Price, 2004）。

二、喪子女

對一個成人而言，孩子的死亡會導致更強烈的反應像是絕望、身心症、憤怒及罪惡感（Cleiren, 1993; Hays et al., 1997）。就因為父母認為孩子比自己活得更久才是合理的，否則就違反自然、不公平，所以當子女過世時，父母會經歷一種無可彌補的失落，感覺身上的一部分永久殘缺，如同被截肢一樣（Stillion, 1995）。

Rubin（1993）在很多傷慟父母的研究中發現若小孩死於父母老化之前，喪子者會出現強烈的悲傷且持續超過十四年。儘管如此，不同的文化對於孩子死亡也具有文化上的差異，例如猶太婦女比起非猶太婦女，其失落情緒會更常圍繞在他們的生活中（Goodman, Rubinstein, Alexander, & Luborsky, 1991）。

對於喪子女之悲傷復原，葉何賢文（2001）指出喪子（女）父母若能在死亡事件中得到啟發，改變個體先前之意義結構及生命觀，如此方能增加個人面對失落與悲傷時的復原力。

三、喪手足

Perkins & Harris（1990）的研究指出，曾經喪失手足者比未曾喪失手足的中年人健康問題更差，反應出手足的死亡與基因遺傳有關，而此基因關係更強化了死亡的事實與威脅。

許玉霜（2008）之研究發現，影響喪手足成人悲傷調適的因素為：(1)家庭（互動關係、悲傷反應、其他重要他人的死亡等）；(2)喪親者人格特質；(3)支持系統（重要他人的支持與陪伴）；(4)社會文化（喪禮儀式、喪葬習俗、宗教或民間信仰）。並且喪手足成人不太容易表達自己的情緒感受，往往壓抑自己的悲痛，甚至不敢在長輩面前流露真實的感受，而導致產生所謂延宕性（prolonged）的悲傷。

四、喪父母

雖然大部分父母之死亡在人生旅程中常是突然發生的，且非常老的父母之過世，常被視為是解除病痛或負擔的自然之道（Marshall, 1996），較少喚起他人的悲傷。雖然如此，仍有一些相關因素值得探討。

(一)死亡前生活情況

Lynn等（1997）認為面對父母親死亡的態度，與其對父母生前生活的安排及生命末期的生活品質有關。

(二)對自我之影響

失去父母親的經驗會緩衝個體抵抗人必然死亡的恐懼，並增加個人生命有限性的感受（Douglas, 1990; Kowalski, 1986; Scharlach, 1991; Scharlach & Fredriksen, 1993）。

(三)社會結構

Hochschild（1979）認為在社會結構中，他人的期待會影響成人處理喪父母之情緒與表達。如有些族群主張不應為喪父母而哀傷，而以家庭傳統與現代家庭的期望和「大眾知識」來作為感覺、態度及行為上的指引（Bruner, 1990）。

(四)放手的持續連結

放手將造成一個強烈的情緒困擾，所以不論是持續對失落賦予意義或是結合令人欣慰或痛苦的記憶，都是傷痛過程的一部分。亦即雖然哀傷代表在現實上認知的失落，但持續緊握著往者不放的感覺，也正意味著事實上已經失去了。

五、喪孫子

老人經驗孫子早夭的案例是很少被探討的。只有Fry（1997）加拿大祖父母的喪親研究（平均年齡六十五歲）中發現喪孫之苦，類似於一個小孩的死亡，會有強烈的情緒不適或活著的罪惡感。無論如何，祖父母傾向於控制他們對孫子的傷慟行為，卻屈從於對自己已成年孩子的喪子之痛。

六、喪好友

親密朋友的死亡是一件重大失落事件，它所引起的傷痛與親戚死亡後的經歷很相似，然而很少有機會可以公開地哀悼朋友的死亡，我們通常認為最重要的人際關係是在家庭裡面，但是友誼也會出現相似的連結。對於老年人而言，友誼有時比家庭關係更重要。因此，一位朋友的死亡其傷痛應該有機會被承認。

七、喪寵物

王乃玉（2003）歸納出人類喜愛寵物的潛在原因——寵物具有提供無條件的愛與代罪羔羊的特性，近似於幼年期客體——母親所提供的替代性依附關係，進而滿足人類基本安全感的需求與操控自主的潛在意圖（江珮儀，2004）。另外寵物跟人之間的依附連結，對於人的身、心、靈方面都有著密切關聯，而從寵物在家庭中角色地位的轉變，也展現一種新時代的依附意義。

問題四、老年人的輔導策略

老人介於本身的老、苦、病、死與生命中其他重要他人的殞落之間，有許多悲傷的領域需要被探索與關懷。相關文獻也顯示老人族群中性別、

種族、宗教、社會支持網絡、健康與不健康者等，都會展現不同的悲傷反應。Worden曾提出老年人傷慟的悲傷反應及輔導策略（李開敏等譯，1995）：

1.互相依賴：許多喪偶者擁有維繫多年的婚姻，有很深的依附和家庭角色，因此造成失落後生活重新適應的困難（Parkes, 1992）。
2.多重的失落感：隨著年齡增加，老人會面臨親友相繼去世，及自身失去生理機能、感官退化及退出職場等多重失落。
3.覺察到個人的死亡：當前的失落經驗，如失去配偶、朋友、手足等，會提高個人對死亡的覺察，而帶來存在的焦慮。
4.孤單：年輕的喪偶者在失去親人後會搬家，而老年人則較多繼續留在舊居（Lopata, 1996）。獨居會導致強烈孤單的感受，研究提到，有過美滿婚姻者更覺孤單（Grimby, 1993）。
5.角色適應：老年喪妻者，相較於女性喪偶者，其生活會受到更多影響。因此在對年老的男性喪偶者進行悲傷輔導時，協助其生活技巧的建立會有很大的幫助。
6.支持團體：研究指出，老年人很有意願參加支持團體，且低自信、沮喪、生活滿意度低、覺得適應不佳者，最渴望參加。
7.碰觸：喪偶的男性強烈被碰觸的需要很難得到滿足，因此對身體碰觸感到自在的諮商員，進行悲傷輔導時，可考量情境適當性及當事人意願等因素，與老人做適度的身體接觸。
8.回憶：對老年人來說，雖然失去所愛的人，但其所代表的心理意義被內化、珍藏，回憶讓老年人感到並未完全失去對方（Moss, Moss, & Hansson, 2001）。
9.討論變動居所：搬家會降低對自我的感受，沖淡和死去配偶的連結。但維繫原有的家則提供老人一個能回味往事的地方。
10.建立生活技巧：Parkes（1992）提醒悲傷與再學習都是需要一段時間，悲傷輔導之目的在讓「依賴」能有所轉化，進而學習建立新的生活技巧。

結　語

法國哲學家蒙田曾說過「老年人走向死亡，而死亡走向年輕人」。所以一個人出生後，隨著心智發展所獲得的各種基本生活能力，不但在人生的老年期開始喪失，連自己的健康、職業、各種功能、年輕的外表、主動的角色及社會地位都逐漸消失，到最後則必須面臨親人與自己的死亡困境。如何透過瞭解老人傷慟的過程，如哀傷的控制、失落的再建構，及對社會支持的再承擔，以協助老人積極善用相關社會支援，體悟內在無窮的心靈力量，實是現代人不容忽視的一大課題。

實　務

長照老人的遊戲治療

一、遊戲治療與老人

雖然運用遊戲治療於成年人的研究目前仍然不多，但Landreth（1991; 1997）認為這只是一個遲早的問題，因為「透過遊戲，成人可與自我的內在對話，那是一種非常難得的個人化經驗」（Landreth, 1991; 1997: 36）。

Ledyard（1999）列出一些特別適合接受遊戲治療的成人個案，其中包括對治療有抗拒的成年人以及那些口語表達有缺陷者。依據其說法，成年人的遊戲治療可用於：(1)診斷；(2)突破個案的防衛；(3)協助那些難以口語表達的個案；(4)減輕緊張；(5)超越溝通障礙。此外，遊戲治療更可提供一種氣氛和環境，使老年人感覺到被接納和瞭解。

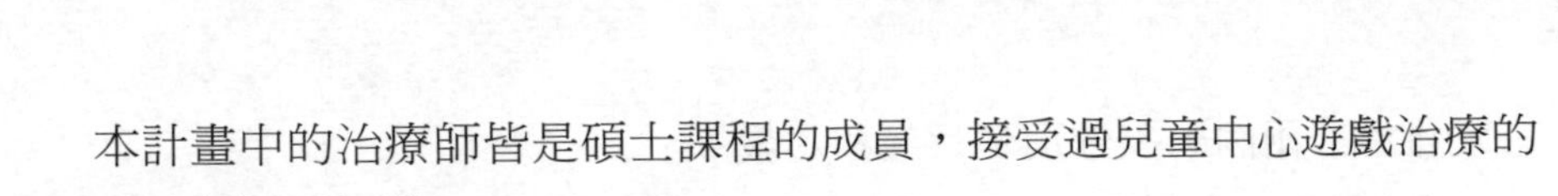

本計畫中的治療師皆是碩士課程的成員，接受過兒童中心遊戲治療的課程訓練與個別督導。

療養院成員要參加本計畫者，皆須經由社工篩選且須得到其家人之同意。治療師與其督導者在單元開始之前與療養院的員工和居民的家人會面同時取得書面同意書。

治療師們每週與個案們會面一至二次以進行為時四十五分鐘的個別遊戲治療，共計六至八次。行動式的遊戲治療箱內所提供的玩具包括蠟筆、紙、嬰兒奶瓶、玩偶、鏢槍、玩具士兵、玩具碗盤、汽車和卡車、球、電話和一組玩偶家族，以及其他更多的東西。

二、案例分享

(一)野牛Bill

Bill現年八十五歲，在療養院已經住了一年多，但他通常離群索居。狀況好的時候，他會坐在電視前的輪椅上，只有吃飯時才離開自己的房間。有時他拒絕下床並且一直盯著電視機看。雖然他有兩個兒子和三個孫子，但很少來訪，使得他與外界的接觸更少。據說他曾擁有一個農場，但在搬進療養院之前已經賣掉了，他也從未提及配偶。

當我為Bill進行第一次諮商時，我發現他躺在床上，於是自我介紹並請問他是否想看看我的玩具。當他知道我從事輔導兒童的工作時，似乎對參與的事感到猶豫，但是握著我的手並告訴我：「你可以叫我野牛Bill，你記得他嗎？」

我回答：「當然，他是我喜歡的偶像其中之一。Bill，我看得出來你對於玩玩具有一點猶豫，但是我很想對你多瞭解一些，希望你能考慮。」

當我下次抵達時，Bill坐在他的輪椅上。

在護佐的鼓勵下，Bill同意跟我一起去活動室。他告訴護佐，「我可能只待一會兒噢！」但當他研究完桌上所展示的玩具後，他說：「喔，你這裡有很多東西呢！我從來沒見過這麼多東西。我有三個孫子，一個女孩在幼稚園，兩個男孩分別是七歲和八歲。」

我回答：「這些小東西讓你想到家人。」他沒有碰任何東西，但是繼續沿著桌子轉動輪椅，慢慢地參觀展示出來的玩具。我邊跟隨著Bill邊說：「你只是看看每件東西，不確定你想要做什麼。」當我帶他回去房間時，他握著我的手微笑著說：「下個禮拜我會見你，你要再來，聽到了嗎？」僵局已被打破，至少Bill顯露出一些期待了。

當我抵達要進行第三個單元時，他挑了一支球棒和球，並指導我要把球投給他。在好幾次擊球不中之後，他發現了足球並且要求我跟他玩接球。接著他開始談論他的兒子，以及當他們小時候是如何與他們玩球的。「你記起以前的往事，它帶來許多快樂的回憶。」在這個單元中他經常微笑和大笑。離開前，我告訴Bill下週我將會離開鎮上。

兩週後，當我抵達他的房間時，Bill大聲地說：「你到底到哪裡去了？」

「你對我上週沒來感到很生氣。」我回答。他顯然忘記我曾經告訴過他我要出城一週，所以也不想去活動室，不過最後在護佐的勸說下他還是去了。他找到一支橡皮筋手槍並說：「我小時候也有一支這種槍。」他還要我把一些木頭人排成一線作為射擊鏢靶。他的手因關節炎而殘廢了，若沒有我的協助是無法把橡皮筋套在槍上的。不過他的準度和正確性都不錯，當他射中時顯得很快樂。在單元剩下的時間中，他一邊瞄準和射擊，一邊說著他曾經如何獵到松鼠以及回家後把牠們烤或炸來吃的經過。「這真的令人想起一些往事。」他告訴我。

「你真的玩得很高興！」我回答，Bill同意的點點頭。

當我抵達要做第六個單元時，Bill告訴我說：「我在休息，但是我很高興你來看我。」當我要求他告訴我這個禮拜發生的事時，他說：「我和兒子玩足球，我不確定我們兩個是誰贏呢！」

「Bill，你似乎在擔心些什麼。」我說。

他回答：「嗯！我只是不覺得那麼舒服。」這週Bill第一次叫我的名字。他顯得脆弱和絕望。

第七單元中，Bill坐著輪椅在大廳座位區中望著大廳的其他人。他

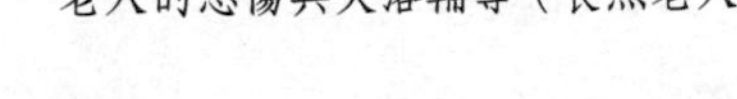

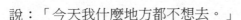

說：「今天我什麼地方都不想去。」

「你願意讓我加入你嗎？」我問。

「當然，為什麼不！」他回答。於是我在他身旁的椅子坐下來並傾聽著。他告訴我，「整個禮拜我都和兒子們一起工作，我們採棉花和玉米一整個星期。我比任何人照到更多的陽光！」他很有朝氣且經常微笑。最後Bill終於進入大廳加入其他病人的社交活動。在離開之前，我告訴Bill下週將是我們最後一個單元。

在我與Bill的治療單元中，好多次他似乎忘了我是誰，他的孩子們幾歲，甚至他幾歲。他將自己與其他居民隔離。我們的治療單元似乎幫助他把自己帶出來並加入其他居民們。隨著單元的進展，Bill開始顯得較不害怕並且表現出信任我和那些療養院的工作人員。藉由玩玩具，Bill可以放鬆並感到自在。他開始回憶起過去所做過的事，並與我分享生活中的細節。他顯得較不憂鬱，並有更多認知上的警覺。對Bill而言，願意在大廳中和其他居民們在一起並參加社交活動，是邁出了一大步。他變得對環境更有覺察力。

(二)瑪莎的故事

Martha是一個現年五十八歲，智商七十的老年人。她的哥哥一直是她的主要照顧者。去年他死後就被送到療養院。她似乎缺乏社會技巧，因此常將自己與其他居民們隔離；雖然她的嫂嫂、姪女和外甥都經常來看她。

在我們第一個單元時，Martha同意走到活動室。她走得非常慢，當我們經過其他居民們時，她大聲地宣布：「我要去玩玩具了。」她撿起每一個玩具並確認它。當她發現「鑽石」戒指時，她告訴我她真的很喜歡它。她把它放在手上並在空中高高舉起，彷彿很羨慕它。她說：「我戴九號的尺寸，這剛好是我的款式。」她對我作手勢表示她想保留那個戒指。「你真的很喜歡那個，下週回來時它還會在這裡。」我說。當我們回到她的房間時，她帶我參觀房間並且彈奏她的鋼琴鍵盤。她說：「當我小的時候曾學習過很多年。」

「你真的很高興並且喜歡為我演奏。」我說。她給我她的電話號碼並說：「我們下週再見。」

當我抵達要做第二個單元時，Martha在門外等我。她說：「我擔心你不會來。」

當我們走路去活動室時，她想握著我的手。她坐下時說：「我準備好了。」她注意到這次珠寶盒是開著的（上週她掙扎著要不要去打開它）。她把每樣東西都拿出來並放在桌上，再把所有的物品整齊地放回盒內，如同她一開始看到的一樣。她提到那個她喜歡的戒指，但這次她把它留在盒子裡。

這次的單元中，她為我畫了一張圖畫，畫裡包括一個正方形，她稱為房子，箱子前面她塗了一片綠色的空間，她說是草坪。她模仿桌上的一個木頭男孩娃娃畫了一個男孩，為他取名為Edward，跟她的外甥同名。在我們回去她房間的路上，她再度想握我的手。我告訴她兩週後我才會再來，她說：「Pat，我相信你。」

第三個單元時，我發現Martha在護理站前面吃著爆玉米花。她已經開始離開房間並與其他居民們相處。在我們的單元開始以前，Martha並不擅長社交，並且只在事先計畫的活動和用餐時才離開她的房間。在去活動室的一路上，她都握著我的手。她說：「我的鄰居搬走了，我會想念她，她搬到另一端，她生病了。」在單元結束回來的路上，她想去找先前的鄰居。當我們真的找到她時，對方卻不認識Martha。「沒關係！」她告訴她。在回房間的一路上，還停下來和好幾個人說話。

第四個單元時，Martha待在她的房間裡。她要為我展示一件買來要穿去教堂的洋裝。星期天她的姪女會來接她去那裡。到活動室的路上她一直想要停下來和居民們說話。當我們抵達活動室時，單元的大部分時間中她都在玩珠寶盒。她把每樣物品拿出來，說出它的名字，結束時再放回盒子裡。她說：「你離開以後，我一定會想念你，你是一位很好的女士。」

我說：「你想到關於我們在一起的時光，讓你有一點難過。」她告訴我她有多麼喜歡音樂，然後她又發現一張樂譜，在演奏曲調時想起了全部曲名。離開活動室的時間到了時，她說，「我們得走了嗎？」

「離開的時間到了，你覺得很失望。」我說。

第五個單元是Martha的生日慶祝會。我送給她一束花以及一捲電視影集的錄影帶。我們步行穿過庭院，讓她想起她在鄉下的房子。當我們經過起居室內的鋼琴旁時，我問她是否想彈琴。她坐下來並問我：「你想要聽什麼？」當居民們經過時，她有一點不好意思，但微笑地繼續彈。後來這變成了每週我們一定要做的事。在遊戲治療的地方，珠寶盒再度成為她最先看的東西。她發現了鏢槍便開始射擊，當飛鏢在房間滿天飛時，她笑得很開心。「多麼好的一個生日啊！」她大喊著。

鋼琴是第六個單元時應做的事情中的第一個，她對於能夠來彈鋼琴感到很驕傲。當人們進到房間時，她開始微笑著和他們說話。當聲音充滿房間時她隨著音樂搖晃。

在我們回她房間的路上，她停下來告訴好幾個居民有關她彈鋼琴的事。當她與他們談話時，她跳著舞並笑得好燦爛。在走回房間時她伸手握住我的手。

在我們最後一個單元裡，Martha想談談Hannah弟弟死亡的事。從那裡，她開始談到她弟弟的死亡。先前社工已經告訴我Martha不願談論弟弟的死。即使在此刻，當她覺得不舒服時，Martha便立刻改變話題說一些她覺得安全的事，好讓自己不致於感覺那麼痛苦。她告訴我正在計畫一次回家的行程，好去彈自己的鋼琴。在我離開前，她還說多麼喜歡我們的聚會以及她多麼愛我。

結　語

治療師、社工員、工作人員和老年參與者，都報告療養院的居民從遊戲治療中獲得許多助益。個案變得比較主動、比較不孤立，並且在社交互動中表現得更適切。報告指出參與者降低健忘並增加心理的敏銳性。那些先前都記不住約會或治療師名字的人，現在卻能叫出治療師的名字。憂鬱似乎降低而自尊增加了。參與者顯得比較快樂而較不退縮。這些個案現在可以談論那些他們一度認為只能保留給自己的議題，因而發現了新的問題解決方式。

未來對於運用遊戲治療於老年人身上的建議包括：(1)在選擇個案時，治療師應更投入，包括知道更多個案的用藥和家族歷史；(2)獲得更多來自家人和工作人員的回饋；(3)對工作人員和家人持續性的教育；(4)一間可以擁有隱私並配置材料的固定治療室（何長珠、陳信昭等譯，2004）。

參考書目

中文部分

王乃玉（2003）。《國小高年級兒童——寵物互動行為、兒童寵物信念、兒童——寵物親密關係與非學業自我概念關係之研究》。國立新竹教育大學教育研究所碩士論文，新竹。

王仁潔、李湘雄譯（2001）。《老化與心理健康》。台北：弘智。

朱秀琴、周植強（2008）。〈運用悲傷輔導於老年喪偶憂鬱患者之護理經驗〉。《護理雜誌》，55(5)，90-96。

江佩儀（2004）。〈應用寵物治療於護理之家之經驗分享〉。《長期照護雜誌》，8(2)，118-124。

何長珠（2006）。〈悲傷影響因素之初探研究〉。第六屆現代生死學理論建構學術研討會。

何長珠、陳信昭等譯（2004）。《遊戲治療新趨勢》，頁419-434。台北：五南。

吳昌政、林玗 、孫子傑（2013）。〈老人關懷零距離——社區／居家遠距照護之發展及應用探討〉。《台灣老年論壇》，17。

李開敏、林方皓、張玉仕、葛書倫譯（1995）。《悲傷輔導與悲傷治療》。台北：心理。

周怜利譯（2000）。《Erikson老年研究報告——人生八大階段》。台北：張老師。

林正祥、陳佩含、林惠生（2010）。〈台灣老人憂鬱狀態變化及其影響因子〉。《人口學刊》，41，67-109。

林娟芬（1999）。《婦女晚年喪偶適應之研究》。香港中文大學社會工作學系社會福利博士論文（未出版）。

林歐貴英、郭鐘隆譯（2003）。《社會老人學》。台北：五南。

邱天助（1993）。《教育老人學》。台北：心理。

邱亨嘉、謝穎慧、陳正宗（1998）。〈喪偶對社區老人身體、精神及社會功能之影響〉。《中華衛誌》，17(5)，423-431。

邱珍琬（2001）。〈淺談老人諮商〉。《輔導季刊》，37(1)，30-38。

洪櫻純（2012）。〈老人靈性健康的阻力與助力分析：成功老化觀點〉。《生命教育研究》，4(1)，83-108。

徐淑貞（2001）。《社區獨居老人其內在資源對憂鬱與生活品質影響的探討》。國立台北護理學院護理研究所碩士論文，台北。

高淑芬、酒小蕙、趙明玲、洪麗玲、李惠蘭（1997）。〈老人死亡態度之先驅性研究〉。《長庚護理》，8(3)，43-51。

張玲慧、毛慧芬、姚開屏、趙靄儀、王劼（2010）。〈社區中老年人對年老時好命歹命的看法〉。《職能治療學會雜誌》，28(2)，59-76。

張淑芬（1996）。〈喪子悲傷反應及意義治療的應用〉。《諮商與輔導》，127，24-27。

許玉霜（2008）。《喪手足成人的悲傷反應及調適歷程之探究》。南華大學生死學研究所碩士論文。

傅偉勳（1993）。《生命的尊嚴與死亡的尊嚴——從臨終精神醫學到現代生死學》。台北：正中。

黃富順（1995）。《老化與健康》。台北：師大書苑。國家圖書館全球資訊網。

葉何賢文（2002）。《悲傷調適歷程及生命意義展現之研究——以喪子（女）父母為例》。南華大學生死學研究所碩士論文。

蔡文輝（2008）。《老年社會學》。台北：五南。

簡月珠（2009）。〈上課講義：老人悲傷輔導文獻探討〉。南華大學生死學研究所。

羅家玲（1998）。〈喪偶者的悲傷諮商團體〉。《輔導季刊》，34(2)，9-14。

蘇克譯（1990）。《尋求靈魂的現代人》。台北：揚智文化。

英文部分

Aldwin, C. M., Sutton, K. J., Chiara, G., & Spiro, A. (1996). Age differences in stress, coping, and appraisal: Findings from the normative aging study. *Journal of gerontology: Psychological Sciences, 51*(4), 179-188.

Balaswamy, S., Richardson,V., & Price, C. A. (2004). Investigating aptterns of social support use by windowers during bereavement. *The Journal of Mens Studies, 13*(1), 67-84.

Bruner, J. (1990). *Acts of Meaning*. Cambridge, MA: Harvard University Press.

Butler, R. N. (1996). Ageism: Another form of bigotry. *The Gerontologist, 9*, 243-246.

Cantor, M. H. (1991). Family and community: Changing roles in an aging society. *The Gerontologist, 31*, 337-346.

Carstensen, L. L., Gross, J. J., & Fung, H. H. (1997). The social context of emotional experience. *Annual Review of Gerontology and Geriatrics, 17*, 325-352.

Cleiren, M. P. H. D. (1993). *Bereavement and Adaptation*. Washington, DC: Hemisphere Press.

Douglas, J. D. (1990). Patterns of change following parent death in midlife adults. *Omega, 22*, 123-137.

Fry, P. S. (1997). Grandparents' reactions to the death of a grandchild: An exploratory factor analysis. *Omega, 35*, 119-140.

Goodman, M., Rubinstein, R. L., Alexander, B. B., & Luborsky, M. (1991). Culrural differences among elderly women in coping with the death of an adult child. *Journal of Gerontology: Social Sciences, 46*, S321-329.

Hansson, R. O., Remondet, J. H., & Galusha, M. (1993). Old age and widowhood: Issues of personal control and independence. In M. S. Stroebe, W. Stroebe, & R. O. Hansson (Eds), *Handbook of Bereavement* (pp. 367-380). Cambridge: Cambridge University Press.

Hansson, R. O., & Carpenter, B. N. (1994). *Relationships in Old Age: Coping with the Challenge of Transition*. New York: Guilford Press.

Hays, J. C., Gold, D. T., & Pieper, C. F. (1997). Sibling bereavement in late life. *Omega, 35*, 25-42.

Hochschild, A. R. (1979). Emotion work, feeling, rules and social support. *American Journal of Sociology, 85*, 551-573.

Kowalski, N. C. (1986). Anticipating the death of an elderly parent. In T. A. Rando (Ed.), *Loss and Anticipatory Grief* (pp. 187-199). Lexington, MA: Lexington Books.

Lang, F. R., & Carstensen, L. L. (1994). Close emotional relationships in late life: Futher support for proactive aging in the social domain. *Psychology and Aging, 9*, 315-324.

Lawton, M. P., & Simon, B. B. (1968). The ecology of social relationships in housing for the elderly. *The Gerontologist, 8*, 110-115.

Lawton, M. P., Kleban M. H., Rajagopal, D., & Dean, J. (1992). Dimensions of affective experience in three age groups. *Psychology and Aging, 7*, 171-184.

Ledyard , P. (1999). Play therapy with the elderly: A case study. *International Journal of Play Therapy, 8*(2), 57-75.

Littlewood, J. (1992). *Aspects of Grief: Bereavement in Adult Life*. New York: Routledge.

Lopata, H. Z. (1996). *Current Widowhood: Myths and Realities*. Thousand Oaks, CA: Sage.

Lynn, J., Teno, J. M., Phillips, R. S., Wu, A. W., Desbiens, N., Harrold, J., Claessens, M. T.,Wenger, N., Kreling, B., & Connors, A. F., Jr. (1997). Perceptions by family members of the dying experience of older and seriously ill patients. *Annals of Internal Medicine, 126*, 97-106.

Marshall, V. W. (1996). Death, bereavement and the social psychology of aging and dying. In J. D. Morgan (Ed.), *Ethical Issues in the Care of the Dying and Bereavement Aged* (pp. 57-73). Amityville, NY: Baywood.

Mazure, C. M., Bruce, M. L., Maciejewski, P. K., & Jacobs, S. C. (2000). Adverse life events and cognitive-personality characteristics in the prediction of major depression and antidepressant response. *American Journal of Psychiatry, 157*(6), 896-903.

Moss, M. S., & Moss, S. Z. (1996). Remarriage of widowed persons: A triadic relationship. In D. Klass, P. R. Sliverman, & S. L. Nickman (Eds), *Continuing Bonds: New Understandings of Grief* (pp. 163-178).Washington, DC: Taylor & Francis.

Moss, M. S., Moss, S. Z., & Hansson, R. O. (2001). Bereavement and old age. In M. Stroebe, R. O. Hansson, W. Stroebe, & H. Schut (Eds.), *Handbook of Bereavement Research: Consequences, Coping, and Care* (pp. 241-260). Washington, D.C.: American Psychological Association

Nahemow, L. (2000). The ecological theory of aging. In R. L. Rubinstein, M. Moss, & M. Kleban (Eds), *The Many Dimensions of Aging* (pp. 22-40). New York: Springer.

O'Bryant, S. L., & Hansson, R. O. (1995). Widowhood . In R. Blieszner & V. H. Bedford (Eds), *Handbook of Aging and the Family* (pp. 440-458). Westport, CT:

Greenwood Press.

Perkins, H. W., & Harris, L. B. (1990). Familial bereavement and health in adult life course perspective. *Journal of Marriage and the Family, 52*, 233-241.

Raphael, B. (1983). *The Anatomy of Bereavement*. New York: Basic Books.

Rubin, S. S. (1993). The death of a child is forever: The life course impact of child loss. In M. S. Stroebe, W. S. Stroebe, & R. O. Hansson (Eds), *Handbook of Bereavement: Theory, Research, and Intervention* (pp. 285-299). Cambridge: Cambridge University Press.

Sanders, C. M.(1993). Risk factors in bereavement outcome. In M. S. Stroebe, W. S. Stroebe, & R. O. Hansson (Eds), *Handbook of Bereavement: Theory, Research, and Intervention* (pp. 256-267). Cambridge: Cambridge University Press.

Scharlach, A. E. (1991). Factors associated with filial grief following the death of an elderly parent. *American Journal of Orthopsychiatry, 6,* 307-313.

Scharlach, A. E., & Fredriksen, K. I. (1993). Reactions to the death of a parent during midlife. *Omega, 27,* 307-317.

Schulz, R., & Heckhausen, J. (1998). Emotion and control: A life-span perspective. *Annual Review of Gerontology and Geriatrics, 17*, 185-205.

Stillion, J. M. (1995). Death in the lives of adults: Responding to the tolling of the bell. In Wass, H., & Neimeyer, R. A. (Eds), *Dying: Facing the Facts* (3th ed.), 303-320. Washington, DC: Taylor & Francis.

Stroebe, W., & Stroebe, M. (1987). *Bereavement and Health*. New York: Cambridge University Press.

預期性悲傷之情緒轉化（生命光碟）

顏雅玲、陳美慧

理　論

問題一、安寧療護

問題二、預期性悲傷之定義

問題三、癌末病患與家屬情緒轉換歷程

問題四、影響癌末病患與家屬情緒轉換的相關因素

實　務

生命光碟與善別離

理　論

問題一、安寧療護

世界衛生組織（WHO）在安寧療護的定義裡提供全人、全程、全家和全隊照護，把末期病人的家屬也納入照護範圍，並涵蓋到家屬的日後哀傷協助（劉乃誌，2003）。因此，隨著病人身體功能的逐漸喪失，如何協助末期病人與家屬面對醫療的極限與降低因為失落所產生的悲傷，也成為現今安寧療護另一重點（引自劉乃誌、李英芬、劉景萍、賴允亮，2005）。

一、國內外喪親服務現況

劉乃誌（2003）整理國內外喪親服務文獻後發現：(1)從機構執行面來看，國外哀傷服務方式主要以信件、電話、團體和追悼會、居家探訪、哀傷輔導、哀傷治療為主，但截至目前為止，國內則尚未有統一的執行方式；(2)從喪親家屬表現的需求面來看，國內的研究雖指出專業介入對於喪親家屬的哀傷調適是有幫助的，然而在臨床上所呈現的狀況卻與國外研究一致，也就是喪親家屬對於參加傷慟團體的意願偏低，因此如何提供喪親家屬需要的喪親服務，是目前國內安寧療護有待研究之議題。

二、遺族之喪親服務

遺族的喪親服務可以分別由時間序列和哀傷狀態兩個角度來看。若以時間序列而言，分為病人過世之前後兩階段，病人過世之前，團隊工作目標主要是在於協助病人與家屬做好分離之準備，化解與完成病人與家屬之間的未竟事務（unfinished business），以減少家屬日後產生複雜性哀傷的

機會；而在病人過世之後，團隊的工作目標則轉變為協助喪親家屬度過哀傷，重新適應新的生活。

若是以哀傷狀態而言，喪親服務應該依照喪親家屬哀傷狀態的嚴重程度進行評估，以提供不同的服務。因此，一套完整的喪親服務系統應該包含最基本的喪親服務到介入強度最強的哀傷治療，從最底層的喪親家屬的追蹤輔導，開始建立為全面性的支持和評估系統，並結合區域之力量成立專業的輔導機構，以提供喪親家屬更為專業的哀傷服務（劉乃誌，2003）。

但是，國內外目前的安寧療護，不管是機構投入或是家屬所表現的需求層面都呈現明顯不足的狀況，因此如何利用有限的資源協助有需要的遺族支持與服務，以及如何利用資源充足的住院期間，藉由團隊的介入以協助家屬減緩日後親人死亡之悲傷，則是安寧療護需要發展之重點。

問題二、預期性悲傷之定義

預期性悲傷可被定義為喪親遺族在病人過世之前已經歷悲傷的歷程，並且能夠從與病人情感的連結中釋放出來，因而在病人過世時，不致過度的悲傷（張雅禎，2005）。因此，預期性悲傷可以被視為是家屬進入悲傷者角色之前的一種社會化準備歷程，給予家屬在扮演悲傷者角色上的心理準備；另一方面也有人解釋預期性悲傷並非只是單純地預期死亡即將到來，其本身就是一種悲傷反應；但是文獻對於悲傷與預期性悲傷之間的關係卻尚未獲得清楚的結論（劉乃誌等，2005）。

Gilliland與Fleming（1998）兩位學者比較病患死亡前後家屬的悲傷，發現預期性悲傷常伴隨著較高強度之憤怒、情緒失控和非典型悲傷反應。Chapman與Pepler（1998）則發現，癌末病患家屬具有不同個人化的悲傷型態，其中女性、成年子女、教育程度高、未與病患同住、非主要照顧者，會表現出較多之憤怒與敵意。最後，Mok、Chan、Chan與Yeung（2003）發現，癌末病患照護者的情緒經驗是強烈的，充滿希望和無望、罪惡感、害怕和遺憾。綜合以上研究結果發現——預期性悲傷是指因瀕死威脅所產生之情緒性反應，與死後悲傷之特性相似，亦包含許多失落後悲傷症狀且內容涵蓋身體、心理、社會與靈性層面（曾慧嘉、何長珠、蔡明昌，2010）。

Rando（2000）認為預期性哀慟可使喪慟過程更加順利，並且提出預期性哀慟之內仍應橫跨六個面向：(1)觀點：病患、親人、所在乎的其他人、照顧者；(2)時間焦點：過去、現在、未來；(3)影響因素：心理、社會、生理因素；(4)適應需求主要來源：失落、創傷；(5)引發之現象：悲傷與哀慟、因應、交互作用、心理社會重組、作計畫、平衡衝突需求、促進善終；(6)脈絡層次：個人層次、人際層次（有生命威脅或瀕死者）。他並在2004年修改原先提出的anticipatory grief概念，認為anticipatory mourning較anticipatory grief之概念來得更為合適。

Worden（1991）則將預期性悲傷分為三個方面加以討論（引自劉乃誌，2005）：

第一，悲傷任務。Worden（1991）提出處理家屬預期性悲傷的三項任務，分述如下：第一項任務是接受病人已經死亡的事實；第二項任務則是家屬的分離焦慮和被病人死亡所挑起意識到自身死亡之情緒；第三項任務則是對於病人死去之後新角色之預演。

第二，悲傷者與病人之間的心理距離。預期性悲傷意味著悲傷已經提早發生，而悲傷的過程也正是家屬在調整與死者之間心理距離的歷程。因此，當家屬已經開始想到病人過世之後的生活時，反而可能引發心中的罪惡感；相反地，當預期性悲傷尚未發生時，家屬可能會因為否認病人即將死亡的事實而積極干預醫療上的處置，甚至會尋求另類療法的協助。

第三，病人的預期性悲傷。不僅是家屬可能會產生預期性悲傷的情緒，病患本身也會出現預期性悲傷，Scrutton（1995）認為對於病人而言，他不僅僅是失去一個親人，而是失去所有人和整個世界，因此病人的預期性悲傷主要是在於處理病人如何以自己想要的方式被其家屬所記憶，以及本身如何看待自己這一生的過程（劉乃誌，2005）。

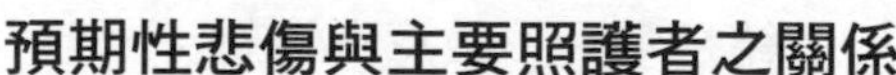

預期性悲傷與主要照護者之關係

劉乃誌（2005）發現預期性悲傷與照顧者的年紀成正比，也和照護者當時的身體、心理狀態有顯著的正相關，而照顧者和安寧療護團隊的互動關係也關聯著照護者的預期性悲傷。研究中發現，年紀越輕者所呈現的預期性悲傷總分越低，良好的互動關係亦可降低照護者的預期性悲傷反應。

問題三、癌末病患與家屬情緒轉換歷程

一、情緒轉換過程（emotional transition process）

情緒轉換狀態是一個充滿混雜的訊息和高度不確定性的時光（Larkin, Dierckx de Casterlé, Schotsmans, 2007a）。個體在面臨自己或親人罹患重病或死亡時，包括治療、環境和心理社會的議題，都會發生轉換的現象（Larkin, Dierckx de Casterlé, & Schotsmans, 2007b）。而病患的年齡、個人和家庭的生命週期階段、家庭關係、種族、民族和文化差異，以及過去失落經驗等，亦都會影響其情緒轉換歷程（Waldrop, Milch, & Skretny, 2005）。

Bennett-Goleman（2002）發現情緒適應不良的主要基模為：

1.遺棄基模：核心情緒是不斷的害怕他人會丟棄自己，當事人每當感覺到孤單時會引發深刻的哀傷、孤立感、恐懼和恐慌感，情緒的反應呈現拚命緊抓某人或任何人不放、尋求再三的保證或安慰。

2.剝奪基模：基本信念是我想要的一定得不到、沒有人瞭解或在意我，情緒呈現嚴重的悲傷和絕望，情緒反應是憤怒的攻擊或表現不辭勞苦的為他人付出，然後感覺孤單和難過。

3.服從基模：中心思想是服從，情緒是壓抑形成挫折感，最後是憤怒或怨恨，反應方式是順服權威、取悅他人、對於任何反應敏感而不做承諾或不受管束。

4.不信任基模：核心是人皆不可信，情緒是多疑、敵意與憤怒。

5.不被愛基模：核心是我不夠好、不值得被愛，基礎情緒是羞恥、屈辱和自卑，反應是獨處時深切的悲傷伴隨著自我懷疑、孤獨感與自怨自艾。

而且以上之基模常是數種同時發生，並影響到自我概念。

二、癌末病患與家屬情緒轉換歷程

(一)癌末病患之情緒轉換

Kubler-Rose（1969）提出臨終病人的心理狀態有五個階段：震驚與否認、憤怒、討價還價、憂鬱和接受。但之後的學者認為情緒反應是多元而複雜，可能反覆來回、同時發生或停滯在某一階段，沒有一定的順序，其調適歷程具有個別性（秦燕，2000）。歷程中的個別差異主要是與年齡、性別、種族、社會階層和人格特質有關，年紀越大、宗教信仰越堅定和修行越深厚的人，就越不一定會依循這五階段而變化（馮觀富，2005）。

Murray、Kendall、Grant、Boyd、Barclay與Sheikh（2007）研究發現癌症病患有四個主要情緒轉換階段：診斷、治療後的出院、疾病進行和末期階段。到了末期階段，病患隨著身體衰退會出現四個特徵，包括：(1)不能自理，必須依賴他人；(2)退守到關係的底線、回歸原初關係與需求；(3)以生病為生活的常規；(4)在邊緣遊走，在病情好一點與壞一點之間過日子（余德慧、石佳儀，2003）。在這個階段，病人是以身體直接的主觀經驗如衰弱程度、症狀、腫瘤具體存在感等來理解當前的嚴重度，並且不斷地隨著身體變化來修正當下的期待與目標（顏雅玲，2009）。

當癌症病患的症狀困擾程度越高，其心理不確定感也顯著增加，進而影響其調適能力和生活品質（羅惠敏、徐南麗、邱慧如、廖惠娥、劉欣怡，2004）。梁淑媛（2000）研究發現，疼痛與病人的混亂、憂鬱、疲倦及整體情緒呈現顯著正相關。Strasser、Walker與Bruera（2005）則發現臨終病患的頑固型疼痛包括感覺、情緒、認知和存在議題四個層面，其中未

處理的情緒、沮喪或憂鬱、譫妄、溝通困難等都會顯著影響其疼痛狀況。癌症病患心理社會的需求、溝通議題、死亡焦慮和絕望，更常進而形成靈性困擾（Murray, Kendall, Grant, Boyd, Barclay, & Sheikh, 2007）。陳怡如（2006）彙整文獻發現，有高比例的病患曾經驗過靈性上的劇變。靈性問題可能發生於生命中的任何一個時刻，但是當死亡被確認時，這些問題就會變得相當急迫和更重要（Lugton & Kindlen, 2003）。

(二)癌末病患家屬之情緒轉換

梁淑媛（2000）研究發現，家屬顯著對病人的中度至強度的疼痛，有較高的壓力感受，並且能敏銳的感受到病人的疼痛是否已被緩解。楊美玲、林佳靜、陳靜敏（2002）研究顯示，主要照顧家屬會擔心病人出現危急症狀或突發狀況，經常感覺到疲倦、睡眠嚴重受到影響，情緒隨著病人的狀況改變。另一方面，家屬往往必須面臨一些兩難的處境，例如：醫療極限的確認、病情告知、不施行心肺復甦術等醫療抉擇（蔣欣欣、彭美慈、余玉眉、蘇逸玲，2005）。總之，癌末病患與家屬常必須在有限的機會和選擇中做最好的「決定」，這樣的兩難常使病患與家屬陷入痛苦中，並考驗著彼此原有的互動與溝通模式。

癌末病患家屬的壓力可分為三個層面：照顧病患、家庭生活及個人身心的層面，除了面對病患的各種突發狀況外，還必須面對家庭生活中的種種壓力，最後則是照顧者本身的情緒和身體狀況（李閏華，2002）。研究顯示照顧者的照顧壓力負荷與個人心理健康成正比，照顧者若為高齡者、低社經地位，或有較少的支持來源，其心理健康狀況越差，憂鬱是最常見的症狀（Pinquart M., & Sörensen S., 2007）。

石世明（2006）則依病人病程進展將家屬的心態變化分為三個轉折：第一個轉折是在病人被診斷出癌症，開始選擇和接受最好的醫療；第二個轉折始於積極治療無效，轉向尋求安寧病房或其他另類治療的協助，家屬會逐漸修正自己的期待；第三個轉折是病人身體狀況已無法負荷一般的溝通與互動，家屬在「理智」上知道病人即將離去，在「情感」上則依舊不捨。Holtslander與Duggleby（2005）研究顯示，隨著病程變化，家屬對於希望的定義會轉變為超越當下的處境乃至與某個至高力量的靈性相連結。總之，鍾莉娜（2002）研究顯示，臨終階段家屬普遍將心願轉向：希望親人能善終，陪伴他走完人生最後旅程。

(三)癌末病患與家屬之情緒轉換

Waldrop、Milch與Skretny（2005）以情緒模式為其研究焦點，發現癌末病患與家屬在面對疾病呈現六種主要的情緒型態：

1. 反應性模式：其特性為強烈的情感表達（例如頻繁哭泣、憤怒爆發），此模式容易發生在診斷、預知末期、病危和當身體功能衰竭出現時。
2. 擁護模式：家屬以武斷的行為增進病人的照護，例如：代替病人陳述對疼痛控制或症狀處理上的需要等。
3. 連結模式：疾病成為中心焦點，所有的活動都專注在病患每日常規和身體照顧的需要，疾病成為是一個共享的經驗。
4. 不一致模式：同時存在著兩種以上完全相異的觀點，有兩種可能的溝通狀況——家人是開放但患者封閉；或是患者開放，但至少有一位家人是拒絕的。
5. 順從模式：特徵是接受和決斷。患者經常是老年人或患病多年者，家屬瞭解死亡是一個被預期的事件，情緒是深沉的悲慟。
6. 封閉模式：極少情感表達，只實際的去處理壞消息，很少溝通和討論疾病，避免反應情緒，但這也許是以否認來緩衝強烈情緒感受。

以上這些情緒反應模式本身不是固定的，會依病人狀況、家庭互動和現實處境而改變（Waldrop, Milch, & Skretny, 2005）。P. J. Larkin、B. Dierckx de Casterlé、P. Schotsmans（2007b）研究亦顯示在末期階段，癌末病患深刻的感受到生命的短暫與不穩定性，因而情緒反應亦呈現多樣性狀態。余德慧、石世明、王英偉、李維倫（2002）則將臨終過程分成社會期、病沉期、背立／轉向期及深度內在轉向期四個階段，他們認為在社會期末端至進入病沉期前之間的階段，會經歷到一種被卡住——莫名的煩、

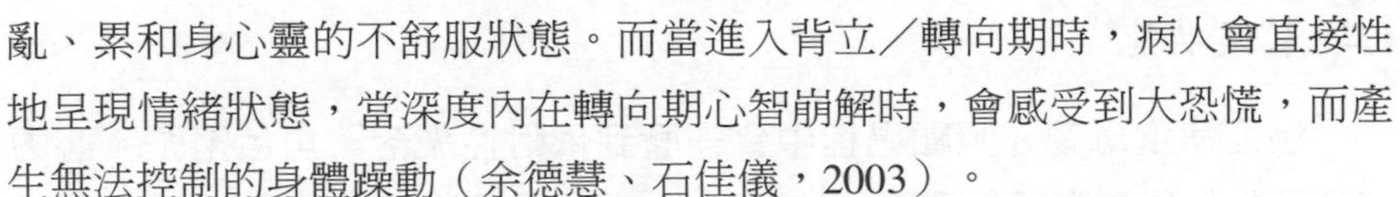

亂、累和身心靈的不舒服狀態。而當進入背立／轉向期時，病人會直接性地呈現情緒狀態，當深度內在轉向期心智崩解時，會感受到大恐慌，而產生無法控制的身體躁動（余德慧、石佳儀，2003）。

Caldwell（2004）認為死亡是生命歷程的終點站，到站前經由個人生命與關係的整理、接納、釋放與整合，真正的最後的平安方能夠自然發生。

問題四、影響癌末病患與家屬情緒轉換的相關因素

一、家庭因素

許多研究指出家庭功能會深切的影響癌症病患及家庭成員的生活品質和因應調適力（王敏真，2005；張靖怡，2003；范聖育，2001），可分三方面來敘述。

(一)家庭關係

癌末病患與家屬之間的關係常存著錯綜複雜的矛盾情形（沈莉真，1998）。Vachon（1982）指出，疾病可以強化這些關係或者顯露出關係的脆弱。國外的研究結果發現：病患與家屬的家庭關係型態可分成支持型、衝突／矛盾型和中間類型三種型態。「支持」類型的家庭關係是高連結性、高度可表達性和低衝突；「衝突／矛盾」的類型是低連結性、低可表達性和高度衝突；「中間」類型則是有限的連結、有限的可表達性和低衝突。其中，衝突／矛盾型態的家庭會形成較高的危機動力狀態（Shuichi, Toshinari, Shinichi, Tomoyuki, Hitoshi & Shigeto, 2005）。Worden（1991）則認為矛盾的家庭關係可以導致憤怒和自責的情緒，使家庭因應複雜化。相似的發現在Kissane（2003）喪親家庭復原的研究中，若家庭是衝突或中間的類型，在家庭成員死亡六和十三個月以後，會體驗較強烈的悲傷和較大的心理社會層面的不健康。

(二)家庭功能

癌症病童母親在照顧過程中會經歷到依附性失落、角色緊張、心力交瘁及失衡的家庭壓力經驗（許瓊文，2002）。當父母親依附性失落越強烈，其不確定感和失控感越高，焦慮程度越大，家庭界限模糊程度也越趨嚴重（穆佩芬，1997）。父母罹癌，則會增加兒童和青少年子女心理社會適應的困難，甚至會延續至成人之後，其影響程度與家庭功能、溝通型態以及母親的憂鬱和適應狀況相關（Tessa, 2007）。

家庭功能越高者，其照顧者較常使用趨向性適應行為，較少使用逃避性適應行為，並且對照顧事件的看法較能順受（史曉寧、黃愛娟，1996）。若家庭解決問題的能力、家庭凝聚力以及家庭成員的獨立性較佳者，家庭功能就越好，主要照顧者在心理、照顧、環境與社會關係四個層面的生活品質也會比較好（范聖育，2001）。此外，病患的年齡越大、家庭發展階段層次越高、家中訊息性滿意程度越高，其家庭功能亦越佳（張靖怡，2003）。

(三)家庭因應

陳怡婷（2003）在其研究中顯示，家庭在面臨親人重病時有四種主要的轉變，包括：居住情形的轉變、家庭成員情感關係的轉變、家庭權力結構的移轉及家庭成員角色分工的轉變；而家庭主要的因應策略為彼此合作、遵循生病者心願、避免衝突、花錢醫治、先延遲後持續未來計畫等五種策略；並且會尋求原生家庭、宗教、病友家屬、社區以及朋友五種外在資源。

有研究證實，高風險的家庭在適應上其實潛藏有豐富的資源，其壓力因應的過程若能採取較少的逃避，和較多的行為面對策略將會有較好的適應（王孟愉，2006）。

曾慧嘉、何長珠、蔡明昌（2010）研究癌末病患家屬面臨喪慟因應行為、人際依附型態與預期性哀慟反應之相關，結果發現：(1)家屬的預期性哀慟反應平均而言為中等偏低程度，但仍可見少數高程度哀慟反應者；(2)家屬以正向因應行為使用頻率較高，相關因素為：性別、健康情形、社會支持來源與特殊情感關係；(3)家屬的預期性哀慟反應與「主動因應」、

「正向重建」、「接受」、「工具性支持」和「發洩」因應行為呈現顯著的負相關，與「否認」、「行為逃避」和「自責」因應行為呈現顯著的正相關。

King與Quill（2006）認為與家庭最理想的溝通時機是在危機發生之後幾天甚至幾星期的時間——太早給予過多的干預或建議均不恰當（Lugton & Kindlen, 2003）。

二、情緒轉換過程中的危機與轉機

余德慧（2000）認為癌末病人的處境是一種能撼動整個生命的斷裂狀態。轉折點是指當生病過程中發生如診斷、預知末期、病危和器官衰竭出現時，此時多數病患與家屬會呈現較高的敏感度與強烈的情感；此外，各類型的誘發事件亦會伴隨著不確定性和不同型態的失落而出現，這些都可能誘發出病患和家屬的情緒反應（Waldrop, Milch, & Skretny, 2005）。

轉折點在臨終階段轉換尤其困難，尤其是當患者的家庭關係不良或是關於終止治療的決定猶豫不決時，最為困難（Badger, 2005）。癌末病患與家屬倚賴希望來支撐整個疾病的過程。Holtslander與Duggleby（2005）研究發現，有三個主要因素會腐蝕希望，即：壞日子（病症失控）、壞消息（負面訊息）和健康照護系統之決策（用藥／出院／臨終通知）。最後則是中間過程的變化，例如：由於病患入住之後，很少有人會認為他們有一天可以出院回家（Lugton & Kindlen, 2003）；所以，當要結束治療重新回歸生活時，病患的內在衝擊才真正的發生（陳麗娟，2006）。

事實上，轉換就是癌末病患與家屬所最常經驗到的狀態，這也是緩和照顧本質上的模糊地帶，此時，無常概念的介入恐怕是個相對比較好的選擇（Larkin, Dierckx de Casterlé & Schotsmans, 2007b），能引導病人突然（終於）領悟到沒有任何東西是真實或永存的（Larkin, Dierckx de Casterlé, Schotsmans, 2007a）。

在醫院裡，一個病患的死亡，常會對其他的病患產生重要且立即性的影響（Davy & Ellis, 2002）。病人之間有同志之誼，對於病友的死亡更會有一種深刻的悲傷（Larkin, Dierckx de Casterlé & Schotsmans, 2007b）。好像一種預演和宣告。

總結以上資料可知，末期階段心靈轉變的發生無法刻意製造，也跟我們的希望或期待無關，而是將注意力放在接受如其所是的實相（人的限制與無常）之一種歷程（Rolind & Burlew, 2006）。Bennett-Goleman（2002）認為唯有改變心性狀態，認知和反應才能隨之變化，並讓人逐漸接受如其所是的生死問題。

實 務

生命光碟與善別離（陳美慧、何長珠，2014）

一、生命光碟的療癒效果

(一)在聽與說中，省思原先未曾覺察之角色

研究者以訪談問題之「您照顧親人有多久的時間了？」作為鋪陳，引發喪親者述說自己的照顧過程的酸甜苦辣以及親人死亡後自己的失落情緒。發現述說的過程能讓參與者抒發情緒，有助於自我覺察與自我療癒（李玉蟬等，2012）。

林秀瑾（2014）研究結果認為：說故事治療技術確實能夠幫助哀傷者重新架構個人經驗或找到意義。而國外研究（Riches & Dawson,1998）則應用於喪子女的父母親，藉由照片作為媒介，讓當事人自然的述說死去孩子的往事，也可再度確認其身為父母親的角色與意義。

(二)由逝者照片、物件引發回憶完成心靈之告別

釋慧哲等人（2005）認為以生命回顧方式引導三位罹癌末期病人及其照顧者藉由回溯過去生命中的遺憾，可重新發掘出更深一層的生命意義。並發現於釋放個人的憤怒或罪惡感後，反可賦予生命更正面之意義。

二、有助於悲傷情緒之表達與抒發

(一)愧疚與自責

女性通常已將照顧責任內化到自我認同中，對自我角色的期待為賢妻良母、照顧家庭，情感連結較男性深入，所以更容易對照顧工作產生不必要的沮喪與自責（賴豐美，1998；蔡佳容、蔡榮順、李佩怡，2012）。

(二)遺憾之處理

按照病人的心願使其善終無憾離世，對家屬來說是莫大之安慰，亦能有效緩和家屬的傷慟程度（釋慧岳、釋德嘉、陳慶餘、釋宗惇、釋惠敏，2008）。Garrido與Prigerson（2014）研究結果亦顯示當能改善病人死亡的品質時，同時亦能改善喪親照顧者的悲傷適應。

(三)出現失眠、憂鬱

胡曉林、李小麟、蔣曉蓮、李蓉、竇欣蔓（2012）等發現：喪親一年後有65%之遺族出現嚴重憂鬱症狀，其中尤以情緒部分之表現最多。何長珠（2006）指出，悲傷所引發的負面身心健康狀態與家庭支持度低、個人特性孤僻等特質有關，當遭遇喪親事件容易產生憂鬱或其他健康問題。林正祥、陳佩含、林惠生（2010）等人之相關研究亦顯示女性發生憂鬱高於男性、年齡越高越有可能憂鬱、教育程度越高憂鬱指數越低、無配偶者憂鬱指數高於有偶者、自覺身體狀況越差者憂鬱指數越高等狀況。

(四)停留在逝者的空間位格

很多喪親者都描述到逝者的空間似乎仍然存在而且繼續影響自己，此現象與許多篇（蕭文伶，2010；朱秀琴、周植強，2008）悲傷輔導論文中所發現的喪親家屬之悲傷行為類似。

三、重新建構個人意義

(一)自我意義之新成長

John Harvey認為，當喪親者與他人分享自己的故事時，已在形成自己截然不同的生命意義（Harvey, 1996）。蔣凱若（2005）對榮民進行團體生命回顧，發現榮民能透過描述生命歷程，顯現自己的生命意義；楊淑貞（2010）創傷療癒的研究亦認為受創者透過表達宣洩情緒與情感之回顧與哀悼，可轉化創傷經驗。陳美慧（2014）的研究結果亦相類似，幾位訪談者逐漸能對逝者完成哀悼、將自我價值的意義落實在新生活中，並且能更坦然地面對死亡的議題。

(二)照顧者自身存在及自我照顧議題

1.生命無意義的焦慮：李玉嬋等（2012）指出人在經歷喪慟時會影響其對於終極意義的思索，比如自己的死亡及未來生命的方向。Yalom（1980; 2004）也說多半時候人都活在日常生活的瑣事中，只有在遭逢死亡這重大議題時才會重新注意到存在的事實。

2.孤獨與死亡的焦慮：雖然人一定是孤單地進入存在最終也要孤獨地離開人世，但無可避免的是——人仍然害怕孤獨或被拋棄！

林綺雲（2009）認為家庭照顧者在照顧他人時往往忽略了自己，疲勞、腰痠背痛、胃痛是長期照顧者身體常出現的症狀，心理健康問題則是挫折、內疚、焦慮、壓力、憤怒、孤單等等，經常是忍受極限、繼續照顧工作直到崩潰而後已（邱逸榛、黃舒萱、徐亞瑛，2004）。

結　語

台灣文化影響造成的死亡禁忌，使家屬往往採取迴避態度避免討論死亡話題（蘇雅慧，2006）。這種文化使得將死之人、照顧者或家屬，都因此被迫進入一個看不見出口的迷宮中，任何情緒都終歸只能回到自己獨自咀嚼。因此悲傷輔導或臨終關懷的介入，便主張「善終」最重要的目標應該是無憾（陳雅琪、楊立華、張理君、廖珍娟，2011），讓逝者在生前能完善的處理好彼此之間的未竟事宜或衝突後再迎接死亡，就將是另外一種值得重視和提倡的生命（死）教育！

實例摘述

C媳婦描述照顧公公過程中有愛、也有憤怒，面對被照顧者的死亡，照顧者概括承受了其他家人的指責，回到自身感受卻出現存在的害怕。這種愛恨衝突的情緒發洩最後造成當事人對自己、對世界及對未來，都充滿負面評價：

> 畢竟我也是人，我也是有我的心情起伏，也會有我的憤怒，當他兒女指責我說照顧不周的時候，我怎麼可能不抓狂，我連活都活不下去了……，我顧了這十幾年是顧爽的嗎？他們就這樣一直指責我要殺死他們的父親……，一天24小時想到就一直哭、一直哭，覺得自己沒有什麼價值，覺得自己是不是不應該活在這個世界上……我就覺得，我已經付出這麼多卻還是被人家這樣指責，感覺自己已經沒有存在的意義了。（C-1-75）

喪親者在遭逢失落後，可能引發憂鬱來避免面對逝者的矛盾感受，也可視為是拒絕哀悼的一種防衛方式。Worden（2008; 2011）認為：情感斷裂產生失落的痛苦是悲傷正常反應，倘若悲傷歷程受到干擾或情感壓抑未充分表達，將造成神經質的、或失功能等不適應的行為；而若長時間陷於悲傷中過度扭曲，更可能形成複雜性悲傷反應。照顧者壓抑失去被照顧者的悲傷情緒，卻不知道自己正於複雜性的悲傷狀態。C媳婦姨哭泣地述說：

> 後來我變成是憂鬱症發作，還要去醫院看憂鬱症門診，整個嚴重到醫生都說我已經是重度的精神官能症……我這樣一直瘦下去，眼神都是散漫的，然後都一直哭，躺在床上都起不來，當時我先生跟我女兒都嚇死了，其實連我自己也被嚇到……。（C-1-73）

C媳婦還描述自己在公公過世之後某一部分的行為會模仿逝者，但她並不明白自己為何會有這樣的行為出現，視線總是會停在逝者曾經的位置，在那裡想著逝者生前可能會出現的情緒、行為與感受：

> 我都不敢經過我公公的房間，但是我要去廚房的話一定會經過，那段時間真的很難熬，因為每次經過的時候就會杵在那邊不走，沒辦法走開，站在門口就會回想說如果他還沒過世的話，他現在應該是要做什麼了，然後我就開始流眼淚，是不是捨不得我也不知道，其實到現在我還是無法理解是怎麼一回事。（C-1-84）

在光碟製作過程中，C媳婦透過宣洩及逝者物件回顧，看到自己先前未看到的部分……

> 這就是我照顧公公的心路歷程。啊，我記起來了好幾十年前，我看過一本書，書上說：「我的雙手要做需要我的人，他人生當中的最後餘溫。」就是說，有誰需要他幫忙、需要他照顧的，他願意用他的雙手照顧他到最後。所以我就也覺得我的雙手也要成為需要我的人的最後餘溫。原來我的手就是要成為我公公最後的餘溫，啊，我懂了啦，美X（喊著研究者的名字），這就是我以後的任務……（C-4-10）。（喜極而泣）
>
> 現在，我覺得順著上天給我的路走，我是心安的，也很快樂，因

> 為我已沒有歉疚，我覺得我這一生到現在，雖然沒有偉大到像神仙那樣，但至少我在當人子女、當人父母、當人妻子、當人媳婦的角色上面，都有盡到責任。（C-4-13）

而且，透過研究者的「聽」與參與者的「說」，使她對自己照顧過程中自責及愧疚的感受有了新的詮釋：

> 今天這樣子的一個表白，把我心裡的那個點講出來，因為要找出口嘛，壓力要找出口，生命也要找出口，因為這樣的一個出口讓我能夠得到發洩，會不會更快的走出這樣的傷痛，也許是會，因為人就是這樣，講出來就沒事了，現在，我相信我公公會對我說：「沒關係啦，過去的就過去了，那天我也有比較衝動，你還是有回來幫我洗澡呀，所以過去了就好了。」

協助生者重建自我最好的做法是尋求失落的意義（Worden，2008/2011）。本節主要呈現照顧者如何在失去他（她）日以繼夜，全心照顧的親人後，轉化內心的悲傷，看見自己與逝者之間的另一層意義，自我重新獲得認可，內心煎熬的枷鎖也終於獲得解開。

參考書目

中文部分

C. B. Rolind、L. D. Burlew著（2006）。〈東方治療理論〉。載於伍育英、陳增穎、蕭景容編譯，《諮商與心理治療：理論與實務》，頁424-463。台北：培生教育。

V. E. Appleton、C. Dykeman著（2006）。〈家庭理論〉。載於伍育英、陳增穎、蕭景容編譯，《諮商與心理治療：理論與實務》，頁338-355。台北：培生教育。

王孟愉（2006）。《高風險家庭因應壓力之適應歷程——以優勢觀點為取向》。南投：暨南國際大學社會政策與社會工作學研究所碩士論文（未發表）。

王敏真（2005）。《癌症病患與家屬之社會支持與不確定感探討》。高雄：義守大學管理研究碩士論文（未發表）。

史曉寧、黃愛娟（1996）。〈家庭重病老年患者之主要照顧者壓力源和其家庭功能因素之探討〉。《榮總護理》，13(2)，138-142。

石世明（2006）。〈臨終心理照顧——花蓮慈濟心蓮模式〉。《慈濟醫學》，18(4)，71-78。

朱秀琴、周植強（2008）。〈運用悲傷輔導於老年喪偶憂鬱患者之護理經驗〉。《護理雜誌》，55(5)，90-96。

江麗美、李淑珺、陳厚愷譯（2008），F. Walsh著。《家族再生：逆境中的家庭韌力與療癒》。台北：心靈工坊。

何長珠（2006）。〈悲傷影響因素之初探研究〉。《生死學研究》，6，80-92。

余德慧（2000）。〈臨終病人的事實處境：臨終的開顯〉。《安寧療護雜誌》，5(2)，29-32。

余德慧、石世明、王英偉、李維倫（2002年10月）。〈臨終過程心理質變論述的探討〉。第二屆現代生死學理論建構學術研討會，嘉義：南華大學藐姑射國際會議廳。

余德慧、石佳儀（2003）。《生死學十四講》。台北：心靈工坊。

吳就君（2001）。《人在家庭》。台北：張老師。

巫宏博（2006）。〈癌症照護者的壓力與情緒管理〉。《癌症新探》，38，10-13。

李玉蟬、林美麗（2012）。〈喪夫的悲傷輔導與轉化過程——重鬱症患者心理治療〉。《諮商與輔導》，318(6)，13-16。

李閏華（2002）。〈癌末病患的社會心理狀態與照護〉。載於顧乃平、蔡麗雲、賴允亮總校閱，《安寧緩和護理學》，頁475-488。台中：華格那。

沈莉真（1998）。《癌末病患及家屬接受安寧療護服務之分析——以佛教慈濟綜合依院為例》。台北：國立陽明大學衛生福利研究所碩士論文（未發表）。

周月清等譯（1994），P. Boss著。《家庭壓力管理》。台北：桂冠圖書。

周繡玲（2001）。〈癌症心理社會層面的探討〉。陳敏俊、趙子傑、黃秀英等著，《癌症護理學》，頁317-352。台北：華杏。

易之新譯（2003），Irvin D. Yalom著。《存在心理治療（上）：死亡》。張老師文化。

林正祥、陳佩含、林惠生（2010）。〈臺灣老人憂鬱狀態變化及其影響因子〉。《人口學刊》，41，67-109。

林綺雲（2009）。〈照顧者的失落悲傷與自我照顧〉。《諮商與輔導》，283，50-56。

邱逸榛、黃舒萱、徐亞瑛（2004）。〈阿茲海默氏症患者照顧者之疲憊、負荷與憂鬱之間的關係〉。《長期照護雜誌》，7(4)，338-351。

胡曉林、李小麟、蔣曉蓮、李蓉、竇欣蔓（2012）。〈汶川地震一年後重災區喪親者家庭功能和憂鬱的調查研究〉。《護理雜誌》，59(5)，57-67。

范聖育（2001）。《家庭功能與安寧療護主要照顧者生活品質的相關性探討》。台南：國立成功大學行為醫學研究所碩士論文（未發表）。

秦燕（2000）。〈心理、社會及靈性層面〉。《安寧緩和護理學——概念與實務》，頁461-505。台北：偉華。

張景然、郭柏秀、許馨仁譯（2002），J. Davy、S. Ellis著。《安寧照護的諮商技巧》。台北：弘智。

張雅禎（2005）。《安寧病房癌末病患家屬預期性悲傷之情緒轉換因子探討》。台中：東海大學社會工作研究所碩士論文（未發表）。

張靖怡（2003）。《罹患口腔癌病患影響其家庭功能相關因素之探討》。高雄：高雄醫學大學口腔衛生科學研究所碩士論文（未發表）。

梁淑媛（2000）。《疼痛對門診癌症病人及其家屬之情緒衝擊》。台北：台北醫學院護理學研究所碩士論文（未發表）。

許瓊文（2002）。《癌症病童母親照顧過程中所經歷之家庭壓力經驗》。嘉義：南華大學生死學研究所（碩士論文未發表）。

陳正芬譯（2002）。T. Bennett-Goleman著。《煉心術：用智慧的專注，解脫八萬四千情緒慣性》。台北：大塊文化。

陳玉婷、陳施妮、陳瑞貞、楊翠雲、賴才雅譯（2003），J. Lugton、M. Kindlen著。《安寧照護護理角色》。台北：五南。

陳宜靜（2006）。《牆邊的等待——加護病房癌症病患家屬的陪病經驗》。嘉義：南華大學生死學研究所碩士論文（未發表）。

陳怡如（2006）。〈末期病人的靈性需求與靈性照顧〉。《慈濟醫學》，18(4)，61-66。

陳怡婷（2003）。《家庭系統面臨親人重病事件的運作與轉變——以進入安寧病房的家庭為例》。彰化：彰化師範大學輔導與諮商系研究所碩士論文（未發表）。

陳美惠（2014）。《喪親照顧者悲傷調適經驗之研究：以居家護理「生命光碟製作活動」為例》。南華大學生死學系研究所碩士論文。

陳雅琪、楊立華、張理君、廖珍娟（2011）。〈臨終癌症病患家庭之關懷〉。《腫瘤護理雜誌》，11(1)，1-12。

陳麗娟（2006）。《藝術治療活動深化癌末病患情緒內涵之研究》。嘉義：南華大學生死學研究所碩士論文（未發表）。

曾慧嘉、何長珠、蔡明昌（2010）。〈癌末病患家屬面臨喪慟因應行為、人際依附型態與預期性哀慟反應相關之研究〉。《中華心理衛生雜誌》，23(4)，563-586。

馮觀富（2005）。《情緒心理學》。台北：心理。

楊美玲、林佳靜、陳靜敏（2002）。〈居家安寧療護家屬主要照顧者照顧經驗之探討〉。《慈濟護理雜誌》，1(3)，48-56。

楊淑貞（2010）。〈創傷復原與療癒歷程之探索：以表達性藝術治療為例〉。《台灣藝術治療學刊》，2(1)，73-85。

楊惠卿、張琦敏譯（2007）。M. Burton、M. Watson著。《癌症患者諮商手冊》。台北：心理。

廖育青（2006）。《成年前期子女經歷父母罹患癌症其家庭角色經驗與個人

發展任務之初探》。台北：台灣大學社會工作學研究所碩士論文（未發表）。

廖和敏譯（2004），C. Caldwell著。《身體的情緒地圖》。台北：心靈工坊。

劉乃誌（2003）。〈台灣的喪親服務與安寧療護〉。《安寧療護雜誌》，8(4)，402-408。

劉乃誌、李英芬、劉景萍、賴允亮（2005）。〈安寧療護與預期性悲傷〉。《安寧療護雜誌》，10(3)，286-294。

蔡佳容、蔡榮順、李佩怡（2012）。〈失智症家庭照顧者的內疚經驗〉。《亞洲高齡健康休閒及教育學刊》，1(1)，59-79。

蔡昌雄譯（2007），G. S. Lair著。《臨終諮商的藝術》。台北：心靈工坊。

蔣欣欣、彭美慈、余玉眉、蘇逸玲（2005）。〈探討不施予心肺復甦術的倫理議題〉。《榮總護理》，23(1)，87-94。

蔣凱若（2005）。《生命回顧團體對老榮民自尊及生活滿意度之影響》。國防大學國防醫學院護理研究所碩士論文，未出版，台北市。

鄭逸如（1997）。〈末期病患及家屬的情緒問題〉。《安寧療護》，3，2-7。

穆佩芬（1997）。〈孩童健康有危機之家庭壓力經驗：一個現象學的研究〉。《榮總護理》，14(4)，394-402。

蕭文伶（2010）。〈運用悲傷輔導原則協助一位喪親家屬之護理經驗〉。《護理雜誌》，57，41-46。

賴豐美、盧孳豔（1998）。〈居家失能病患之女性照顧者經驗〉。《護理研究》，6(5)，372-382。

謝旭玲（2003）。《癌症復發病患之生命經驗》。高雄：高雄醫學大學護理學研究所碩士論文（未發表）。

鍾莉娜（2002）。《臨終照顧之親屬對臨終照顧事件的感受與死亡教育課程需求之研究》。嘉義：國立中正大學成人及繼續教育研究所碩士論文（未發表）。

顏雅玲（2009）。《癌末病患與家屬之情緒轉換歷程》。嘉義：南華大學生死學研究所碩士論文（未發表）。

羅惠敏、徐南麗、邱慧如、廖惠娥、劉欣怡（2004）。〈癌症病患症狀困擾與不確定感關係之探討〉。《慈濟護理雜誌》，3(1)，72-80。

蘇雅惠（2006）。〈死亡教育的存在意義與內容：人對死亡的思考〉。《通識教育學報》，10，71-98。

釋慧岳、釋德嘉、陳慶餘、釋宗惇、釋惠敏（2008）。〈化悲傷為祝福〉。《安寧療護雜誌》，13(2)，168-184。

釋慧哲、釋宗惇、陳慶餘、釋法成、釋滿祥、周淑美、釋大慧、釋印適、釋惠敏（2005）。〈生命回顧之臨床說法〉。《安寧療護雜誌》，10(4)，345-357。

英文部分

Badger, J. M. (2005). Factors that enable or complicate end-of-life transitions in critical care. American *Journal Of Critical Care, 14*(6), 513-521.

Bernard, H. (1989). Cancer survival and the family. In Christian N., &Ramsex Jr. (ed.), *Family Systems in Medicine* (pp. 273-279). New York: 72 Spring Street.

Bull, M. A. (1997). Structure and stresses: When a family member is dying. In J. D. Morgan (Ed.), *Readings in Thanatology* (pp. 167-180). New York: Baywood Publishing Company, Inc.

Cait, C. A. (2005). Parental death, shifting family dynamics, and female identity development. *Journal of Death & Dying, 51*(2), 87-105.

Garrido, M. M., & Prigerson, H. G. (2014). The end-of-life experience: modifiable predictors of caregivers' bereavement adjustment. *Cancer, 120*(6), 918-925.

Harvey, J. H. (1996). *Embracing Their Memory: Loss and the Social Psychology of Storytelling*. Needham Heights, MA: Allyn & Bacon.

Holtslander, L. F., & Duggleby, W. (2005). The experience of hope for informal caregivers of palliative patients. *Journal of Palliative Care, 21*(4), 285-291.

King, D. A., & Quill, T. (2006). Working with families in palliative care: one size dose not fit all. J*ournal of Palliative Medicine, 9*(3), 704-715.

Kissane, D. W. (2003). Psychosocial morbidity associated with patterns of family functioning in palliative care: Baseline data from the Family focused grief therapy controlled trial. *Palliat Med, 17*, 527-537.

Kübler-Ross, E. (1969). *On Death and Dying*. Routledge, ISBN 0-415-04015-9

Larkin, P. J., Dierckx de Casterlé, B., & Schotsmans, P. (2007a). Towards a conceptual evaluation of transience in relation to palliative care. *Journal of Advanced Nursing, 59*(1), 86-96.

Larkin, P. J., Dierckx de Casterlé, B., & Schotsmans, P. (2007b). Transition towards end of life in palliative care: An exploration of its meaning for advanced cancer patients in Europe. *Journal of Palliative Care, 23*(2), 69-79.

Murray, S. A., Kendall, M., Grant, E., Boyd, K., Barclay, S., & Sheikh, A. (2007). Patterns of social, psychological, and spiritual decline toward the end of life in lung cancer and heart failure. *Journal of Pain and Symptom Management, 34*(4), 393-401.

Pinquart, M., & Sörensen, S. (2007). Correlates of physical health of informal caregivers: A meta-analysis. *The Gerontological Society of America, 62*, 126-137.

Rando, T. A. (Ed). (2000). *Clinical Dimensions of Anticipatory Mourning: Theory and Practice in Working with the Dying, Their Loved Ones, and Their Caregivers*. Champaign, IL: Research Press.

Riches, G., & Dawson, P. (1998). Lost children, living memories; The role of photographs in processes of grief and adjustment among bereaved parents. *Death Studies, 22*, 121-140

Shuichi, O., Toshinari, S., Shinichi, I., Tomoyuki, M., Hitoshi, O., Shigeto, Y. (2005). Family functioning and psychological distress among Japanese breast cancer patients and families. *Supportive Care in Cancer, 13*(12), 1044-1050.

Strasser, F., Walker, P., & Bruera, E. (2005). Palliative pain management: When both pain and suffering hurt. *Journal of Palliative Care, 21*(2), 69-79.

Tessa, O. (2007). The psychosocial impact of parental cancer on children and adolescents: A systematic review. *Psycho-Oncology, 16*(2), 101-126.

Trask, P. C., Teno, J. M., Nash, J. (2006). Transitions of Care and Changes in distressing pain. *Journal of Pain & Symptom Management, 32*(2), 104-109.

Vachon, M. (1982). Grief and bereavement: The family's experience before and after death. In I. Gentles (Ed.), *Care for the Dying and the Bereaved*. Toronto: Anglican Book Center.

Waldrop, D. P., Milch, R. A., & Skretny, J. A. (2005). Understanding family responses to life-limiting illness: In-depth interviews with hospice patients and their family members. *Journal of Palliative Care, 21*(2), 88-96.

Worden, W. (1991). *Grief Counseling and Grief Therapy*. London: Routledge.

Worden, W. (2008; 2011). *Grief Counseling and Grief Therapy: A Handbook for the Mental Health Practitioner*. Springer Publishing Company.

寵物與失落及悲傷輔導

何長珠、王保嬋

問題一、台灣地區寵物飼養現況

問題二、人類生活與寵物關係

問題三、寵物與飼主的連結關係

問題四、遭逢寵物死亡的失落經驗

結　語

問題一、台灣地區寵物飼養現況

台灣進入工業化社會以來，國人飼養寵物的情況日益增加，詹勝利（1996）調查汐止地區家戶寵物飼養的研究發現有26.07%的家庭有飼養寵物；寶貝寵物雜誌（1999）針對台北地區的調查366人中49%有飼養寵物；根據行政院農業委員會委託台灣大學獸醫系費昌勇教授所作的調查報告，2011年全台灣共有家犬1,241,910隻，家貓302,846隻。一直以來，我們都相信寵物可以為我們提供伴侶關係、支持、娛樂來源。國人飼養寵物的比率越來越多，也代表著寵物在人類的生活中已經有不可或缺的地位存在，廖雅蘋（2004）的研究也指出，近幾年來動物進入家庭已有普遍化的傾向，受到出生率降低與人際疏離的影響，使得人們飼養寵物的比例相形增加。Wilson認為寵物已是現代人際網絡中的一部分（引自鄭和萍，2000）；Bowen也提出寵物是家庭系統中的一部分（Gage & Holcomb, 2001）；另外在Albert和Bulcroft（1988）研究調查指出，寵物被人們視作家庭成員，在城市家庭中扮演著顯著情感和心理角色。Mullin也指出，寵物常被視作是家庭中的一份子，扮演同伴的角色，成為養育與照顧行為的中心，也給予我們相當多的情感和滿足（引自陳玉雲，2003），因此飼主與寵物之間的關係議題也變得相當重要。

在台灣的教育體制裡，國民小學的課程中，中年級時會被要求觀察蠶寶寶的一生並將其記錄，進而從每天的觀察中，讓小朋友體會生命的奧妙，從吐絲、結俑、孵化，一直到最後的死亡，這種體驗對他們來說可能不只是自然科學的觀察部分，而是另一種對生命的學習和探索，甚至到最後的死亡階段，也是許多兒童第一次接觸死亡經驗的來源。Lagoni、Butler與Hetts提出，寵物死亡對於每位飼主來說都是最後必須面對的事情，特別是將寵物視為家中一份子時，更是需要慰藉以及心理扶持。面對寵物死亡時多有不能接受的情緒反應，甚至病倒，因此需要藉著人類心理學研究，幫助飼主調理悲傷情緒（引自楊姮稜、黃慧璧、梁碩麟、陳光陽、賴秀穗，1995）。

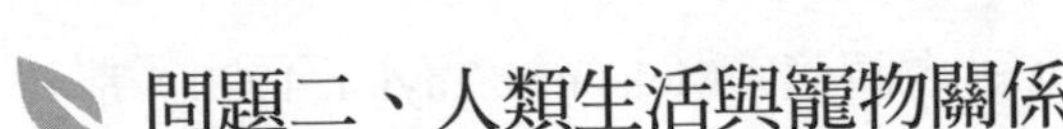

問題二、人類生活與寵物關係

一、人類生活發展與寵物角色

人類馴養動物是人類與自然的連結關係，另一角度也意味人類企圖控制自然意圖（簡妤儒，2002）。詹勝利（1996）則認為，寵物是現代人類喜愛的家畜動物，且對牠們親愛、愛撫與牠們玩耍，是娛樂而非商業利用，彼此間的情感具有某種程度上喜愛與依賴的交互作用。黃千慈（2012）研究發現，寵物加入家庭系統後除了呈現寵物與家庭互動外，也傳達了當寵物成為家庭子女一員，會影響家庭規則的改變外，也因新形成的人與狗間手足關係引發競爭與同盟，以及當家庭面對寵物死亡的哀悼過程等同失去親人的歷程，所以，寵物扮演一個情感和娛樂性的角色。寵物的平均壽命不長，最常見的貓狗也只有人類的五分之一而已。而小型動物如：楓葉鼠，平均也不過僅一至二年的壽命，甚至有些昆蟲類更是只有短暫幾個月的生命。因此，可以大膽推論飼養寵物的飼主們，大部分都有機會經歷寵物的生育、病痛甚至是死亡；另外，不少研究指出兒童和寵物間特定的關係，對兒童的認知發展（Kidd & Kidd, 1985）、同理、能力感

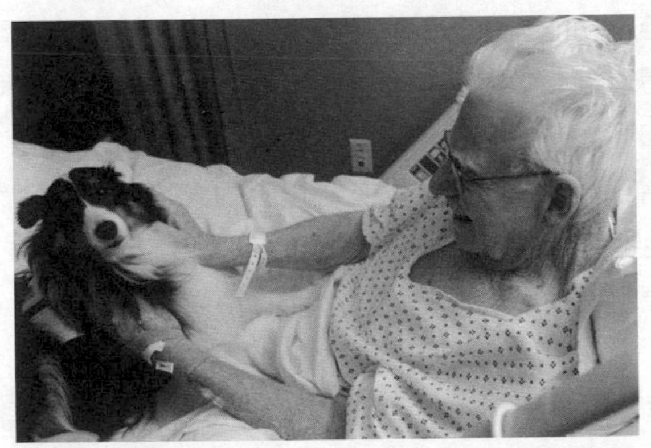

狗醫生出任務

資料來源：http://static.ettoday.net/images/1043/d1043769.jpg

（Melson, Sparks, & Peet, 1988）和社會調適（Melson & Taylor, 1990）都具有正向的影響。事實上，無論是成人或兒童，動物伴侶死亡都可能是其一生中很大的失落（Gage & Holcomb, 1991; Mader, B., & Hart, L., 1992）；同時由於失落後之調適歷程往往帶來當事人對生命意義更多之體會與學習（何長珠課堂講述，2009），亦有很多研究顯示（Jane McNicholas et al., 2005; Deborah L., 2007），寵物可以：緩和不幸生活事件（如離婚、喪偶）的作用；減低焦慮、寂寞與沮喪的程度；增加自主、適任與自尊等感覺。以上這些心理益處，大半是直接來自於寵物所帶給其飼養者的伴侶關係（companionship）。

二、寵物與人類健康相關的研究探討

寵物對於人類心理情緒穩定有著重要角色（王乃玉，2003；鄭和萍，2000）。Levinson（1978）也認為伴侶寵物能增益人類生命力、自我尊重及他人互動關係。

在西方，1961年兒童心理學家Boris Levinson發表的研究中，首開先例，將狗作為協同治療師納入兒童心理治療（Levinson, 1997）。而近幾年，寵物治療成為一種新興治療力量。國內在臨床護理研究上，針對寵物在於寵物與健康之間的關聯提出一些看法，可知寵物的功能有著生理、心理、社會與靈性功能。藉著與寵物接觸的機會，能增加身體循環與照顧能力，舒緩身體緊繃感；與寵物互動時，增加安全、歸屬認同感，減少孤獨、紓解焦慮和憂鬱的情緒，也因撫摸寵物，感受到一種舒適和撫慰的感覺；人們從寵物身上獲得歸屬，則有較正面的人際導向；而寵物也是我們傾訴的對象，從牠們身上獲得溫暖與復原（袁翠苹，2006）。

寵物對人類生活的影響歷史悠久，並且扮演著重要角色，而飼主在與寵物相處互動的過程中，隱含著許多意想不到的力量與功效。在美國，大約有80%的家庭會在孩子年幼時養寵物，因家長相信寵物會讓孩子變得敏銳、有責任心，還可和孩子作伴。而會幫忙養寵物的孩子較能解讀別人肢體語言，也較具有同理心（廖婉如譯，2005）。

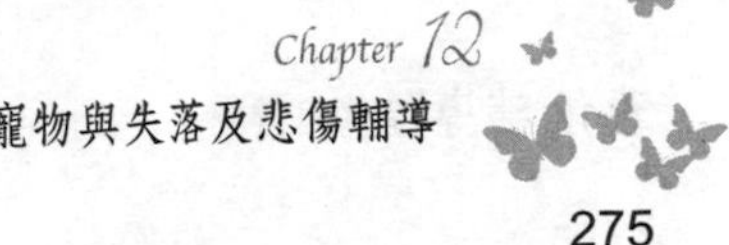

程鈺雄（2002）指出，寵物可以減輕正常人或身心障礙者的高血壓疾病，甚至提高存活意願，改善焦慮恐懼，改變人際互動關係；《健康PLUS》雜誌（2000）中提到飼養寵物有十六種效用，分為四大類來描述：

1.治療心靈：忘掉寂寞感、和無力感說再見、緊張壓力一掃而空、笑臉增加、性格便保持開朗。
2.孩子的教育：成為有愛心的小孩、不被價值觀偏差的社會所擊敗、瞭解生命的重要、從虛幻的世界中脫離（電腦或電視）。
3.讓社會性更廣：是交談的最好開端、交友圈擴展到鄰居、預防親子關係的斷絕、外出變得積極起來。
4.對身體的好處：運動不足的現象自然消除、能擁有正常規律的生活、減肥效果倍增、預防生活習慣病。

許燕真（2007）針對寵物的功能分類出五大項功能，分別是生理功能、心理功能、社會性功能、醫護功能以及靈性功能，茲說明如下：

1.生理功能：擁有寵物不僅可以陪伴，更可有效促進飼主身體健康，減少心血管疾病的產生（Anderson et al., 1992; Zasloff & Kidd, 1994）藉由與寵物接觸的機會，增加運動量及活動、改善心臟血管功能、降低血壓（Katcher, Friedmann, Beck, & Lynch, 1983）、降低骨骼肌肉張力、促進肌肉鬆弛，進而緩和生理反應（如呼吸、心跳、平均血壓）（Barba, 1995）。
2.心理功能：有些飼主視寵物為家人，並與寵物產生依附關係，使擁有寵物者感到愛、陪伴及安全感，進而降低寂寞（Cole & Gawlinski, 1995; Zasloff & Kidd, 1994）、焦慮（Barker & Dawson, 1998），減少老年人的失落及孤單感，緩解焦慮及憂鬱的情緒（Garrity, Stallones, Marx, & Johnson, 1989），增加安全感、真實感、自信心、提供歸屬感、認同感及自我概念（Kongable, Buckwalter, & Stolley, 1989）、相互支持及滿足養育感（Bonas, McNicholas, & Collis, 2000）。而在一個國內寵物與老人健康的研究中提出，擁有寵物者自覺健康較好、較不憂鬱（劉清華，2000）。

3.社會性功能：提供社交接觸、陪伴、輔助日常生活功能，給予無條件的愛與忠誠（Lagoni, Butler, & Hetts, 1994），促進人際關係，提供整體幸福感（Cusack, 1988），增進幸福及快樂的感覺（Jorgenson, 1997）。

4.醫護功能：痴呆的患者能有較正常的表現、增加進食的順暢，增加心臟病患者恢復期間的存活率（Friedmann, Katcher, Lynch, & Thomas, 1980），降低心血管疾病的風險，治療期間較不易高血壓攀升、較少突發心臟疾病、較不易產生孤單感和情緒低落（Anderson, Reid, & Jennings, 1992）。減少精神疾病患者的使用藥物量，緩和工作人員壓力，更迅速且有效地縮短治療過程。C. I. Li（2011）藉由飼養魚類探討寵物治療對於孤獨、憂鬱和制度化老年人的社會交往，其發現由飼養魚類的老年患者會減少孤獨和壓抑，提高制度化長老的社會交往。其結果可能提供長期護理設施的護士和管理人員作為改善老年居民孤獨一個可能的干預，壓低與社會的互動，提高護理質量。

5.靈性功能：寵物作為個人心靈感受、舒適感及安全感表達的對象，進而與尚未生病前的生活經驗做連結，回顧並重新思考靈性的意義，如對生命及死亡的詮釋，以獲得心靈的平安（Gammonley & Yates, 1991）。擁有寵物的學生，99%想過寵物的死亡問題，83%在寵物死亡後會思考到人類生存的價值問題（Miyoko & Debbie, 2004）。

而在國內外也有不少研究指出寵物為飼主帶來許多的益處，但目前在醫院使用動物輔助活動一直是受爭議的，因人們擔心動物會在機構內帶來傳染疾病（Yamauchi & Pipkin, 2008）。國內也由於醫療機構接受程度的限制，過去的服務多集中於養護機構及特教中心（葉明理，2005）。但最新的研究結果可望排除這層顧慮：Arkansas兒童醫院從2001年起，進行為期六年的研究，檢驗了超過四千位兒童，沒有任何一例個案因動物進入醫院

而感染疾病（Yamauchi & Pipkin, 2008）。

綜合上述資料顯示，寵物與飼主間的關係與互動往往帶給飼主很大的效益，現代社會中飼養寵物提供陪伴與寄情作用，寵物的伴侶作用提供如同人類社會的支持作用，可降低缺乏社會支持與壓力紓解的致病危險，飼養寵物帶給現代人健康效益，而撫摸寵物提供舒適感與撫慰，與寵物間的相處也供給良好的情緒互動，所以寵物對於人類心理情緒穩定有著非常重要的角色（王乃玉，2003；鄭和萍，2000），Levinson（1978）也認為伴侶寵物能增益人類生命力、自我尊重及他人互動關係。近年來寵物議題盛行，坊間也出現許多書籍都是在撰寫飼主與寵物相處發生的大小事，藝人楊烈（2004）《我家就是動物園：楊烈的寶貝寵物全紀錄》一書中透露出他與寵物間不可取代的親密關係；茂呂美耶（2007）也在書中《歐卡桑的尖嘴兒子》裡寫下與寵物從接觸到死亡、想念的心路歷程；而傑克・坎菲爾與馬克・韓森（2000）合著之《心靈雞湯：親親寵物》以及隔年出版的《心靈雞湯：寵物之愛》，這兩本書則收集了來自世界各地飼主與寵物之間的故事；而John Grogan（2006）所撰寫的*Marley & Me*出版後在世界各地更是引起熱烈的迴響，甚至於2008年被拍成電影搬上大螢幕。此外，除了飼主與寵物之間感人的情誼之外，也有不少專業議題紛紛而出，像麗塔・雷諾斯（R. M. Reynolds, 2005）所寫的《陪牠到最後：動物的臨終關懷》（*Blessing the Bridge: What Animals Teach Us About Death, Dying, and Beyond*）訴說著不只人類需要臨終關懷的需求，其實對動物來說也是很重要的；而台灣獸醫師杜白（2007）的《動物生死書》（*Living and Dying of the Companion Animal*）則是藉由寵物帶領著讀者體會人生的生、老、病、死、苦。此外，洪香瑜（2012）研究發現，飼主對寵物的情感依附程度及九個深智慧態度，產生正向關係。除此之外，有帶寵物出門運動習慣的飼主（N=148, 70.8%），對寵物的情感依附程度及運用深智慧的態度程度也較高。研究結果也證實寵物陪伴除了能為飼主帶來心靈及社會上的支持，還能透過飼主對寵物的情感依附程度，預測飼主在生活中運用深智慧原理的態度，進而為飼主帶來生活態度及習慣方面的正向轉變。

英國一隻殘疾牧羊犬幫助小主人克服疾病恐懼
資料來源：引自http://www.ttpet.com/zixun/81/n-81681.html

三、寵物的意義變遷與轉變

從人類生活的歷史脈絡發展中，看見動物與人類生活密不可分的關係，是相互影響的一種動態，是持續行進的，而寵物的功能角色，無論是從生理、心理方面的健康發展，在在表示著寵物於現代社會的重要性，和不可或缺的角色地位（袁翠苹，2006）。104市調中心在2008年針對寵物飼養的調查中，發現認為飼養寵物可以帶來身心靈陪伴（67.9%）、培養愛心與耐心（52.9%）、紓解壓力（49.4%）三項好處，也因此人們對寵物的需求增加，飼養種類也越來越多元化，各種千奇百怪的寵物一一出現。養貓、狗、兔已不再稀奇了，養魚、養鳥、養烏龜也是平常的事，新興而起的寵物如天竺鼠等嚙齒類就曾經風靡一時，迷你豬、麝香豬和滑溜溜的蛇也有愛好者，顏色鮮艷的角蛙、毛茸茸的大蜘蛛、晶瑩剔透的水母、有現代恐龍之稱的變色龍等。各式各樣的寵物襯托出各式各樣的飼主們都需要能夠與自身相處的寵物，也看出現代人對於寵物的需求越來越頻繁，而在經歷過寵物短暫的生命旅程中就很容易影響飼主的想法，有研究指出，面對寵物死亡事件讓飼主經歷了一段悲傷失落的歷程，引發飼主對於死亡的恐懼，甚至勾起飼主內心一些關於死亡不愉快的經驗（袁翠苹，

2006），也有些飼主藉由飼養寵物的過程而學會更多新事物及對生命的新體驗，進而建立飼主自身的自我功能，例如：義守大學聘請兩位身心障礙生充當實驗室裡天竺鼠的「鼠保母」，在照顧天竺鼠的過程經驗中，不僅讓這兩名身心障礙生反應比以前敏捷，對生命更是充滿了熱情（王昭月，2007）。

問題三、寵物與飼主的連結關係

一、寵物與家庭

Albert和Bulcroft（1988）的研究調查指出，寵物被人們視作家庭成員，在城市家庭中扮演著顯著情感和心理角色。Mullin也指出，寵物常被視作是家庭中的一份子，扮演同伴的角色，成為養育與照顧行為的中心，也給予我們相當多的情感和滿足（引自陳玉雲，2003）。

二、人與寵物的連結關係

最早提出人類與動物的連結（human-animal bond）觀念的是Boris Levinson，當時他從動物的輔助活動、動物輔助治療和犬隻的訓練課程等，發展出人與動物間的連結關係，並且瞭解人在和動物互動的過程中，寵物增加了人類的幸福感、安全感以及自我認同感，並且減少人類的孤獨及隔離感（Sable, 1995）。而飼主與寵物之間產生連結的原因Lagoni、Butler與Hetts（1994）提出了以下四項因素：

1.擬人化（anthropomorphism）：當飼主與寵物之間的溝通行為模式越來越相似時，彼此之間的依附關係也會越高，飼主因不瞭解動物的語言以及行為表現，為了增進與寵物間的溝通關係，因此賦予寵物擬人化的行為來詮釋。

2.嬰兒化（neoteny）：許多動物本身就具有幼兒的生理特徵，大大圓圓的眼睛、小而短的四肢等類似嬰兒的外表特徵，這些特徵讓動物們看起來很可愛，也促使飼主想要呵護與疼惜心情油然而生。

3.異種間的模仿行為（allelomimetic behaviors）：不同物種生活在一起時，時常會有互相模仿的行為出現以確保延續生命的目的，當人與動物共同生活一段時間時，動物也會開始模仿飼主的行為。當模仿行為發生時，就容易被飼主附與擬人化的解釋，也因此更進一步加強了彼此間的連結關係。

4.社會支持（social support）：人是一種群居的動物，無法脫離團體生活，而當社會間的人際關係疏離時，飼主與寵物間的互動關係時常取代了與人的關係，而經由寵物的陪伴時常也撫慰了飼主的心靈。

三、台灣大學生與寵物間的關係

對於台灣大專院校學生來說，大學生活是很多人離開家庭到外地獨自生活的第一步，加上課程的安排方式不同以往義務教育的安排，無法時時刻刻都與同班同學相處，導致大學生容易產生寂寞孤單的情感因素。Staats（2008）針對大學生飼養寵物行為做了調查，他表示大學其實是一個非常容易感覺有壓力的環境，面對改變，大學生時常感到孤立無援或不知所措；這時候，很多人會覺得寵物可以幫助他們度過這些困難以及壓力情況，而更多的人認為，如果沒有寵物陪伴的話，他們將感到非常孤獨。王保嬋（2010）根據Miranda Hitti（2008）所提出的大學生飼養寵物的四項因素，將相關資料整理如下：

1.心理作用：從小就在住家周遭裡的生活圈，除非在學校的同學外跟社會沒什麼接觸，當他來到另一個陌生的環境學習，受到社會上的一些觀感影響，使得他認為飼養寵物是一件必須要去做的事情。

2.緩解孤獨：剛進入大學，好朋友都不在身邊，大學校風自由、開放，家長又不在身邊，在某些方面找些情感上會產生寂寞孤單的負面情緒，此時除了尋外在的刺激外也會尋求慰藉來排解孤獨感，因此不少大學新鮮人會開始談戀愛或是飼養寵物讓自己感到不孤單。

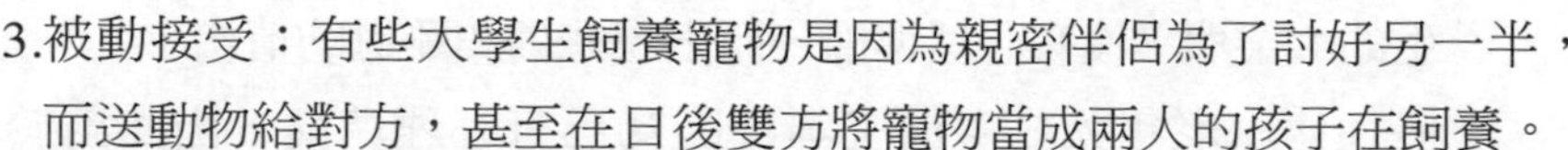

3.被動接受：有些大學生飼養寵物是因為親密伴侶為了討好另一半，而送動物給對方，甚至在日後雙方將寵物當成兩人的孩子在飼養。

4.轉移壓力：大學生活面對的問題比起以往在校園所遇到的問題還要多，因此很多大學生會感到壓力變大，生活調適不良，這些壓力大的學生希望能找到一個屬於自己的空間調節和緩解壓力，因此選擇飼養寵物陪伴在身邊。

人類與寵物互相伴慰的情感交流，早已超越了飼主與寵物之間的主從關係，昇華成了一種對等的、親密互動的關係，好似親愛的家人一般。寵物對飼主的意義常常不是只有陪伴，其他包含更多的移情意義（許燕真，2007）。歐美研究顯示，孩子在成長的過程中，若未能學到以愛心對待動物的觀念，將來可能造成人格及行為發展的偏差（釋傳法，2008）。Allen R. McConnell等學者之研究，擁有寵物之一般（健康成年）人至少有以下的好處：身體較強健、較有自尊、比較不會感到寂寞、較負責盡職、比較不會心不在焉。

王乃玉針對國外學者研究，歸納出人類喜愛寵物的潛在原因，乃因寵物具有提供無條件的愛的特性與代罪羔羊的特性，似於幼年期客體——母親所提供的替代性依附關係，滿足人類基本安全感的需求與操控自主的潛在意圖。此外，由於寵物和人存在著一種密切的關聯，有些飼主甚至把寵物視作家人，因為和寵物間存有的依附，使他們感受到是愛、陪伴和安全感，降低寂寞，增加幸福快樂感（江珮儀，2004）。

問題四、遭逢寵物死亡的失落經驗

一、寵物死亡發生的導因

詹勝利（1996）在其研究中指出，導致寵物的死亡情形可分為三種：

1.突然的死亡：像是車禍、生病等非預期事件，飼主可能因為事件發生的太突然，沒有心理準備，而出現悲傷和難過的情緒。

2.慢性病、老年死亡：飼主本身因為已有心理準備，因此對於悲痛（bereavement）的情緒比較能緩和接受。

3.安樂死（euthanasia）：對飼主來說是種情感和理智的抉擇，對寵物也許是最好的選擇，但是對飼主來說卻是個痛苦的決定。

二、失去寵物的反應

Thomas與Amanda（2003）研究中發現，寵物死亡事件發生之初，有87.5%的飼主至少經驗一種悲傷的症狀，六個月後這些症狀發生的比例降為35.1%，一年後只剩下22.4%的人仍存在悲傷的症狀，因此失去寵物的調適狀況會隨著時間有所變化與改善。

失去寵物的悲傷狀況會隨著時間而變化與改善

三、寵物死亡事件之相關研究討論

Tuner（1997）的研究中則將求助於寵物支持熱線的來電者做了性別上的統計，發現女多於男；Gage和Holcomb（2001）的研究則是觀察夫妻對

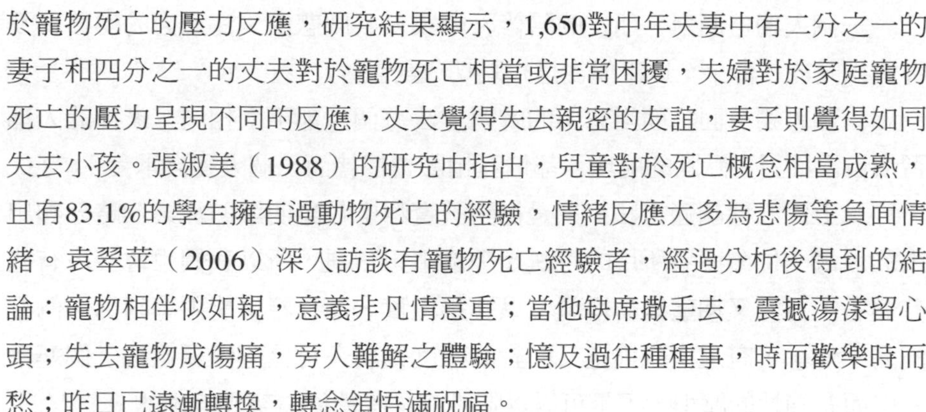

於寵物死亡的壓力反應，研究結果顯示，1,650對中年夫妻中有二分之一的妻子和四分之一的丈夫對於寵物死亡相當或非常困擾，夫婦對於家庭寵物死亡的壓力呈現不同的反應，丈夫覺得失去親密的友誼，妻子則覺得如同失去小孩。張淑美（1988）的研究中指出，兒童對於死亡概念相當成熟，且有83.1%的學生擁有過動物死亡的經驗，情緒反應大多為悲傷等負面情緒。袁翠苹（2006）深入訪談有寵物死亡經驗者，經過分析後得到的結論：寵物相伴似如親，意義非凡情意重；當他缺席撒手去，震撼蕩漾留心頭；失去寵物成傷痛，旁人難解之體驗；憶及過往種種事，時而歡樂時而愁；昨日已遠漸轉換，轉念領悟滿祝福。

洪琬婷（2013）探討飼主失去寵物後所經歷的悲傷失落經驗，發現個案們歷程中發現並不會將自己埋入痛苦的深淵，而是會嘗試找尋昇華的方向，不斷地與失落共處，尋找方向與正向能量提升的過程。

結　語

一、寵物的「意義」影響飼主面對寵物死亡的情緒

一件相同事物在每個人心中的份量會有不同，因為每個人在乎的、喜愛的部分都不一樣；同樣的，寵物對於家中的每一個成員也都有著不同的意義，「屬於我的」與「只陪伴我」這樣的感受，會讓寵物之於飼主的意義變得不同，這樣的意義也影響著面對寵物死亡時的情緒反應。

二、成人飼主面對寵物死亡的調適方法

面對與處理悲傷情緒的方法，通常是因人而異，沒有絕對的對錯與好壞，飼主經歷寵物死亡時，是利用何種方法調適，以及在經歷寵物死亡後，心情、心態上又有何轉折，是本節主要討論的重點。整理研究參與者的訪談資料後，可以歸納出幾個主要的方法：

一個人獨自面對、朋友的陪伴、與家人共度悲傷、注意力的轉移，及尋找相同的「他」，以下便從這幾點切入討論。

一個人獨自面對面對悲傷的處理方法每個人都不太相同，家裡的人都習慣自己面對，默默的處理，都怕互相影響情緒而一個人獨自承受。

以上的五種調適方法，只是從訪談資料中較為明顯的線索約略分類出來的，每一位參與者所用的方法幾乎都不只一種，所以我們也會發現有些參與者，可能又期望以轉換環境以逃避現實，卻又希望能再尋到另一個相同的「他」，有這樣既逃避又面對的態度顯現。可見悲傷調適是一個連續發展而有彈性的歷程，不是可以以階段或是步驟便清楚界線出的。

三、再次面對寵物的心態轉變

悲傷事件發生後，人們會很自然的將對那件事件的記憶做出跟以往不太相同的處理，也許因悲傷而封閉，也許勇敢面對，也許做出突破性的決定，本研究的參與者中，有人仍是堅持愛狗、一定要養狗；有的則是心裡多了份擔心；有的則是因為不想再一次經歷那樣耗費心神的過程，而選擇不再飼養寵物。

四、小結

調適悲傷情緒的方法，每個人都各有差異，有些人可能需要旁人的陪伴，有些人則是需要獨處。從資料中可以看到，不論是否曾經有人陪伴，還是很難避免遇到寵物過世的，幾乎每一位研究參與者都表示過獨處的時候，最為思念過世的寵物，尤其在他曾經存在過的環境下，思念與不捨更加明顯。轉移注意力就包含了新的環境與新事物的加入，有些利用學校生活忘懷，有些則因為新的寵物加入而努力建立新關係。在相同世界希望能夠找到一個「相同的他」，是為自己的悲傷編織的美夢，也是藉由這樣的美夢來讓自己更有希望的度過悲傷的過程。

是否選擇再次飼養寵物，其實是個重大選擇，因為心裡都知道：總還

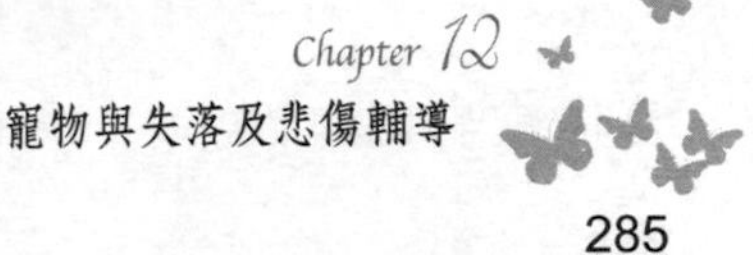

是有那一天要悲傷。雖說如此，參與者大多再次飼養寵物，經過掙扎與抗拒的過程，還是認為應該再勇敢的走下去，因為回憶是美好的，不會因為分離而消失。根據研究發現結果整理出以下三點：

1.寵物的「意義」與親密關係的斷裂，是影響悲傷情緒的主因。

2.寵物死亡調整了看待世界的焦距。

3.調適悲傷情緒的方法概分為五種。

(一)寵物的「意義」與親密關係的斷裂是影響悲傷情緒的主因

人因為相處與喜愛而親近寵物，使他們之間產生情感性的依附關係，而此時對於飼主而言，主角寵物不再只是動物，他是有別於其他同種動物的「特殊份子」。對於五位研究參與者來說，主角寵物都有其特殊性，「只屬於我」及「只陪伴我」便是參與者能夠清楚辨識他們的認同標誌。

其實親密關係的斷裂造成悲傷與失落的一個關鍵原因，因為參與者的日常生活已經與主角寵物密不可分，在關係上也培養了貼近的情感，研究參與者身兼照顧者與依附者的角色，當死亡事件發生時，自然也加強了悲傷的情緒。

(二)寵物死亡調整了當事人看待世界的焦距

本研究的研究參與者主要是用網路及email公告尋找，三位在研究前是完全不認識的，二位則是研究者原先就熟識的朋友，他們皆是看到公告而主動回覆願意接受訪談的意願。由此看來，他們的基本思考模式是較為主動且願意開放自己的，在面對寵物死亡的悲傷情緒時，是較偏向正向思考。從寵物死亡事件中，他們學習到把握當下，珍惜眼前所擁有的事物。知道家人的可貴，瞭解負責任的真諦，提醒自己不再重蹈覆轍，更將懂得的愛傳出去，幫助、愛護更多受苦的動物們。

經歷此次寵物死亡的經驗，除了讓他們重新思考養寵物的意義，也讓他們調整了看待世界的焦距。例如欣欣知道自己夢想中的「家」要有狗狗才算完整；雅雅將愛擴大，悲憐更多的流浪動物；琳琳時時提醒自己要以更加負責任的態度來對待每一隻寵物寶貝；帆帆告訴自己不要再有遺憾，要把握多多在的時光，實現對他的承諾；葳葳在悲傷後，更加肯定自己正確的飼養觀念，一定要能夠給他幸福的生活，才可以再次的飼養寵物等，都是寵物教給人類的好禮物。

(三)調適悲傷情緒的方法

研究參與者最主要的調適的方法概分為五種：(1)一個人獨自面對；(2)朋友陪伴；(3)與家人共度悲傷；(4)注意力的轉移；(5)尋找相同的「他」。

在調適悲傷的過程中，通常不會只單獨使用一種因應方法來面對失落，大部分是所有方法交互運用，以度過悲傷情緒。所有方法的選擇也並非絕對或是階段的，而都是連續、互動發展的歷程，本研究所歸納出的五個調適方法，只是文本資料中最為明顯，也並非調適過程中的絕對。

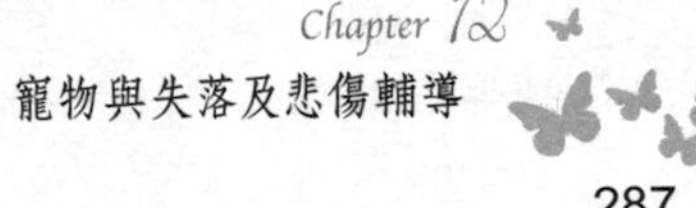

參考書目

中文部分

王乃玉（2003）。《國小高年級兒童—寵物互動行為、兒童寵物信念、兒童—寵物親密關係與非學業自我概念關係之研究》。新竹：國立新竹教育大學教育研究所碩士論文（未出版）。

王保嬋（2010）。《大學生人際依附風格與同伴動物關係之研究》。嘉義：南華大學生死學研究所碩士論文（未出版）。

王昭月（2007/3/3）。〈照顧天竺鼠：身心障礙者的生命變熱情〉。《聯合報》，C2。

江珮儀（2004）。〈應用寵物治療於護理之家之經驗分享〉。《長期照護雜誌》，8(2)，118-124。

行政院農委會台灣動物保護法。2009年3月12日取自：http://www.coa.gov.tw/show_lawcommond.php?serial=9_cikuo_20040915105337&code=A09&type=A

行政院農委會（2005）。〈94年度全國家犬家貓數目調查〉。台北：農委會。

吳怡伶（2006）。《動物溝通：寵物作為人際互動的中介》。台北：世新大學口語傳播所碩士論文（未出版）。

杜白（2007）。《動物生死書》。台北市：心靈工坊。

卓燕萍（2005）。《台中縣市國小高年級學童寵物飼養行為及其影響因素之研究》。台中：國立台中教育大學環境教育研究所碩士論文（未出版）。

洪香瑜（2012）。《寵物陪伴與習慣領域深智慧原理之相關性》。中興大學運動與健康管理研究所學位論文。

洪琬婷（2013）。《失去天平的另一端——飼主面對寵物離世之悲傷失落歷程研究》。暨南大學輔導與諮商研究所學位論文。

茂呂美耶（2007）。《歐卡桑的尖嘴兒子》。台北：遠流。

袁翠芊（2006）。《寵物似如親：經歷寵物死亡之生活經驗探究》。嘉義：國立嘉義大學家庭教育研究所碩士論文（未出版）。

健康PLUS編輯部（2000）。〈飼養寵物的16種效用〉。《健康PLUS》，38，84-89。

張淑美（1988）。《兒童死亡概念發展之研究與其教育應用》。高雄：國立高雄師範大學教育研究所碩士論文（未出版）。

莊慧秋（1986）。《社會困境之研究——不同誘因型態對合作行為之影響》。台北：國立政治大學心理學研究所碩士論文（未出版）。

許燕真（2007）。《十位國小教師與寵物互動經驗及其推動人道教育的看法》。花蓮：國立花蓮教育大學生態與環境教育研究所碩士論文（未出版）。

陳玉雲（2003）。〈鏡子與視窗：人類與動物關係的社會文化研究〉。《中外文學》，32(2)，41-71。

陳光陽（1999）。〈畜主選擇寵物犬條件對於往後主從關係之影響研究〉。國科會專題研究計畫成果報告（編號：NSC88-511-S003-017）。台北：中華民國行政院國家科學委員會。

陳怡安（2004）。《健康狀態之生活品質相關與養有寵物間的關聯性》。台中：東海大學企業管理所碩士論文（未出版）。

程鈺雄（2002）。〈對身心障礙人士的寵物治療〉。《國教之聲》，34，2-4。

黃千慈（2012）。《天使走過人間——寵物與家庭互動歷程之敘說研究》。國立台北教育大學心理與諮商學系學位論文。

楊姮稜、黃慧璧、梁碩麟、陳光陽、賴秀穗（1995）。〈台灣地區飼主與獸醫師及飼主與寵物間關係之研究：以國立台灣大學農學院附設家畜醫院為例〉。《中華獸醫誌》，21(5)，316-325。

楊烈（2004）：《我家就是動物園：楊烈的寶貝寵物全紀錄》。台北：台視文化。

葉明理（2005）。〈來喜的小把戲——談台灣動物輔助治療的發展〉。《護理雜誌》，52(4)，23-30。

葉明理（2005）。〈來喜的小把戲——談台灣動物輔助治療的發展〉。《護理雜誌》，52，23-30。

詹勝利（1996）。《台灣地區家戶寵物飼養之初步調查》。台北：國立台灣大學公共衛生學研究所碩士論文（未出版）。

廖婉如譯（2005），R. M. Reynolds著（2001）。《陪牠到最後》。台北：心靈工坊。

廖雅蘋（2004）。《少年小說中人和動物關係探究》。台東：國立台東大學兒童文學研究所碩士論文（未出版）。

劉子綺（2006）。《成人飼主面對寵物死亡的心理調適與歷程之研究》。嘉

義：南華大學生死學研究所碩士論文（未出版）。

劉清華（2000）。《社區老人擁有寵物對其健康狀況及生活品質影響之相關性探討》。台北：國立台北護理學院護理研究所碩士論文（未出版）。

鄭和萍（2000）。《健康狀態相關之生活品質與養有寵物間的關連性》。台北：國立台灣大學流行病學研究所碩士論文（未出版）。

謝宜芳（2009）。《老年人個人屬性、依附風格、心理需求與憂鬱情緒之關係研究~以高雄市長青學苑老年人為例》。台北：國立台灣師範大學教育心理與輔導研究所碩士論文（未出版）。

簡妤儒（2002）。《寵物商品化與價值變遷：分析1950年代後犬市場的形成與變遷》。台北：國立台灣大學社會學研究所碩士論文（未出版）。

寶貝寵物雜誌企劃部（1999）。〈台北人需要的動物伴侶〉。《寶貝寵物雜誌》，1，114-117。

釋傳法（2008）。〈愛牠就不要擁有牠〉。《弘誓雙月刊》，93，80-81。

英文部分

Anderson, W. P., Reid, C. M., & Jennings, G. L. (1992). Pet ownership and risk factors for cardiovascular disease. *The Medical Journal of Australia, 157*, 298-301.

Barker, S. B., & Dawson, K. S. (1998). The effect of animal assisted therapy on anxiety ratings of hospitalized psychiatric patients. *Psychiatric Services, 49*(6), 797-801.

Bonas, S., McNicholas, J., & Collis, G. (2000). *Pets in the Network of Family Relationships: An Empirical Study*. Cambridge: U.K. Cambridge University.

Cole, K. M., Gawlinski A. (1995). Animal-assisted therapy in the intensive care unit. A staff nurse's dream comes true. *Nurs Clin North Am., 30*(3), 529-537.

Cusack, O. (1988). *Pets and Mental Health*. New York: Haworth Press.

Friedmann, E., Katcher, A. H., Lynch, J. J., & Thomas, S. A. (1980). Animal companions and one-year survival of patients after discharge from a coronary care unit. *Public Health Reports, 95*, 307-312.

Gage, M. G., & Holcomb, R. (2001). Couples perception of stressfulness of death of the family pet. *Family Relations, 40*, 103-105.

Gammonley, J., & Yates, J. (1991). Pet projects: Animal assisted therapy in nursing homes. *Journal of Gerontological Nursing, 17*(1), 12-15.

Garrity, T. F., Stallones, L., Marx, M. B., & Johnson, T. P. (1989). Pet ownership and attachment as supportive factors in the health of the elderly. *Anthrozoos, 3*(1), 35-44.

Jorgenson, J. (1997). Therapeutic use of companion animal in health care. *Imaga-the Journal of Nursing Scholarship, 29*(3), 249-254.

Katcher, A. H., Friedmann, E., Beck, A. M., & Lynch, J. J. (1983). Talking, looking, and blood pressure: Physiological consequences of interaction with the living environment. In A. H. Katcher & A. M. Beck (Eds), *New Perspectives on Our Lives with Companion Animals* (pp. 351-359). Philadelphia: University of Pennsylvania Press.

Kidd, A. H. & Kidd, R. M. (1985). Children's attitudes toward their pets. *Psychological Reports, 57*(1), 15-31.

Kongable, L. G., Buckwalter, K. C., & Stolley, J. M. (1989). The effects of pet therapy on the social behavior of institutionalized Alzheimer's clients. *Archives of Psychiatric Nursing, 3*(4), 191-198.

Lagoni, L., Butler, C. & Hetts, S.(1994). *The Human-Animal Bond and Grief.* Philadelphia: WB Saunders Co, 3-28.

Levinson, B. M. (1997). *Pet-Oriented Child Psychotherapy*. ISBN 9780398066741.

Levinson, B. M. (1978). Pets and personality development. *Psychological Reports, 423*, 1031-1038.

Li, C. I. (2011). Effects of animal-assisted intervention with fishes in improving loneliness.depression and Personal Interaction in institutionalized elders.

Miranda Hitti (2008). *Pets Comfort College Students*. 2008, from http://www.webmd.com/balance/news/20081226/pets-comfort-college-students

Miyoko Matoba & Debbie Coultis (2004). Attitudes about DEATH among Japanese Youth. *ReVision, 27*(2), 27-31.

Mader, B., & Hart, L. (1992). Establishing a model pet loss support hotline. *Journal of the American Verterinary Medical Association, 200*(3), 270-274.

Melson, G. F., Sparks, & Peet (1988). Availability of and involvement with pets by children: Determinants and correlates. *Anthrozoos, 2*, 45-52.

Melson, G. F., & Taylor (1990). Studying children's attachment to their pets: A

conceptual and methodological review. *Anthrozoos, 4*, 91-99.

Sable, P. (1995). Pets, attachment, and well being across the life cycle. *Social Work, 40*, 334-341.

Staats (2008). Animals provide social support and companionship to humans of all ages.

Staats, S., Miller, D., Carmot, M. J., Rada, K., & Turnes, J. (1996). The Miller-Radacommitment to pets scale. *Anthrozoos, 9*, 88-94.

Thomas, A. W., & Amanda, L. D. (2003). Grieving pet death: Normative, gender, and attachment issues. *Omega, 47*(4), 385-393.

Turner, W. G. (1997). Evaluation of a pet loss support hotline. *Anthrozoos, 10*(4), 225-230.

Yamauchi, T., & Pipkin, E. (2008). Six years experience with animal-assisted therapy in a children's hospital: is there a patient risk? *American Journal of Infection Control, 11*, 113.

Zasloff, R. L., & Kidd, A. H. (1994). Loneliness and pet ownership among single women. P*sychological Report, 75*, 747-752.

複雜性悲傷之輔導（個案）

鄭青玫、蔡宜潔

理　論

問題一、複雜性悲傷之定義

問題二、複雜性悲傷之危險因子

問題三、複雜性悲傷之區辨

問題四、複雜性悲傷的介入策略

實　務

喪後人生：家人意外驟逝的悲傷輔導

理論

問題一、複雜性悲傷之定義

一般人認為經歷失落的個體，遲早會回歸原來的生活，但這並非事實。特別是當個體所遇到的生活挑戰是複雜的（多過一項之挫折，如失業、失戀、失親同時發生）或困難性高的（如幼年時便失去父或母，或受到身虐、性虐之打擊）則當事人常卡住且無法復原，可能發展成所謂的「複雜性悲傷」（complicated grief）（Greenwich Village Center for Separation and Loss, 2011）。學者粗估哀傷者會發展成複雜性悲傷的人口群約為10～20%（Kristjanson, Lobb, Aoun, & Monterosso, 2006; Shear, Frank, Houck, & Reynolds, 2005）。

Jacobs、Mazure和Prigerson定義複雜性悲傷（complicated grief）之內涵為：長期及破壞性的一種（愛的）渴望（chronic and disruptive yearning）、極度懸念亡者、難以接受死亡、無法信任他人、對於死亡一事過度悲痛、無法繼續前進、麻木、覺得生活空虛、覺得沒有未來、很容易突然激動起來等，導致一般生活功能上的損傷、持續六個月以上者（引自Dillen, Fontaine, & Verhofstadt-Deneve, 2009）。Horowitz等人（1997）認為複雜性悲傷的診斷應包含時間向度與出現的症狀與數量。前者為當事人喪親超過十四個月（以避免因為喪親週年反應所產生之誤判），仍持續強烈的悲傷想念喪者，而且在最近的一個月裡仍有以下三項指標者，包括不自主的回憶亡者；對失落的關係，對逝者存有強烈的悲慟情緒；強烈的希望逝者仍然活著；感覺空虛像被掏空；逃避與逝者相關的人、事、物；睡眠障礙；失去對日常生活的興趣（前三項為侵入性症狀，intrusive symptoms；後四項為逃避與適應不良的症狀，signs of avoidance and failure

to adapt）。Kristjanson等人（2006）亦指出，要區別一般性悲傷與複雜性悲傷，時間向度（後者，長於六個月）是重要的指標，另外，無法將逝者死亡的悲傷統整於個人經驗或悲傷的程度強烈，抗拒接受，以至於無法好好投入現實與現時的生活，亦是其重要特性。

Worden（1991）更細緻的將複雜性悲傷分為四種類別，包括：(1)長期慢性的悲傷（chronic grief）：個體的悲傷持續數年且似乎永無止盡之感；(2)延遲的（delayed）悲傷：個體沒有機會在失落的當下（通常在幼年時代）完整地將情緒表達出來，而是在其他的時間（通常是長大之後）才因某個機緣而強烈地重新浮出檯面；(3)誇大（exaggerated）的悲傷：個體已出現適應不良的行為表徵（如分離焦慮及驚恐），且沒有足夠的現實感；(4)偽裝（masked）的悲傷：個體透過生理症狀、精神病的症狀或其他行為來表達一己之悲傷，但沒有覺察這樣的症狀行為與真正的悲傷原因是有連結的。

問題二、複雜性悲傷之危險因子

Lobb、Kristjanson、Aoun、Monterosso、Halkett和Davies（2010）對於複雜性悲傷的預測因子進行系統性的文獻回顧，希望可以深化該領域的知識，並可作為介入計畫之參考。該篇回顧以時間線作為高危險因子的區分描述，包括：(1)死亡事件前，個人的失落經驗、暴露在創傷事件、先前的精神疾病史、依附類型、與逝者的關係；(2)與死亡事件有關的因子，包括暴力死亡、照顧品質（逝者將死時）、與逝者的關係、婚姻的親密性、依賴程度、對於死亡缺乏準備；(3)死亡事件後，社會支持扮演重要的關鍵因素。

以上，影響複雜性悲傷的高危險因子，個人因素部分，除了哀傷者本身的個人因素外，哀傷者與逝者間的關係是影響發展成複雜性悲傷的重要因素。當雙方的關係親等愈近，互動愈密切，依附類型——依賴程度的高低皆是影響著發展成為複雜性悲傷的可能因子。另外，死者離去的方式亦是重要考量，若死者離去的方式是突然的、急劇的，例如非預期的疾病、自殺、車禍等，通常會引起相關他人更深層的悲傷（Kristjanson et al., 2006）。這樣的經驗會讓生者感覺到被生命背叛，極度痛苦，有時不得不選擇從生活中逃離，以躲避內心排山倒海而來的悲傷。

而社會支持是否足夠是最重要的復原因子。經歷失落的個體是否得到足夠的撫慰、支持、實際上的協助、傾聽，往往影響悲傷復原的歷程。其中，汙名化的死亡（如自殺、墮胎、死產等）常使得家人之間或朋友間的距離更遠，彼此無法扶持。此時，若再有其他親友說服生者「忘了吧，再想也沒有用」、「這些失落不是真的，是你自己鑽牛角尖想太多，根本不需要那麼悲傷」，這些勸慰都會讓生者覺得悲傷是不適合的，反而還讓哀傷者需要花更多的力氣讓自己相信「這沒什麼」。這些都將導致悲傷「無法開始」或「延宕」真正經歷悲傷的歷程。

問題三、複雜性悲傷之區辨

要區辨複雜性悲傷並不容易，因其症狀常與單純性悲傷（uncomplicated bereavement）、重鬱症（major depressive disorder）、廣泛性焦慮症（generalized anxiety disorder）、適應性疾患（adjustment disorder）、創傷後壓力疾患（post-traumatic stress disorder）幾類的診斷症狀類似或複合影響著，因此，要診斷複雜性悲傷有其實際的困難度（Shear et al., 2005）。目前，學者已指出複雜性悲傷之獨特性（Kristjanson et al., 2006; Shear et al., 2005），建議將複雜性悲傷獨立成一個診斷的類別（Kristjanson et al., 2006），以對複雜性悲傷或複合（共症）於複雜性悲傷的疾患作更適切的診斷與介入。以下之整理，希望幫助實務工作者可以敏感，進而區辨單純性悲傷、憂鬱、創傷後壓力症候與複雜性悲傷之異同：

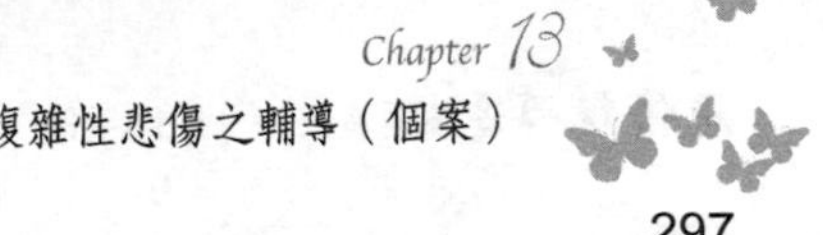

一、單純性悲傷（uncomplicated grief）

會產生心理、生理及行為的症狀。常出現的情緒包括難過、生氣、罪惡感、自我責備、焦慮、孤單、疲倦、無助、震驚、思念、解放（emancipation）、症狀減緩（relief）、麻木等是悲傷的本質。典型的悲傷認知包含：懷疑、混亂、被整起事件占據了整個思緒（preoccupation）、覺得死者仍存在、幻覺。DSM-IV界定一般的生理症狀為失眠、胃口不好、體重下降；其他的還包括呼吸不順、疲勞、消化的問題。而行為上的表現形式則為：坐立不安、尋伺（searching）、逃避或一直尋找與亡者有關的回憶、社交疏遠、日常例行事務被打亂等（Kristjanson et al., 2006）。

以上，可見單純與複雜性悲傷在情緒、認知、生理和行為的反應多所類似。最大的不同，Ranto指出，複雜性哀傷者通常有否認、壓抑、避免失落；堅持維持或堅持逃避與逝者的關係特性（引自Underwood, 2004）。Worden（1991）指出困難的環境（如同時經歷多重失落）、個人的失落哀傷史、人格因素、社會因素（如死亡方式、支持網絡）將導致單純性，正常性悲傷更容易發展成複雜性哀傷。所以，影響復原的因素愈複雜，困難程度愈高；個人抗拒接觸面對，維持的時間愈久；對社會功能的影響程度愈高，則愈容易發展成為複雜性哀傷。

二、憂鬱、創傷後壓力症候與複雜性哀傷

Underwood（2004）整理複雜性悲傷和憂鬱的不同點，如**表13-1**所示。

表13-2為Shear等人（2005）針對複雜性悲傷、憂鬱與創傷後壓力症候之異同作兩兩比較。

關於複雜性悲傷的評量，最先係由Prigerson的團隊（1995）所發展。複雜性悲傷量表（Inventory of Complicated Grief, ICG）在後續的研究過程裡，已建構不錯的信度與效度（Kristjanson et al., 2006）。評量指標向度包

表13-1　複雜性悲傷和憂鬱的相異點

複雜性悲傷	憂鬱
較少認知扭曲	有固著的負向認知
不安、心神不定	缺少能量
承認失落事件	否認失落事件
思緒被死者占據	思緒圍繞著自己
情緒波動起伏	情緒是靜態的
對於支持有反應	對於支持沒有反應
自殺的意圖罕見	自殺的意圖
反映失落的疼痛	疼痛是無固定方向的（pointless）

表13-2　複雜性悲傷、憂鬱與創傷後壓力症候之異同

	憂鬱	複雜性悲傷	創傷後壓力症候
相似	悲傷、衝擊感、罪惡感、無助、失去興趣、易被創傷事件觸發侵入的影像、逃避行為		
相異	1.廣泛性的悲傷 2.對生活失去興趣 3.廣泛性的罪惡感 4.反芻過去的失敗或罪行	1.與逝者有關的悲傷 2.執著於、沉溺於與逝者有關的回憶，幻想，強烈渴望與逝者接觸 3.因逝者而生的罪惡感 4.充斥著與逝者有關的想法 5.逝者的影像不斷進入腦中 6.逃避會觸發回想逝者的人、事、物	
		1.易受與此失落有關的事件觸發 2.初始的情緒是悲傷 3.較少噩夢 4.觸發事件通常較不可預期 5.強烈的渴望思念逝者 6.與逝者有關的愉快的幻想、白日夢	1.會被威脅到身體安全的事件所觸發 2.初始的情緒是害怕 3.常有噩夢 4.觸發事件通常是外在的創傷性事件

括對逝者長期的悲傷表現、悲傷表現強度，以及悲傷表現對個人社會功能性的影響程度。Prigerson等人（1995）的研究發現，複雜性悲傷和憂鬱、焦慮的症狀未盡相同，而且複雜性悲傷能預測長期的功能性損傷。當ICG的分數高於25分者，其社交、一般、心智及生理健康功能的受損程度，皆高於分數低於25分者。此量表亦可以藉由測量生活品質來區辨出單純性悲傷及複雜性悲傷之異同。

以上可見，複雜性悲傷之當事人相較於憂鬱性患者，有特定對象的關係分離議題，其客觀性及現實感的程度較高。因此，在複雜性悲傷的介入策略上可考慮使用支持策略，使當事人多表達，且焦點放在困擾情緒及對象之宣洩，以便催化其更多的分離工作之完成。而憂鬱患者則需較多的認知治療策略之介入，以增加當事人對自己及他人的關注、提升客觀化能力。創傷後壓力疾患則以外在事件而且威脅到生命安全者為主，失控為當事人主要的議題（對於世界不是有序，感覺不安全、人很渺小，容易受傷死亡，世界—人生—生命不可控制與掌握）（Underwood, 2004；洪雅鳳、羅皓誠，2012）；兩者的關係是，複雜性哀傷可能為創傷後壓力所觸發，因此，優先處理了創傷壓力後，關係失落、人際依附議題仍是介入的關鍵主題（Kristjanson et al., 2006）；而且，兩者初始產生的情緒亦不相同，因此，介入時，雖同樣重視表達與宣洩、使用支持性策略，但介入的焦點、生命意義的解構與重新建構亦有其異同。

問題四、複雜性悲傷的介入策略

以下先介紹個人—關係因素所致的複雜性悲傷介入，後續團體介入部分，再介紹複合創傷事件的複雜性悲傷介入。

一、個人之複雜性悲傷的介入策略

新一波哀傷復原的理論與介入，強調認可與接納「失落事件中，個人情緒的異質性表達」，也重視幫助當事人移動視框，看到失落事件中能獲得的正向收穫。所以，過去的哀傷介入聚焦在失落，當前則更移動到重視「得」的重要性（洪雅鳳、羅皓誠，2012）。因此，認可情緒的異質、接納與認可哀傷者對哀悼歷程如何理解、賦予意義和尋求調適的「主動性」為介入焦點（引自林耀盛、侯懿真、許敏桃，2011）。

要對複雜性悲傷的當事人有高品質的陪伴與介入，瞭解影響當事人複雜性哀傷的正負向因素有其必要性。如此，輔導者更能在適當的時機裡，協助案主移動，從「得」的角度思考失落對生命意義的影響，提升介入的有效性。因此，蒐集資料時，個人因素部分，應包括哀傷者的「年齡、文化、宗教信仰傾向、過往曾有的失落經驗，或是先前已有過能適當且成功因應悲傷的方法」等因素；外在因素部分，須考量最近是否有重大的外在創傷事件（例如無預警的重大災難、與暴力有關、強力的破壞性、致命性因素），期可能觸發或複合與逝者的關係因素影響複雜性悲傷的發展。正向因素部分，則應找出案主內外在資源、支持性網絡等重要的復原因子。

複雜性悲傷的當事人可能表現為憂鬱或身體症狀，但介入宜以引發複雜性悲傷的關係議題為焦點（Worden, 1991）。介入策略與技巧可以隨輔導人員理論派別或專長有所異同，但一致的是從情緒的支持與許可，逐漸地引導案主重新整理與逝者的關係、失落事件對案主生命的意義，生命課題的學習，以導向生理、心理與靈性的整合。朱秀琴、周植強（2008）分享一位老年喪偶觸發複雜性悲傷的憂鬱患者之悲傷輔導經驗，其指出疾病介入初期，以憂鬱症的藥物治療為主，因忽略當事人的悲傷反應，導致憂鬱症狀與悲傷反應惡性循環，當事人更感無助與挫折；但是當介入焦點調整為協助當事人表達悲傷情感、逐步增加喪偶的現實感、協助當事人克服失落後之適應過程的障礙、最後向逝者告別、協助當事人建立新關係（與自己、與他人），當事人之複雜性悲傷、憂鬱的症狀緩解，當事人開始採取更正向的方式調適喪妻的傷痛。

二、複雜性悲傷的團體介入

信任、安全、接納、支持的複雜性悲傷團體能提供成員經歷宣洩、普同、常態化、利他、資訊提供、矯正性情緒經驗、問題解決等重要的團體療效因素。Underwood（2004）在創傷性事件悲傷團體介入的篇章裡指出，複雜性悲傷團體的支持性功能非常重要，領導者應在團體前針對團體結構、團體組成、團體前的資料蒐集與評估作努力。以下簡介之：

(一)團體前

◆開放式或封閉式

兩者各有其優缺點，前者會注入團體的活性，但增加了因為不斷加入新進成員所帶來的信任變異問題。而且，不斷的傾聽新故事，會冒無法深入處理更深層的哀傷的風險。

◆短期或長期

要從複雜性悲傷復原本來就是一件長期，而且困難的事。如果又複合創傷事件所導致的失落悲傷議題，考量成員的生理心理耗損，更需考慮團體時間長度的問題。

◆時間長度

每次團體，理想的團體時間是可以經驗情緒及作認知整理的。不適合太長，建議兩個小時左右是理想的時間，準時的開始及結束團體是重要的；最好保持每次聚會只處理一個焦點問題的原則。

◆異質性或同質性

複雜性悲傷若是與環境的大災難有關時，建議於週年後才作異質性的團體組成。這種異質性的組成，幫助哀傷者從經歷不同失落經驗的成員身上領悟到一個身為人的重要事實——任何人都可能經歷到失落，環境的不可控制因素並非主要的原因，這種人生共同之苦之覺察，是緩解悲傷的重要步驟。而團體前的會談評估應包括個人基本資料、失落事件以及當事人曾有的感觸、與逝者的關係史（特別是依附的類型）、失落史、失落事件發生後的生活、現在的壓力源，以及其他導致複雜性悲傷的高危險因子評估。如此可以幫助領導者判斷和瞭解，成員目前處在悲傷的哪一個階段，是否用藥，成員擁有的資源——復原性因子等以決定介入的方向、步調與焦點。建議篩掉患有精神病或情況太脆弱的個體，採個別性處遇更適當。

(二)團體帶領

◆建立信任的團體環境

允許表達悲傷，支持是重要的團體基調。領導者藉由示範傾聽、邀請、同理、促進表達、指認情緒、認可情緒與情緒表達的異質性，常態化關係依附的失落往往引發哀傷的歷程與適應問題，可幫助成員從普同感中獲得釋放，進而開始注意複雜性悲傷與自我適應的問題。成員在團體中相互支持，學習類化團體所學並運用到日常生活中——可以正視、認可、允許與表達失落與哀傷——學習療癒性的支持行為催化了哀傷復原的歷程。

◆從團體—關係焦點，慢慢導向個人工作

團體的凝聚信任，讓成員有機會把焦點望向自我。動機激起是主要的策略，運用視框轉換，從逝者的期待、周圍愛我們的人、自我的期許中，逐步導向關懷自我。當成員投入於回顧，整理與逝者的關係是個人邁向關懷自我，復原力的展現，也是對愛我們的人最好的回報。此過程中，領導者宜善用團體正向成員的示範，例如願意開放、示弱、支持……但領導者應避免過度強調要復原而對成員產生壓力。允許成員在支持的團體環境裡，以自己的步調來經歷哀傷是最大的原則。

◆團體中的個人工作

與逝者未竟事務的個人工作介入，可依領導者理論取向與介入專長來選擇。促進與逝者關係的情感表達，重新整理與逝者的正負向關係，重新建構與逝者的關係（重新定義維持關係的方式——精神性關聯及心靈的親近感）是焦點，重點是允許哀傷者（或哀傷者能運許自我）不揮別過往而能重新投入於現存的關係、生活和世界。整個個人工作的過程，支持是團體的基調。領導者要作的是找出成員間共同的議題以促進普同感，並於每

次團體結束前作經驗的認知整理。成員從每次團體分享個人的感觸中，慢慢梳理與逝者（重要他人）的關係、與自己建立新的關係，建立新價值排序與意義，從而建立失落的「得」——屬於個人的重要生命意義。

◆準備結束

協助當事人克服失落後的適應障礙，投入於現實生活。依成員需要，建立團體結束後的支持性網絡。

(三)外在創傷事件觸發（或複合）複雜性悲傷之團體介入

當複雜性悲傷被後來外在創傷事件所觸發，或外在創傷事件後來發展成為創傷後壓力症候且複合複雜性悲傷時，此時，應優先對創傷壓力症候作介入。當哀傷者蓄積更多正向復原的能量時，展開哀傷者與逝者之間關係議題的探索，對哀傷者的助益才會更大（Underwood, 2004）。以下針對創傷後壓力症候作介入焦點說明：

1.鼓勵成員談論失落事件。

2.提醒成員一旦再遭遇失落的事實時，心理、情感、生理或精神上有可能再經歷悲傷的來襲。

3.性別或文化敏感。例如「男人不可落淚」、「不要哭，逝者會無法離去」……，常讓當事人不允許自己在人前掉淚。適時機的邀請當事人省思悲傷落淚反應的自然性、合宜性、文化性與健康性；此過程，輔導者的允許、肯定，會促進成員對自己悲傷的接納與允許。

4.鼓勵成員對家人或朋友說出其真實需求，告知對方可以怎麼幫忙。

5.成員處在悲傷狀態時，理智和判斷常受影響。鼓勵倖存者面臨重大的抉擇時，應謹慎評估後再作決定。

6.幫助成員瞭解悲傷是過程而非終點。許多人以為度過悲傷的唯一辦法是要「投入和全然經歷」，但事實上每個人自有其因應之方式與速度。因此相信以及允許自己和他人的不同反應與做法，是更重要的。

此外，關於創傷後壓力適應症候的團體介入可以Debriefing模式帶領。此模式就是在創傷事件發生後，立即為災民作經驗的統整與分享。可以採取一對一或小團體方式進行，後者，領導者需要具有團體動力、災難受創心理，創傷後壓力症候或哀傷失落等方面的治療知識與技巧。

以下簡介Debriefing模式的帶領步驟：

1.訴說事件：簡單彼此介紹後，即可協助成員訴說經歷災難的過程經驗。幫助成員詳細的描述過程是重要的原則。

2.表達心理反應：協助成員表達事件發生時的情緒、感受、認知或想法。通常在這個層面會花較多的時間。

3.察覺生理反應：協助成員覺察自己身體上的各種反應，例如：身體疲乏、頭痛噁心、肌肉痠痛、肩膀僵硬等等，此時帶領者可以教導助人者如何去處理這些問題或提供相關的處理諮詢。

4.心靈整合：幫助成員從災難事件中獲取意義，或是探討在此過程中的感觸與學習，並幫助成員作準備以回歸到日常的生活。

5.儀式總結：儀式的重點在於以象徵的方式來表達身、心、靈的整合。用來作為象徵的物品最好是一種具體、看得見、有象徵意義的東西，以此來表達團體共同的領悟與經驗。如蠟燭象徵助人者的愛心，手拉著手象徵彼此的互助與支持。Debriefing結束前，帶領者就大家所分享的部分做總結，並邀請大家共創一個簡單的儀式，再配合引導心像與柔和的音樂，整合整個Debriefing的過程。引導成員內化第四階段——心靈整合的部分。如感謝親人的支持、珍惜生命、欣賞自己助人的熱忱、勇氣與愛心。再觀想心中的那份愛心與善念，擴散傳播給周圍的人，祝福自己、親人、在場的夥伴及在災難中我們曾經幫助過的人。

(四)團體領導者注意事項

◆臨床的經驗

1.幫助成員與團體產生連結：有效的領導者能瞭解成員的需求以及所

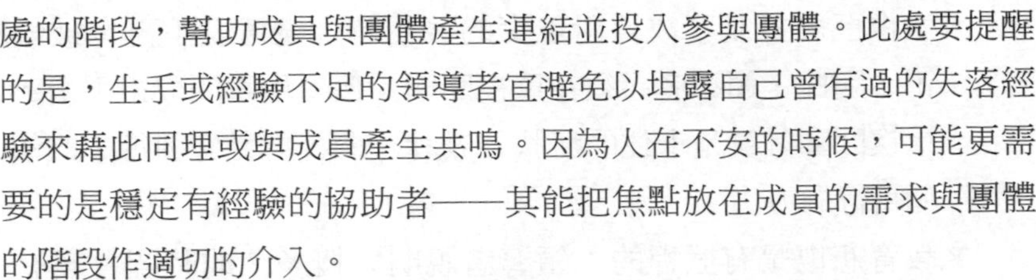

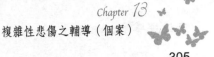

處的階段，幫助成員與團體產生連結並投入參與團體。此處要提醒的是，生手或經驗不足的領導者宜避免以坦露自己曾有過的失落經驗來藉此同理或與成員產生共鳴。因為人在不安的時候，可能更需要的是穩定有經驗的協助者——其能把焦點放在成員的需求與團體的階段作適切的介入。

2.有能力維持治療的距離：有些成員分享的悲傷失落可能極度感人，領導者需要能處理自己的情感反應，並要能示範在這裡表達情感是安全的。直到成員自己能這麼做之前，領導者要有能力能承接住團體成員的情緒。

◆積極主動的執行下列任務

1.創造並維持團體的安全性：創傷性失落事件常撼動個人及情緒的安全感，營造出感覺安全的空間是重要的團體基調。

2.加強規範：領導者有責任將團體的基本規範（如傾聽、給予回饋、分享討論時間、保密等）平等的落實在團體及個別的接觸中。

3.提供情緒的平衡及支持：使用結構的模式是一種能保持情緒平衡的方式。也就是儘量設定清楚的聚會時間與發言規範，並協助大家一起維持之。

4.能以言語協助成員與情緒做聯結：有時創傷性的失落會超越正常經驗的範疇，成員有時會找不到措詞來表達，此時領導者可以將聽到的訊息以語言幫對方表達出來。

5.確認感覺：確認情緒並非悲傷失落團體的終極目標，但在處理環境的創傷時，成員們可能經歷哀傷的工作階段，例如無法控制的哭泣或悲嚎等，領導者須能承接及控制場面，使個人與團體一起通過此種感覺。

6.瞭解並能適時的直陳悲傷的歷程以及創傷性失落的特有反應：以精確的語言談論死亡及先前的事，協助成員正視死亡。

7.區辨重複回顧的效能：領導者要能區辨「協助成員表達失落哀傷的療效」與「重複回顧卻與現實漸遠」之間的差別。當發現重複敘說悲傷已經抑制了成員對現實的接納時，表達就不再是被鼓勵的事了。因此，領導者必須在重複回顧及接受現實間取得平衡。當發現重複回顧其實是卡住的症狀，設計一個「再見與前行」的儀式是一個可行的方法。

8.教育悲傷是有歷程的：領導者說明大概多久的時間會經歷這段歷程，異質是可能也被允許的。

9.幫助成員產生合理的期待：悲傷復原的歷程具個別性，幫助成員瞭解悲傷歷程具有個別性，而且是流動性的。成員可以自己評估需要的時間及是否需要額外的協助，如此也可以幫助成員處理氣餒的情緒。

◆能覺察及處理領導者個人的反移情議題

以下這些狀況，有可能是領導者的反移情：

1.常想著需要移走這些無止盡的痛苦與抱怨。

2.在死亡面前，無法控制自己的情緒。

3.有不適當的情緒展現。

4.無法啟動團體，使團體有能力走向正向能量之方向。

5.思緒常繞著成員或所談論的議題。

6.有過分安慰某成員的需要。

◆領導者可能會受到的挑戰

1.不間斷的創傷本質：創傷死亡失落的緩解或加劇其實常與環境的衝擊有關，例如：新聞報導、法案、忌日、其他額外的創傷等。領導者必須敏覺於失落事件本身之外，還有其他環境中的事件可能對團體或個別成員產生影響。當團體中有成員出現與外在創傷事件有關的症狀，例如：瞬間回顧、解離、回憶不斷闖入腦袋等，團體領導者第一步的任務是辨識出它們，第二步是可以進行Debriefing，或教導EMDR的學理與功用，第三步是協助全體團體成員腦力激盪、做出可能及可行的治療性反應（例如：智慧老人、停住呼吸—開始慢

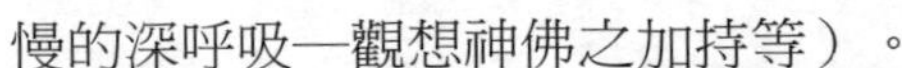

慢的深呼吸—觀想神佛之加持等）。

2.成員巨大的情緒需求：曾經歷過創傷失落的個體，在團體中情緒的需要可能是無法遏抑的，領導者須有心理準備去面對巨大的痛苦可能會左右著團體。領導者須能覺察個人情緒的狀態，並且有足夠的修行（心）經驗，必要時，還須尋求專業督導的支持。

◆領導者的自我照顧

領導者需要留意並且避免因為耗竭而產生同理的疲乏。因過分暴露於成員的痛苦可能會造成「同情心的疲勞」（compassion fatigue）。因此，領導者能自我覺知及自我照顧是提供創傷失落成員有效服務的關鍵因素。Figley（1995）指出「同情心的疲勞」與專業耗竭不同，專業耗竭通常是一個漸進的歷程，包含了對自己理想的挫折，還有情境的因素；而「同情心的疲勞」則通常是忽然顯現的，會引起無助及混亂的感覺。它與所謂的「第二次的創傷」通常有下列共通的症狀，包括令人苦惱的情緒、創傷的畫面會忽然闖入腦袋、麻木、身體不舒服、更容易有受傷的感覺、疏離、怪罪受害者、日常的生活功能損傷。領導者要敏覺於以上的症狀，並且發展出個人因應的策略，必要時接受諮商或督導才能在與創傷失落者工作時，保持同理與同在。

實 務

喪後人生：家人意外驟逝的悲傷輔導

四十五歲的素雲，有三個孩子，結婚二十五年，與先生雖偶有口角，但兩人多年來能相互扶持感情甚佳。素雲與先生共同目標就是，希望努力工作多年後能有一棟屬於自己的房子，並把三個孩子好好撫養長大，寄盼完成人生的重要任務後，老年時可以同享含飴弄孫之樂。無奈，十年前，素雲因為過度操勞需要洗腎，先生不離不棄，除了獨扛經濟重任，也定時帶素雲上醫院就診。十年來，照顧家庭、孩子的重責大任多落在先生身上。現在，老大已經是職業軍人（惟工作之需並不住家裡），老二已嫁為人妻，老三最讓夫婦倆苦惱，沒有工作賦閒在家已經一年，總躲在房間沉迷於網路遊戲，親子衝突是常見的戲碼。只是因為孩子已經長大成人，夫婦倆亦常互相提醒不要擴大衝突，希望與老三在緊張的關係中找到彼此可以接受的平衡點。

一年多前，堅強的先生身體開始出現不適症狀，雖然不舒服，但先生總咬牙苦撐不喊苦，素雲心裡著急，催促先生看醫生，但卻無法勉強先生去看醫生，先生維持只到藥局拿藥止痛的習慣。十一個月前，先生突然大量出血昏迷過去，當時雖迅速就醫，無奈命運作弄人，診斷竟然已為肝癌末期，經過兩個月的密集診療，先生最後還是撒手人寰了。半年多來素雲很少外出，對於先生一生辛苦不曾享福，常有很多的悲痛與不捨。素雲常不由自主的落淚，心裡痛苦的吶喊著，你怎麼可以自己走，就丟下我自己走，怎麼可以……；但有的時候，素雲又彷彿看到先生就坐在身邊，一邊做事，一邊嘮叨的叮嚀著自己，素雲暫時的甜蜜，不久又出現更多的悲傷……

需要回醫院看診洗腎是素雲最痛苦的時候，兒子痛苦的離開電腦，最

近言談間不耐的語氣常激怒與刺傷素雲，這讓素雲對於自己拖著病痛卻無法解脫更感痛苦，想跟先生一起走的念頭愈加強烈，隱隱發作著。而來訪親友的探視與安慰逐漸加深素雲的負擔：「妳先生是好命的……畢竟身體如此受苦，可以早點離開，對先生也是好事，妳就不要傷心了」。素雲也知道啊，其實這對先生是最好的，但是就是停止不住思念啊！素雲害怕流淚會對死去的先生不好，也常聽人說常常流淚眼睛會壞掉，於是，素雲減少人前落淚只敢偷偷掉淚，勉強自己專注在照顧自己的身體上，時刻提醒自己不要悲傷。

半年來素雲胃口差，食不知味，迅速的消瘦，加上先生死後長期的睡眠品質不佳，素雲開始出現更多的生理症狀。同住的三兒的任務就是打電話叫哥哥、姊姊輪流請假，回來帶母親上醫院看醫生。幾個月之後，素雲的身體雖稍有改善，但思念先生的心情未變，醫護人員得知了素雲的故事後，徵得素雲的同意，轉介素雲參加癌症遺族團體。目前素雲已經參加兩次，以下是其中一次的團體歷程：

本次一開始，領導者請成員訴說最近的生活經驗與體會，輪到A成員時，A表示昨晚幾乎沒睡，睡睡醒醒的，恍惚之間似乎看到死去的先生回來看望自己，告訴自己要好好的活下去……一時之間，A陷入強烈的悲傷情緒……，鄰近的成員適時的伸手撫慰展現溫暖與支持，幾位成員也開始眼眶泛淚。

領導者：A，妳的先生才過逝兩個月，能夠入夢來，看得出來妳很想他。我想他應該是對妳也有很多不捨才是。昨晚妳看著妳的先生，卻又是感覺陰陽兩隔，這種感覺一定很複雜，兩個人雖然如此接近但卻又是如此遙遠，這種無法改變的事實一定很令妳悲傷，我相信在座的各位都能理解，B、E、素雲，剛剛看到你們的眼眶也紅了，你們想到什麼，可以跟我們分享嗎？（領導者意圖：引導成員表達失落事件發生過程前後時的情緒、感受、認知或想法，希望促進成員表達以宣洩情緒，從而產生普同感，並藉此常態化成員經歷的情緒，從協助成員分享，不把經驗埋藏在心中，避免成員產生人際疏離與隔閡，也藉此幫助成員產生更深的社會連結，促進成員彼此支持）

B：……（很有感觸的，也是感傷的分享一段個人的類似經驗）

E：我先生是肺腺癌……走前半年醫生診斷他是癌末，這對他的打擊很大，……他的人生還在巔峰啊，可是老天爺卻對我們這麼不公平……他要走以前，對我常有很多的憤怒……也對我常有許多無理的要求、莫名的控訴……我知道他的心情很苦，可是，我的心裡也很苦啊，我期待自己可以完全包容他，好好陪伴他，讓他生命的最後可以感覺我們是愛他的，讓他可以帶著愛、無憾而離開……可是，我也有很多的苦啊……為什麼他這麼年輕就可以拋下我和小孩，為什麼老天爺要對我這樣……所以，有一次我忍不住時，就對他說出不好聽的話……你知道嗎？當我看著他的眼神，我的心都碎了，我很後悔我為什麼要說那些話，我為什麼做不到完全包容他（忍不住的哭泣）。

領導者：……無法分擔「妳先生生前的無助與痛苦」的這種苦無法表達，在這個過程中妳還需要承擔他有的這麼大的憤怒與哀傷，沒有經歷過的人真的無法體會，這真的很不容易，但更難的是，生命為何如此不公，為何在你們還是如此年輕就需要被迫面對生離死別……妳獨自承受著先生先走，在這世界上再也沒有一個人可以依靠的無依感，這種痛苦沒有經歷過的人真的無法體會啊！素雲，剛剛A在分享時，妳的眼淚也掉下來了，剛剛你有什感觸，讓妳如此難過？

素雲：我剛剛聽到A說昨晚幾乎沒睡，恍惚之間似乎看到死去的先生回來看他，我感到很痛苦（流淚），我好羨慕她，為什麼別人的先生都會思念自己的老婆，會回來看她，安慰她，可是……（哽咽）我先生就從沒有回來看我，已經半年了，連一次都沒有（流淚、大聲、憤怒），難道（繼續敘說，表達對先生有許多的迷惑）……為什麼，他不聽我的勸一開始就去看醫生，害我現在得要獨自承受……我害怕他因為我哭泣走的不安穩，也不敢哭，可是，你們知道嗎？我真的……為什麼他不回來看我（哭泣、哽咽）？

領導者：我可以感受妳這半年多來揮之不去的想念與痛苦。在這之中，也感覺到妳對先生存有隱藏的憤怒，從E剛剛的分享中也聽到類似的感覺（領導者意圖：普同化成員的感受以促進連結）。因為妳先生都不像

一些人曾經說過的「如果他還牽掛……會進入妳的夢裡來」，似乎這讓妳對他、對你們曾經擁有的感情也產生一些懷疑與迷惑，但更多的是，我也感受到妳對生命有許多的不解，有人想對這部分做些回應嗎？有誰有類似的經驗或是迷惑？（領導者意圖：促進分享差異化，個別化的經驗，藉以正常化素雲的悲傷歷程，並慢慢的往探索、賦予失落事件意義、悲傷歷程意義的方向前進）

F：……

結　語

失落者走出複雜性悲傷歷程通常是一條緩慢的、寂寞的，甚至可能是不斷循環的路程。以上的案例可以看到，哀傷者與逝者生前的關係議題，瀕死前照顧歷程的互動經驗都影響著哀傷者的復原歷程。當瀕死者面對死亡將至的恐懼，不管是將憤怒與痛苦施加在照顧者，或是選擇壓抑、人際退縮，這些都帶給照顧者莫大的心理壓力。可以說，瀕死者、照顧者雙方同時都各自處在面臨（或者說是陷入）尋找生命為何會戛然終止的存在性疑問與存在性孤獨（而注定得不到回應／答案，更加深孤獨感）裡。當照顧者巴望隻手撐天，一心以照顧瀕死者為當時最大且絕對的任務時，將累積更多的壓力與悲傷。當逝者灰飛煙滅後，獨留哀傷者吞嚥苦果，這些亦都助長後來發展成複雜性悲傷的可能。在此，建議照顧者在照護瀕死者的過程中，就具有自我照護的概念，知道要盡量參加議題相似的支持性團體。此過程能協助照顧者從團體獲得普同經驗、教育資訊，所獲得的支持力量可以和緩死亡、照顧瀕死者所帶來的巨大痛苦與壓力，這對後來發展為複雜性悲傷具相當的緩解作用。

對助人工作者來說，陪伴與支持（即將或已）失落者，是悲傷復原歷程中最重要的工作。協助哀傷者明白：人並非要遺忘他們的失落才能往前邁進。而失落者亦可學習從自己獨特的生活故事出發，重新發展一個看待與逝者關係、失落的觀點，從學會照顧自己，幫助自己，統整與整合自己的生命經驗來走過悲傷。

參考書目

中文部分

朱秀琴、周植強（2008）。〈運用悲傷輔導於老年喪偶憂鬱患者之護理經驗〉。《護理雜誌》，55(5)，90-96。

林耀盛、侯懿真、許敏桃（2011）。〈悲悼的歧義：癌症新近喪偶者的心理反應經驗探究〉，《生死學研究》，11，1-40。

洪雅鳳、羅皓誠（2012）。〈一對遭逢意外喪母的姐弟敘說諮商帶來的轉變〉。《生死學研究》，14，93-153。

英文部分

Dillen, L., Fontaine, J. R., & Verhofstadt-Deneve, L. (2009). Confirming the distinctiveness of complicated grief from deression and anxiety among adolescents. *Death Studies, 33*, 437-461.

Figley, C. R. (1995). Compassion fatigue as secondary traumatic stress disorder: An overview. In C. R. Figley (Ed.), *Compassion Fatigue: Secondary Traumatic Stress Disorders from Treating the Traumatized* (pp. 1-20). New York : Brunner/Mazel.

Greenwich Village Center for Separation and Loss (2011). *Complicated Bereavement*. New York. Retrieved from http://www.gvsl.org/complicated.html

Horowitz, M. J., Siegel, M., Holen, A., Bonanno, G. A., Milbrath, C., & Stinson, C. H. (1997). Diagnostic criteria for complicated grief disorder. *American Journal of Psychiatry, 154*(7), 904-910.

Kristjanson, L., Lobb, L., Aoun, S., & Monterosso, L. (2006). *A Systematic Review of the literature on Complicated Grief*. Perth: Australian Government Department of Health and Ageing. Retrieved from http://www.health.gov.au/internet/publications/publishing.nsf/Content/CA25774C001857CACA25716B007662BA/$File/grfall.pdf

Lobb, E. A, Kristjanson, L. J., Aoun, S. M., Monterosso, L., Halkett, G. K. B., Davies, A. (2010). Predictors of complicated grief: A systematic review of empirical studies. *Death Studies, 34*(8),673-98. Retrieved from http://www.tandfonline.com/doi/abs/10.1080/07481187.2010.496686#.VDkY_rccRkg

Prigerson, H. G., Maciejewski, P. K., Reynolds, C. F. III, Bierhals, A. J., Newsom, J. T., Fasiczka, A., Frank, E., Doman, J., & Miller, M. (1995). The inventory of complicated grief: a scale to measure maladaptive symptoms of loss. *Psychiatry Research, 59*(1-2), 65-79.

Shear, K., Frank, E., Houck, P. R., & Reynolds, C. F., III (2005). Treatment of complicated grief: A randomized controlled trial. *The Journal of the American Medical Association, 293*(21), 2601-2608.

Underwood, M. M. (2004). Group Interventions for Treatment of Psychological Trauma Module 10: Group interventions for bereavement following traumatic events. American Group Psychotherapy Association. Retrieved from http://www.agpa.org/docs/default-source/practice-resources/group-interventions-for-bereavement-following-traumatic-events.pdf?sfvrsn=2

Worden, J. W. (1991). *Grief Counseling and Grief Therapy: A Handbook for the Mental Health Practitioner* (2nd ed.). London: Springer.

自殺者遺族的創傷性悲傷輔導

許玉霜、王碧貞

問題一、悲傷反應的意涵

問題二、自殺者遺族的悲傷反應與調適

問題三、自殺者遺族的心理諮商與輔導

問題四、創傷性悲傷輔導的服務與展望

近年在亞洲地區，各國自殺死亡率都明顯增加，以日本為例，每十萬人口之中有23人；歐洲一些已開發國家，瑞士、西德，每十萬人口之中甚至高達40人。弔詭的是，這兩個國家的社會福利做得最好；相形之下，以色列、埃及則是自殺死亡率最低的國家。

台灣的自殺死亡率雖然比西歐或日本低，但死亡率亦逐年攀升。民國82年，每十萬人口之中有6.24人自殺死亡，到了民國92年，每十萬人口之中有14.16人（董氏基金會自殺防治網）。顯見這些年來台灣自殺現象亦日益嚴重，衛生福利部國民健康署資料指出，台灣地區100年一年便有3,507人因自殺死亡而結束生命（**表14-1**）。

表14-1　民國90-100年自殺統計資料整理

年份	自殺人數值（人）	總死亡人數值（人）	占死亡總人數之百分比）
90年	2,781	126,667	2.20%
95年	4,406	135,071	3.26%
100年	3,507	152,030	2.31%
平均	3,700	137,438	2.69%

資料來源：行政院衛生署（2012）。

顯見台灣的自殺議題雖不若某些國家之嚴重，但也不容小覷！

同時也因為各地都在增加，所以世界衛生組織已將每年的9月10日訂為世界自殺防治日，期待提升大家對自殺防治議題的重視。

此外，自殺率的逐漸上升，造成自殺者遺族的人數也相對增加——自殺是一種選擇；自殺者遺族，則是沒得選擇（呂欣芹、方俊凱，2008）。自殺遺族這批人的悲傷反應、生活適應其實很需要被重視與傾聽，但往往旁人很難理解，甚至成為遺族遭受二度傷害的主因（楊雅婷，2012）。目前針對自殺遺族復原歷程的研究仍極缺乏討論。

在《難以承受的告別》一書中提及，每個自殺身亡的周遭約有七到十位相關者受到打擊，換算之下，台灣一年之中就有二萬多人成為自殺遺族。

問題一、悲傷反應的意涵

一、一般性悲傷反應與複雜性悲傷反應

一般性悲傷反應又稱為單純的悲傷反應，是指遭遇失落後常見的許多感覺和行為，Worden（1982）將一般性悲傷反應區分為感覺、生理、認知與行為四種。Lindemann（1944）觀察101位喪親者後，歸類出六項一般性的急性悲傷反應：

1.某種形式的身心症狀或生理不適。
2.逝者影像縈繞腦海不去。
3.對逝者或死亡發生當時情境感到自責。
4.敵意反應並對他人憤怒。
5.失去遭遇失落前的生活功能，即生活功能失序。
6.發展出逝者曾有的行為特質。

此外，Pine等（1990）認為有五種反應是常見且需要瞭解的，分別為疑惑／質疑、憤怒、罪惡感、指責他人與自暴自棄。

然而沒有人準備好面對親人的死亡，每個人的感受、反應、哀傷也不盡相同。許育光（2002）認為「複雜性悲傷」（complicate grief）就是無法正常的悲傷，亦即在哀悼過程中有困難，有未解決或無法處理的議題，亦同於不正常的悲傷（abnormal grief）或病態的悲傷（pathological grief），意指不能夠逐步的適應悲傷，反而刻板化的重複悲傷阻礙癒合，這就是所謂的複雜性悲傷。

Lindemann在1944年也指出不正常的悲傷反應包括：

1.反應的延遲。
2.扭曲的反應：(1)毫無失落感的過度活動；(2)得到與逝者相同的疾病；(3)出現身心疾病或疾病惡化；(4)改變與親朋好友的人際關係；

(5)對特定的人有強烈的敵意反應；(6)和知覺失調症者有相似的行為與態度；(7)社交行為模式的持續性失落；(8)從事不利個人與社會經濟生活的活動；(9)焦躁的憂鬱情結。

Worden（2002）更將複雜性悲反應區分為慢性化、延宕、誇大與改裝四種。Doka（1989）則指出創傷性的死亡等同於複雜性悲傷的因素。如早期失落的經驗、經歷創傷性或非預期性死亡，這些因素都可能引發「複雜性悲傷」，包含：(1)突發性、完全沒有預期；(2)暴力、殘殺以及毀滅性；(3)可預防的死亡；(4)多人死亡；(5)親身面臨死亡。

由於自殺死亡多半是突發無預期的，其中不乏跳樓、自焚等暴力劇烈的手段，此外多數自殺者遺族會認為自殺是可預防的死亡，因此，特別容易呈現複雜性悲傷反應。

二、自殺者遺族的悲傷反應與一般悲傷反應的異同

呂欣芹（2006）歸納的自殺者遺族與Worden（2002）的一般悲傷反應相對照發現，自殺者遺族的悲傷反應具有特殊性。以下依生理感官知覺、感覺、認知及行為討論如下：

(一)生理感官知覺的悲傷反應

在生理感官知覺的悲傷反應方面，其研究與 Worden（2002）的研究間存在較多的相似性而非相異性（**表14-2**）。

(二)感覺方面的悲傷反應

在感覺方面的悲傷反應中，本研究的發現與Worden（2002）的研究結果二者之間，同樣存在較多的相似性而非相異性（**表14-3**）。

表14-2　生理感官知覺的悲傷反應對照表

Worden (2002)		呂欣芹等（2006）
一般的悲傷反應		自殺者遺族的悲傷反應
相似	・胃部虛空、口乾舌燥 ・胸口或喉嚨有緊迫感、呼吸困難 ・不真實感、缺乏精力、肌肉軟弱無力	・腸胃系統功能障礙、心悸、呼吸喘 ・不真實感、四肢無力 ・睡眠形態改變、容易疲倦、食慾不振體重減
相異	・對聲音敏感	・聞到異味、記憶減退或記憶空白、身體狀況變差

表14-3　感覺方面的悲傷反應對照表

Worden (2002)		呂欣芹等（2006）
一般的悲傷反應		自殺者遺族的悲傷反應
相似	・驚嚇、麻木 ・孤獨感 ・無助感、解脫感、輕鬆 ・悲哀憤怒焦慮疲倦（生理：容易疲倦） ・愧疚感與自責（認知） ・渴念（行為：追求與逝者之間的連結）	・驚嚇、麻木 ・孤獨感 ・無助、無力感 解脫感 ・傷心、難過、憤怒、恐懼

(三)認知方面的悲傷反應

自殺者遺族在認知方面的悲傷反應與一般的悲傷反應有較多的不同（表14-4）。

表14-4　認知方面的悲傷反應對照表

Worden (2002)		呂欣芹等（2006）
一般的悲傷反應		自殺者遺族的悲傷反應
相似	・不相信、困惑 ・感到逝者仍存在（認知：不相信；生理：不真實感） ・沉迷於對逝者的思念（行為：追求與逝者的連結）	・不相信、困惑 ・罪惡、羞愧
相異		遺憾、被遺棄、被拒絕、不信任

(四)行為方面的悲傷反應

自殺者遺族在認知方面的特殊性，會引發部分與一般悲傷反應不同的行為（表14-5）。

表14-5　為方面的悲傷反應對照

	Worden (2002)	呂欣芹等（2006）
	一般的悲傷反應	自殺者遺族的悲傷反應
相似	・哭泣 ・夢到失去的親人 ・心不在焉、坐立不安或躁動 ・避免提起逝去的親人 ・退縮尋求與呼喚逝者 ・珍藏遺物舊地重遊與隨身攜帶遺物等 ・失眠、飲食障礙（生理）	・哭泣 ・夢到失去的親人 ・手足無措 ・逃避隔離 ・沉默 ・追求與逝者之間的連結
相異		安慰家人、探究自殺事件的細節、家庭衝突增加、補償、自我戕害、生活形態與習慣改變

問題二、自殺者遺族的悲傷反應與調適

一、自殺者遺族的悲傷反應

個人自殺驟逝，遺族面對其自殺原因的不解與疑惑、社會對自殺的汙名化，都使得遺族難以公開其哀悼，往往使其悲傷經驗維持更久，甚至有自殺的危機。許多研究悲傷對疾病和死亡率之影響的文獻均顯示：悲傷不只造成生理疾病，亦會導致心理疾病（Worden, 1982; 2002）。

自殺遺族在面臨親人自殺後，都有生理、情緒、認知和行為方面的悲傷反應，其悲傷反應是相似的，明顯的悲傷反應維持期間至少平均有一年以上的時間（鄭淑惠、陳政智，2004）。同時也會採取各種調適策略來因應悲傷，在行為方面有：投入工作、借助醫藥、墓地探視、社交退縮、

尋求宗教慰藉、找東西發洩、紀念死者等；而心理方面則有：尋找代罪羔羊、漫長的道別、冷漠式的隔離、補償心理、與死者對話、自殺意念與企圖等（呂蕙美、武自珍，2004）。

影響自殺遺族悲傷反應的因素眾多，最主要為：(1)自殺遺族與逝者的關係；(2)遺族的生死觀與對生命的態度；(3)遺族對喪葬禮儀的經驗感受；(4)社會烙印。此外，在面對「自殺汙名化」、「對自殺原因的疑惑」、「對自殺的歸因」等議題時，易使遺族的悲傷反應更加延長與加劇；使得個人的悲傷反應通常會在積極復原與悲傷失落之間來回擺盪（鄭淑惠、陳政智，2004）。

二、自殺者遺族的悲傷調適

呂欣芹等（2006）研究自殺者遺族悲傷調適歸納為身體、心理、心靈及社會四個層面：

1.身體層面：自我照顧。
2.心理層面：自我覺察、閱讀、學習與書寫。
3.心靈層面：尋求宗教信仰、正向的人生觀：感恩知足豁達、原諒自殺、轉變對死亡的看法。
4.社會層面：尋求陪伴與支持、訴說、他人的勸說、尋求專業協助、投入工作、學習新事物和助人方式等。

然而，自殺遺族對自殺事件看法也會影響其悲傷調適歷程。蔡佩娟與魏書娥（2006）認為哀悼歷程中面對的汙名感受及應對模式，會影響自殺遺族在喪親後的應對模式，其歷程也受文化刻板信念、哀悼歷程、支持系統、社會環境等因素所影響。

三、影響自殺者遺族悲傷調適能力的因素

自殺遺族的關係的斷裂，容易導致歸屬感受挫，容易造成個體的自

我效能感低落，失去原先之支持網絡，這些都可能造成歸屬感的失落，社會連結的斷裂，同時也可能因為重要他人決絕的離去，而覺得自己是無用的、沒有價值的（楊雅婷，2012）。

蔡宜玲與蕭文（2001）認為六項復原力的存在有助於自殺防治也是自殺者遺族悲傷調適自我檢測指標，分別為：(1)情緒調節能力；(2)人際支持的建立；(3)正向的死亡概念；(4)認知思考能力；(5)對未來目的導向與自我正向期待；(6)個人特質的影響。

可見瞭解面對親人自殺事件後影響其悲傷經驗的因素甚多，瞭解其影響適應過程的脈絡有助於促進其適應與成長。

四、自殺者遺族悲傷適應的任務

Worden提出的四個哀悼任務模式，主張透過宣洩方式，一方面處理失落事件本身（第一、二項任務），一方面維持喪慟者的一般功能（第三、四項任務），以協助喪慟者走向復原，再獲能量，四種哀悼任務如下：

1.接受失落的事實。
2.處理悲傷的痛苦。
3.適應一個沒有逝者的世界。
4.在參與新生活過程中找到一個和逝者永恆的連接。

呂欣芹等（2006）根據十一位自殺者遺族的悲傷調適歷程，初步建構因應自殺死亡悲傷的六個任務，可提供自殺者遺族（包括助人者）悲傷復原歷程參考：

1.表達悲傷：面對自殺事件，即使是意料中的事，遺族仍常有種種震驚的反應，可能因為麻木、混亂，而壓抑自己的悲傷。表達悲傷可以避免遺族陷入壓抑的危機，引發的悲傷延宕或改裝。
2.放下困惑：自殺事件常帶給遺族無限的困惑，遺族帶著難以理解的困惑，不斷尋找答案，延宕悲傷反應。甘於放下困惑，就不再耗盡心力尋找死者自殺的原因。

3.同理逝者：遺族常帶著複雜的憤怒與強烈的罪惡感，尋找代罪羔羊或者自己承擔責任，怪罪自己或怪罪他人，這樣的反應會使悲傷更加劇烈且變得漫長。如果可以同理逝者，尊重逝者的選擇，遺族就不再需要怪罪自己或他人。

4.告別逝者：有些遺族認為自己在死者心中根本無足輕重，死者才會無情遺棄，造成遺族自我價值低落，陷入漫長的「憂鬱」。若明白懷抱悲傷不等於還愛逝者，遺族能夠告別逝者，就能幫助平復正常的生活，不致陷入憂鬱。

5.創造意義：「自殺事件為什麼要發生？」無法為自殺事件找到意義的遺族，則可能發生意義挫折，對生命感到絕望，甚至產生自殺的念頭。遺族若能創造自殺事件的意義，發現自殺事件發生後自己正向的轉變，則能夠重新掌控人生。

6.祝福逝者：由於社會對自殺的汙名化，以及遺族本身的羞愧、罪惡感常導致遺族社交退縮或者將逝者排除在記憶之外而感到孤獨。若能祝福逝者，不再害怕想起逝者，就能重新感受與逝者共在的美好。

呂欣芹等（2006）並且嘗試以任務論初步建構的自殺者遺族悲傷調適之模式，包含以六個由「任務—危機」（task-risk）組成的主題：(1)表達—壓抑；(2)放手—尋找；(3)同理—怪罪；(4)告別—憂鬱；(5)超越—絕望；(6)祝福—孤獨。

由於悲傷調適的過程需要相當漫長的時間，呂欣芹等認為其「任務—危機」的模式，可用以幫助自殺者遺族與實務工作者瞭解尚有可努力的事。對大部分感到悲傷歷程漫長無助的遺族，以及認為遺族的悲傷強烈複雜不知如何介入的實務工作者來說，能幫助找到著力點，以下則就自殺者遺族的心理諮商與輔導作分析討論。

問題三、自殺者遺族的心理諮商與輔導

雖然自殺者遺族的悲傷是一種正常反應，但因自殺死亡的特殊性，以及中國人的社會與文化視自殺為禁忌，如果沒有完整走完哀悼歷程，最後的出口也是以自殺做了結，其也可能是自殺防治的高危險群，因而如《難以承受的告別》一書的序言中所言：「自殺，即使是理性的選擇，遺族依然需要幫助。」正常的悲傷無法得到社會支持下產生了「悲傷剝奪」的現象。而這些未處理的悲傷將真實的影響著感受和行為，甚至可能陷入生命能量耗竭的危機。可見，自殺者遺族創傷性的悲傷輔導與諮商是重要且必要的。

根據臨床經驗，人們在面對失落事件時，會經歷Kubler-Ross（1969）提到的五個階段，即否認、憤怒、討價還價、沮喪與接受；而Rando（1993）則提出6R哀慟歷程，分別為認知失落、對分離起反應、回憶與再經驗逝者和其關係、拋開對逝者和昔日預期環境的依附、非忘記過往生活的再適應、與重新投入生活。因此，自殺者遺族創傷性的悲傷心理治療與輔導的任務在於：(1)提升人們面對失落的現實感；(2)幫助人們處理已經造成的影響，並預防未來可能發生的後續影響；(3)幫助人們克服隨著失落而必須面對的再適應困擾；(4)鼓勵人能自懷念逝者的情緒走出來，學習新的社交技能，並且可以與其他人建立新的情感關係（Worden, 1982）。換句話說，心理治療與輔導著重在幫助自殺者遺族逐漸適應目前生活，並與他人建立新的情感關係。

烏佩麗（2009）提到在治療的過程中，治療者從案主的需求出發，協助案主在創傷經驗中的掙扎過程中找回獨立與自在的真實自我，而治療者的治療步驟則會因案主的狀態不同，所研擬出的策略也會有所不同：

第一步：首先必須幫助案主表達內心的感受與想法，並使案主得以宣洩情緒，並使心情穩定下來。

第二步：幫助案主釐清個人的感受，確認其是否有憤怒的情緒，同時幫助案主澄清其內在的罪惡感、焦慮或無助的感覺，並將感覺／感受表達

出來。

第三步：陪伴案主度過沒有逝者的生活，給予生活上或心理上的支持，使其能面對目前沒有逝者的生活。

第四步：治療者協助案主走出逝者的陰影，逐漸擁有自主的能力安排其生活。

然而，在過程中，應讓案主有充分的時間哀悼逝者，並幫助案主釐清正常或複雜性悲傷反應，讓案主用自己的方式經驗悲傷歷程。誠如Kolski、Avriette與Jongsma（2001）所強調的，幫助案主以健康的方式面對個人悲傷失落的經驗，使其能逐漸回到生活的常軌，同時將此等事件與其生命相融。

總而言之，悲傷治療的歷程是很個人化的，每個人修通的過程也不盡相同，諮商輔導的資源同樣也包羅萬象（白寶鳳、曹中瑋，2007）然而，台灣社會文化下家庭的悲傷處理，通常是擱置一旁，鮮少共同面對處理家庭的失落與悲傷，還讓倖存者獨自承受傷慟（許玉霜等，2012）。

台灣悲傷領域目前的現況是，「悲傷輔導」一詞含括了輔導、諮商、治療涉及的範圍。何長珠等（2011）指出，中文文獻中對悲傷輔導、諮商與治療無明確的區分，習慣以「悲傷輔導」或「哀傷輔導」（grief guidance）的稱呼來含括悲傷心理因應的三個範圍：輔導（guidance）、諮商（counseling）及治療（therapy）。但實際上這三者在層次上是有差別的（賴淨慈，2013）。

何長珠等（2011）在心理諮商的系統中，針對困難度最高的人格問題處理，如創傷性悲傷或複雜性悲傷等，則需採用對工作者訓練要求最高的深度治療模式，像是「心理動力治療」或「心靈治療」模式，如心理劇與家族排列。由於悲傷經歷是一個發展的過程，因此悲傷階段與因應輔導模式之關係可參第二章**表2-1**之說明。

由**表2-1**可知，在悲傷輔導不同的階段中——悲傷輔導、諮商及治療，各有其獨特工作之模式與做法，如果轉換成更詳細的工作任務描述，則可又分為悲傷輔導因應部分之智能，共有十四項參考；悲傷諮商因應部分之智能，共有十二項參考；悲傷治療因應部分之智能，共有六項參考（詳見本書第二章）。

總而言之，悲傷的復原是一段漫長且艱辛之路，除人助尚須自助，故凡是能提升自殺者遺族復原力的方法，即是最佳的諮商、輔導與治療目標。

問題四、創傷性悲傷輔導的服務與展望

一、創傷性悲傷性輔導的服務與展望

呂欣芹與方俊凱（2008）認為未來要推動自殺者遺族服務，建議讓多一點的專業人員懂得悲傷輔導是優先該進行的部分。諸如：

1.教育單位：國內大專院校的輔導或心理學課程在「悲傷」這部分的內容很少提到。
2.專業人才培養：在醫生的培育教育如精神科醫師的養成教育中也很少會接觸到這個部分。

因此，方俊凱提出創傷性悲傷性輔導的服務要從專業人員開始訓練，包括心理師、社工師、醫師、護理人員等，因為這些悲傷對他們來說也是「不能說的秘密」。

林綺雲（2002）則認為創傷性悲傷性輔導的服務應從以下方面進行：

(一)擴大助人者的範圍（資源有限，人才不足）

國內助人的管道並不健全且尚未建立起來，很多個案都是到達某種疾病狀態才到精神科求助，但為時已晚。在國外，如果家庭發生問題，例如考慮要離婚的話，都得依法先接受輔導。此外，當有人自殺時，警察機關會提供專業的助人者服務，他們會到現場協助家屬處理後事，一方面陪伴家屬，另一方面在第一時間內就建立起關係。因為在兩、三週之後，專業的助人者才介入的話，關係就很難建立起來了。

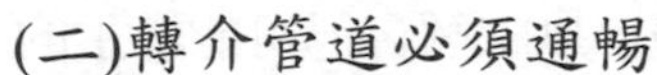

(二)轉介管道必須通暢

林綺雲（2002）觀察在從事自殺防治或者遺族服務上，醫療體系是台灣目前最發達的系統，大部分的問題都在這個體系中獲得處理。教育體系跟輔導體系其實還有很大的進步空間，尤其是輔導的體系，它是目前在三級預防中最弱且混亂的一環，好像人人都可以做輔導，但是卻又欠缺專業的技巧，這是相當不尊重專業的做法。

很多人反應不知道心理師／諮商師在哪邊執業，想求助也不知道要去哪邊求助，像諮商心理師就沒有固定的執業場所，也進不到醫院或學校系統，因為體系沒有建構完成，當然轉介管道就不順暢。

(三)教導孩子面對生命課題

林綺雲同時也發現很多人要從事生命教育時會產生某些問題，主要原因在於他們自己還沒處理好自己的生命課題，所以會害怕碰觸。其實老師要有所準備再進行生命教育課程，任何單元都需要培訓，像是情緒管理、挫折因應的訓練等。自殺防治在醫療體系其實已經是第三級防治了，然而一、二級的教育與輔導的防治還是應該要好好的進行，才能治本。

(四)重視文化差異

在國外，遇到死亡事件或親人過世的個案，警方或相關機構會主動提供資源，必要時會安排諮商人員與之接洽，並接受心理會談，國外的服務及協助管道是很順暢的，但是國內的求助管道還很零散，也沒有人力進行相關的服務。

二、未來努力的方向

林綺雲亦提出自殺防治或者遺族服務上國內未來應努力的方向如下：

(一)警消的協助

當有人自殺時，警政或消防等相關的單位應該可以提供家屬一些資源，例如宣傳單張或宣導手冊，讓遺族可以閱讀，以瞭解自己可能發生的情緒反應以及將隨之而來的悲傷歷程為何。提供多元的輔導資源以及通暢的求助管道，讓求助行為更為容易，也更能為人們所接受。

(二)遺族自組團體

因為遺族會認為有相同經驗的人才能瞭解自己，尤其是在語言的使用上，遺族是非常敏感的，他們不喜歡被認為是需要接受幫助的，所以助人工作者在語言的使用上要特別注意，否則可能會引發一些非預期的效應。

參考書目

白寶鳳、曹中瑋（2007）。《存在位置的追尋之旅——與自殺生還者繼續諮商而開啟的旅程》。台北：國立台北教育大學／教育心理與諮商學系研究所碩士論文（未出版）。

李如珺、丁原郁（2005）。《諮商師自我照顧經驗研究——以協助自殺企圖者為例》。高雄：國立高雄師範大學／輔導與諮商研究所碩士論文（未出版）。

呂蕙美、武自珍（2004）。《自殺遺族悲傷反應及調適之研究》。台中：東海大學／社會工作學系研究所碩士論文（未出版）。

呂欣芹、林綺雲（2006）。《自殺者遺族悲傷調適之模式初探》。台北：國立台北護理學院生死教育與輔導研究所碩士論文（未出版）。

呂欣芹、方俊凱（2008）。《我是自殺者遺族》。台北：文經。

自殺遺孤編輯委員會、長腿育英會（2004）。《說不出是自殺》。台北：先覺。

呂欣芹、林綺雲、劉珣瑛。（2005）〈傷痕未癒——自殺者遺族常見的悲傷反應〉。第五屆「現代生死學理論建構」學術研討會。嘉義：南華大學。

林綺雲主編（2002）。《生死教育與輔導》。台北：洪葉。

許玉來等譯（2002），Kenneth J. Doka編著。《與悲傷共渡——走出親人遽逝的喪慟》。台北：心理。

張文珠、詹碧端（2012）。〈協助一位喪子父親度過悲傷期之護理經驗〉。《領導護理》。13(3)，40-48。

何長珠等著（2011）。《表達性藝術治療14講》。台北：五南。

邱怡薇（2003）。〈如何接受難以承受的告別——談自殺者遺族之關懷〉。《台灣教會公報》，2003年5月24日。

高之梅、李執中（1997）。《保護大學生免於採取自殺行動的信念》。中壢：中原大學心理學研究所碩士論文（未出版）。

連廷誥、連廷嘉（2013）。〈同儕意外死亡對高中生班級人際衝擊及其哀傷〉。《諮商心理與復健諮商學報》，25，113-165。

游賀凱、丁興祥、賴誠斌（2006）。《孤獨行者朝向麥田捕手：自殺者遺族的敘說與實踐》。台北：輔仁大學／心理學系研究所碩士論文（未出版）。

黃欣妏、王文秀（2005）。《資深諮商師處理個案自殺行為之經驗探討》。新竹：國立新竹教育大學／教育心理與諮商研究所碩士論文（未出版）。

劉美琪、成虹飛（2005）。《當芒花搖曳——一位國小教師哀傷與憤怒生命探究的歷程》。新竹：國立新竹教育大學／人資處課程與教學研究所碩士論文（未出版）。

劉珣瑛、方俊凱、陳韺、呂欣芹、葉筱玫（2006）。〈傷痕未癒緊緊守護生者——協助自殺者遺族打破沉默〉。台北市政府衛生局94年度補助民間團體辦理社區心理衛生服務暨心理衛生教育宣導計畫成果報告。

廖建智、顏永春（2007）。《對話與治療——與自殺者晤談中詮釋學經驗的開顯》。嘉義：南華大學／哲學系研究所碩士論文（未出版）。

鄭淑惠、陳政智（2004）。《自殺遺族適應之研究》。高雄：高雄醫學大學／行為科學研究所碩士論文（未出版）。

蔡宜玲、蕭文（2001）。《自殺意念青少年復原行為之探討：復原力之研究》。彰化：彰化師範大學／輔導與諮商系研究所碩士論文（未出版）。

蔡松芬、林仁和（2004）。《自殺遺族復原歷程探討——以一個經歷多重親人自殺個案為例》。台中：東海大學／社會工作學系研究所碩士論文（未出版）。

蔡佩娟、魏書娥（2006）。《自殺與烙印——自殺遺族生活經驗之探究》。嘉義：南華大學哲學系研究所碩士論文（未出版）。

楊淑智譯（2001），克里斯多福、亨利・賽登著。《難以承受的告別——自殺者親友哀傷旅程》。台北：心靈工坊。

賴淨慈（2013）。《台灣悲傷研究之趨勢分析——以1998-2012文獻為例》。嘉義：南華大學生死學系研究所碩士論文（未出版）。

英文部分

Doka, K. J. (Ed.). (1989). *Disenfranchised Grief: Recognizing the Hidden Sorrow.* Toronto, Ontario: Lexington Books.

Kolski, T. D., Avriette, M., & Jongsma, A. E. (2001). *The Crisis Counseling and Traumatic Events Treatment Planner.* New York: Wiley.

Kübler-Ross, E. (1969). *On Death and Dying*. New York: Macmillan Publishing Company.

Lindemann, E. (1994). Symptomatology and management of acute grief. *American*

Journal of Psychiatry, 101, 141-148.

Pine, V. R., Margolis, O. S., Doka, K., Kutscher, A. H., Schaefer, D. J., Siegel, M, & Cherico, D. J. (1990). *Unrecognized and Unsanctioned Grief: The Nature and Counseling of Unacknowledged Loss*. Springfield, MA: Charles C. Thomas.

Rando, T. A. (1993). *Treatment of Complicated Mourning*. Champaign, IL: Research Press.

Worden, J. W. (1982). *Grief Counseling and Grief Therapy: A Handbook for the Mental Health Practitioner*. New York: Springer Publishing Company.

Worden, J. W. (2002). *Grief Counseling and Grief Therapy: A Handbook for the Mental Health Practitioner* (3nd ed.). New York: Springer Publishing Company.

網路文獻

中華民國衛生署統計資料，http://www.doh.gov.tw/statistic/data

心靈園地，網址：http://www.mental.idv.tw/paper/article/articledisplay.asp?acode=302&articleindex=%BE\%C5%AA

自殺防治網通訊，網址：http://www.tspc.doh.gov.tw/tspc/portal/public/epaper_content.jsp?sno=40

自殺者遺族~呂欣芹~貓中途，網址：http://tw.myblog.yahoo.com/jw!NUeLTTCeBR9UBUuLDzJr9bnI/article?mid=1269

牧愛生命協會，網址：http://www.call.org.tw

陳錦宏醫生，精神科專科醫生，www.yam.com

黃良介醫生，精神科專科醫生，www.sinica.edu.tw

董氏基金會自殺防治網，網址：http://www.jtf.org.tw/suicide%5Fprevention/page02_7_1.asp

轉化受苦生命經驗（面具治療）

陳增穎、陳柏君

理　論

問題一、受苦與尋找意義

問題二、創傷後之成長內涵

問題三、如何轉化受苦生命經驗

問題四、度過受苦之力量為何

實　務

一、Lang與Goulet堅毅度量表

二、面具下的悲傷復原歷程

理　論

咬定青山不放鬆，立根原在破岩中；千磨萬擊還堅勁，任爾東西南北風。

——鄭燮，〈題竹石〉

問題一、受苦與尋找意義

Elliot（1992）曾為受苦下了一個簡單易懂的定義：「你不希望遇著的事情偏偏臨到你身，而你渴盼得著的事物卻又難於獲得」（黃莉莉譯，1996：48）。就是在這樣的落差之中，使得受苦的過程伴隨出現哀傷、失落、絕望及自我價值感喪失等負向情緒經驗（Arman, Rehnsfeldt, Lindholm, & Hamrin, 2002）。受苦者常用一長串的「為什麼」詢問蒼天：「為什麼要受苦？」、「為什麼是我？」、「為什麼是現在？」、「為什麼無辜的人要承受這等遭遇？」，並掙扎於要「做什麼」以回應痛苦這個問題。但人不能選擇不要受苦，因為我們都逃離不了苦痛，問題不是「如何逃避生命裡的痛苦」，而是「如何能夠在承受苦痛之下，也好好地活下去？」（Wintz & Alley, 1996）。就在生命的常態不再如常時，生命的轉變將個體丟入問題之中（李佩怡，2003），而個人也必須認清自己無時無刻不在接受生命的追問（Frankl, 2006）。

我們對生命都有一種連續性的期待，當對生命進程的期待無法得到滿足時，人們就會體驗到內在的混亂與崩解，個人的整體感、秩序感都碎裂了，也失去未來感（Begrer, 1997）。受苦可視為個體主觀幸福感的斷裂，是最深刻也最煩擾的生命經驗，撼動我們生命中本有的信念，改變我們對

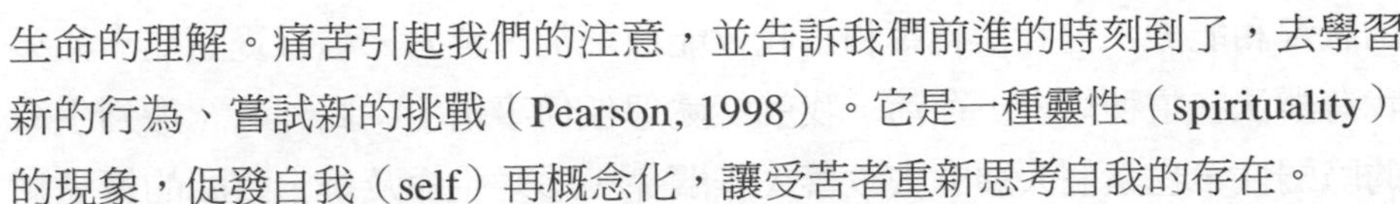

生命的理解。痛苦引起我們的注意，並告訴我們前進的時刻到了，去學習新的行為、嘗試新的挑戰（Pearson, 1998）。它是一種靈性（spirituality）的現象，促發自我（self）再概念化，讓受苦者重新思考自我的存在。

苦難會導致「意義的危機」，但接受苦難的必然性並發現意義卻能夠超越苦難（Egnew, 2005），亦即探求生命的意義，能昇華人們所受的苦難，因而遭受苦難時，重新再尋找人生的意義是很自然、且極為重要的事（Alexander, 1999）。因此受苦通常和生命意義感相呼應。對生命意義的靈性需求來自受苦者的內在世界（Van Hooft, 1998; Rehnsfeldt & Eriksson, 2004），如果個體無法表達，無法從受苦經驗中找到意義，受苦是無法獲得緩解的（Lindholm et al., 2002）。刻意避開受苦經驗會排除個人生命中最有意義的部分，反而使生命變得無意義。這就是受苦的「雙面性」（duality）（Slattery & Park, 2007），亦即受苦雖會「動搖個體的中心意義」，但如果受苦者能詮釋並表達這個受苦經驗，為受苦經驗找尋意義、目的或可以接受的理由，改變將有可能發生，使個體重獲自主性，也較不會有因受苦情境無法解決或修復的無力感（Jezuit, 2000; Park, 2005），反倒更見證生命的能量，更能展現生命的困頓和堅韌，因而更能建構生活的積極意義（林耀盛，2006）。

問題二、創傷後之成長內涵

Tedeschi與Calhoun（2004）曾言成長不是創傷的直接結果，而是個體在創傷後努力地與新的現實奮鬥。創傷事件對個體而言就如同心理上的「地震」（seismic）或自我的震驚（ego shock）（Campbel et al., 2004），挑戰個人原有的信念、目標、行為與認同，但唯有情緒的痛苦獲得緩解及歷經思考的反芻（rumination）後，個人始能形成新的認知和行為，而具有創傷後的成長（Tedeschi et al., 1998）。

Tedeschi等人（1998）原先認為創傷後成長的結果有三種形式，分別為：(1)自我的知覺改變：從「受害者」變為「倖存者」，顯示自己有特殊的狀況和能力；自我信賴感和自我效能感增加，會有一種感覺認為「如果我有辦法在這種情況下存活，我就能處理任何事情」；此外，認識到生命的脆弱性，也讓個人願意去改善人際關係、珍愛生命及排定時間的優先順序；(2)在人際關係方面，則更願意自我揭露及表達情感，更對他人有同情心及同理心，也更願意伸出援手，相互支持；(3)在人生哲學方面，則會思考生命的優先順序，欣賞生命的小改變和小樂趣，更豁達地看待生命，花更多的時間在親密關係上；思考存在的意義，對靈性有更多的發展及探問，並累積而成智慧。

其後Tedeschi與Calhoun（2004）將創傷後成長整理為五個領域，包括：珍視生命、和他人保有更親密及更有意義的關係、感受到個人的力量和優勢、認識到個人生命的嶄新可能性和新方向，以及體會到靈性與存在議題的重要性；Aldwin與Sutton（1998）則認為在壓力後最顯著的發展結果為因應技巧的增進、自尊與自信心提高、觀點的改變，及自我知識增加；Park（1998）則發現成長的構念有：情緒的調整、生理的健康、健康的生活型態與行為、人格轉變、生命目標與目的的轉變、適應當前及隨後的危機等；Mellors、Erlen、Coontz與Lucke（2001）對AIDS的患者研究發現，其成長的三大主題是：創造有意義的生命型態、與他人、靈性、大自然、內在自我產生聯繫感，及自我照顧；Janoff-Bulman（1992）發現創傷後倖存者不再視生命為理所當然、生命有了新的意義、珍視自己及發現自我內在的力量；Gregerson（2007）也指出經歷創傷事件後的正面反應，包括：復原力與因應、利他、寬心與鼓舞、較好的自我價值感、對未來的看法改變、看到個人在經驗中的力量與成長，以及類似預防接種的效果。胡欣怡（2005）整合震災受創者的成長歷程為：發掘或創造自我存活的價值、肯定事件受苦價值與意義建構；陳佳琪（2006）研究罹癌的成年女性，則發現其有自我的正向改變，家庭與自我需求的調整，人際關係的轉變，人生觀與生活態度的調整等成長內涵。

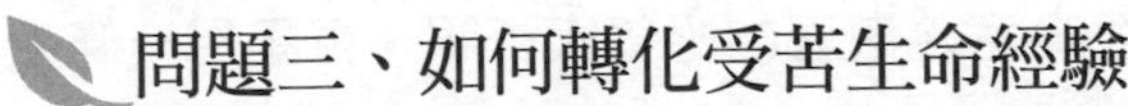

問題三、如何轉化受苦生命經驗

受苦雖是人類最基本的經驗之一，但苦難並非恆常不變，而是可以改變與轉化的。要讓受苦經驗得到轉化並不容易，因為停留在挫敗、自我設限及悲傷的狀態中，讓人有藉口降低對生命的期待及責任，有理由依賴他人的協助，從此以後不必再為生命設立創造性的目標，更不用擔心失敗，可以躲在安逸區（comfort zone）裡自憐自艾，由於習慣於自我保護，也就越來越難以改變，越來越難以跨出傷痛，事實上這是一種自我處罰與鞭笞，因為個體將總是注意自己的弱點，覺得自己的人生被傷痛所註定，而無法得到轉化與超越（Myss, 1997）。

轉化（transformation）是特質、本質或功能的變化，這種改變是一個循環、擴展、流動、非線性的過程，它將個體帶往更高層次的存在，讓受苦者接觸更深刻的自我，與生命有更深刻的連結，活出多元的生命層次與觀點（Wade, 1998; Wayman & Gaydos, 2005），擴展並超越個己的界限。Pearson（1998）認為苦難是個人轉化的過程，它讓個體超越「生命是苦」和「生命是極樂」的二元對立，也就是覺知到苦難是生命之流中的一小部分這個事實。面對苦難時說：「然而我還是有愛，還是有希望的」，也因此學到了轉化，也就是自由的關鍵，反倒使個體因受苦而產生的苦惱感，隨著精神轉化層次的增多而減少（丁晨，2003）。

Holmes（2004）曾用「沉思危機」（crisis contemplation）這個詞來描述受苦經驗得以成為進入深度靈性的起點。Thurman（1973）也說苦難會澈底改變人們，生命的痛苦可以教導個體瞭解生命，存在的經驗和知識因苦難而深刻，也因為瞭解生命而更愛生命，使生命更完整、無懼而自由（引自Rankow, 2006）。經由受苦的洗練，個體始願運用更複雜的心智來理解生命，擴充生命的向度，而不再只是用簡單的方式看待生命。如同余德慧（1992）所言：「生命是透過『寒霜徹骨』的體驗才能澈底的轉化；任何被體驗到的『理』是一種生命再生的觀照，那種『悟』是澈底地把生命經驗變成『悟』本身，也就是『悟』即是『生命』；精神貫穿了整個生命，是那種對原本第一層生命意義徹底的絕望與否認，再尋另一條生路……苦難的經驗，就這麼苦苦相逼，逼出了新的生命。」（p. 92-93）。

轉化意謂著個體不再是原來的自己，而真正的療癒就是個人超越苦難的經驗（Egnew, 2005），而非持續地停留在個人的傷痛裡，這是一種自我關懷，個體相信現在比過去好，而未來甚至會更好。轉化讓生命故事繼續下去，如果只是陷在傷痛中無法自拔，就會忽略受苦帶來的禮物及想讓我們學習到的功課（Myss, 1997）。轉化是為了讓個人的自我、生命觀、行動及目標都得到增進與擴展，發現並理解個人的生命（Mellors et al., 2001）。一開始被視為苦難的經驗反而變成讓生命成長的主顯節（Epiphany）或洞察。苦難成為人生的轉捩點，如同「暮鼓晨鐘」邀請受苦者改變，雖然受苦的生命經驗有時會造成當前生活的暫時停擺，但也讓受苦者正視其經驗與反應，負起受苦的責任。

受苦也讓受苦者放棄舊有的信念、自我和真實，迎接新的真實，接受有些問題是無法回答的，並探索體會存在的議題與靈性的經驗，也以此時時提醒自己所做的改變；重視生命、活出真實的自我、從事有意義的活動、學會感恩及謙卑也是受苦後的轉化重點（Wayman & Gaydos, 2005）。最後，有學者亦提出「倖存者的驕傲」（survivor's pride）這個語詞，說明個體因戰勝逆境或困境所產生的感覺，雖曾經歷過痛苦與苦難，但也為能夠克服它而深感自豪（Smith, 2006）。總之，受苦經驗也許曾使個體受傷，但它具有改變一個人生命方向的潛在影響力，使個人不再處於無助的狀態，而能重新找到出路，找到新的認同。

問題四、度過受苦之力量為何

經歷受苦時，個體會想辦法尋找度過苦難的方式，此種力量也許在書上讀過，也許曾聽別人說過，但都比不上自己用經驗換來的理解來得深刻。從陳增穎（2010）的研究中發現，度過受苦生命經驗的方式可歸納為「承擔與接受」（承受）、「寄託與盼望」（寄望）及「堅持與相信」

（堅信）。

一、承擔與接受（承受）

維克多・法蘭克（Viktor E. Frankl）曾言當可能的時候，人們要去塑造命運；當必要的時候，則要忍受「既定」的命運，在被動的承受中依舊保有生命的內在意義（游恆山譯，1991）。的確，生命中真的有某些事情是我們沒辦法去「做些」什麼來改變它的。在這樣的情況下，個體所能實踐的就是受苦的態度價值，用承擔來使受苦變得「高貴」也變得可以忍受，這個承受使得苦變為一項成就，值得去承擔。

承擔是積極的、負責的、甘願的。承擔從承認受苦、承認問題開始，允許痛苦一波一波的襲來，如果有淚水，就容許自己哭；如果有憤怒，就允許自己發洩；如果有恐懼，就承認自己的害怕，感受自己的脆弱與無助。然而當受苦的情境繼續下去時，就設法平心靜氣的接納，不怨天尤人的去承接降臨在自己身上的不幸際遇。

承受很像「屈服」的功課，屈服蘊藏著安慰和力量，放開握緊的拳頭，停止控制無法控制的事情，順其自然，不要陷入永無止盡的毀滅性抗爭（張美惠譯，2001）。新的情勢或許會比現在好，問題是目前的情況暫時無法改善，萬一情況永遠沒有辦法改變，難道就要這樣自討苦吃下去嗎？此時承受就是受苦的最佳意義，放棄去問：「為什麼我要受苦？」改採「山不轉路轉，路不轉人轉，人不轉心轉」的態度。優雅地面對，反而能讓自己不再覺得受苦。

承擔是一種「苦痛至極處，勿失柔順心，將心軟柔故，拚承積雪重，躬身柔弱勢，恰如待春竹，負苦莫待言」的心情，在逆境中培養耐心，不強求、不抱怨，愉快地走在不熟悉的道路上，即使當下無法理解受苦的原因或理由，即便現在的受苦看似無解，也要肯定地去承擔與接受個人的命運。生命中的重，有時一承擔起來竟輕如鴻毛，相反地，如果不願承擔，生命中的輕也會重如泰山。若願意承受，在承受的時候將會發現自己比想像中的堅強，如此一來，原本看似過不了的苦竟也度過了。

二、寄託與盼望（寄望）

寄託就是個人把理想、希望放在某人身上或某種事物上，而不致於陷入「無助」及「無力感」的精神狀態。每個人的理想與盼望不同，尋求的寄託自然也就不同。有人依憑於親人、有人仰仗於工作、有人依傍於學問知識、有人寄情於山水、有人歸皈於宗教、有人倚賴未來的目標。不管依託的對象是什麼，它都讓受苦者的心靈獲得倚靠和想望。

佛洛伊德說：「當無常挑戰著我們，我們失去所愛的對象，我們的慾力（愛的能量）只能無奈地自對象抽離，因而產生了痛苦，這就是哀悼。要終止這種痛苦，就是要重新找到新的對象可以投注，或者把愛的能量回收，轉到自己身上。」在受苦時具有可堪期待的方向是很重要的，否則受苦時那種「無明確期限的暫時生存」狀態，將使人喪失生命力（Frankl, 2006），可是一旦有一個現下或未來的支撐固定點，受苦者的生活就會有重心，不管是受苦者對生命有所寄望，或生命對他們仍有借重的使命等待其去完成，他們就必須勇敢地走過目前這塊荊棘地。具備這種內在的指引，實際的生活會重整結構，受苦的經驗彷彿可以向「永恆瞻望」，生命就有了課題與意義（游恆山譯，1991）。

對人的愛就是一種對客體的意志投注，生命的能量便可以在重新出發時找到投注的方向，讓生命可以橫渡無常。寄望讓受苦者的意義指向另一客體，將內在價值依附於這個客體。所謂「失之東隅，收之桑榆」，在寄託的同時，受苦者其實是在實踐「利他」的意義，寧可自己受苦，也不願讓他愛的人受苦，雖然受苦者自己的境況不佳，但是他們經由成就外在客體來回答：「我為什麼而活？」的問題（易之新譯，2003）。這是一種「替代性的自我實現」（vicarious self-actualization），因為此時個人自我實現的對象不只是自己，而是為了關懷他人和維護他人的福祉，這是一種為愛受苦的意志，所以甘願受苦，把個人提升到自我之外，為某種外在或高於自己的人或事努力。

〈入行論〉云：「盡世所有樂，悉由利他生；盡世所有苦，皆由自利起。」如果因為自己的受苦而能帶給別人快樂，這個受苦便有了意義。就

像叔本華說的：「倘若一個人著眼於整體而非一己的命運，他的行為就會更像是一個智者，而非一個受難者了。」在寄望的過程中，受苦者不只忍受痛苦，他們也保持對生命的熱愛、勇氣，以及關愛他人的能力。擴大格局，把心拓展到希望幫助他人、帶給他人幸福，這樣的念頭升起時，當下就離苦得樂了。

三、堅持與相信（堅信）

人活於世必有一套賴以依循的對自我、對人性、對生命的看法，但是苦難的發生卻往往動搖受苦者原先的信念和認同，挑戰過去的生活方式與看待周遭世界的想法，因此Tedeschi與Calhoun（2004）才會將創傷事件視為「心理上的地震」。地震當時哀鴻遍野，能夠倖存的依據之一就是堅定的灌輸希望的信念。這些相信成為人類生活於困境中唯一的安慰、生活動力的來源。

相信不是為了解釋苦難，而是為了承載苦難。堅持某種觀點的正確性，帶著這樣的信念，告訴自己要繼續相信世界仍有善與愛；帶著這樣的力量，為自己過完每一天。如果沒有這段冒險，人生可能會失去更多快樂，因此深信自己的選擇和作為沒有錯，受苦的過程就會少點感傷，有信念便能絕處逢生。有句話說：「這個世界上沒有誰能使你倒下，如果你的信念還沒倒的話。」就算只有萬分之一的可能性，只要還沒有放棄，就是「有可能」。

哈伯德曾說：「我們唯一的悲哀，就是讓自己不自覺地身陷在希望與絕望的選擇題之中。」歌德也說道：「當我們認為絕望的時候，那恰恰是我們離希望最近的時候！」走在「堅持」的這條道路上，大部分的時間都會覺得很痛，在坎坷的生活當中，處處都是陷阱，但是抬頭若沒有看見月光，依然可以遠望星光；失去星光，還是可以由自己發光。如尼采說的：「痛苦的人沒有悲觀的權利。」在看過那麼多的人生的殘酷、骯髒、汙衊、邪惡之後，心中仍有樂觀的準備，依然深信生命中最好的時光還在前面，仍然相信自己是在往比較好的路上邁進，即便那條路是有點歪斜崎嶇的。走走跌跌，走走跌跌，怎麼辦才好？站起來，再走吧！

四、安住在苦難之中，好好的活下去

在剛開始受苦時，人們常問：「為什麼發生在我身上？」、「為什麼我要受這種苦？」但從心理師的經驗可發現，迫不及待地在受苦當時不斷地逼問：「為什麼？」是沒有益處的，得到的答案通常也是模稜兩可，還可能從周遭的人那裡聽到令人渾身不自在、甚至火冒三丈的安慰，最經典的就是《舊約聖經・約伯記》裡那三位朋友的說詞。

受苦的意義不是「質問」出來的，而是受苦者真實地從沉浸於苦難中去「承受」、「寄望」和「堅信」而得出來的。就像〈約伯記〉裡上帝面對約伯的質疑，只在旋風中問約伯：「我立大地根基的時候，你在那裡呢？你若有聰明只管說罷。……」結果約伯用手摀口，根本說不出來，只能回答：「這些事太奇妙，是我不知道的。」不知道原因的事情該怎麼辦？可能就得像玫瑰花園（Rose Garden）歌詞裡說的：「我很抱歉，我不曾許諾要給你一座玫瑰花園。除了陽光之外，有時總會下點雨，要收穫也必定得付出，要活就得好好的活，不然就隨它去。」

苦難就如同命運在我們的生活中加諸「情感的刺」和「肉體的刺」，即便虔誠如使徒保羅，也無法說動上帝將這根刺拿掉，最後保羅不再對這根刺那麼憤慨，相反地，他學會了欣然地接受它。因此，好好地活下去、找到活下去的理由與方式就是受苦經驗的意義。想辦法「安住」在苦難之中，安住在當下、安住在破碎的心、安住在信念、安住在希望、安住在愛裡，等苦難淡去。就如同星雲法師說的：「太陽、月亮和星星高掛在天上，好像無依無靠，非常危險，其實是安住在空中。」讓心保持自然，然後很輕鬆地對苦難說：「你好！歡迎你來；啊，歡迎你走！」

受苦的人暫時看不見，他們只能選擇堅信與否，這並不是過度的樂觀，而是因為受苦者經歷受苦當時的愛與恩惠，因此受苦者願意相信現在還看不見的喜樂。受苦與寄望連在一起，看苦難就不同了。例如法國偉大的印象派畫家雷諾瓦，因罹患了嚴重的類風濕關節炎，以致手指扭曲抽筋。他的朋友亨利・馬帝斯看他以指尖握著畫筆作畫，每畫一筆就會引起一陣疼痛，忍不住問雷諾瓦：「為什麼你這麼痛苦還要繼續堅持畫下去？」雷諾瓦回答道：「痛苦會過去，但是美麗會留下來。」現在的苦楚若比起將來要顯於我們的榮耀，就不足介意了。

實　務

一、Lang與Goulet堅毅度量表

本量表共有45題。請詳細閱讀每一題號的敘述，並圈選你對每一敘述的反應。每一題號請圈選一個反應就好。回答所有的題目，確定你圈在對的地方。

填答說明：

圈選1：表示你非常不同意或認為這個敘述大錯特錯。
圈選2：表示你不同意或認為這個敘述是錯的。
圈選3：表示你對這個敘述沒有意見，或還無法決定這個敘述是對是錯。
圈選4：表示你同意或認為這個敘述是對的。
圈選5：表示你非常同意或認為這個敘述正確無誤。

例如：如果你非常同意「我喜歡狗」這個敘述，請圈選5。

題號	題目	非常不同意	不同意	無意見	同意	非常同意
1	我認為事先規劃有助於避免多數的問題	1	2	3	4	5
2	當我面臨困境時，我會尋求支持	1	2	3	4	5
*3	當我面臨困境時，我很難考慮到其他事	1	2	3	4	5
4	我知道我比我想像的更堅強	1	2	3	4	5

5	我有自信對什麼是我能改變，什麼是我該接受的，做出正確的判斷	1	2	3	4	5
6	我相信人生苦短，不該浪費時間在沒有意義的事情上	1	2	3	4	5
7	困境能幫助我瞭解誰是真正的朋友	1	2	3	4	5
8	我相信深陷困境的時候也會發生好事	1	2	3	4	5
9	我經常迫不及待想重拾過去沒有好好利用的生命	1	2	3	4	5
10	我認為我能重獲內在的平靜	1	2	3	4	5
11	我相信若我做計畫，我必付諸於行動	1	2	3	4	5
*12	我認為我大部分的人生都浪費在沒有意義的事情上	1	2	3	4	5
*13	我比較喜歡穩定、可預測的生活	1	2	3	4	5
14	我認為我能接受我不能改變的事	1	2	3	4	5
15	我真心感恩我所擁有的一切	1	2	3	4	5
16	我相信生命中發生的事大部分都是有意義的	1	2	3	4	5
17	我願意思考不同的方式來幫助自己適應困境	1	2	3	4	5
18	我比較喜歡跟性格穩定、始終如一的人在一起	1	2	3	4	5
19	我真心期待每天的生活	1	2	3	4	5
*20	我認為不管我做什麼，我從來沒有真正地達成生命的目標	1	2	3	4	5
21	當我面臨困境時，我願意運用手邊可用的支持	1	2	3	4	5
22	我知道生命很寶貴	1	2	3	4	5
23	我相信困境可以提升我的靈性	1	2	3	4	5
*24	如果某人想傷害我，我通常無力阻止	1	2	3	4	5
25	面臨困境讓我瞭解，把時間花在我喜歡的事情上多麼重要	1	2	3	4	5
26	我習慣用直接面對的方式迎向困境給我的挑戰	1	2	3	4	5
27	我們永遠無法知道明天會發生什麼事	1	2	3	4	5
28	我認為應該把時間花在對我而言重要的人身上	1	2	3	4	5

*29	我不覺得生命有什麼好興奮期待的	1	2	3	4	5
*30	如果事情沒有按照計畫進行，我會覺得很煩	1	2	3	4	5
*31	我認為因應多數問題最好的方式之一，就是不要去想它	1	2	3	4	5
32	我相信經歷困境能加強我的宗教信仰	1	2	3	4	5
*33	我認為做事不用太盡心盡力，反正事情也不會變好	1	2	3	4	5
*34	大多數時候我並不知道自己在做什麼	1	2	3	4	5
35	經歷困境後，我覺得更有準備面對明天的挑戰	1	2	3	4	5
*36	大部分的日子都不值得活	1	2	3	4	5
37	我相信因應困境最好的方式之一，就是從不同的角度看待它	1	2	3	4	5
38	我喜歡思考不同的策略，幫助自己面對生命中發生的任何事	1	2	3	4	5
39	我認為人生苦短，不該把時間浪費在對我不重要的人身上	1	2	3	4	5
40	我相信我對他人的生命具有影響力	1	2	3	4	5
41	我相信我能度過難關	1	2	3	4	5
*42	我習慣讓某一件事影響我全部的生活	1	2	3	4	5
43	我相信若夠努力，任何事情都辦得到	1	2	3	4	5
*44	有時候，我認為神拋棄了我	1	2	3	4	5
*45	若有無法預期的事打斷我的日常生活步調，我會很困擾	1	2	3	4	5

註：題號前有「*」表示該題為反向計分題。

分數越高表示堅毅度越高，越有能力轉化受苦生命經驗。

資料來源：Lang, A., Goulet, C., & Amsel, R. (2003). Lang and Goulet Hardiness Scale: Development and testing on bereaved parents following the death of their fetus/infant. *Death Studies, 27*, 851-880. doi: 10.1080/07481180390241813

二、面具下的悲傷復原歷程（陳柏君）

離婚是人生中巨大之痛，帶來極大的震撼和壓力。巨變當前，使我在情緒上往往處於孤單、創傷，甚至憤怒、怨恨之中而不能釋懷。幸而在研究所，學習了由何長珠教授所教授的「悲傷輔導與表達性藝術治療」課程，而接觸了繪畫「面具」作為情緒宣洩的出口。在約兩年的時間裡創作出約六十幅心境不同的「面具」作品，從憤怒、哀悼、恢復到重生——作為自我悲傷輔導、宣洩與對話的療癒工具；加上這段時間中，同時還不斷的上課與修行（念經、懺悔、催眠等），致使終於能夠在畢業時也將近完成這趟艱辛的「復原之旅」！

至於此四個階段的心情起伏與轉折，可以用**圖15-1**為代表：

1.震驚／憤怒期階段（八個月）。
2.哀悼期階段（五個月）。
3.恢復期階段（五個月）。
4.重生期階段（五個月）。

作者透過面具繪圖之創作時間／日期之排列分類，作為失婚階段歷程與復原情緒之轉換歷程分析，其指數的數值是在每階段歷程面具完成後，與指導教授討論後所確定。至於數值所代表之意義-3為有憤怒及怨恨等之情緒狀態，指數-2為有傷痛與無奈等之情緒狀態，指數-1為有思念、孤單與無助等之情緒狀態，指數0為公平與沉澱等之情緒狀態，指數+1為平靜、轉化等之情緒狀態，指數+2為有勇氣、快樂及祝福等之情緒狀態，指數+3為擺脫困境、有新生之意等之情緒狀態。

在文中並將以每階段中其心情分析指數的高、低差異數較多者，以及具有代表性之面具提出解釋及說明。

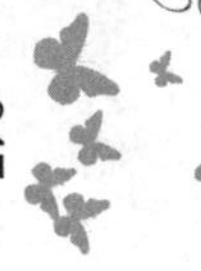

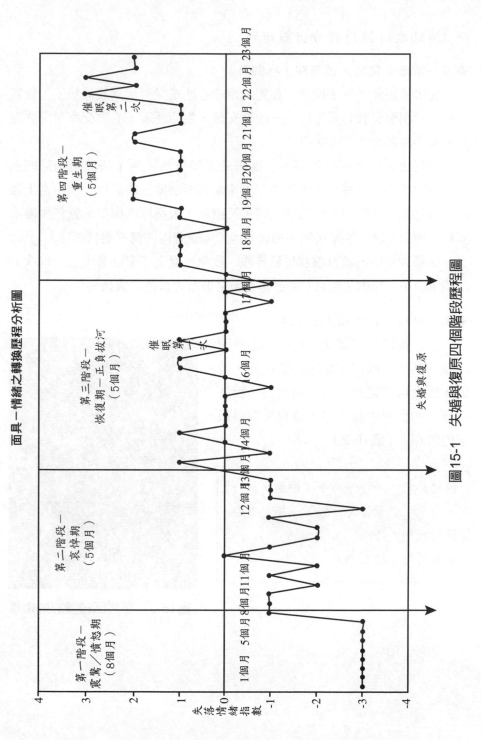

圖15-1　失婚與復原四個階段歷程圖

(一)情緒之轉換歷程分析圖說明

◆第一階段：震驚／憤怒期（八個月）

從被逼迫離婚簽字開始，在對失婚的心態是從否認到被迫接受，感覺天地之大卻沒有我容身之處——內外交煎，生活瓦解，心力交瘁，還要面對所有不友善的審視與批判。

幸好上天開了另一扇窗，在離婚的兩個月內接到了研究所的錄取通知。開學後特別選修「悲傷輔導和表達性藝術治療」的課程，但每當上課時討論的議題觸動到心中的痛點時，又撩起了未復原的傷口，就任由淚水與鼻涕灑到下課。回家後關在獨居的房子，讓悲傷的情緒繼續奔流。

表藝課程中的經歷讓我得到宣洩。我開始愛上了畫面具，在一次次的解構重組中，開啟了整合意識與潛意識之溝通與靈性之成長。

◆第二階段：哀悼期（五個月）

開始接觸悲傷輔導課程後，心情開始進入轉折，練習正視婚姻的破局，並陷入懷念與悲傷的交雜情緒之海。躲在一個人的世界中舔傷口，修復被傷得很重的內心。（**圖15-2**）

情緒分析：平靜→公平（婚姻？）→ 受傷（疲倦）→拒絕求助 情緒狀態：-1 失婚時期：約八個月

圖15-2　想找回被遺忘的璀璨

一到節日，感觸特別深，如圖「棋盤人生——除夕夜中」般，感嘆人生如棋，誰贏誰輸，無法掌控——可悲！離婚後，第一次的過年除夕夜中，只有一個孤獨想家、想孩子的心。用鮮明清晰的綠色調來代表一個多愁善感、害怕獨處、聰明有靈性的智慧與理智。雖說傷痕累累，但也逐漸能正視自身傷痕的脈絡。在面具的中心，還是保留「將」，也慢慢浮現出自我的存在。（**圖15-3**）

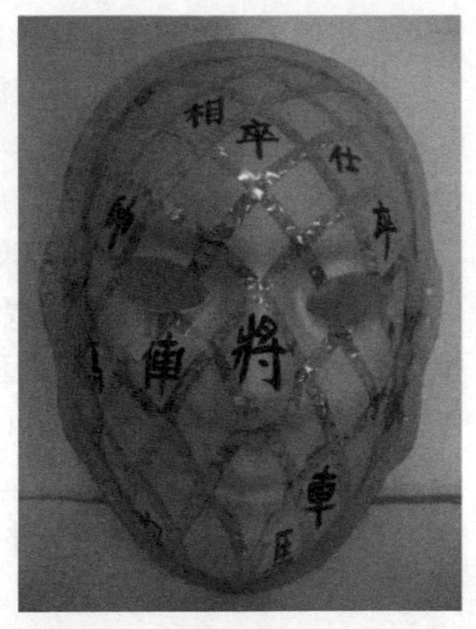

圖15-3　棋盤人生——除夕夜中

情緒分析：無奈→悲傷→傷痛（很深）→忍耐→孤單 情緒狀態：-2 失婚時期：約十一個多月

在離婚週年，畫出「哀——離婚週年」圖，古銅黑色調表示憂鬱、悲傷、沉悶又防衛的臉，就像對婚姻結束的週年，舉辦了另一場離婚告別式，算是對婚姻的結束的另一種緬懷、追憶、抗議與無言。（**圖15-4**）

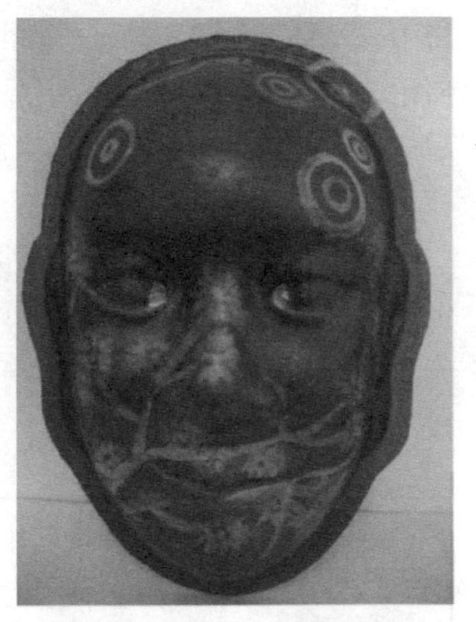
圖15-4　哀——離婚週年

情緒分析：怨恨→希望→失落→幻想→折磨→逃避 情緒狀態：-3 失婚時期：十二個月整（一週年）

◆**第三階段：恢復期（五個月）**

進入了恢復期，在悲傷的情緒宣洩後，除了宗教的浸潤，作者也開始本能的宣洩與母愛本性的顯現。如「母愛之痛」圖中，期待無辜的孩子能不受父母破碎婚姻的衝擊，母性的本能期待能與孩子團聚，重享天倫樂。面具創作的母親臉上一層藍色憂鬱陰影覆蓋著，如同深沉破碎的心。（**圖15-5**）

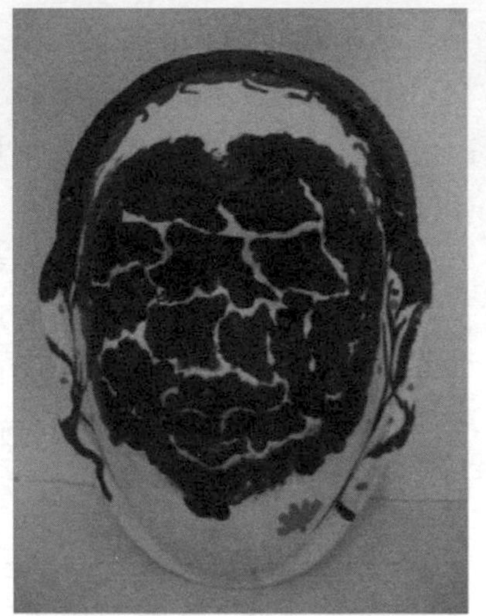

圖15-5　母愛之痛

情緒分析：傷痛→期待→失望→接受→祝福（孩子）
情緒狀態：-1
失婚時期：約十四個月

在未簽字的掙扎時間裡面，我常常問自己一個問題，為了什麼要堅持下去？為了小孩？還是一般世俗的眼光？說自私一點，不放手就是為了自己的不甘心，難道不是嗎？！中國傳統都說，女人是油麻菜籽命，怎樣都要認命，最後還是走到離婚。

憤怒也消退大半後，作者開始用冷靜的情緒、回歸理性的態度去看婚姻、小孩、前夫。此時自己似乎進入了獨立自主的建構階段。（**圖15-6**）

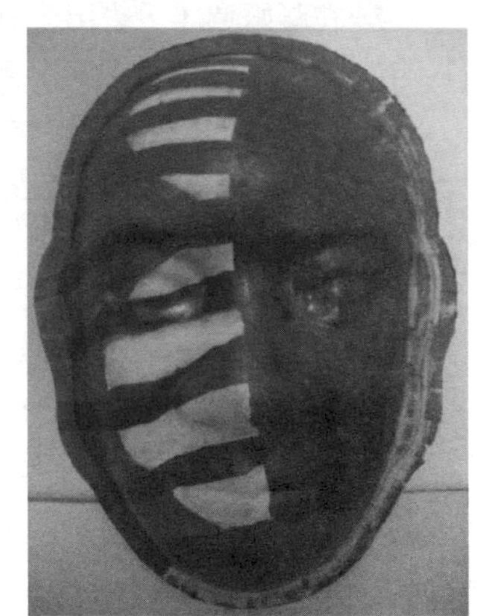

圖15-6　因為不愛了？

情緒分析：爭吵→憤恨→不甘心→接受（被騙離婚）→不認命→轉化（充實自己）
情緒狀態：-1
失婚時期：約十五月

「成回憶」圖是用陰鬱的藍青色作為底色，搭上鮮艷綠、粉紅、金黃色彩的花朵圖飾，代表曾有的回憶——甜蜜而愉快，雖然大部分是在陰鬱的情境下構築出來的；但還是需要勇敢正視過去的悲歡離合。（**圖15-7**）

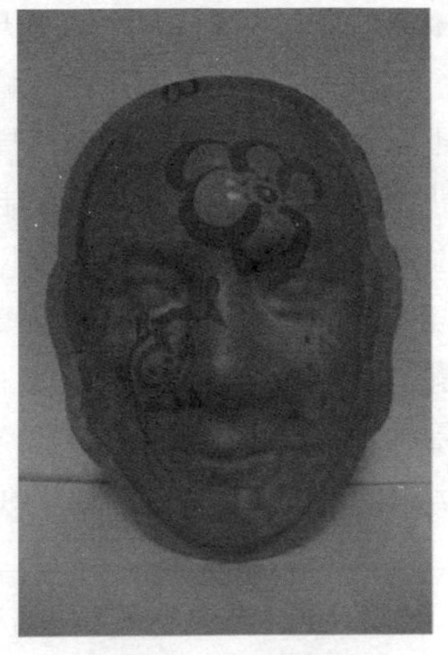

圖15-7　成回憶

情緒分析：回憶→快樂（感謝他的曾經照顧）→祝福 情緒狀態：1 失婚時期：約十六個月

回想離婚關係，如「出售婚姻」圖一般，紅色代表曾經是婚姻的喜悅，不參差的黑、白色臉孔代表是悲傷的覆蓋與欺騙的交織，而銀白色的「售」字則是悲傷中的平靜，藉由它來移去對婚姻負面的能量和增加內心直覺之穩定。

「售」出婚姻的我半喜半憂，拿了「售」的好處嗎？不然該如何？相對於我所失去的，那又怎麼算？誰願意自己辛苦經營了二十多年的婚姻破碎呢？（**圖15-8**）

圖15-8　出售婚姻

情緒分析：喜悅→悲傷→欺騙→不怨→安靜→祝福 情緒狀態：-1 失婚時期：約十七月

◆**第四階段：重生期（五個月）**

重生期中，作者用色大膽鮮明，開始做不對稱的鋪陳方式去創作面具。思維也跳脫悲傷的巢臼，儲備正向能量走向新的階段，並用表達出內心隱藏的健康、朝氣訊息的粉紅珠子串起薄如蟬翼的乾燥葉片，置放於覺醒、清明、無惑、超越執著、覺察等對應能量的眉心輪上。在這裡自己終於體會了無限與空的意義與感覺。（**圖15-9**）

圖15-9　還會心痛

情緒分析：傷痛→矛盾→需遺忘→對自己負責 情緒狀態：-1 失婚時期：約十七個月

當內在思緒整理、走出情緒的谷底後，開始對周遭外面的事務觀察與好奇，人生如那走馬燈，旋轉不停又不休息，要到何時才能會有光明？！

面具創作用紅色做全底代表熱情、對未來是個能充滿信心的人生。深藍的條紋代表著面對問題可以臨危不亂。白點代表光明、純真、輕快、爽朗有開亮的氣勢。（**圖15-10**）

作者重新出發，重新學習人生的事物。

圖15-10　人生走馬燈

情緒分析：無奈→努力→光明→上進 情緒狀態：1 失婚時期：約二十個多月

2010年末的耶誕夜，感受良多，「2010年末」圖，面具花籃中的花朵畫的複雜，但充滿生機。紅色的花籃把手，代表希望在新的一年中有熱情、積極、活潑好動、飽含力量和衝動，是極具自信的表現。咖啡色的花籃代表給人自然、舒適、穩重、謙卑、低調的感覺。各色的花朵代表著無論遇到多少事物的好與壞，總有它生存的規律，只要有真理，就無需計較。

好快一年又過去了，對我來說真的是人生中很特別的一年。每次在做整理手稿和做畫面具的同時，從先前的傷痛和後期的喜悅時時浮現，心境的調整好了很多，謝謝所有關心我健康狀況的親人和朋友。（**圖15-11**）

圖15-11　2010年末

> 情緒分析：除舊→回憶→祈望→改變→擺脫困境→新生
> 情緒狀態：1
> 失婚時期：約二十一個多月

走過了人生的幽谷，回想種種如圖「勇士」呈現的，全面具的綠色代表有聰明、智慧，藍色的右眼是真理、溫馨及希望正面的義意，紅色的左眼是有耐心、堅定，冷靜有威嚴，是理性的決策者。（**圖15-12**）

回顧自己二十一年的婚姻，必須自我檢討及省思，其實我有著許多的缺點，上天讓我重新來過，必有祂的道理，讓我能從錯誤中學習成長。

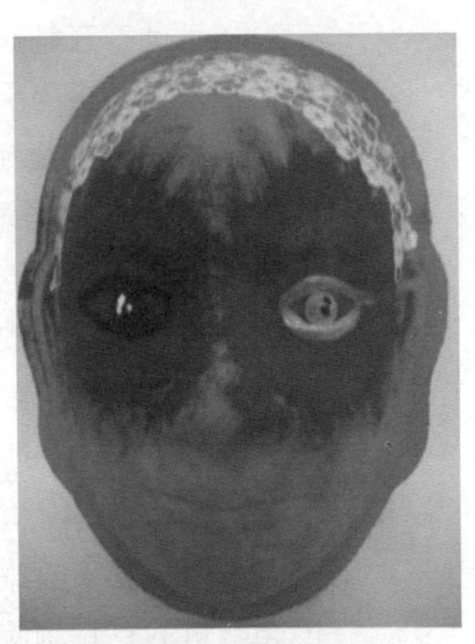

圖15-12　勇士

> 情緒分析：不怕有挫折→不放棄自己→有勇氣面對
> 情緒狀態：3
> 失婚時期：約二十二個多月

(二)面具治療使用時的優點與改進建議

◆優點

讓個案自身在過程中，能放鬆與投入，讓潛意識的內容自然浮現，更可利用面具幫助自己投射出心中討厭之人或事，並體驗個人的負面情緒，藉由創作的過程覺察省思自己該解決的問題。

面具藝術治療可貴的是除了在過程即有療效之外，有時，作品也能自然引發創作者產生一種自我察覺、洞悉與頓悟，並不需要完全依賴他人的介入。這時候作品與作者可產生自我對話，而創作者從當中得到新的體悟，真是難以言喻的經驗，可以被稱作是一種「內在的智慧」。

作者覺得面具治療對一位心理受創者而言，可以增進當事人對自身問題的瞭解、解除內心的衝突，更可培養當事人自行改正不良習慣的能力、客觀認識自我的不當觀念，也支持當事人面對現實、恢復信心、重建幸福生活。這些，都是心理「自」療重要的重建功能。

◆建議

對於創作經驗較少者或是當時身心靈力量顯然較弱者，如果能在專業藝術治療師的陪伴下進行此類的創作，則可在發生困難時獲得更客觀的協助。

作者此次在創作過程中，幸經有專業藝術治療與諮商背景的指導教授給予很大的啟發導引與正向支持，除了在創作上有真實性的宣洩外，內心方面對於悲傷的療癒更有很大的進步與突破。

在探討從罹癌及失婚的自我悲傷輔導心路歷程中，作者認為在初階段時期的宗教信仰的依靠上（心靈歸屬）占約為療癒五分之一的力量，因為信仰讓浮動的心安靜下來，不再毛躁。慢慢的學會去觀照自己的起心動念，替別人著想，漸漸地也找到自我改變的著力點，思想更成熟，個性、處事態度更圓融，進而得到許多自我成長的啟發。

中階段期時，需要在現實生活中打起精神外，更需要的是做自己。此時用表達性藝術治療創作面具作為宣洩自我療癒的力量。在創作時每當回憶起昔日的點點滴滴，常常悲喜交加，甚至有索興痛哭的時候，內在的力

量自由的引導創作，從憤怒、激烈中趨向平靜、放鬆，直至信任自己、呈現真實。

直到陸續創作繪畫面具時，因遭逢生病，受到老師朋友們不斷給予的關心和照顧，作者試著把緊縮的心打開，竟發現自己慢慢能感受到別人的關愛，「生病」竟讓我更容易懂得感恩！同時在每次的創作中亦漸進的打破自我的侷限與框架，用不同的距離與角度看著自己的創作時，開始驚奇它的變化，從拘束走到了無限。這也是作者認為最重要的心理治療，占約為療癒中五分之二力量（用學習新事物轉移其重心，得到宣洩、充分經驗了自我的機會）。

在學校內所學之悲傷輔導諮商課程也是療癒知見上的重要來源，何教授之悲傷輔導課程協助作者適度地表達悲傷，以紓解不安及焦慮情緒，並在課後持續的關懷中，學習健康地完成悲傷任務，占約為療癒中五分之一的力量。

最後階段時期應用催眠等心靈治療之方法轉念個人內心靈魂（「小女孩」）上之糾葛，得到靈性上的寬恕與接納，也占有約為療癒五分之一的力量。

佛說世間一切皆苦也一切皆空，身處在虛虛實實的娑婆世界中，似真實似幻影的命運之痛苦與煎熬是如此的痛心疾首，然事過境遷後，似乎又成為鏡花水月。並逐漸瞭解自己的過往及釋放了體內部分負面壓力的存在。

作者認為：凡事若都應以因緣聚合的觀點來相遇，在每個當下用心經營與感受，定可坦然面對生命中的挫折與苦難。

參考書目

中文部分

丁晨（2003）。《世界的斷裂與接應：一位極重度多重障礙者生命意義之探討》。嘉義：南華大學生死學研究所碩士論文（未出版）。

李佩怡（2003）。《助人者與癌症末期病人關係歷程之質性研究》。台北：國立台灣師範大學教育心理與輔導研究所博士論文（未出版）。

余德慧（1992）。《中國人的生命轉化》。台北：張老師。

易之新譯（2003），I. D. Yalom著（1980）。《存在心理治療（下）》（Existential Psychotherapy）。台北：張老師。

林耀盛（2006）。〈聆聽受苦之聲：從「咱們」關係析究慢性病照顧〉。《應用心理研究》，29，183-212。

胡欣怡（2005）。《創傷後成長的內涵與機制初探：以九二一震災為例》。台北：國立台灣大學心理學研究所碩士論文（未出版）。

黃莉莉譯（1996），E. Elliot著（1992）。《從苦難中得到安慰》（A Path Through Suffering）。台北：中國學園傳道會。

張美惠譯（2001），E. Kubler-Ross、D. Kessler著（2000）。《用心去活——生命的十五堂必修課》（Life Lessons）。台北：張老師。

游恆山譯（1991），V. E. Frankl著（1986）。《生存的理由》（The Doctor and the Soul）。台北：遠流。

陳佳琪（2006）。《成年女性癌症病人創傷後成長之敘說研究》。台北：國立台灣師範大學教育心理與輔導研究所碩士論文（未出版）。

陳增穎（2010）。《負傷的心理師——受苦生命經驗的轉化與實踐之敘說研究》。台北：國立台灣師範大學教育心理與輔導研究所博士論文（未出版）。

英文部分

Aldwin, C. M., & Sutton, K. J. (1998). Posttraumatic growth: a developmental prospective. In R. G. Tedeschi, C. L. Park, & L. G. Calhoun (Eds), *Posttraumatic Growth: Positive Changes in the Aftermath of Crisis*. New Jersey: Lawrence

Erlbaum Associates.

Alexander, D. W. (1999). *Children Changed by Trauma: A Healing Guide*. CA: New Harbinger.

Arman, M., Rehnsfeldt, A., Lindholm, L., & Hamrin, E. (2002). The face of suffering among women with breast cancer: Being in a field of forces. *Cancer Nursing, 25*(2), 96-103.

Begrer, G. (1997). *Disrupted Lives*. Berkeley: University of California Press.

Campbell, W. K., Brunell, A. B., & Foster, J. D. (2004). Sitting here in limbo: Ego shock and posttraumatic growth. *Psychological Inquiry, 15*(1), 22-26.

Egnew, T. R. (2005). The meaning of healing: transcending suffering. *Annals of Family Medicine, 3*(3), 255-262.

Frankl, V. E. (2006). *Man's Search for Meaning*. Boston, MA: Beacon Press.

Gregerson, M. B. (2007). Creativity enhances practitioners' resiliency and effectiveness after a hometown disaster. *Professional Psychology: Research and Practice, 38*(6), 596-602.

Humphrey, K. M. (2009). *Counseling Strategies for Loss and Grief*. Alexandria, VA: American Counseling Association.

Janoff-Bulman, R. (1992). *Shattered Assumptions: Toward A New Psychology of Trauma*. NY: Free Press.

Jezuit, D. L. (2000). Suffering of critical care nurses with end-of-life decisions. *MEDSURG Nursing, 9*(3), 145-153.

Lang, A., Goulet, C., & Amsel, R. (2003). Lang and Goulet Hardiness Scale: development and testing on bereaved parents following the death of their fetus/infant. *Death Studies, 27*, 851-880. doi: 10.1080/07481180390241813

Lindholm, L., Rehnsfeldt, A., Arman, M., & Hamrin, E. (2002). Significant others' experience of suffering when living with women with breast cancer. *Scand J Caring Sci, 16*, 248-255.

Mellors, M. P., Erlen, J. A., Coontz, P. D., & Lucke, K. T. (2001). Transcending the suffering of AIDS. *Journal of Community Health Nursing, 18*(4), 235-246.

Myss, C. (1997). *Why People Heal and How They Can.* NY: Three River.

Park, C. L. (1998). Implications of posttraumatic growth for individuals. In R. G. Tedeschi, C. L. Park, & L. G. Calhoun (Eds.), *Posttraumatic Growth: Positive*

Changes in the Aftermath of Crisis. New Jersey: Lawrence Erlbaum Associates.

Park, C. L. (2005). Religion as a meaning-making framework in coping with life stress. *Journal of Social Issues, 61*(4), 707-729.

Pearson, C. S. (1998). *The Hero Within: Six Archetypes We Live By*. CA: Harper San Francisco.

Rankow, L. J. (2006). The transformation of suffering. *Pastoral Psychology, 55*(1), 93-97.

Rehnsfeldt, A., & Eriksson, K. (2004). The progression of suffering implies alleviated suffering. *Scand J Caring Sci, 16*, 262-272.

Slattery, J. M., & Park, C. L. (2007). Developing as a therapist: stress-related growth through parenting a child in crisis. *Professional Psychology: Research and Practice, 38*(6), 554-560.

Smith, E. J. (2006). The strength-based counseling model. *The Counseling Psychologist, 34*(1), 13-79.

Tedeschi, R. G., & Calhoun, L. G. (2004). Posttraumatic growth: conceptual foundations and empirical evidence. *Psychological Inquiry, 15*(1), 1-18.

Tedeschi, R. G., Park, C. L., & Calhoun, L. G. (1998). Posttraumatic growth: conceptual issues. In R. G. Tedeschi, C. L. Park, & L. G. Calhoun(Eds), *Posttraumatic Growth: Positive Changes in the Aftermath of Crisis*. New Jersey: Lawrence Erlbaum Associates.

Van Hooft, S. (1998). The meaning of suffering. *Hastings Center Report, 28*(5), 13-20.

Wade, G. H. (1998). A concept analysis of personal transformation. *Journal of Advanced Nursing, 28*(4), 713-719.

Wayman, L. M., & Gaydos, H. L B. (2005). Self-transcending through suffering. *Journal of Hospice and Palliative Nursing, 7*(5), 263-270.

Wintz, J., & Alley, R. W. (1996). *Making Sense out of Suffering Therapy*. Indiana: Abbey Press.

悲傷諮商的一個新模式——悲輔表藝（生死書）

何長珠、郭怡秀

問題一、名詞釋義

一、悲傷諮商

悲傷療育包含輔導、諮商與治療三個範疇。其中悲傷輔導代表與悲傷定義內涵有關的學理與資訊——如復原階段、生命意義、生命發展階段之悲傷特徵、複雜及創傷性悲傷之內容等概念之分享與澄清；悲傷諮商則以表達性藝術治療之相關媒材為代表，例如繪畫、音樂、舞蹈、沙遊、說故事等，來協助當事人表達和宣洩負面情緒，以建構感受與心理上之重整；而悲傷治療則是在以上階段完成之基礎上，進一步催化當事人轉負為正的內在心靈歷程之重新建構，其技巧通常包括深度心理治療，如心理劇、心理動力治療、催眠治療及家族排列等靈性治療模式。完整的悲傷療育概念應包括如上三部分；但在一學期的課程中，實際上處理到的主要仍是悲傷輔導與悲傷諮商兩部分，且目前之學術界，仍通用以悲傷輔導一詞代表悲傷諮商，故本研究特以悲傷諮商的操作性定義來兼含悲傷輔導與悲傷諮商兩個概念，以期正名。

二、表達性藝術治療

美國國立創造性藝術治療師協會的定義（NCCATA, 2004a），表達性藝術治療（Expressive Art Therapy, EAT）是一種使用藝術、音樂、舞蹈、戲劇、詩等媒介來工作的心理治療專業。它鼓勵與心理學、社區藝術、教育等取向的結合，並經由這些藝術歷程的整合與流動，獲得自我內在資源，帶來療癒、啟發及創造力（引自賴念華，2009）。

問題二、文獻探討（何長珠等，2012）

本節分成四部分，先探討表達性藝術治療之感受與身心靈互相影響的完形特質，接著瞭解表達性藝術與身心靈成長相關之治療性特質，再比較悲傷療育中，悲傷輔導、悲傷諮商與悲傷治療之異同，最後探討悲傷諮商（表達性藝術治療與悲傷輔導）之實務改變內容。

一、表達性藝術治療之感受與完形特質

Knill的交互模式認為，所有的藝術形式都可以屬於感官和溝通並存的模式（Knill et al., 1995: 28），而幫助當事人瞭解自己和解決問題的新選擇，則有賴治療師、作品與個案三方之間的互動（「低技巧—高敏感度」原則）。Carlson（1997）也認為藉由創作而生產的作品能夠引出當事人受潛意識所掩蓋的部分與經驗（引自曾瑞瑾，2008）。

為了增加與當事人的連結和信任，N. Rogers論文增加了動作、書寫、聲音、藝術等互動的方式，並稱之為一種「創造性連結的過程」（Malchiodoi, 2005: 198-199）。綜合可知：創造、創作乃是一種人與生活環境交會碰撞時、轉化實相之過程與結晶；以存在主義的觀點來說，透過藝術的創造固然幫助人更瞭解自己的感受與認知，同時也可帶來更深層存在狀態之探索與成長（何長珠等，2012）。

二、表達性藝術與身心靈成長相關之治療性特質

1.自我表達：Gladding等（1992）主張在諮商治療中加入藝術創作，可以加速當事人自我探討的能力，但方式並不是解說，而是催化讓當事人深入自我去發現意識之內涵。

2.主動參與：強化身體和感官的參與度，例如做、看、捏、扭等方式，容易讓當事人的能量開始流動，幫助紓解、緩和過去積累、持

續的壓力，並找到新的關注焦點。

3.想像：想像是運用藝術和遊戲作為治療中的焦點（Levine & Levine, 1999），一般來說，表達性藝術治療的使用都可以增加當事人的想像力，並從中激發出解決問題的想法和做法。

4.心靈和身體的連結：依據美國另類醫學學會的見解，在所有有助於改變發生的治療媒介中，表達性治療亦是有效的一項（Malchiodi, 2003）。

5.產生健康、自信的感覺：藉由各類媒介的運作，K. Estrella（2005）提出三種功效：當事人得以降低憂慮和焦慮，並獲得喜悅、覺察和創造力，同時在具體的創作中看到成就，因而產生自信、愉快等心理上的健康狀態。

6.採用個別或團體的活動形式：以「做與分享」為基礎的表達性藝術治療，能幫助當事人在人際關係中獲得親密、互信、互動等經驗，並有助於自我價值感之提升（Jones, 1997）。

7.特殊症狀個案：Stuckey、L. Heather、Nobel與Jeremy（2010）等人在探討表達性藝術的治療活動中，發現能夠幫助憂慮、焦慮、精神分裂、強迫等等類型的當事人，找到一個可以客觀理解個人問題的媒介，並且在表達—宣洩中學到控制之道。

由上可知：表達性藝術治療具有五感並用、內外流通、催化表達與深入瞭解等特性，特別在非語言經驗（感受）之開發部分，具有非常特別的效能，是幫助人達到身心靈統整非常重要之一種媒介。

問題三、悲傷諮商——表達性藝術治療與悲傷輔導

（何長珠、張晉瑜，2015）

綜觀以上理論，可發現就表達性藝術治療而言，其最大功能在於引導並催化當事人難以言說的情緒之表達與宣洩，以處理壓抑至潛意識的失落

和悲傷等議題；而悲傷輔導／諮商，著重在知識面上的澄清和改變觀點，聚焦在意識面的悲傷心理狀態、解決當前問題和提供口語支持，兩者間有其互補之處。然而在國內的文獻搜索中（曾瑞瑾，2008；楊淑貞，2010；劉安容，2010；賴念華，2009；藍琦，2012），發現關於統合表達性藝術治療與悲傷輔導的研究論文或期刊似乎尚顯不足，研究者以「悲傷」、「哀傷」、「創傷」搭配「表達性藝術」作為搜尋關鍵字，卻僅得到相關論文六篇、期刊一篇的結果，顯示國內在整合表達性藝術治療及悲傷輔導上，仍有相當的研究空間。

American Art Therapy Association（1996）指出藝術治療所奠基的理念是藝術創作的創造性歷程具有療癒性、能強化生命力，是思想與情感的非語言溝通形式。賴念華（2009）亦提到，運用表達性藝術治療媒材作為媒介，能讓團體成員將難以說出口的悲傷、失落，以象徵、隱喻的方式呈現，此種方式使成員與自己的悲傷、失落產生距離以保護自我而有安全感，進而達到表達與宣洩的效果。而楊淑貞（2010）的研究以表達性藝術治療來介入創傷帶來的焦慮與失落、悲傷的憂鬱情緒，發現能使個案產生冥想的放鬆與專注的效果，並重新建構內在的安全機制，尋回主控感與主體性，提升自尊與自我認同；而創作的過程除了表達與宣洩的效果外，透過領導者的引導，來回顧並探索事件所帶來的生命價值與意義及團體成員彼此的分享，更能重新與外在世界建立連結。

綜合搜索而得之文獻，可發現共通的研究成果，是發現對於經歷悲傷失落的兒童或成人，進行十到十四次之間的表達性藝術治療活動後，可明顯強化其對自我的正向信心，並藉著創作的具體存在使悲傷轉化為對生命的正向想法和作為，以重建日常生活的結構，與他人的互動亦有改善（何長珠，2012）。因此，表達性藝術治療與悲傷輔導整合的效果應是肯定的。藉由表達性藝術治療的隱喻、象徵和多元媒材，不僅可軟化當事人的防衛，更易帶出被壓抑、忽略的創傷意象（楊淑貞，2010），此時若再能輔以悲傷智能有關的理論解說（何長珠、李盈瑩，2014），當能更有效的幫助當事人認知統整與轉換——了脫悲傷與生死。

問題四、結果與討論

本節將依對一學期（54小時）悲傷輔導與表達性藝術課程（研究所選修）後之總心得與志願訪談資料之分析，整理成為三部分之論述，分別為悲傷療癒認知內涵之改變、悲傷療癒感受內涵之歸納，以及認知與感受統合後之新覺察。

一、悲傷療癒認知內涵之改變——增加對個人議題之自我瞭解

(一)認知改變的本質是一種擴大覺察——從主觀走向客觀的旅程

完整的瞭解因果觀，是促成悲傷失落之認知改變的重要前提。在理解自我當前的狀態和命運皆是源於自己的選擇後，人便開始有了主動權。何長珠等（2012）的觀點認為，一個人今生今世的言行通常會受到三種意識力量的影響，一是早年經驗（家庭—個人潛意識），二是前世經驗（家族—集體潛意識），三是當下的選擇（個人意志或自由）。其中早年經驗形成阿德勒所謂的虛擬終極神話（Mosak, 1995），前世經驗的家族集體潛意識中的未竟事務則往往透過遺傳而成為當事人不自覺的欲求與投射；相對之下只有最後一個當下的選擇，是我們真正擁有的自由權。在尚未明白這個道理（一世／三世因果）時，人們擁有的只是「假自由」，即尼采所謂之「錯誤信念」（false belief）（Robert, 1987）——無法看清種種言行與過去幼年經驗和前世未竟事務之間的遺傳相關，因此所謂的選擇往往只是一種潛意識的投射和認同，自我本身並無真正的自主權可言。如何發現自己的那一份自由呢？何長珠建議可以從擴大對事情因果的「全視」角度著手——就如同受訪者S在受到婚姻問題的打擊時，瞭解到「自己永遠擁有三分之一的自由」。這樣的發現可以有效避免思考的狹隘和行事的武斷。受訪者J也在回饋中分享到，透過客觀的角度來觀察自己，會發現一直以來自己所認為的幸福其實還不是真幸福。

(二)新的時間原則——無常、輪迴、當下負責

人們通常不會察覺有過去世的存在，但從催眠及家族排列等的多次實務觀察中，卻會發現現在世與過去世的感受及經驗重疊的種種體會，因此研究者認為在考量公平與否的根本觀念上，需要將一世的概念延長為三世（「三」是代表多的意思）——知道過去世的未竟事務是如何扣緊著現世而現形在當下的。受訪者G因此理解到——「自作自受」的道理，另一位U則認為家族排列與和解，是一種能夠擴增對於對／錯覺察的良好途徑。人若能學習接受這種更完形的三世因果觀，便會有一種「釋然」（可以放下，因為感覺公平了）之感升起，這樣的體會使我們能夠更中立的檢視自己過去的正面與負面經驗，並不再為這些經驗帶來的情緒所控制，因此也不會再如之前一般的只會埋怨他人或環境，而能更多的回到自己的責任部分去思考。

負起責任的重點在於，對自我選擇之後果和選擇本身做負責，因為世間萬事其實是隨時都在變化的，有如蝴蝶效應般牽一髮而動全身。所以佛法才提出現象學的無常概念——教導大眾瞭解真正的存在應該是在無限的變動中不斷進行相對覺察之過程（達賴喇嘛，2012）——此即佛法所謂的以幻為真的生命實相。而且瞭解：在這個無常的世界中，只有當下才是決定能否重新翻盤（再生）的唯一機會（Smith, 1988）。

對於輪迴，普遍的誤會是以為只指死後投生的概念，其實人生中的每一時刻無一不是輪迴（細胞剎那生滅）的一種表現（鍾清瑜譯，2009）。受訪者O和H兩人皆深刻體會到輪迴的即刻性：O：「每一個時間點都是在輪迴」、H：「人生＝生生世世＝天堂與地獄同在當下」。小至於習慣、偏見、愛好等等亦是輪迴，而這些小輪迴正處處影響著我們匯聚成一個大輪迴，同時決定了我們的現在與未來之命運。正如H所說：「我執的牽絆使自己落入迷惘而無法改變問題」。

二、悲傷療癒感受內涵之歸納——處理未竟事務

(一)分享即是一種療癒

G起先是相當防衛而不自覺的。對於其他同學詢問個人實務作品中所蘊含的感受或意義，經常以笑容回說：就這樣啊！但隨著實務創作捏塑「陰影」陶土的分享才很驚訝的發現自己為求安全而產生的防衛行為竟表現得如此真實——「很多層陶土牆後的自我」。分享中也才瞭解到這樣的態度原來是源自從小家庭中的互動方式。

這樣的發現也使G發現自己的主要議題：對安全感的渴求。合理的推測是，他將會開始其自我成長之旅程，由目前第一階段的表達與發現期，逐漸走向第二階段的「宣洩」或第三階段之「轉念」。

(二)降低防衛機轉

Y提到因為個人特質，可能無形中在自己的周圍築起一道牆——既難以向他人敞開心胸也抗拒接受他人的回饋，再加上精神科的專業更難有機會開放自己；在實務課程中，他提到本課增加許多機會能夠進行自我探索，其自我覺察狀況應比G更深入一層而屬於「知道—做不到」的程度。

(三)覺知個人逃避的矛盾來源

C在最初修課時，僅抱著學習技巧與理論的想法而來，然而在實務的課程中，卻發現了內在自我的矛盾衝突。他提到，在接觸這次的課程後才覺察到——過去所認為理想完美的自己原來並非真實的自己，但另一方面又並不明白自己是誰，這種恐慌感是C之前從未有過的體驗。

從沙遊圖可知，C以往的存在是非常理性思考導向的；而在花朵所圍成之路徑外、則散落著不同類型之負面挑戰。整個圖形代表著當事人防衛外在威脅之一種心理傾向。這其實也是社會上一般人的心理狀態，只是目標如果是要成為助人者，則更須先超越這些意識狀態的防衛機轉，然後才可能真正的瞭解自己與他人！正所謂「the healer-the healed」（Miller &

Baldwin, 1987）吧！

課程的初期，P給大家的印象是隨和、笑口常開的，但隨著一次次實務作品的分享，同學們才瞭解到，她才經歷過情感的傷痛與母女之間的長期疏遠，但卻以表面OK的態度來逃避。在前後測的自我畫像中，可以看到P用花朵前後測的變化，表現出自己在處理主要客體（Greenberg & Mitchell, 1983）——母親問題時的依附狀態。前測畫中出現的是失根卻綻放的花，這樣的意象隱含著對母親既濃烈又壓迫著的感情——花開無根，隨著課程之進展，P選擇在課堂外不斷創作以為宣洩，到了後測時，可看出P心中原先不平衡和矛盾的感受似乎已得到較多的完形（個案本身已成為花），就一學期的成長而言，真是很大的進步。

(四)接納陰影

當事人S在課堂中經常給人一種親切的印象，某次分享中，才和同學們分享突如其來的婚姻破局使其在家庭和學業之間飽受挫敗。沙遊創作圖可清楚的看見自己的掙扎，假山與獨角獸各自代表了追求家的安定與逐夢之心之間的拉鋸，S藉著沙遊的意象給予自己選擇完成學業的勇氣。

將心理能量曲線（成長是一場由負而正的旅程）的觀點套用在S上時，可以發現S在起始時是在-2的階段，隨著課程中正知見的增廣，S漸能明白自己在其中應負的因果，此時的S已經從-2成長到-1了：整體心態上更為平和與負責——然而因為此刻的S是以一種忽略而非內心寬恕的態度來因應個人的未竟事務，因此可解釋其已越過治療的前三個歷程（表達—宣洩—轉念），而正走向最後的「統合」（原諒自己和別人）階段邁進！這種立場也可視為是當今最新趨勢的正向心理學之一種觀點（Kate, 2012）。

(五)接納悲傷

受訪者U在課程中處理了自己久久放不下，那對於預期摯愛的親人往後將死去的恐懼，藉由鐵絲生命線，再度憶起爺爺過世的情景與悲傷感受（-1）仍烙印在心裡的陰影，Carl Benedict（2005）的看法認為「心理疾病常是不能放手之悲傷的後果」。而在「陰影」陶土的分享之中，U認識到：陰影並非僅是存於過去，而是同時存在於過去、現在、未來的。再經由老師「小和解」正式告別儀式的協助，U終於明白應該化悲傷為成長的動力，不僅懷想過往親人同時也更要把握和身旁親人的相處。這種完形之覺察，使死亡的焦慮相形之下消弭許多，對因預期性死亡而焦慮或一般有死亡恐懼的當事人來說，家排中的小和解真是最好的解藥！

(六)珍惜負向經驗

F在課堂中雖然一直有開朗豁達的表現，但在鐵絲生命線中，卻發現自己對於負向經驗總有著很複雜的心情——懊悔、抗拒、逃避等情緒久而久之便成為一層隔絕他人卻同時禁錮自己的障礙，雖然安全但也沉重。透過老師的解釋，F瞭解到能量是不會消失只會轉化為其他表達形式的，因此那些被壓抑的負面情緒也並非不存在，是時時等待著要爆發進而形成習性與生命議題的輪迴。雖然F對於這些痛苦的經驗予以排斥，但老師的一句話卻使F有了轉念的契機，即「唯有經歷過-2（能量曲線之最低狀態）的人才有能力去幫助-2的人」。使F剎那之間明白，過去的負面經驗並非是全然有害或該排拒的（Neimeyer, 1998; Worden, 2001），反而是可以使自己更成長的資源。這樣的領悟讓F更有勇氣去面對未知的未來，也更懂得珍惜遭逢困境的時刻。

(七)照顧內在的自己

當事人L給大家的印象是非常的安靜與和善，這或許和其所從事的助人工作有關，但L也表示，在處理對方的悲傷時其實也沒辦法顧及到自己的悲傷，只能用專業角色掩蓋，久而久之讓L感覺相當疲累。在前測的投射畫裡，L表示在作畫時心思仍是在工作上，雖然助人的工作帶來成就感，但好像沒有得到真正的快樂（自認是「小惡魔天使」），長期事務性的操勞更導致L的身體出現病況。上課，使L學習將關注的焦點放回自己，照顧並療癒內在的小孩（Lucia, 1991），雖然請假休養的日子讓L有茫然和混亂的感覺，但也希望這是一個重生的過程，在投射畫後測中，可以看到L將自我畫成了一顆正在破殼的蛋（黃色外圍），蛋中之鋸齒狀裂痕代表

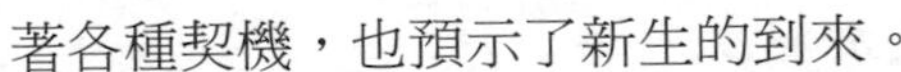

著各種契機，也預示了新生的到來。

三、認知與感受統合後之新覺察——統整成為新的自我

(一)真正的改變須從接納開始（何長珠、林原賢，2013）

在認知改變的過程中，可以發現：在尚未將原本的視界加以擴大之前，個人的痛苦與煩惱是難以通透與斷除的。例如對事物持有單一面向之認知與個人主觀立場，此種未竟全面的認識，不但造成無法對事物有全面的觀照，同時亦限縮了心靈得到平安的機會，成為在錯誤中不斷反覆自苦苦人的循環。

如何擊破這道循環？何長珠的觀點認為：瞭解事物的本質——人往往捍衛自己之利益而產生對錯好壞之批判，造成對方也以防衛為反映（此為一世當世之經驗），如此循環不休代代相傳互為輪迴後（成為個人及集體潛意識之素材），終於形成為情結／陰影（榮格觀點）或靈魂議題（何長珠觀點）之來源。因此若能試著不再固著於自我的主觀意識，並從中跳脫，以第三者和三世（過去—現在—未來其實是互相交織而現形於當下的）的角度去理解事物，才能對人—己—事—物產生更完形的理解。因此可以說：對事物常保客觀與中立（無絕對的對錯／是非）的平等態度，才能從根本上獲得更多的自由和選擇權，而如此也明示了——對心念之覺察與接納，實為個人命運從此趨福避禍之鑰。

在檢視以上眾多學員感受改變的過程中，同樣會發現到，接納實相所帶來的改變不僅止於回歸真正自由，而且是促成將過去或現在的負向經驗加以轉化為正向能量的決定性階段。以往和當下的負面經驗在藉由脫離自我片面的觀點與情緒反應後，所得到的覺知，往往會與過去大不相同。此時所謂的負向經驗已不再只是負面壓力而已，而是轉化成為幫助自我成長的厚實養分，因為瞭解到凡事皆來源於自我選擇的這個真相——當下的自己，更是主導未來好壞成敗的最主要因素。

(二)覺察情緒——寬恕自己然後及於他人

寬恕的發生來自於不落入自我主觀，並同時能體察到當前對象的主觀。正因為有了兩方意識想法的相互對照，才能開始立足在對象的場域來思考。檢視兩方立場的目的，在於回到中立的角度，同時更能看到雙方各自的執著和過失。一旦能夠達到中立的態度，便可以發現人之所以在互動上會產生負向回饋，乃是因為各取所「執」與公平原則的計較。公平原則的真正目標，應是回歸中間值，即「歸零」的相位——既不偏正，亦不偏負。而在這個過程中，若當事人無法知曉完整的因果理論，便會產生不斷的互相傷害和報復。唯有在明瞭自我亦有應負之責任而生起慚愧之心後，接續而來的才是寬恕的反應，這代表了一份對自覺慚愧的退讓（良知出現）以及對於對象狀況的感同身受（真正同理）。

相對於寬恕他人，寬恕自己的重要性亦不得忽視。在尚未受到正知見薰習時，吾人皆是以自我的本能和主觀來應對處理外界的衝突。例如在G的分享中，便可看到其防衛機轉是來自於幼年時期對於安全感的缺乏，為了面對這充滿不安全感的世界，G本能的使自己在社會面具上覆了一層充滿安全感的自我良好之態度；隨著年歲的增長，G早已認定這就是「我」。唯有透過實務的創作與回饋，G才能理解到這並不是真正的我、反而是一種過度補償之結果！如何在謀求心理成長之餘，亦能對自我過去的本能防衛反應給予真心的接納，則是G在日後努力的目標。

(三)心理治療能量轉化四階段之歷程曲線

回顧過去二十年文獻後發現：治療關係與處理介入若能與改變階段產生關係，則可增加當事人完成治療之頻率與達成改變之效能（Prochaska, J. O., & Norcross, J. C., 2001）。L. Brian與L. C. Jay（2008）指出療效主要還是要看治療者與個案之間的關係程度而定——研究發現治療者的支持程度會影響關係過程之建構，而喜歡（favorable）的程度則影響關係的效果。J. E. Higham、M. L. Friedlander、V. Escudero與G. Diamond（2012）探討青少年個案在治療中的抗拒行為，更發現工作同盟是諮商關係的核心也是諮商效果的重要指標（林瑞吉、劉焜輝，1998）。以上研究描繪的是治療關係

之重要性——貫穿整個諮商改變之歷程。

陳秉華（1995，1996）提到諮商歷程可從個案來談的期待開始，描述與父母之間的關係，開始轉而向內覺察負面的情緒之表達與接納，進而激發來談者改變的動機；這其中自我的表達與改變的表現貫穿了整個諮商歷程。從敘述的角度出發，諮商歷程是一種自我認同轉化的旅程——而以解構與重新建構為其核心（林杏足，2013；林杏足、李華璋、釋宗白、姜兆眉，2009；蕭景容，2004）。完形的觀點則認為，當事人透過退縮、感覺、覺察、動員、行動、接觸、滿足等七個階段不斷循環所形成之循環圈模式，來達成改變之目標（Clarkson, 1999; 2000）。最近，盧怡任、劉淑慧（2014）更以存在現象學來探究個人受苦轉變之經驗，大致經歷七個階段：(1)保有原有的習性；(2)遭遇到挫折——是成長的必要條件；(3)產生抗拒——以求助、生病或漠然的方式來因應：(4)點醒——遭遇更大的挫折、產生洞察並轉念；(5)演繹與歸納——循環形成個人的新視野；(6)修正——對原本的習性展開轉變；(7)有機體成長——開放的程度更為增長。這七個階段主要重點在描述經歷挫折後，當事人如何改變因應方式來重新適應的一段歷程。其主要貢獻放在「轉念歷程」之現象學描述。

由此可知，上述研究列出許多研究者對於諮商改變歷程之觀點，雖然概念未必相同，但共同性都在於要走一個「表達、宣洩到轉念之歷程」。

最近的跨理論性改變歷程模式是由Prochaska等（2011）從戒菸個案的研究中發展探索人們如何開始及持續改變的歷程；當中涉及到認知、情緒與行為層面，對於改變階段之定義則可分為：(1)前凝思期（尚未覺察自己的問題）；(2)凝思期（改變意念啟動中但尚未達成承諾）；(3)準備期（初步試探性之改變開始）；(4)行動期（當事人能努力改變思考與外顯行為問題／通常要花一至六個月的時間）；(5)維持期（當事人繼續維持沒有原先問題之狀況）。在此，經驗、認知與精神分析式之說服常被用在(1)、(2)階段，因為它對當事人增加思考的完整度是有用的；存在與傳統行為治療介入之效用，則在(4)、(5)階段彰顯；讓當事人體會不改變的代價（Norcross, J. C., Krebs, P. M., & Prochaska, J. O., 2011；何仲蓉，2004）。

與上述理論相較，表達性藝術治療之表達可催化內在之自我覺察，屬於該模式的第一階段（前凝思）；宣洩則等同第二階段（凝思——增加改變的決心）；而悲傷輔導的理論與實證資料，則可視為是第三、四（行動與穩固）階段。整個過程可視為是潛意識與意識互融後所產生的洞察或頓悟之一種轉化歷程。

能量轉化歷程曲線則是第一作者根據多年實務經驗之反思後，所提出來的一個情緒復原歷程模式——本模式認為每個人在生命過程中，均可依據能量的正／負／高／低而定義出不同位置的曲線發展之位置，而且此一歷程曲線亦可與心理治療的成長曲線連結而形成如下之模式：(1)表達（+1－-1）；(2)宣洩（-1－-2）；(3)轉念（-2－-1）；(4)統合（-1－+1）；(5)自我實現（+1－+2）。不過因為第五階段，通常是當事人離開治療後的持續成長方向，嚴格說來不能算是治療中的任務而應視為是其開花結果之表徵，故只以四階段分類。

由**圖16-1**可知，圖中方格之數字代表能量的高低程度，以-2、-1、0、+1、+2表示。圓形中數字代表心理治療的成長階段，依序為表達—宣洩—

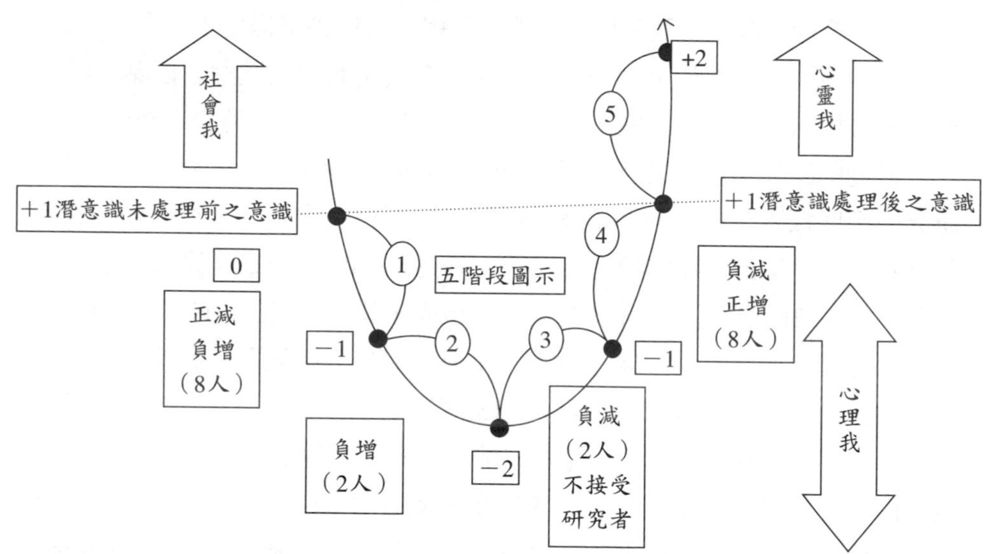

圖16-1　能量歷程曲線階段分類圖

資料來源：何長珠（2010），課堂講述。

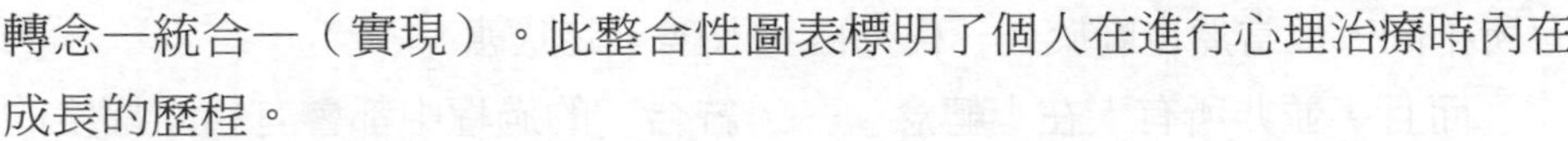

轉念—統合—（實現）。此整合性圖表標明了個人在進行心理治療時內在成長的歷程。

在圓圈1的「表達」階段，個人處在漸漸將內在隱藏之秘密、悲傷失落等議題現形的開端。此時內在的心靈開始產生拉扯和抗拒，過去所建立起用來保護自己的生存模式亦開始受到質疑和檢視，在到達-1時，或許甚至會經歷到自我懷疑和抗拒狀態。以**圖16-1**的分類圖觀之，八位當事人在課程經驗中都或多或少的被引出了個人的悲傷失落議題或未竟事務，從成長的定義是「自我瞭解／自我接納／自我肯定／自我改變」而言，這些當事人似乎已踏上了成長的第一階段。

進入圓圈2「宣洩」期後，當事人開始透過各種媒材之諮商性討論，將深埋在內心中的情緒給釋放出來。釋放的過程可能相當激烈和漫長（通常最少約需二至三年），同時也有可能讓個案陷入極大低潮，甚至出現不斷重複來回的可能（如Stroebe悲傷雙軌論之觀點）。從C的沙盤或F的回饋中可發現，本來是相當肯定自己的人，但在課程中因為增加了覺察，反而產生了混亂與焦慮，以致在課堂的表達方式上也從積極發言轉為發言減少，但也映證了其處於「自我接納」狀態。

在圓圈3「轉念」的階段，經歷了不斷釋放情緒壓力後，清明的理智（靈性）才能開始幫助個案看清過去負向經驗中需要負起責任之處。同時，經歷了上一階段較完整的宣洩後，負向狀態也更容易被覺察和控制，當事人開始從能量的-2狀態中慢慢回復至-1的區間，「放下」或「寬恕」通常在這個階段完成。在研究參與者中，有兩名學員正處於從-2爬升至負一階段的狀態，情緒衝擊之餘波蕩漾，使其不願成為研究對象——畢竟，從放下到釋然之間的旅程，還是需要時間的；若從前述之成長定義而言，則可視為正處於「自我肯定」與否的過程中。

最後進入圓圈4的「統合」階段——意指經歷過一整段治療過程後的自我整合。以心理能量的觀點來看，自-1到+1的過程代表當事人加強了對負責、客觀與同理等利他模式的反應傾向，是一種有能量的狀態。但在圖中階段4的M和P需要特別注意，因為兩者並未走過-2，而是從-1直接回到+1，此時之+1已是潛意識經過處理後的成長狀態，本質上已經與左側的+1

有所不同。但當然也屬於是一種「自我改變」之狀態。

而且，並非所有人在「轉念」—「統合」的過程中都會有相同幅度的成長，因為這必須依照個案自身的問題程度低—中—高（L-M-H）之差異和希望改變的動機強弱而有所分別，更多的人有可能僅停留在「轉念」而未發展至「統合」的情況——到底，自我實現在一般人口中的比例也只有約為15%吧（Coward, 1996）。

(四)認知與情緒改變的相互關係——情緒催化認知改變之可能

本課程的設計是每次均自理論的介紹闡述開始，然後進入實務媒材的創作，最後再進行全班志願分享與回饋，這是研究者發現最有效的一種教學設計模式。其原因為：如果只進行認知部分之學習，則收穫易停留在意識理性批判的表層，尚無法觸及到個人主觀的核心信念與根本習性。唯有在認知刺激之後，借用視／聽／說／觸／感之連結，才能引發相關情緒經驗並從而有所活化（表達與宣洩）原先之癥結。因此在認知改變後加上感受的改變與分享，實是強化這些理論概念與走向進一步自我覺察的必要步驟。

藉由媒材的實務創作，個人深埋在潛意識層面的資料得以浮現，並和原本認知的自我概念發生矛盾和衝突。在此心靈的危機時刻，認知的改變便能發揮效用正如前所引述劉淑惠等之觀點（2014）——心靈在抗拒改變與自我懷疑時，能有正知見概念之介入並引導新思考之生發，當事人便有機會因為覺察的擴增，而更明瞭個人過去舊習主觀之不完整；同時宣洩情結之後的感受平衡更可增強自我覺察力，進而能夠將認知的改變導入，以降低過去習慣再次發生之機率。 需要注意的是：唯有身體力行的過程，才能保證更多正向改變的發生。

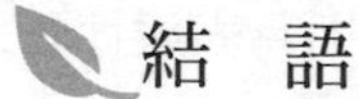

結　語

本文旨在瞭解悲傷療育理論與表達性藝術治療實務兩者在課程中的結合，對於當事人的影響與收穫，並進一步瞭解此類模式對當事人認知與感受部分相關未竟事務之影響，以探討其在應用上之可行性。依據研究問題，採行動研究方式，以全體的課程回饋單與十二位志願受訪者之訪談內容進行主題分析，並加入詮釋與討論後提出結論與建議。

本研究的價值和影響在於能融合悲傷療癒理論及表藝實務並應用於教學模式中，以更加完整的幫助研究參與者能夠有效率地在意識面與潛意識面獲得正向的改變，而不是僅只針對身、心、靈其中一方進行治療與改善。在研究者收集的回饋資料中，亦可發現學員們經歷了許多觀念上的震撼——這樣的改變往往會深入靈性而持續終生的。總和來說，有如下幾點：

第一，人永遠有當下轉念的自由。

雖然人的靈魂自我受到早期幼年經驗與前世遺傳的影響，但在遭遇失落時無論如何仍擁有當下重新轉念的自由，可以去面對困境而有不同之選擇。

第二，強化看待事物的客觀立場。

時刻關照自我的主觀與他者的客觀，方能釐清許多誤會和自我偏誤，同時獲得更多客觀完整（完形）的參照依據，幫助自己解決問題。

第三，心理能量由負而正的轉化模式。

治療前／表達（+1－-1）—治療中／宣洩（-1－-2）—轉念（-2－0）—治療後／統合（0－+2），藉由此種量化的線性歷程，參與者得以逐漸瞭解到負向經驗才是成長的動力源。同時也更清晰地描繪出來在心理成長過程中進退往復的真實歷程。

第四，身心靈合一的治療與成長原則。

研究者深信處理當事人問題，必須兼顧生理、心理、心靈三方面之介入才能有效。本研究之課程設計中，生理部分為表達性藝術媒材之創作行動，心理部分是悲傷療癒的理論與正知見之澄清，心靈部分則為表達性藝術的象徵之解讀與心靈治療（小和解與家族排列）之親身體驗。參與課程之大部分學員亦都同意此種模式有助於體驗及成長。

綜合以上所論各點，可歸納出五個主要貢獻如下：

1.提出一個結合「悲傷理論與表達性藝術實務之悲傷諮商」之方案。
2.發展一個可用數值表示的非單一線性之「心理療癒歷程」模式。
3.加入本土性華人傳統文化之內涵如祖先、輪迴等觀點，並深化這些概念應用於悲傷治療中未竟事務之處理。
4.Goldman（2004）與曾瑞瑾（2008）等人確認未竟事務之持續會影響個人整體生理與心理、自我與人際之健康發展，顯示本模式亦具有悲傷預防上的重要價值。
5.確認表達性藝術治療（EAT）中，黏土／沙遊／面具／鐵絲／投射畫等五種媒材對情緒感受之表達、宣洩具有特別顯著之效用。

〈附錄〉

「102年度—悲傷輔導與表達性藝術治療專題」課程大綱

週次	日期	理論	實務	實務與療效之相關
1	9/16	定向工作與分組	投射畫(1) 測驗解說(2) 測驗實施(3)	直覺的畫下當前的自我畫像，作為個人當前狀態的一種紀錄（主觀性測驗）另外再配合客觀性紙筆測驗，以供研究團隊參考
3	9/30	悲傷影響因素	鐵絲生命曲線(4) 生命故事回顧與敘說	透過鐵絲的彎曲，再次面對自己過去所有的正面與負面經驗，同時檢視當前的自己並展望未來
5	10/14	傷慟的因應與人際依附類型	陶土—陰影(5)	將自身心中的陰影或秘密以捏陶的方式呈現，觀照與分享個人內在黑暗面之意義
		兒童之悲傷輔導——遊戲治療	幼年未竟事務之處理(6) ——OH卡遊戲	人類的困擾很大一部分與兒童時代的未竟事務有關，OH卡的投射性特質可涵融並催化對此議題之探討
7	10/28	青少年之悲傷輔導	沙遊—祕密(7)	沙遊可以無意識的投射出當事人的潛在意識，更適合防衛性強之成年人群體之覺察
		災難與心理重建——危機介入與自殺意念介入模式之介紹	諮商技巧實務演練(8) Debriefing／EMDR	創傷性經驗需要生理與行動策略之介入——因此EMDR等結構性活動之練習是有效的
9	11/11	成人之失落輔導——離婚與外遇	畫夢／曼陀羅(9)——互相說故事	將個人對複雜性悲傷之主觀感受，以繪畫與兩人一組分享的形式表達出來
		《西藏生死書》／影片欣賞1	輪迴觀與無常之討論(10)	探討華人對生死議題之集體潛意識之內容

週次	日期	理論	實務	實務與療效之相關
11	11/25	老人之悲傷輔導——預期性悲傷	戲劇治療／分組演出故事(11)	以老人悲傷之主題來預演個人及家庭對死亡之準備
		複雜性（PROLONGED）悲傷之輔導1（嬰靈、HIV等）	遺囑分享(12)面具	觀想自我臨終前的景象，在面具上畫出自己往生時希望遇到的照顧方式，並在面具背後寫出一份模擬的遺囑
13	12/9	複雜性悲傷之輔導2（性侵、同性戀等）	深層溝通——個業之處理(13)／影片欣賞2	林顯宗之深度催眠影片介紹台灣目前處理複雜性創傷之一種靈性模式
		創傷性悲傷輔導1（目睹、自殺、意外死亡等）	小和解的練習(14)	以靈性感應與角色扮演之方式協助處理個人之今生議題（個業）
15	12/23	創傷性悲傷輔導2（各項精神疾患）——剝奪性悲傷（如女性）	家族排列示範——共業之處理(15)	以何長珠教授發展出的華人家族排列方式，示範如何處理家族累世之議題（共業）
			三種量表之後測與投射畫之前—後測回饋	於課程尾聲，再度繪製自我畫像及實施測驗，以比較前後測之間個人的不同
17	1/6	以PPT——生死書的方式，分享個人／全體之總心得	歡慶豐收	回饋自我主觀感受上的改變與個人在悲傷輔導各層面上所學到之知見

參考書目

中文部分

何長珠（2003）。《團體諮商：心理團體的理論與實務》（二版）。台北：五南。

何長珠（2008）。〈悲傷影響因素之初探〉。《生死學研究》，7，139-192。

何長珠（2011）。《團體諮商概要》。台北：五南。

何長珠、李盈瑩（2014）。〈大學生悲傷因應量表與生命意義相關之研究〉。《生死學研究》（發表中）。嘉義：大林。

何長珠、林原賢（2013）。《諮商與心理治療——理論與實務》。台北：五南。

何長珠、張晉瑜（2015）。〈悲傷諮商：一個新模式之探討〉（投稿中）。

何長珠、葉淑萍（2005）。《折衷式遊戲治療之理論與實務》。台北：五南。

何長珠等著（2012）。《表達性藝術治療14講——悲傷諮商之良藥》（二版）。台北：五南。

林杏足（2013）。〈敘事諮商中當事人自我認同轉化歷程之研究〉。《中華輔導與諮商學報》，37，209-242。

林杏足、李華璋、釋宗白、姜兆眉（2009）。〈性侵害倖存者的敘事治療歷程分析——以安置機構少女為例〉。《亞洲家庭暴力與性侵害期刊》（研討會特輯），5(2)，281-304。

林彥光（2011）。《喪親大學生悲傷藝術治療團體方案之行動研究》。台北：中國文化大學心理輔導學系碩士論文。

林惠怡（2009）。《深思多慮共渡波瀾——新婚夫妻的婚姻生活之衝突經驗探究》。嘉義：國立嘉義大學家庭教育與諮商研究所碩士論文。

林瑞吉、劉焜輝（1998）。〈序列分析在諮商歷程研究的應用——以兩組諮商個案為例〉。《師大學報：教育類》，43(1)，49-86。

倪傳芬（2002）。〈運用藝術治療於安寧療護之行動探究〉。《慈濟護理雜誌》，1(3)，40-47。

高淑清（2008）。《質性研究的十八堂課——首航初探之旅》。高雄：麗文。

張淑美、謝昌任（2004）。《生死學相關學位論文之分析》。「教育部主辦；

台北護理學院承辦：教育部93年度生命教育學術研討會——生命教育理論建構與實踐」發表之論文。

陳秉華（1995）。〈諮商中大學生的心理分離——個體化衝突改變歷程研究〉。《教育心理學報》，28，145-176。

曾瑞瑾（2008）。《哀傷兒童參與表達性藝術治療團體之成效及改變歷程探究》。新竹：國立新竹教育大學教育心理與諮商研究所碩士論文（未出版）。

楊淑貞（2010）。〈創傷復原與療癒歷程之探索：以表達性藝術治療為例〉。《台灣藝術治療學刊》，2(1)，73-85。

達賴喇嘛（2012）。《覺燈日光》（3冊）。台北：商周。

劉安容（2010）。《表達性藝術治療團體對父母離異兒童生活適應之效果研究》。屏東：國立屏東教育大學教育心理與輔導學系碩士論文。

盧怡任、劉淑慧（2014）。〈受苦轉變經驗之存在現象學探究：存在現象學和諮商與心理治療理論的對話〉。《教育心理學報》，45(3)，413-433。

蕭景容（2004）。〈敘事取向生涯諮商歷程與情節設計〉。《諮商與輔導》，226，23-29。

賴念華（2009）。〈表達性藝術治療在失落悲傷團體之效果研究〉。《台灣藝術治療學刊》，1(1)，15-31。

賴念華、王文欽、林葳婕（2011）。〈乳癌病友與伴侶表達性藝術治療親密關係工作坊滿意度調查〉。《台灣藝術治療學刊》，3(1)，23-44。

鍾清瑜譯（2009），J. W. Hawkes著（2005）。《從心靈到細胞的療癒》（*Cell-Level Healing: The Bridge from Soul to Cell*）。台北：橡樹林。

藍琦（2012）。《目睹家暴兒童參與表達性藝術活動團體輔導成效之研究》。台東：國立台東大學教育學系碩士論文（未出版）。

釋慧開（2002）。〈未知死，焉知生？——從國人的忌談生死到打破禁忌暢談生死〉。載於林綺雲、張盈堃主編，《生死教育與輔導》，台北：洪葉。

英文部分

Blatner, A. (1992). The theoretical principles underlying creative arts therapies. *The Arts in Psychotherapy, 18*(5), 405-409.

Coward, D. D. (1996). Self-transcendence and correlates in a healthy population. *Nursing Research, 45*(2), 116-121.

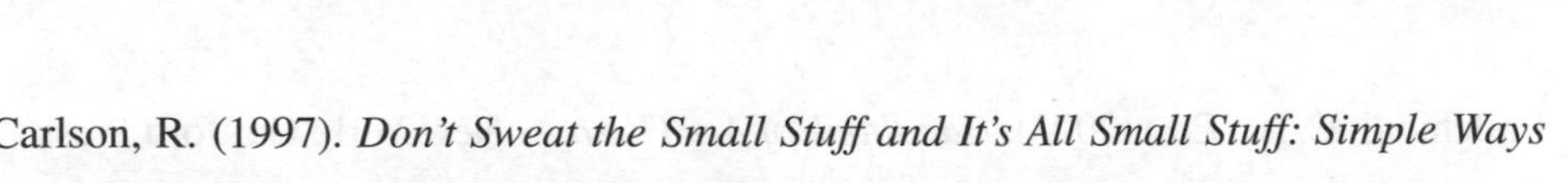

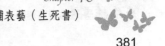

Carlson, R. (1997). *Don't Sweat the Small Stuff and It's All Small Stuff: Simple Ways to Keep the Little Things From Taking Over Your Life*. New York: Hyperion.

Clarkson, P. (1999). *Gestalt Therapy in Action* (2nd ed.). California, CA: Sage.

Clarkson, P. (2000). *Gestalt Therapy in Action*. California, CA: Sage.

Estrella, K. (2005). Expressive therapy: An integrated arts approach. In C. A. Malchiodi (Ed.), *Expressive Therapies*. New York: Guilford Press.

Gladding, S. T., & Kesternberg Amighi, J., Loman, S., Lewis, P., & Sossin, M. (1999). *The Meaning of Movement: Developmental and Clinical Perspectives of the Kestenberg Movement Profile*. New York: Taylor & Francis.

Goldman, L. (2004). Counseling with children in contemporary society. *Journal of Mental Health Counseling, 26*(2), 1-17.

Greenberg, J. R., & Mitchell, S. A. (1983). *Object Relations and Psychoanalytic Theory*. Cambridge, MA: Harvard University Press.

Higham, J. E., Friedlander, M. L., Escudero, V., & Diamond, G. (2012). Engaging reluctant adolescents in family therapy: an exploratory study of in-session processes of change. *Journal of Family Therapy, 34*(1), 24-52.

Jones, J. G. (1997). Art therapy with a community of survivors. *Art Therapy: Journal of The American Art Therapy Association, 14*(2), 89-94.

Jung, C. (1978). *The Structure and Dynamics of The Psyche* (R.F.C. Hull, trans). Princeton, Princeton University.

Kate, S. (2012). Process Oriented Psychology (Ch. 8). In *Make Light Work in Groups: 10 Tools to Transform Meetings, Companies and Communities*. Vancouver, BC: Incite Press.

Kepner, J. I. (1995). *Healing Tasks: Psychotherapy with Adult Survivors of Child-Hood Abuse*. San Francisco: Jossey-Bass.

Klass, Dennis, Phyllis R. Silverman, and Steven Nickman (Eds.) (1996). *Continuing Bonds: New Understandings of Grief*. Washington, DC: Taylor & Francis.

Knill, P. J., Levine, E.G., Levine, S. K. (1995). *Principles and Practice of Expressive Arts Therapy: Toward a Therapeutic Aesthetics*. London: Jessica Kingsley.

Levine, S. K., & Levine, E. G. (Eds.) (1999). *Foundations of Expressive Arts Therapy: Theoretical and Clinical Perspectives*. London: Kingsley.

Lucia, C. (1991). *Recovery of Your Inner Child*. US: Fireside.

Malchiodi, C. A. (Ed.) (2003). *Handbook of Art Therapy*. New York: Guilford Press.

Malchiodoi, C. A. (Ed.) (2005). *Expressive Therapies*. New York: Guilford Press.

Miller, G. D., & Baldwin, D. C. (1987). Implications of the Wounded-Healer Paradigm for the Use of the Self in Therapy. *Journal of Psychotherapy & The Family, 3*(1)139-151.

Mor, V., McHorney, C., Sherwood, S. (1986). Secondary morbidity among the recently bereaved. *American Journal of Psychiatry, 143*(2), 158-163.

Mosak, H. H. (1995). Adlerian psychotherapy. In R. J. Corsini & D. Weddings (Eds), *Current Psychotherapies* (pp. 51-94). Itasca, IL: F. E. Peacock.

National Drama Therapy Association (2004). General questions about drama therapy [Online]. Available at www.nabt.org/.

Neimeyer, R. A. (1998). *Lessons of Loss, A Guide to Coping*. Memphis, TN: Center for the Study of Loss and Transition.

Norcross, J. C., Krebs, P. M., & Prochaska, J. O. (2011). Stages of change. *Journal of Clinical Psychology, 67*, 143-154.

Prochaska, J. O., & Norcross, J. C. (2001). Stages of change. *Psychotherapy, 38*(4), 443-448.

Prochaska, J. O., & Prochaska, J. M. (2011). Recent findings related to the transtheoretical model. In J. Trafton & W. P. Gordon (Eds.). *Best Practices in the Behavioral Management of Disease* (Volume 1, pp. S1-1-S1-5).

Robert, N. (1987). Nietzsche's Theory of Truth and Belief. *Philosophy and Phenomenological Research, 47*(4), 525-562.

Schut, H. A. W., Stroebe, M., van den Bout, J., & de keijser, J. (1997). Intervention for the bereaved: Gender differences in the efficacy of two counseling pregrams. *British Journal of Clinical Psychology, 36*, 63-72.

Semmelroth, C. (2005). *The Anger Habit in Relationships: A Communication Handbook for Relationships, Marriages and Partnerships*. New York: Sourcebooks.

Smith, Barry(ed.) (1988). *Foundations of Gestalt Theory*. Munich and Vienna: Philosophia Verlag.

Stroebe, M. S. (1998). New directions in bereavement research: Exploration of gender differences. *Palliative Medicine, 12*(1), 5-12.

Stuckey, Heather L., Nobel, Jeremy (2010). The connection between art, healing, and public health: A review of current literature. *American Journal of Public Health, 100*(2), 254.

Wadeson, H. (1980). *Art Psychotherapy*. New York: John Wiley & Sons.

Walsh, R., & McGoldrick, M. (Eds) (1991). *Living Beyond Loss*. New York: W.W.

Worden, J. W. (2001). *Grief Counseling and Grief Therapy: A Handbook for the Mental Health Practitioner* (2nd ed.). New York: Springer.

Yalom, I. D. (1995). *The Theory and Practice of Group Psychotherapy* (4th ed.). New York: Basic Books.

臨終關懷情境倫理之探索

龍武維

問題一、緒論

1996年家母往生，對於母親依戀的牽繫，不是一時之間說斷就能不再眷戀的全部放下，思緒上找不到自己未來的方向，工作上完全無法投入，雖然生存著，但卻無法思考，未來似乎已無意義。面對在有限的日子裡，我要過什麼樣的生活，是繼續頹喪窩居，還是積極面對人群互動、用心活在當下，母親的死亡成為人生下墜的危機，卻也成為人生最重大的轉機。

如果「死亡」是一個不能觸碰的話題，那麼，我們很難突破現有的思考，讓自己有超克的可能。畢竟每個人最終都會死去，除了意外的瞬間死亡外，時間上我們都將面對死亡折磨的臨終，而「死亡」又是一個讓人打從心靈深處駭懼的情緒障礙，有人說它是人世間最惡毒的詛咒，也是最恐怖的摧殘。但是，理性思考，如果沒有死亡，道德的公平正義能得到終極的彰顯嗎？當迴避不能逃脫，不如選擇面對，面對才能從陌生進入熟悉，熟悉方能降低內心的恐懼。

我們一向用經驗與知識來理解世界，但這一套認知方式卻不適用於死亡的問題，你可以說有瀕死經驗但是不能說有死亡的經驗，因為，真正有經驗的都已往生。死亡如同黑洞，我們只能確定它超過人的思考範疇，因為不知道黑洞的世界是什麼。不論任何人，即使他的職業是醫生，是神職人員，或是通靈者，但最後還是會覺察到知識科學的限制，公平的接受那一天的到來。當恐懼不能作為迴避死亡的理由時，就必須選擇面對。

若要與死亡對話，並不是一個認知的過程。我們必須先承認，我們的認知思維有它的極限，唯有承認極限，才能開發另一層次的真我，在那個真我中，雖然沒有知識的內容，但可以確實地肯認其為真，是真真實實感受死亡臨境的現象。當然感受不能閉門造車，需要藉由實際臨境的處遇和靈性的成長方能略有感知的詮釋，換言之，即在熟悉死亡的過程中去重新體悟、尋求臨終安身立命的智慧。然而臨終在病床旁所發生的，不只是一個人的軀體向著不可避免的毀壞過程，是臨終者「請幫助我」的默然呼喚。然而，回應呼喚卻往往是陪伴者的無能。

目前相關的議題研究，焦點大多關注在臨終病患醫療其身及相關衍生的問題上，制訂各項SOP（標準作業流程）的規範，以原則倫理作為醫療準繩。準此，固可解決機構依法行事的不錯原則，然而卻忽略從事照顧的團隊面對不同個人心性的互動倫理——當一個人的軀體向著不可避免的毀壞過程，使臨終者發出「幫助我」的默然呼喚，這個默然是初遇的尷尬、關係的釐清、相互的認同、幽徑伴行的無所依從。但是隨著人們投入的意願的增加，潛在人力資源的機會及素質亦隨之提高，不正視這個問題，必定會影響到服務的態度及品質；如何讓工作程序、運作流程得以獲致某種的透明心識認知的倫理過程，從心法相傳的口述歷史，轉換成情境處遇的關懷，藉此確保正確的理念提供及時的服務品質，的確是臨終的關懷倫理最深奧的探索目標。

一、關懷觀念的新視域

筆者長期擔任小腦萎縮症病友的關懷志工，此種症狀是不能逆轉的絕症，通常不會影響智力，但是隨著小腦隨意肌的運動神精元萎縮的逐漸惡化，隨意肌的功能逐漸喪失，身體動作成為不能自主的狀態，最終甚至全身無法動彈，但是大腦意識卻極為清楚，在罕見疾病中是屬於必死但過程最殘酷的病症，若無其他的併發症，患者在進入不能表達的臨終期，陪伴者往往無法知悉患者的需求，在溝通上呈現嚴重的單向猜測模式。不僅患者痛苦，陪伴者亦經常卡陷在慌亂不知所措的處境中，對於曾經那麼熟悉的病友，卻只能像陌生的人般的在猜測、無助中接受死亡的到來，每一次個案的結束對筆者而言都是沉痛的打擊！直到接觸了情境倫理學（另譯境域倫理學）及關懷倫理學之梳理，才能和周遭志工在實踐層面以懇談相互支撐。從而瞭解，作為一個陪伴者，只有承認無能才能擺脫人的主觀意識，碰觸事物本質也才是還其事物原貌的最佳途徑，本質的還原方能理解關係的延續成為可能。換言之，藉由不同個體成長背景差異所形成的對事物「意向性」（intentionality）的不同視域，所做出的肢體語言，不僅可以得到感官經驗，也能夠更進一步獲得互相接受的信賴，這些才是陪伴者重新面對的動力來源。對於臨終病患所承受的恐懼和焦慮的現象因何而來，這樣的審視雖然仍在邊做邊學中，但卻是探索關懷倫理的契機。

當前對於「臨終陪伴志願服務」的論述，大部分仍停留在仁愛的散播或是功德的佈施。事實上，陪件者在臨終場域及世俗社會的來回穿梭，就如同不斷的在死亡及存在的循環中淬鍊，往往會啟發陪伴者對生命意義的人文省思；然而是否能從利己、利他擴及到利社會的深層思考，讓臨終陪伴屬性擴增為生命禮儀的神聖空間，陪伴的交流成為互相關懷的人文學習，這又是一個值得探索的空間。

二、研究臨終關懷問題意識

俄國大文豪托爾斯泰（1828-1910），在《伊凡．伊里奇之死》中，清楚的描述伊凡罹患絕症後一步一步邁向死亡的過程。它不但凸顯出一生追尋的名譽、權勢在死亡面前變得毫不足道。而且對於存在於人、己間的虛偽，更極大地加深內心的抱怨反應。這與庫布勒．羅斯（Elisabeth Kubler-Ross, 1926-2004）《論死亡與臨終》一書中對臨終反應分為否認、憤怒、討價還價、沮喪、接受之五階段不謀而合。兩位學者相差百年，專長領域不同，對臨終心理卻有相同的認知。

階段不是絕對的，通常會在其中某個階段循環或跳躍，可能從否認直接跳到接受，而且雖然有人可能從頭到尾一直不斷否認現況，但是只要經過適當的心理輔導或團體的支撐幫助，人們大都可以走到最後「接受」的階段。如同托爾斯泰在《伊凡．伊里奇之死》中，伊凡最後的時光是在農民僕人格拉西姆不棄不捨的服侍中接受了必須面對死亡威脅的事實，僕人的真情牽動伊凡絕望的心靈，於是他發現一切都錯了。病前，他浪費了上天給予的一切，但當他領悟到這些時，發現還是可以糾正的，他彷彿跌進了洞穴看到了光明，終於對妻兒生出了憐愛，他已忘記了死亡的恐懼，然後他呼出了最後一口氣說：「死，完了，再也沒有死了」。

在這，格拉西姆不棄不捨的服侍是伊凡轉變的關鍵，放到現今的臨終場域，就是關懷意義的彰顯，服侍是關懷的態度，不棄不捨是關懷的實踐。從態度到實踐就是倫理的議題。

事實上近年在應用倫理學上確實有關懷倫理學的興起，其源自於卡羅爾・吉利根（Carol Gilligan）在1982年發表《不同的聲音：心理學理論與婦女發展》，強調有兩種不同的道德意識：正義與關懷。二者預設了不同的自我觀念，兩種道德觀點之間最重要的差異為——關懷倫理強調自我在人際脈絡中和他人不可分割的關聯性與相互依存性，和正義倫理強調自我的獨立與自主有相當大的差異。

1984年諾丁（Nel Noddings）以「情感回應」的立場，呼籲人們正視情感的存有學。換言之，倫理的實踐是在探索態度是否合於道德，而非對道德作理性的演譯。本篇以關懷為主題，提出其關懷倫理學的哲學內涵和道德教育，認為理想關懷關係的建立為道德理想的完成。對人性自由的主張，以關懷關係作為人真心嚮往的道德理想，不只在抉擇中彰顯其主體自由，更在主體關係能自由互相的接受，並且延續關懷施與受之互動進行。借助對話溝通的情意交流間，彰顯出道德圓滿成就的自由。換言之，死亡在存有現象中是人類必須面對的必朽（mortality），這才是對於臨終場域的陪／病所做的最好的關懷詮釋。

三、不同情境的不同視域

中國大陸的安寧照顧尚處於開始萌芽的階段，臨終關懷相關的研究報告多以理論深挖證成為主，議題大多瑣定關懷道德理念之研究，對於關懷場域倫理實踐所探索出來的反饋進路較少觸及。例如田曉山的《姑息治療與臨終關懷中的人文精神》是從人文關懷和生命倫理的視角，透過對西方基督教文化和中國傳統儒家文化生死觀的探討，對傳統文化的精髓——孝道的深入解析，闡述從無神論立場的倫理、道德構架中，建立姑息治療（緩和醫療同意）和臨終關懷的「仁愛」模式。論證了這種模式不但可行，而且勢在必行。

張鵬（2009）認為臨終關懷是一種基本的道德態度，應能普遍地適用到每一個臨終者的身上。以公正原則、行善原則、自主原則、最優化原則為基本的道德原則，透過自律和他律的方式來實現臨終關懷底線之道德規範。

筆者則認為由於個人的獨特性，在面臨死亡的態度上皆有所不同，故倫理的原則主義在臨終關懷時，作為參考較為適妥，臨終場域的倫理仍必須以情境（situation）優先，必須由理解其需求開始，要理解需求必須先建立關係，關係是陪病初次相互接受的關鍵，沒有排斥才能建立關係繼續延伸的陪／病歷程。建立關係先得「移開自我」，帶著呵護感恩的心，柔軟的態度及尊重的理念，自然的滑入被恐懼威脅的臨終者心靈；從二者建立關係後的互動中，除了承接臨終者的需求、給予協助外，並且以臨終者作為先行為師的關係，重新認識死亡，預立自己的臨終理念，共同扶持、尊嚴的走完臨終之路。

問題二、無私的呵護

現代化安寧緩和療護對安寧緩和療護的概念分析與意義詮釋，凸顯出現行的醫學教育仍然以原則倫理為核心內容，未見以生死教育作為臨床的生命教育之事實。此一事實可能導致醫師在其後的專業實踐中，仍然以新科技新藥材把病人救活作為職志。這些作為事實上對於臨終病人或許是痛苦和災難的延長，違反關懷的本質應以死亡尊嚴的人文教育之落實。本篇即以臨終現象與人文對話作為思路的脈絡，從解構臨終場域的情境到關懷倫理的建構，逐步提升生命教育的神聖空間。

一、臨終是適應情境的過程

臨終和出生一樣具有被拋的性質，沒有不接受的選擇。但是臨終者「接受」的方式則有時間上的無力感以及理念態度上的差異。進入臨終，使人對過去生存法則的依戀產生焦慮，對死亡的黑洞產生恐懼。幾人能跳脫畏死的枷鎖，回到海德格向死實存的生命軌道？凱思林．辛（Kathleen

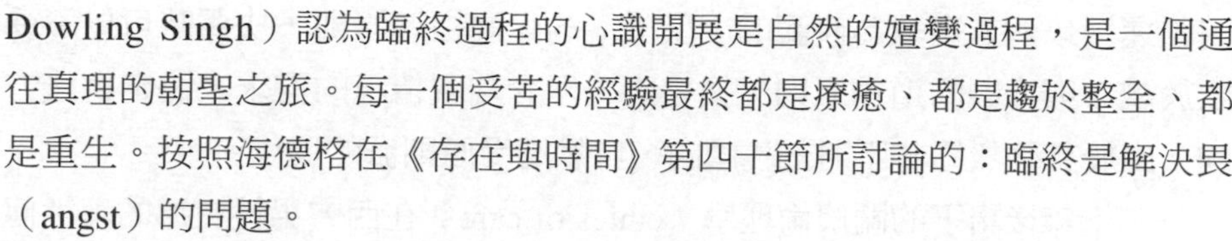

Dowling Singh）認為臨終過程的心識開展是自然的嬗變過程，是一個通往真理的朝聖之旅。每一個受苦的經驗最終都是療癒、都是趨於整全、都是重生。按照海德格在《存在與時間》第四十節所討論的：臨終是解決畏（angst）的問題。

畏是處在負面情緒中最高的主宰，它是無邊無際不能確定的東西，邁入死亡就好像進入黑洞，何處才是飄泊安生的所在？面臨死亡，「畏」宰制了所有的情緒。其具體表現有兩個方面：一是它切斷了和他人任何有形無形的關聯，人的社會角色被剝奪，從世界的習慣性關聯中脫落出來；二是它逼出了本己本真的自己、毫無遮蔽的面對存有。海德格在人生此在的分析中，將畏懼視為是一個轉折：它從一直緊緊生活於其中的關係網中被拋出來，「緊緊生活於其中」就是我們的日常生活，然而困難的是，因為沒有遇到過死亡，未曾參與臨終情境的探索與認知，因此所有的詮釋，無法從經驗中去搜尋判斷的基礎，作為面對現象的自身顯現。真想明瞭它的話，就必須在某種程度上參與到這種無距離的體驗之中去（「此在」），而陪伴是參與體驗的最佳選擇。

問題是：對一個看不到未來的臨終者，陪伴者要選擇什麼樣的態度去相處是一個極大的困惑。雖說接受臨終是趨向善終的開始，但台灣在推廣生死教育近三十年後，迴避的傳統死亡觀及其文化束縛仍占多數，但是比起過去躲在陰暗角落獨泣的情境已經大為改善。尊重臨終者的自主性在臨終關懷的場域已成為基本原則，臨終已經不只是「等待」有尊嚴的死亡，還含有轉化成為朝向靈性經驗開展的過渡期之新價值觀。

二、情境中的關懷

傳統基督宗教倫理學是以強調神的戒律為「正義倫理」，主張無論遇到任何情境，人都有義務與責任忠實地遵守神的戒律，因此傾向於原則主義。然而，七〇年代出現了情境倫理的自由派神學，此中特別以弗勒徹爾（Joseph Fletcher）於1966年所出版的《情境倫理學》（*Situation Ethics*）為代表，重視倫理兩難抉擇中所需面對的情境及脈絡（contextual）差異，主張運用以西方宗教為典範的「聖愛」的最高指導原則，抉擇時可以不受限於誡命與客觀的道德原則，換言之，理念端視情境的需求來決定實踐方向。由於其強烈的非原則主義傾向，自然遭受原則派的撻伐。

二十年後諾丁的關懷倫理學（ethics of care）在西方男性主導的理性傳統下，異軍突起被稱作女性主義倫理學，它強調過去在學術上受到壓抑的女性特質（feminine）之思維，而以關懷情意作為道德的基礎，提出「關係」為人存在的基礎，而關懷的情感為人的道德基礎，發展關懷的情感與建立關懷關係是實踐道德的理想。依賴著關係中「關懷的施與受的現象延伸」，所以道德的核心就是情感與關係。

筆者認為將這兩種非原則倫理學作為適應臨終情境的特殊性，以及關懷陪伴首重情感接受與回應的倫理進路最為適妥。因為情境倫理學在道德思想上豎立無私的聖愛作為情境交流的中心思想，是一種類似「體會知識」的運用，關懷倫理學卻有在情境實踐上的明示知識。兩種知識在屬性上或許稍有區別，但並非截然二分，而是互為表裡；它是指導我們基本認知與行動能力的中心思想，因為一切明言知識與實踐經驗的累積，都有賴於心中體會層次的知識運作作為背景的支撐。

將情境倫理學嵌入關懷倫理學即能理論與實踐合一，在情境及脈絡中理解臨終病患處境的特殊性，適切回應病患的主體需求。同時在深度學習的過程，不斷地反省自己的知識建構，而在此反省過程中發現，人類無論是對既有知識投注的肯定，或對朝向未知知識開拓時抱持的信念，都是一種具有存在涉入或委身意義的參與行動，而由這項參與所開展的知識，累積成為關聯臨終世界的各項知識。

三、什麼是「情境倫理」？

現在我們要問一個問題，當面臨倫理兩難需要抉擇時，什麼是你首先考慮的問題？是從道德原則中搜尋善惡是非的答案，還是依據當時當地的情境本身去提出解決道德問題的辦法。這就形成兩種主張，一種是以法定和習俗的律法為主要抉擇的依據，另一種是和律法主義完全相反的反律法

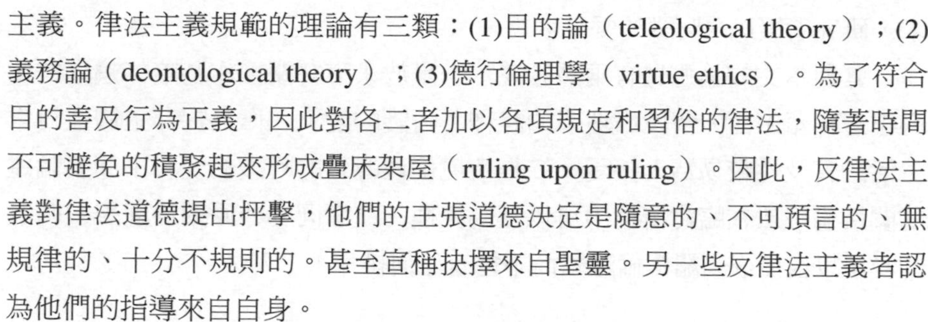

主義。律法主義規範的理論有三類：(1)目的論（teleological theory）；(2)義務論（deontological theory）；(3)德行倫理學（virtue ethics）。為了符合目的善及行為正義，因此對各二者加以各項規定和習俗的律法，隨著時間不可避免的積聚起來形成疊床架屋（ruling upon ruling）。因此，反律法主義對律法道德提出抨擊，他們的主張道德決定是隨意的、不可預言的、無規律的、十分不規則的。甚至宣稱抉擇來自聖靈。另一些反律法主義者認為他們的指導來自自身。

除了以上兩種的道德決斷外，第三種方法介於律法主義與反律法主義的無原則方法之間，即情境倫理學（situation ethics）。它的主要論述以尊重律法主義這些準則，將準則當作兩難間抉擇的考量審查機制，但是首先要理解兩難發生的情境（situational）及脈絡（contextual），對於聖愛的命令，認為可以採取不同形式的表現方式。換言之，情境的變項在良知的判斷和規範的準則中同樣重要。因此面對判別衡量時，可以因為「情境」去改變規則和原則的束縛。

我們可以將情境倫理的論述歸納以下三條：

1.情境倫理在處理情境的方法上會借助律法主義的原則，二者有相輔相成的作用。
2.情境倫理以情境及脈絡的探究作為倫理考量的焦點，為此可以捨去或借助神律的戒條。
3.情境倫理是以聖愛為抉擇的核心指導，但是保有對聖愛的詮釋權。

聖愛放在人的身上並不會使自己變得脆弱，也不怕受傷害，聖愛只求被愛的人得到最大的好處，它的源頭是來自於上帝；它看人是有價值的，卻不會利用人作為達到自己目的的手段。不管其對象是上帝或是人，它的核心不僅是感情，也是一種忠誠可以終身奉行的目標，值得以捨己欲和犧牲奉獻為實際行動規範作為其生活評量。又由於聖愛是只求被愛的人得到最大的好處，其原始意義是來自上帝之恩典，弗勒徹爾在《情境倫理學》中特別強調：無私的愛不是只有上帝的專屬，在其他領域也會有相同的存在，例如父母對子女不求回報的愛等。本文是以探討華人文化為主要訴求，研究者擬以「呵護的愛」名之。

其對本文的論述具有兩層意義，一是放入臨終關懷作為陪伴趨善的中心思想，藉由西方情境倫理學的詮釋（呵護的愛），作為實存主體在日常生活的普及性較易為人接受。二是情境倫理導入的呵護的愛和下節要論述的關懷倫理放在臨終情境中可以互為表裡，二者同屬非原則倫理學，呵護的愛可以自然嵌入關懷倫理學而不會有任何排斥。

四、臨終的情境倫理

臨終場域倫理脈絡的複雜及獨特性，必須依情境從更深層的價值底層建構起關懷的倫理，由多重角度切入，確認及尊重倫理情境中的對話者之主體性存在，藉由跨學門之間的相互對話，開始將理論與實務做澈底的連結，深刻領會台灣推展安寧照顧倫理的另一種必須的情境倫理面向。以發展出一個肇端於病人床邊情境脈絡的倫理路徑，彌補現有之醫療倫理所不及之處，開展出以人為本的倫理向度。臨終病患本身就有死亡產生的壓迫感，會將過去所有的習慣全部崩解，無所依恃、掌握的空虛感，正是病人最根本的焦慮。安寧病房中，病人碰到邊界經驗，會很自然地尋求陪伴的支持。此時，透過交談為其帶來安定的力量，也就是病人在尋求支撐。陪伴者如果在此情境用原則倫理作為回應，就像杜威特別關注道德情境中的不確定因素問題，杜威：「我們有足夠的根據，做一個澈底的實用主義者就意味著必須做一個情境論者。」他認為過去的道德理論，特別是約定論由於忽視了這一問題而陷入了困境，因為這種理論只看到了善惡是非的衝突，並斷定這種衝突中不應有任何不確定的方面，從而導致了理論的僵化和解釋的無效。

陪伴者如果「按規定」作為實際行動的判斷選擇，就會失去弗勒徹爾在《情境倫理學》中特別強調的無私之愛。愛是在付出時不考慮自己的才叫無私。以原則作為考量就是保護自我免得出錯而帶來責任，不是適任的陪伴者。因此，資深的志工才會告訴新進的志工，進入安寧病房「什麼都不要帶進來」，最重要意思就是不要把常人社會對於善的規範及想法帶進來。

臨終病人隨著病程進展而有不同的交談，因此，病人與陪伴志工的交談會因病程進展而有不同的內容重點。因此倫理的情境是隨時都在發生，每個倫理的兩難所發生的時間對當事人而言是都是難以抉擇的困頓。對於非專業的陪伴，我們只能從臨終處境陪伴的交談經驗，探討其所處歷程的本質與內涵，期望藉由交談經驗，設法客觀地滑入病人的理情世界，善聽善見患者語言表達背後的發展脈絡，進而提供相應且適切的支持與陪伴照顧。這就是發揮情境倫理的本質特性，臨床中的所有陪病互動，即為情境倫理的鋪陳。

問題三、關懷倫理的實踐哲學

情境倫理讓我們理解什麼是無私呵護的愛，然而進入臨終場域，陪病之間的交流互動是以實踐為核心的照顧主題方式進行，情境倫理指導了最基礎的核心，卻沒有教人如何去做，因此我們在安寧病房陪伴工作引入了關懷倫理作為實踐哲學的指導方針。引入的理由有四：

1.關懷倫理和情境倫理在性質上同屬非原則主義，在相容方面沒有互斥不接軌的問題。
2.情境倫理學和關懷倫理學分屬道德主體及道德實踐，二者不會有重疊衝突的可能，可以相輔相成作最好的搭配。
3.關懷倫理學是從女性的特質所開展出來的道德實踐。前文已述，臨終場域研究者認為情境倫理無私的愛可以用母親呵護的愛作相對的調整，較為適合華人文化的理解與運用，正好和女性特質的關懷倫理學，形成無縫接軌的系列運用。
4.臨終場域將愛作為道德行為的啟發，成為兩種倫理學最好的銜接展現之所。

一、關懷倫理學的來源

在西方以「自主」與「理性」為依歸的哲學傳統下孕育下，諾丁提出了「關係是存在的基礎，關懷是道德的基礎」的主張，開宗明義的指出關懷倫理的道德實踐是建立關係，就如同道德理性是在自主的前提下方得以實踐正義的彰顯，其重點在於開發人性的關懷情意，將傳統「自主」的存在，提出了「關係」的存在作為因應；「理性」的判斷，提出了「關懷」的（女性）特質作因應。

除此之外，吉利根把自己建立在不同視域基礎上的理論稱為關懷倫理，把佛洛伊德、埃里克森、皮亞杰和柯爾伯格等理論所代表的道德發展理論稱為公正倫理，兩種倫理代表兩種不同的道德視域；吉利根認為二者是可以互補的並且缺一不可。亦即是在關係的脈絡裡對他者施以關懷的情感，是人性中具備的感動力量。每個人一生中會有各種不同的關係，吾人可依關懷的能力作為基礎，藉以發展、成長自我，並且實現與他者之間完滿的關懷關係。

由於吉利根及諾丁二人皆從女性的觀點切入生活倫理的關懷領域，因此關懷倫理學被稱為女性主義的倫理學。

但諾丁指出，關懷是我與他人雙向的情意關係，而非單面的道德付出。從更寬廣的視野來看，關懷倫理並非只是女性主義的訴求策略，它確實點出了生命處境的實相。諾丁認為，人自出生（甚至受孕）開始，就處在一種接受供給或接受保護的關係之中，否則早就夭折而死。所有的生物莫不如此，而人是所有動物之中養育期最長的，因此對關係的依賴特別深刻：「我的獨立性是在一組關係中定義出來的，這就是我的基本現實」。諾丁的回應是如實、深刻而又周延的論述凸顯了兩個事實：一是關懷倫理根本不算是女性主義倫理學；二是關懷與傳統的看護完全是不同的訴求。而諾丁對女性特質做了轉化性創造的理解，在她筆下的女性特質其實已不是只有女性才擁有的特質，關懷不是為了定義一種女性的本質論，而是在過去長期的生活世界實踐中，女性不斷從事對人關懷照顧的工作中，提升所呈現的一種人性趨善的親和能力。

二、關懷倫理學特質的理解

諾丁的關懷倫理固然是從女性的日常生活實踐出發，最終是為了完成道德理想的建立，也就是理想關懷關係的建立。由此延伸的道德教育，是在關懷實踐的歷程中完成潛移默化的道德教育，因此注重發揮人性中的感性、經由對話、情境掌握、溝通、接納及同理。這些實踐的方法其實正好填補道德教育中知與行之間的落差。也暗示：現代仍以父系價值觀為主的社會，亦到了應從政治、文化、社會制度等方面，重新思考平等議題的時候。

如果將關懷倫理的臨終場域就實踐層面仔細分析歸納，實際上需要的是在面對死亡逼迫的道德觀點建立一個勝於道德行動的理論或道德判斷的系統。我們可以用「愛」與「關係」作為提綱挈領的理解。諾丁抱持著與弗洛依德相反的道德心理學觀點，她認為道德行為不像弗洛依德所說的是由害怕而發生的，而認為實際上道德行為應該是由愛所啟發、實踐，並進一步在生活存面中建立關係的。事實上，不能否認的是：人類的社會、道德、倫理結構，全都建立在關係上面。

三、自然與倫理的關懷差異

諾丁的關懷道德教育思想中，有兩個重要概念，一個是「自然」關懷，一個是「倫理」關懷。所謂自然關懷是指在許多共同生活的人類情境中，我們會自發地對別人的困境做出回應。例如在臨終陪伴的志工就是自發地對病患的困境做出回應。也就是說，這一類關懷的動機是自動生成的，不需要別人的召喚。所謂倫理關懷則是指需要別人的召喚，用康德的話來說，就是那些基於義務而採取的行動。臨終關懷的參與者中，醫護人員或受聘的諮商師社工師等凡受薪而參與者皆屬之。而諾丁將這個概念表述為：出自於我們對自己理想的忠誠而採取的行動。諾丁並曾指出，「自然」關懷和「倫理」關懷之間是有衝突的，也就是「想」和「應該」的關係如何處理的問題。例如「我是醫生，我應該用專業去協助臨終病患解除生理痛苦，但是我不是諮商人員，心靈的問題我不懂所以不能去做，為什麼我要做出回應呢？這個問題太複雜超過我的理解」。

在專業或非專業的立場，的確面臨該不該做的原則問題，但是關懷倫理本來就是非原則的倫理學，因此遇到專業問題，至少可以先就自我的認知經驗，找尋我能解決部分，換言之，先處理專業問題相關聯的事務，讓受關懷者先穩定情緒，感覺關懷的情誼在彼此間流動。諾丁的回應：「有人驚訝我叫非數學老師教算術。是的，我認為：凡是學生想知道的，很多都應在老師知識中……教導數學仍需要專家……但所有的老師都應能處理生活中的數學……我們應該減少對專家的崇拜。」就如同倫理學屬於哲學的一支，探討者似乎多有哲學知識做背景。但我們卻不需要把應用倫理學視為是哲學家的專利，而且倫理學也不能只是學者間的討論，它必須與社會關懷結合在一起，因為它是起於社會大眾的要求，有時它也帶動了社會大眾對倫理議題的關懷。

問題四、臨終情境的關懷陪伴

臨終的陪伴是志工與病人之間奇妙關係的開展，是一種既陌生又必須從親近開始的過程，這是最真實的現象，志工對病人而言是陌生人，未曾有過任何恩怨情仇，病人與志工的相遇，又如路邊的行人之間的互相點頭，它不具備發展進一步關係的條件，但是當陪伴慢慢發生，就會出現某種非親非故的親切關係，這和諾丁關懷倫理學強調的關係存在有某種基礎上的嵌合。在我們活著的現實裡，我們以為落實的東西才是最真實的擁有，但是，經過落實的現實其實並沒有定性，一切都仍會變化，臨終病患的身體會變化，失去社會角色的感情會變化，焦慮恐懼造成情緒起伏的情境會變化，這一切的變化似乎指涉著「活著是什麼意思？」。諾丁本人強調，其關懷倫理的關懷不應該出自於關懷者想表現其行為者的關懷德行，而是基於與被關懷者的關係與回應被關懷者的需求，且更重要的是關懷者與被關懷者彼此之間因互動而完成的關懷關係。換言之，關懷的價值不在

於關懷者自身，而在於關懷的關係，所以關懷倫理的建構在依賴關係的存續上，存續代表互相有接受與回應，而不只是所謂關懷同情與感恩的輸入與輸出。

一、人在關係中的臨終存在處境

臨終情境很多是由存在的不確定性所發展出情緒焦慮的負面處境，這些焦慮不僅是臨終病人時常出現，同時陪伴者也時常陷入不知所措的負面處境，然而陪伴者責任的覺知是來自於關係的無可逃避。就如同懷孕一開始，胎兒與母親就存在不可逃避的關係，不是生來就處於虛無、無所依靠之中，孕母為胎兒所作的犧牲，只是希望胎兒得到最好的孕育環境，志工希望陪病的關係朝向趨善的理想，這便是關懷的關係的開展。陪伴者的關懷首先是去接納對象，讓病人能在關懷中宣洩焦慮恐懼的情緒，但是要做到這一點不是單方面的事，還必須考慮受關懷者的接受問題，二者是不同的。關懷者的接納是去接受對象，讓對象能自由的向你開展自己，陪伴者就在開放與接納中，凸顯受關懷者是獨立自主處於是否接受關懷的情境中，可以自由的地表現自我，這便是關懷關係的開展與延續。

二、人存有的核心是關係

人真實的處境是什麼？一直是存在主義透過存在感所想找尋的答案。諾丁認為：對他者確定方向的承擔責任正是我們理解人存有的核心：我們一方面覺得可以自由作決定，一方面我們仍知道，我們和親密他人是不可取消地聯繫在一起的，這種連結與基本關係是我們存有的最核心的價值。除非我們永遠堅持孤獨，否則人總是會回到社會與他人互動，這樣才有心悅誠服、滿心喜悅的來臨。因此諾丁將這種關係認可為：「關係的實現常伴隨著喜悅。喜悅是關懷者的主要報償。我們的喜悅增進了理想和對理想的承諾，我們想要和那帶給我們喜悅的有直接聯繫，也想要和喜悅有直接聯繫」。

三、自由意志的關係開展

關係的實現還有一層必須重視的就是主體的自由意志，關係如果離開自由意志，一切就變得毫無意義。安寧病房的陪病是互為主體的，固然臨終病人最終會走到盡頭永遠的離開這個社會，但是在臨終期我們仍然尊重他的自主權，處於瀕死狀態，我們尊重一個人可以選擇奮力對抗疾病，甚至求神問卜以維護生命的延續；但是我們也尊重病患可以避開痛苦，簽署放棄侵入式的醫療干預而選擇死亡。對於崇尚生命神聖的人們，儘管活著再痛苦也希望活出意義來，直到壽終正寢，因為對這些人而言那是生的權利，也是對死亡的一種選擇，這就是死亡的尊嚴。

從人性的觀點，尊嚴代表一種尊重，是人與人之間的一種尊重。死亡的尊嚴其實就是尊重病人主體自由意志的行使，當人自由地決定要去關懷時，同時也建立了與人的關係。換言之，人類之相遇、情感之回應是人類經驗的基本事實，當我們自由地決定不理會關懷的衝動，決定不與任何人建立關係時，我可以宣稱這是我的自由，但我也可能同時回到孤獨，面對焦慮與苦悶。目前進入安寧陪伴的志工都是志願服務的人，理念都是在自由意志下自發的行為。

結　語

在關懷關係中彰顯的是人的處境，不論陪／病，或許有情境的不同或是角色的區分，但凸顯二者關係最有意義的價值體現仍是關懷倫理的最終理念。在臨終場域陪／病之間的關係，是他與我存在的體驗，是從陌生的偶遇開始，陪伴者的志願服務是秉持增進社會和諧的奉獻精神而自動參加的，且病患最終仍將邁入死亡，因此不存在利用他人來滿足一己的需求，它只代表人類本質能力的發揮，和諾丁提出關懷的最高價值在於助人成長和自我實現的理念不謀而合。關懷是從關係而來，當陪／病相遇時，是否能將關係推向和諧共處尚不得知，因為陪伴者的能力也有局限。因此我們要將傳統認為關懷就是愛的價值觀有所釐清。

一、關懷不是美德，只是關係的鋪陳

關係的建立在於主體間的接受，但是後續的共處是考驗雙方能否嵌合，不能將其視為是施和受的主體，如果以這種傳統理念去區分關懷為一種施和受的行為，那麼就談不上對臨終病患的尊嚴和尊重。如果將關懷當作一種美德，就如同將陪／病之間的關係視同施與受的展現，將二者各自的主體性變成剝削與被剝削的行為關係，那麼關懷還算是一種美德嗎？諾丁也一再重複：「不管一個人說自己有多關懷，我們最關切的結果仍是關懷關係之品質，有很多人自以為是在關懷，而受關懷者仍說：他根本不關心我。」

二、關懷是一種非移轉的潛能

我們都是在關係中成長發展，具有不同的特質與能力。這些能力是藉由在不同的時空、人物、情境中學習而來，不同的時空、人物、情境都是關係的轉換，是經過人的感受、交互或互惠的能力。諾丁引用了海德格的觀點，認為關懷是不可避免的人類的標誌，但不是每人都能發展出上述的能力，也許有少許人學會了關懷理念，去關懷人以外的生命、去關懷某些特定目標。關懷關係是我們人存在的狀態，在安寧病房面對不同的患者，陪伴者的接觸不一定能持續共處，關係的發展亦因人而異，有的可以陪伴到終點，有的可能提前結束陪伴，對每一個陪伴的滑入都視同在重新學習，它是一種深度學習。學習從關係建立開始，關心在各個病榻旁出現的那些內容敏感，時效緊迫的談話，以關心的方式隨時應用特殊技巧去嘗試進行對話，並將談話內容作深入的解讀，這些都是關係成長的學習與能力培養的建構過程。

三、關懷讓人內化自省

每一個曾經進出安寧病房的人都有共同感受，學習了活著。石世明（2000）幾年來的臨終照顧讓我們深刻瞭解到：志工的「心靈成長和生命體驗」，才是志工從事臨終陪伴的服務品質。志工臨終陪伴的「質」，遠比「量」還要重要。從女性特質發展出來的關懷倫理用在臨終關懷上面，是適合且更能發揮成效的正確選擇。研究者認為除了關係的建立，共處的包容陪伴，坦誠的交流互動，愛的無私奉獻的特質外，關懷倫理學必須再加上「促發陪伴者內化自省」。由於臨終病患個人的獨特性，每一次的陪伴都如同學習一堂向死的課程，是臨終病患回饋陪伴者的生命禮物，在其他場域幾乎無法得到如此明心見性的淬鍊。

四、神聖空間的再教育

保持善意開放接納的態度，我與他者之間才有關懷情意發生的可能性，因為善意是愛、照料與包容具體的實現，善意才能開啟雙方真正理解和貼心的情意交流，讓人心真正的敞開接納和安心互動。事實上關懷倫理最可貴的地方是在於人我之間關係的釐清，施與受不再是單向同情、憐憫的行善輸出，而是從關係的建立中體會關懷的溫暖，同時得到人性相互學習進而浮現生命意義的道德倫理。由於沒有原則倫理的僵化束縛，保持了它對未來情境轉換的開放彈性，讓詮釋的創新有了合理的基礎。就如同海德格所強調的是自我抉擇，是一個人自主性的開顯，讓一個人依「每一自我性」去選擇他認為有意義的人生。同樣的，死亡的獨特性也讓一個人面對死亡時，必須自我承擔，接受最屬己的死亡。自主性與接受死亡都是達到死亡尊嚴的必要條件。如果臨終場域能夠因為愛的關懷，使得陪／病之間從關係中學習，在靈性上獲得趨善的內化成長，即使病患最終踏上往生之途，但是臨終得到死亡尊嚴的善終，陪伴者亦相對的在自我靈性上亦得到成長。換言之，從陪／病之間的偶遇，經過臨終關懷陪伴的相互學習成長，最後再於彼此珍惜的契合中分手。如同文化人類學中的生命禮儀。那

麼過渡就如同臨終的安寧病房，是一個拋棄自我重新學習生活意義的神聖空間，安寧療護不但讓臨終者能夠靈性轉換接受死亡，陪伴者經過神聖空間的關懷學習亦得到成長，它將會成為一個沒有任何道德原則說教、卻能讓學習者主動剝落日常生活的籌劃、沉淪的非本真。常人生活世界，是否亦必須具備如此的神聖空間，讓人們有一個站在死亡處境，可以用本真的態度回視過往生活、策勵未來如何活著的抉擇意境呢？

參考書目

中文部分

王順民（2005）。《志願服務論述之解構、新構與重構——有關志願服務的另類考察》，國政研究報告社會（研）094-010號，台北。

方志華（2002）。〈關懷倫理學觀點下的教師專業素養〉。《教育研究資訊》，10(2)，1-20。

石世明（2000）。〈對臨終者的靈性照顧〉。《安寧療護雜誌》，5(2)，41-56。

田曉山（2009）。《對晚癌患者臨終關懷的倫理研究》。湖南長沙：中南大學公共管理學博士論文。

余德慧（2006）。《臨終心理與陪伴研究》，頁16-19。台北：心靈工坊。

林火旺（2004）《倫理學》，頁16。台北：五南。

汪堂家（2005）。〈道德自我、道德情境與道德判斷——試析杜威道德哲學的一個側面〉。《江蘇社會科學》，5，14。

張鵬（2009）。《臨終關懷的道德哲學研究》。江蘇南京：東南大學倫理學博士論文。

彭榮邦、廖婉如譯（2010），凱思林・辛著。《好走——臨終時刻的心靈轉化》，頁158。台北：心靈工坊。

陳嘉映、王慶節合譯（2006），海德格著。《存在與時間》，頁134。北京：三聯。

釋道興（2004）。《「此時我在？」——臨終病床宗教師的陪伴過程探微》。花蓮：慈濟大學宗教與文化研究所碩士論文。

英文部分

Fletcher, J. (1966). *Situation Ethics: The New Morality*. Louisville, Kentucky, Westminster John Knox Press.

Noddings, N. (1984). *Caring: A Feminine Approach to Ethics and Moraleducation*. Berkeley: University of California Press. p. 51.

Noddings, N. (1992). *The Challenge to Care in Schools: An Alternative Approach to Education*. New York & London: Teachers College Press.

臨終關懷的理念、原則與實務

蔡昌雄

臨終關懷（terminal care）是現代人面對死亡時的共同課題。狹義的臨終關懷指的是由桑德絲（Dame Cicely Saunders）醫師所發起創建的安寧療護（hospice）方案，由醫療機構對臨終病人提供符合全人理念的臨終照顧措施，包括安寧病房的臨終照顧、居家安寧照顧，以及一般病房針對末期病人融入安寧理念與照顧人力的共同照護（combined care）等；廣義的臨終關懷指的則是，由安寧療護的全人理念所引申出來的臨終照顧理念與做法，適用於每個人在照顧臨終家屬或親人時的情境，不僅限於醫療院所或特殊的病房。由於本文的目的在於，綜合整理臨終照顧實務上各個環節所涉及的問題，以提供有機會進入臨終照顧場域者的參考之用，因此在精神上自然是採取廣義的定義；但基於醫療機構是當代臨終關懷發生的主要場域，而且安寧療護是構成醫療臨終照顧的主要內涵，所以有關臨終關懷的面向、觀點及實務方法，則大多參酌安寧療護的實施方案，只是表述對象將以參與臨終關懷的一般家屬為主。

基於以上目的的澄清，本文將依：(1)末期病人的醫療處境；(2)病情告知的注意事項；(3)疼痛與症狀之關係；(4)心理靈性之需求；(5)死亡準備；(6)瀕死與臨終現象等六大主題，分別進行問題陳述、原因分析及因應方式等三個層次的處理。希望透過臨終關懷原則與實務的介紹，能夠提供身處臨終照顧場域的家屬，基本的照顧觀念及行動的指南，從而整體提升本土臨終關懷的品質。

問題一、末期病人的醫療處境

現代社會由於醫療技術的進步，使得許多疾病得以被治癒或緩解，但是同樣也有許多重大慢性疾病如癌症、愛滋病等，除非早期發現，否則迄今仍無法得到有效的治療或控制。當病人面對癌症的威脅時，其生命遭遇到嚴重的挑戰，任何人基於求生的本能，都會想要尋求各種醫療的途徑以求治癒，但當歷經一切可能的積極治療方式，卻仍無法有效控制癌細胞的擴散時，病人其實已經逐漸步入生命的末期階段。此時，死亡開始向病人

招手，病人被推向生命的「邊界處境」，有一種進退不得的感覺。仔細推敲，病人所以會有這樣的感受，一方面是因為身體的逐漸毀敗，讓死亡的逼近已經成為無可迴避的事實，但是另一方面，病人對塵世價值的罣戀不但未曾稍減，甚至因為死亡的迫近而更加強烈，所以根本不願意面對及接受死亡的到來。在這樣的情況下，病人將陷入極大的恐慌不安之中，或者逃避現實遁入自己的世界中，或者被此矛盾衝突癱瘓了生命能量，或者由此引發許多的負向能量而難以自拔，各種情況不一而足。究其根本，末期病人在醫療的處境是極端無助而極需要關懷的，然而，臨終關懷的內涵有其不同的表現層次，以下分別從五個層次加以細述。

問題二、病情告知的注意事項

當癌症病人歷經幾番痛苦的積極治療療程之後，如果無法有效改善生理症狀，澈底根除疾病，便會逐漸被告知轉入以緩和醫療為主的療養單位，如安寧病房、一般病房中的共同照護單位，或是納入安寧居家照顧的範疇中。開始進入末期病人的臨終照顧階段，主要以症狀的緩解及控制為主，讓病人能夠從疾病的侵擾中得到某種程度的舒解，以便能達到身體、心理、社會及靈性各方面的安適，完成所謂的「善終」目標。

然而，弔詭的是，在進入被醫療診斷為末期階段的病患，往往並不接受自己已經進入死亡的不可逆處境，陪伴的家屬也是如此。會造成這個現象的主要原因，是包括醫療人員及家屬在內的陪伴者，沒有能夠明確澈底地告訴病人，關於病情惡化的壞消息。這是一個可以想見的困難情況。因為千古艱難唯一死，任何人都不會輕易放棄求生的本能，所以即便身體及醫療的一切處境都是每況愈下，當事人還是寧可沉溺在自己的否認之中，不願意面對現實。至於家屬的心境通常也與病患一致，不會放棄任何可以救治病人的機會。對臨終的醫療團隊而言，在知道病人及家屬的期望，與事實有如此大的落差之下，病情告知便成為吃力不討好的工作。有時在明瞭真實情況之後，家屬也會面臨同樣的告知困境。

關於這一點，庫布勒・羅絲醫師（Elisabeth Kübler-Ross）從臨終關懷角度所提出的觀點，非常值得我們參考。她認為臨終病情沒有告不告知的問題，只有如何與病人分享壞消息的問題。因此，這個困境的解決，基本上就是要面對事實，無論是病人本身、家屬或醫療人員，都應該要承擔起此一面對死亡真相的存在責任。然而，病人無法面對死亡的處境是足堪憐憫的，所以任何以病人需求為中心的臨終關懷，都不應該將健康人的觀點強加在病人身上，粗暴冷酷地將所謂死亡迫近的事實向病人宣告了事。如此，臨終陪伴者既不能隱瞞死亡迫近的事實真相，又不應該莽撞地戳破病人否認死亡的作為，那麼病情告知究竟應該怎樣進行呢？

原則上，我們絕不應該配合病人的否認行為，否則陪伴者將自失立場，而且死亡的真相終究是無法隱瞞的，若一味掩飾，將只是拖延時間、徒增困擾罷了。但是在不配合病人否認，也不直接拆穿病人否認面具的前提下，我們卻可以不斷提醒他注意身體症狀變化的事實，讓他自己去選擇面對此事實的態度。例如，我們可以告訴病人，他的身體狀況愈來愈差，似乎已超出藥物可以掌控的範圍，但是我們依然會竭盡全力照顧他，持續的陪伴他。這個訊息的前半段，是告訴病人身體的事實，我們並未直接說出死亡，這個部分就由病人自己去領會；這個訊息的後半段，是告訴病人我們不會放棄他的決心，這可以讓病人在聆聽壞消息的同時，感受到自己被關懷守護的價值感，而不至於產生強烈的情緒崩潰現象。多數病人之所以難於接受死亡迫近的事實，除了對現世生命所擁有的一切不捨之外，也有來自於對未知的恐懼之情，尤其是自身要孤獨的面對此未知，更是讓人顫慄不已。有了來自陪伴者幽谷伴行的保證，死亡的壞消息也就不再那樣可怕了，這當中添加了許多人性的溫暖。

臨床上，可以見到許多陪伴者因為病情告知的不當，而造成臨終病患情緒的鬱結或崩潰。究其原因，都是因為不能同理病人害怕被放棄的心情，或喧賓奪主地為病人下判斷，不能充分尊重病人自己需要走過的心理歷程，才會造成病情告知上的困難。如果陪伴者能夠嫻熟以上關於病情告知的基本原則，再針對個案情況推敲，便應該不致留下太大的遺憾。事實上，病情告知之於臨終關懷的作為至關重要，因為如果病情告知做得好，

陪伴者可以省去大量和病人玩隱瞞遊戲付出的心理能量，也可以在確認死亡將近的事實之後，多花些心力在完成生前和解的工作及願望上，讓臨終時刻的生命不因為其短暫而喪失豐富的意義，也使個人的善終更為可能。不過實務上的病情告知並沒有標準答案，要看時機、場合，視病人及家屬的接受度而定，而且必須是以出於善意及尊重病人自主權為前提。一般而言，臨終病情告知工作進行得愈好的安寧病房或居家處所，將愈能彰顯出臨終關懷的價值，也將使臨終的場域愈加具備安寧的品質。

問題三、疼痛與症狀之關係

除了病情告知的課題之外，臨終病人最常面對的便是身體疼痛與症狀的問題。由於疼痛症狀的持續煎熬，也就構成了陪伴者每日常態的關懷功課。一般而言，臨終病人的身體疼痛與症狀，是一種整體性的疼痛。這個觀念是由安寧療護的創始人桑德斯醫師率先提出的，是說明病人在生命末期所經歷的強烈痛苦。她認為理想的臨終關懷，必然要瞭解此一整體性疼痛的成因及其呈現，並採取各種可行的方法，儘量緩解或消解這些痛苦。

所謂整體性的疼痛包括生理、心理、社會及靈性四個方面。其中生理的痛苦包括全身各處的疼痛、呼吸困難、胃腸症狀等；心理的痛苦包括焦慮與沮喪等；社會的痛苦包括經濟及家庭問題等；靈性的痛苦包括尋找人生意義、探索死亡的真相、尋求心靈的依歸等。實際上，此四種不同層面的痛苦會交互影響，造成病人極大的障礙，但主要還是透過生理疼痛及症狀的覺察來表現，只是當深入探究之後，便會逐步發現疼痛及症狀的因由，並非單純源自生理層面的問題。

一般癌症病患主要常見的生理症狀有三大類：(1)呼吸方面的症狀，主要有喘、咳嗽及咳血等；(2)胃腸方面的症狀，主要有口乾與口臭、嗅覺與味覺改變、打嗝、吞嚥困難、噁心與嘔吐、食慾不振、腹脹及腸阻塞、腹水、便祕等；(3)疼痛方面的症狀，則依不同的癌症有不同部位及程度的疼痛問題。在陪伴臨終病人時，這些生理症狀成了醫護人員及家屬的主要照顧對象，因為身體的不安會根本地改變病人對這個世界的覺知，其心理狀態自然也會受到波及，甚至更會嚴重影響病人對生命意義的質疑，進而產生厭世的念頭，所以生理症狀的照顧固然是全人的表面現象，但是仍然是非常重要的一環。目前因為緩和醫學的快速發展，臨床上已有許多針對疼痛及各種生理症狀緩解的處方及藥物，能夠一定程度地緩和病人的生理痛苦。

臨終病人的症狀照顧主要由醫護人員擔任，但是家屬也扮演著很重要的陪伴角色。因為根據實證研究的瞭解，癌末病人的痛苦之所以是整體性的，就是因為生理症狀絕非只是一種客觀的評估罷了，這些症狀經驗有相當程度是由病人的主觀經驗所構成的。例如，呼吸困難便是一種主觀的感覺，嚴重的程度只有病人可以體會，而呼吸困難的程度不一定與疾病嚴重度相關。有許多癌末病人的喘，其實是與焦慮恐懼的窒息感及嗆伴隨發生的，因此呼吸困難的症狀要分辨對病人的意義為何，生理的部分由醫療單位處置，但心理及靈性層次的問題則非家人親友的陪伴無以緩解。此外，疼痛也是一種主觀的現象，對每一個人都是獨特的，疼痛感覺的認知與表達也是不同的。疼痛的原因固然有生理上的因素，但也有行為及精神上的因素，後者需要陪伴者投注大量的心力，與病人進行坦誠的溝通，以及提供溫暖的人性陪伴，才有可能有效的改善。其他像是噁心與嘔吐的狀態，也夾雜有焦慮的成分在內，於是形成生理與心理症狀交互循環的現象。其他比較單純由生理因素引發的症狀，其照顧工作對心理影響也至關緊要。例如，口臭或腐肉的氣味會使人望而卻步，如此便容易讓病人產生被隔離的感覺，不利於陪伴與關懷的品質。

前述症狀的整體性問題，主要涉及的是病人的死亡焦慮現象。對這個現象的一般性瞭解及掌握，是構成能否做好整體性症狀照顧工作的關鍵。我們試以疼痛的感覺為例來說明這個現象。有些疼痛現象可以透過來源的診斷、說明及處置，而使病人得到相當程度的緩解，但是有些疼痛程度非常強烈，來源卻不確定。使得病痛變成是慢性的，好像永無止境，讓病人對疼痛產生特殊的意義解讀，甚至把它當成是死亡迫近的生理指標，每多一分疼痛的感覺，彷彿死亡就更接近一般。此時疼痛已不再只是單純的生理不適，而是伴隨著對死亡恐懼的龐大負向心理能量。像這類疼痛經驗的

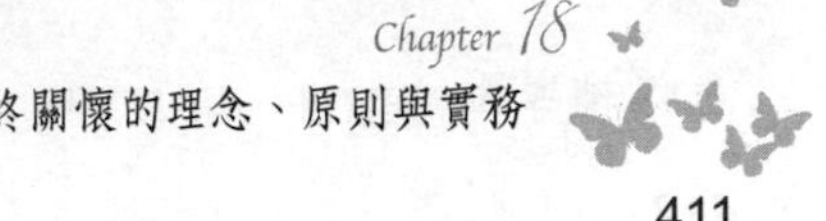

緩解，因為其根源不是生理性的，所以解決之道當然也不能只是訴求生理的手段。曾有一位頸椎扭傷、疼痛難耐的病人，發現一個有趣的事實。那就是當由他的妻子陪伴時，他就覺得疼痛得很厲害，但是換由他的女兒陪伴時，他就覺得比較不那麼疼痛了。原來夫妻的關係讓當事人有一種倚賴感，使他可以無所忌諱的想在親密關係中尋求慰藉，所以疼痛在主觀的感受中便加劇了，而在女兒面前的父親，則不自覺的在努力維繫父親勇敢及權威的形象，所以疼痛的主觀經驗就變得比較可以忍受了。這個案例說明了疼痛的主觀性，疼痛對當事人的意義而言未必有絕對的好壞，適當良好的關係陪伴可以帶給病人極大的溫暖，也將帶來疼痛的緩解作用。

問題四、心理靈性之需求

從生理症狀的全體性，讓我們看到了臨終病人的心理與靈性需求，以及對此方面需求的回應在臨終關懷上的必要性。臨終階段的病人常見的心理與情緒主題，有震驚、否認、恐懼、焦慮、孤獨、寂寞、憤怒、討價還價、沮喪、絕望、接受等。其中庫布勒・羅絲醫師的研究，把臨終心理反應分成五個發展階段，即否認、憤怒、討價還價、沮喪及接受。雖然這五項心理情緒主題確實在臨終階段出現，但是卻不一定按照這個順序發生，也不是每個人都會經歷所有的階段，不同的文化也會有心理情緒反應的差異，不一定能夠普遍適用。另有一種二元擺盪的模式描述臨終的心理反應，認為臨終病人的情緒是起伏擺盪的複雜心理現象，會強烈受到身體狀況的制約，若稍有好轉便會產生求生意志，若病況轉壞又有尋死念頭，飄忽搖擺、莫衷一是，常令陪伴者不知該如何應對才是。這樣的描述似乎與臨床的觀察更為貼近。但不論是哪一種臨終心理反應模式，也許注意到或強調的心理經驗特徵有所不同，可是都觸碰到臨終病人在面對死亡時的靈性困境。更具體的說，臨終心理不能單純的被視為心理問題，而需要被看成是某種生命極限處境下的靈性需求反應。例如，臨終病人常會向陪伴者提問關於自身病況及死亡的問題，像是「我什麼時候會死」、「我為什麼死不了」、「我能不能得救」、「我是不是不行了」等；有時又會表達強烈的求生意念或厭世思想，如「我想活下去」、「請救救我」、「我不想活了」、「讓我去死吧」等。這類問題往往令陪伴者瞠目結舌，不知究竟該怎樣回應才是。究其因由，都是因為這類心理反應及語言，實際上有其生死意義探求受挫的背景蘊藏其中，所以才會成為難以應對的臨床課題。

欲瞭解臨終病人的靈性痛苦及其靈性需求，可以分別由兩個模式來加以看待。首先，可以從臨終處境下的自我，所需要進行的四個和解工作面向來加以瞭解。這四個面向的和解工作分別是：(1)與自己的和解；(2)與他人的和解；(3)與自然的和解；(4)與更高真實的和解。其次，也可以從時間的進程來看，瞭解病人：(1)與自己的過去有什麼需要和解；(2)現在有什麼立即的痛苦需要解決或心願需要完成；(3)對於自己死後生命的未來，是否有任何未解的疑惑或牽絆。由於臨終病人處在離世的過程，會讓病人產生無所安住的感覺，也就是處在一種不穩定的飄盪感中。在此生命階段轉換的過程，病人若非被某種在生時的世界糾葛所牽絆，使其對塵世產生罣戀或放不下的感覺，就是因為對離世後的目標產生困惑及恐懼，而使其離世的過程受阻，甚至因陷入僵持而停頓。因此，為了協助臨終病人走好生命的最後一程，靈性關懷的重點即在於，消解臨終病人在世及離世的困擾與障礙，而這個任務的完成，則需參考以上兩個模式所提的不同面向。

首先，讓我們來看臨終病人在第一個模式涉及的四個存在面向，會有怎樣的靈性需求表現。這四個和解工作面向的需求，雖然在每個病人身上表現的強度並不相同，但是都或多或少會有這四個方面的問題。與自己和解的工作，主要表現在對自我價值感是否有認同問題。譬如，有病人非常年輕就將要死亡，他對自身生命之價值感必然有相當大的質疑，覺得自己沒有活出應有的意義來，這時病人就需要在與自我的相處上多下工夫。又譬如，有人活了很大的年紀卻一事無成，這時他也會有自我評價，以及是否能接受自己的問題需要克服。與自我和解的工作往往會牽涉到其他幾個面向。例如，病人如果抱怨老天不公平，或憤恨上帝不公義，就會與更高真實有和解的問題。如果病人因為受困於自我及更高真實，他在臨終階段很可能也無暇關注大自然的力量，更無法與之達成和諧關係。至於與他人關係的和解工作，是臨床上最常見的靈性課題面向。問題的本質有可能是關係過度依附造成的糾纏，也有可能是關係疏離造成的孤獨，但不論如何呈現，都會造成病人離世的牽扯阻力因素。總之，這四個面向的問題在臨終階段是會交替出現、相互影響的。

其次，若從時間進程來看靈性需求的問題，前述四個面向的臨終和解工作，有可能表現在過去、現在與未來的三個時間向度上。與過去的和解工作可透過生命回顧的過程，來幫助病人整理其有意義的生命事件。這個部分是臨床上常見的靈性工作項目，也是現在與未來向度靈性功課極佳的切入點。透過以往生命事件的整理，將會導出臨終病人現在最關切或困擾的靈性課題，這個部分便是陪伴者可以著力協助完成其心願之處。隨著時間的演進，當死亡愈加迫近，未來向度的靈性課題便愈顯重要，因為病人會需要對死後生命的可能性抱持某種態度，才能安頓身心。但是這個態度的形成，則需要某種死後生命的藍圖讓病人揣摩，才有可能達到目標。通常這便是宗教信仰的領域，瞭解臨終病人對死後生命的疑問及困擾，並為其尋求某種宗教信仰的救援，將是此階段靈性關懷的重點。

臨終病人心理與靈性需求的關懷，另有一些交談與溝通之原則需要注意。基本上，所有的靈性溝通都必須以滿足病人的需求為前提，不可刻意引導。同時要做一個好的傾聽者，不要輕易打斷病人談話，讓對話能夠保持開放。病人沉默、沮喪或低潮時，要予以尊重，但要保持陪伴，不讓病人有被遺棄的感覺。此外，不要只看病人表面的身心症狀，就下論斷，要注意病人的肢體語言及內心隱藏的真正問題。確認要與病人的眼神交會，而且能夠適當的觸摸與擁抱。當協助病人與其自身的各種死亡情緒相處時，要承認自己的能力有限，絕不承諾自己做不到的事情。

問題五、死亡準備

臨終病人在歷經種種痛苦折磨之後，終將走向最後的一刻。在臨床上，臨終病人一旦跨越過某個生理上的分界點，便會進入自身的病況之中，很難再對周遭環境有所反應，此時病人與這個世界的連結將愈趨薄弱。雖然當病人進入疾病末期時，家屬就應該對於可能的死亡做好心理及實務上的各項準備工作，但是當病人沉入病中或身體出現各種衰微的跡象時，死亡準備的工作便要開始具體著手、納入時程了。此處所謂的死亡準備工作，大致包括幾個項目：(1)交待後事及預立遺囑；(2)討論是否留一口氣回家的抉擇；(3)臨終助念或宗教儀式的安排；(4)喪葬事務的聯繫安排。現依次概略說明如下：

首先是預立遺囑。在前述的病情告知、身體症狀處理及心理靈性的關懷過程中，死亡準備的工作其實已在蘊釀，但臨終時刻仍會有新的遺願交待。陪伴者需在病人意識尚稱清楚，體力及心力開始要走下坡時，試著向病人探詢身後事務的意向，或協助其預立遺囑，以免留下遺憾之事。目前的社會趨勢，一般均鼓勵個人做好生前的預囑工作，但是到了臨終時刻也會有新的願望要交代，因此留下此時內心的想法及遺囑便非常重要。但是時機是一個關鍵因素，也是難題。若太早提，病人的心理準備不足，會有抗拒心態，若太遲，病人已無力表白，都將使預立遺囑的工作失敗。

其次是留一口氣回家的抉擇。根據本土民俗，多數民眾會在臨終病人斷氣前，選擇回家走完最後的一程。家屬在民俗上擔心的是，怕病人在醫院或家外的其他地方死亡，會讓其魂魄找不到回家之路，以致使身後的靈魂不安。在心理上擔憂的則是，怕病人在不熟悉的環境中逝去，會對臨終的過程有所影響，無法獲致善終。關於這個部分的死亡準備，病人與家屬的心願當然要予以尊重。其實，在院或在家離世並無截然的差異，端視個人信仰而定，但是一旦信仰如此，則對個人的心理便具有實質的影響。一旦病人及家屬選擇回家過世，則家中的相關設施也需要先行就緒。

第三是臨終助念或宗教儀式的安排。臨終一刻是病人生命至高的轉換點，是人類學家所謂的「門檻」（threshold）經驗。它需要某種「通過禮儀」（rites of passage）的引導，才能順利度過。在臨床實務上，病人與家屬會依其宗教信仰，選擇其信仰所指導的臨終儀式，如基督教與天主教徒會由牧師或神父等神職人員，引導家人為病人祈禱；佛教徒則會由法師率家人親友為亡者助念，祈願往生西方淨土。其他民間信仰的信徒，也各自有其宗教儀式的引導。這裡所強調的重點是，要在適當的時機及早做好聯繫及準備工作，因為臨終時刻並非人所能控制及預測，有時病人走得突然或在午夜凌晨，這時若無事先的安排，要有臨終的儀式引導恐怕並不容易。

最後是喪葬事務的聯繫安排。亡者的喪葬儀式是前述死亡「通過禮儀」的一部分，它對於亡者的幫助，在不考慮超個人經驗的前提下，或許仍有其爭議性與不確定性。但是它對於遺屬及親友的悲傷支持及撫慰作用，則是十分明確的事。根據社會學家的理論，喪葬儀式有社會凝聚的作用，能夠協助生者再次確認彼此的社群連結，以對抗死亡事件的衝擊挑戰；同時將亡者置於祖先或死亡世界，給予確切的定位，以劃分出生死界域的區隔，使得生與死的秩序得以確保。喪慟及悲傷輔導的專家也明白指出，宗教喪葬儀式對喪親家屬的悲傷療癒是一個重要的歷程。這個歷程如果走得順遂，其哀傷復原也會比較平順，否則將出現悲傷延宕或複雜性悲傷的問題。既然喪葬儀式對家屬悲傷有如此重要的意涵，在病人趨向臨終前，就應該及早接觸安排。目前社會的喪葬禮儀公司，正經歷體質調整的演變過程，逐漸重視喪家的心理與實務需求，因此病人家屬若能及早接觸較具規模及品質的殯儀公司，在其協助下規劃喪葬的事宜，將可使整個臨終關懷的工作劃上完美的句點。若是不能及早安排，待病人死亡時，慌亂間將很難慎重其事，過程中將不堪其擾，甚至身心俱疲。

問題六、瀕死與臨終現象

在各項死亡準備工作進行的同時，病人的生命將漸漸走入尾聲。臨終時刻也有一些需要注意的事項，值得陪伴的家屬關注。首先，是留心辨識瀕死症狀及適切的處置。其次，是臨終現象的瞭解及因應。最後，是臨死覺知狀況的出現及應對。

首先，根據臨床醫學的認識，臨終病人瀕臨死亡時，會出現一些症狀。除非很有經驗，否則很難加以處置，對於陪伴者而言也將是一段難熬的時光。因此會建議家屬向醫護人員詢問及熟悉可能的瀕死症狀，以預知準備一旦現象出現時的處理方式。當然，病人瀕死時不會同時出現所有症狀，也不是每個病人都會出現同樣的症狀。但是一般而言，會有以下四種主要的狀況：(1)出現新的疼痛，此時家屬要有心理準備，症狀的處置將面臨極限。換言之，給藥或針劑並不能有效緩解病人的疼痛症狀；(2)在呼吸症狀上出現瀕死喉音的狀況，主要是因為身體功能衰退而不能清除口咽及氣管分泌物所致。此時除了適當的醫療處置外，陪伴家屬以手輕拍撫慰病人，並以語言及聲音使其寬心，也能發揮極大的安定作用；(3)出現譫望現象。根據統計，死前有85%的病人會出現這種狀況，它會帶來病人的躁動不安。病人長期未解決的人際問題、罪惡感或情緒衝突，有可能在此刻以憤怒的形式浮現。病人或長吁短嘆，或坐立不安，或呻吟焦躁，或悲傷哭泣，不一而足，往往使陪伴者手足無措，造成極大的困擾。醫療上雖可以較強的鎮定針劑，使這些症狀暫時不再外顯，但是卻無法觸及病人根本的心理及靈性問題。這部分的課題需要陪伴者的耐心與靜心，不能全然寄望於醫藥的處置。陪伴者可以有的態度是，即使不能有效改善病人的症狀，依然持續地陪伴下去；(4)出現大出血症狀。此時，建議陪伴家屬以深色毛巾擦拭，以免讓病人受到驚嚇，同時以手握住病人的手，給予病人最大的精神安定作用。

其次，臨終現象的出現是前述症狀的加劇或普遍化。病人有可能：(1)睡眠時間愈來愈長。此時不應打擾，在偶然清醒時，提醒病人有親愛的人陪伴在側；(2)大小便失禁。此時要幫助病人翻動身軀，以免使其褥瘡加劇，增加病人痛苦；(3)出現瀕死喉音。此時照顧的重點在於讓咽喉溼潤通暢，可使用冷蒸氣或濕棉球幫助吞嚥，也可使病人側臥或搖高床頭；(4)疼痛加劇，沒有食慾。此時不宜勉強病人進食，可試著按摩病人的背部或疼痛部位，也可以嘗試其他放鬆的方法；(5)呼吸不規則，暫停或張口呼吸。此時可將床頭搖高或以枕頭墊高病人頭部，並保持其口唇之濕潤。

最後，是臨死覺知現象的出現。主要的狀況是躁動不安，並會說一些奇怪的話，或表達看到的一些幻象經驗，但也有預知自身死亡大限，以及意識的迴光返照等其他狀況。臨床上當這些狀況出現時，家屬未必能即時

分辨，有時會以為是病人意識不清或胡說八道，但經仔細堪辨，就能瞭解這些症狀乃是病人對自己的即將死去，在深度潛意識層次的覺察，所以應該善加辨認，並將之視為宇宙意識之靈光在臨終生命上的顯現。病人有清楚指出自己死期者，有心識平靜領受死亡到來者，有說出夢中見到死去親友者，有焦躁不安吵著要回家者，各種情況無法盡述。但關懷的基本原則是，勿以日常意識觀點判定病人經驗的真偽，陪伴者應在尊重生命臨終微妙展現的前提下，盡力做好最後一程的陪伴守護工作。

結　語

當病人在關懷的氛圍下，走到生命的最後一日，此時陪伴者仍應一本初衷，持續保持是否仍可以為臨終者做些什麼的想法，而不應遽爾論斷，至此已無事可做。事實上，從世界各大宗教的信仰內容來看，臨終時刻是個人意識聯繫到宇宙意識的關鍵時刻。因此對於陪伴者而言，若能持續為病人盡心盡力到最後一刻，甚至延續到死後喪葬仍能保持悲憫的心情，則將能開啟死亡及生命意義的靈性新視野，有機會契入更高的生命真實。所以就這個觀點而言，以上所述的臨終關懷任務，雖然是以個人具體面對親人臨終處境時，可能經歷的過程、狀況及因應方式為主軸，但其意義卻遠超過生命最終時刻的範疇。

臨終關懷的終極指向在於，從臨終的陪伴過程中，看見死亡就在我們日常生活的腳下之事實。由此看見生命的必朽性，及早學習與之共處的方式，並發展出更有生命活力與創意的人生。如此，臨終與死亡才可以不止是意義與價值的威脅，同時也是個人挑戰豐富人生意義的試金石。

參考書目

王伍亞惠譯（1994），Elizabeth Kübler-Ross原著。《最後一程》。香港：基督教藝文出版社。

石世明著（2001）。《伴你最後一程》。台北：天下文化。

石世明譯（2001）。Van den Berg, J. H.原著。《病床邊的溫柔》。台北：心靈工坊。

許禮安著（1998）。《心蓮心語》。台北：慈濟道侶。

蔡昌雄譯（2007）。George S. Lair原著。《臨終諮商的藝術》。台北：心靈工坊。

生命・死亡教育叢書 16

悲傷輔導理論與實務——自助手冊

作　　者／何長珠、釋慧開、蔡昌雄、龍武維、鄭青玫、陳增穎、王保嬋、王碧貞、吳文淑、許玉霜、郭怡秀、陳柏君、陳美慧、黃孟晨、黃邁慧、曾應鐘、蔡宜潔、楊采蓁、楊絲絢、賴品妤、賴淨慈、顏雅玲、簡月珠
出 版 者／揚智文化事業股份有限公司
發 行 人／葉忠賢
總 編 輯／閻富萍
特約執編／鄭美珠
地　　址／新北市深坑區北深路三段260號8樓
電　　話／(02)8662-6826
傳　　真／(02)2664-7633
網　　址／http://www.ycrc.com.tw
E-mail／service@ycrc.com.tw
印　　刷／鼎易彩色印刷股份有限公司
ISBN／978-986-298-193-1
初版一刷／2015年8月
定　　價／新台幣500元

國家圖書館出版品預行編目資料

悲傷輔導理論與實務：自助手冊 / 何長珠、釋慧開等著. -- 初版. -- 新北市：揚智文化, 2015.08

面； 公分. -- (生命・死亡教育叢書)

ISBN 978-986-298-193-1(平裝)

1.心理治療 2.心理輔導 3.悲傷

178.8 104014699